International Political Economy:
The Relationship between
Market and State from a
Global Perspective

（第三版）

国际政治经济学

——全球化视野下的市场与国家

李滨 著

南京大学出版社

图书在版编目(CIP)数据

国际政治经济学:全球化视野下的市场与国家/ 李
滨著. —3 版. — 南京:南京大学出版社,2017.1(2019.1 重印)
ISBN 978 - 7 - 305 - 17522 - 0

Ⅰ. ①国… Ⅱ. ①李… Ⅲ. ①世界经济政治学—研究
Ⅳ. ①F11 - 0

中国版本图书馆 CIP 数据核字(2016)第 211212 号

出版发行　南京大学出版社
社　　址　南京市汉口路 22 号　　　　邮　　编　210093
出 版 人　金鑫荣

书　　名　**国际政治经济学——全球化视野下的市场与国家(第三版)**
著　　者　李　滨
责任编辑　陈蕴敏

照　　排　南京理工大学资产经营有限公司
印　　刷　江苏凤凰通达印刷有限公司
开　　本　787×960　1/16　印张 29.5　字数 424 千
版　　次　2017 年 1 月第 3 版　2019 年 1 月第 2 次印刷
ISBN 978 - 7 - 305 - 17522 - 0
定　　价　70.00 元

网　　址:http://www.njupco.com
官方微博:http://weibo.com/njupco
官方微信号:njupress
销售咨询热线:(025)83594756

第 三 版 序

　　经济永远是与政治联系在一起的,财富与权力往往是孪生的。政治与经济的互动不论在国内还是在国际都是现实生活的重要内容。政治经济学则是探索这一现象的知识。

　　从政治经济学的角度看政治与经济的关系,我们会发现,经济是最大的政治。从最直观的结果来看,经济的好或坏带来的是增长或衰退、就业或失业,产生的政治结果是社会的稳定或动荡,政府的合法性或危机。如果更进一步探讨,可以发现,不同的社会生产组织形式,产生了不同的社会阶级,决定了"谁得到什么,如何得到",形成了不同的社会权力与分配关系。它们构成了国家政治生活最重要的内容和物质基础。然而,"人们自己创造自己的历史,但是他们并不是随心所欲地创造,并不是在他们自己选定的条件下创造,而是在直接碰到的、既定的、从过去承继下来的条件下创造"①。因此,经济运行会遇到一个既定的政治框架。这种既定的政治结构对经济运行会产生不同程度的,有时是关键性的影响。

　　国内如此,国际也是如此。只是国际范围内经济与政治的互动较之于国内更为复杂。它是在没有一个正式的中央权威的条件下进行的,其中不仅涉及个人、企业,还涉及国家与国际组织。在整个世界范围内,市场不断地扩展,触及全球各个角落,不仅改造了国家,也改造着世界政治;同时市场的国际拓展,不但受历史遗留的地缘政治影响,也受历史传承的国内政治影响。这种经济与政治的国际范围的互动构成了国际政治经济学的研究内容。

―――――――――

　　① 《马克思恩格斯选集》(第1卷),人民出版社,1995年,第585页。

　　第三版相较原来两版(2005年第一版、2008年第二版)最大的修改是加强了历史唯物主义的特色,突出马克思主义国际政治经济学的研究逻辑和方法。马克思主义对经济与政治关系的研究强调的是,经济决定政治,政治对经济具有反作用。马克思《〈政治经济学批判〉导言》中首先强调物质生产是政治经济的起点[1],并特别提出,这种物质生产不是"工艺学"上的特殊部门的生产,而"指的是某个一定的历史时代"[2]的生产。同时,马克思强调政治经济学的方法是,从一般到具体,即把像"生产"这样的抽象经济概念放在具体的社会形态下去考察,分析既定的社会政治环境是如何影响生产,形成具体的有时代特点的生产的。[3] 这种历史的、具体的考察政治经济关系的方法既强调了生产的基础作用,也重视既定的外部政治环境对经济的反作用,从而避免了"经济决定论"的机械性。根据这一逻辑与方法,第三版加强了对生产全球化对当今世界经济政治影响的分析,着重分析其给全球生产关系、民族国家、国际地缘政治和全球治理带来的影响;同时,也探讨了既定的世界政治因素对经济全球化进程的作用,如对民族国家、国际地缘政治的作用。为了强调生产在世界政治经济中的基础作用,第三版在结构上进行了一些调整,把跨国生产的政治经济学分析放在贸易、金融内容之前。

　　第三版第二个特点是增加了自2008年以来,国际政治经济出现的新形势带来的政治影响,如国际金融危机、区域性贸易集团、全球经济治理、世界政治经济中中国因素等方面的内容。

　　第三版删除了第二版中一些不必要的、过多的国际政治经济学流派分类,仍按世界观对国际政治经济学流派进行分类;吸收了国外马克思主义国际政治经济学研究的一些最新成果,如经济全球化条件下的"帝国论"等。

　　根据以上的修改与调整,本书包括如下主要内容。

　　一、全面地回顾了自近代以来,国际范围内经济与政治之间的相

① 《马克思恩格斯选集》(第2卷),人民出版社,1995年,第1页。
② 《马克思恩格斯选集》(第2卷),第3页。
③ 《马克思恩格斯选集》(第2卷),第17—27页。

互关系。通过对各历史时期国际经济体制的建立、发展与变革的过程的分析,探讨不同历史时期国家与市场之间各具特色的关系,从中展示马克思主义国际政治经济学所体现的经济与政治相互影响的辩证关系。

二、通过历史地考察国际性生产的发展过程,从民族国家间传统国际分工到当今全球化生产的网络化分工的演化历史中,分析国际生产不同阶段对世界政治的影响,特别是分析当今生产全球化给国家与国际政治带来的政治影响,并且探讨了当今跨国生产的全球治理现状。

三、结合国际生产的发展变化,探讨国际交换(国际贸易)及其相关体制的特征和变化发展,着重分析第二次世界大战以后国际贸易制度的基本特点,以及这一制度在经济全球化条件下发生了怎样的变化,并且分析了当今全球贸易治理所面临的问题及挑战。

四、主要探讨了国际金融体系演变的过程及其政治经济影响,特别是二战以后国际金融体系的特点及其变革;分析了当今全球金融体系形成的政治经济根源以及对当今世界政治经济的影响;并结合近年不断发生的金融危机,分析了当今金融全球治理的现状及相关改革的努力与探索。

五、通过探讨发展问题的特征及演变过程,分析在当今经济全球化条件下,发展中国家面临着怎样的发展难题,世界经济秩序留给了它们怎样的战略选择空间;并且探讨了像中国这样的新兴国家的崛起是否会带来国际政治冲突的问题。

六、结合经济全球化对民族国家的冲击,以及它所带来的最主要的全球性问题,探讨了在应对全球性问题中,国家、区域经济一体化组织治理能力不足的问题及其原因;通过考虑当今全球经济治理的现状,分析了当今全球经济秩序的分配正义缺损,探究推动建设公正合理的全球经济治理的必要性,调查当今各种全球经济治理改革尝试的特点。

长期以来,国际研究一直或聚集于传统的与地缘政治有关的军事与政治的竞争(现实主义),或关注于如何促进无政府世界中国家的合作(自由主义),而对隐藏于国家间权力竞争之下的社会关系,对促进国家间合作的社会基础等方面的研究与分析十分欠缺。这些被地缘政治所掩盖的、基础性的社会政治经济问题恰恰是造成国家间(甚至人类)合作与冲突最深刻的根源。随着冷战的结束,特别是在经济全球化条件下,传统的国际研究越来越呈现出局限性,因为过去处于国际研究核心的美苏地缘政治和意识形态竞争让位于经济全球化带来的社会政治经济问题。今天国务活动家把更多的精力放在投资、贸易、金融、气候变化、经济发展和全球经济治理等问题上,而且全球化带来的相互依存制约着传统军事力量的效力,这一切正促使着国际研究的重心转向。国际政治经济学正体现着这种转向。

李　滨

2016 年 3 月于南京

目　录

绪论　国际政治经济学概述

政治经济学（Political Economy）是一门古老的学科，是现代经济学的前身，其研究的对象是经济与政治的互动关系，即政治社会关系对经济的影响，以及经济运行与发展对社会政治的影响。

在现代经济学中，经济学家们把影响经济运行的政治与社会因素剔除，单纯地用人、土地、资本和技术这些变量来研究经济的运行，认为社会政治因素是经济活动的外生变量，不属于经济学研究的范畴。经济学不关注这些影响经济变量的外在政治社会因素，也不关注经济活动对这些外在的政治社会因素的影响。

但是，在现实的经济运行与发展中，经济与政治总是相互影响、相互作用的。人在现实生活中，第一位的是生存的需要。因此，物质生产是人们生产、发展的前提。因此，马克思在《〈政治经济学批判〉导言》中，强调生产是政治经济学的起点。在《导言》中，马克思首先就说，"摆在面前的对象，首先是物质生产"①。但这种物质生产不是"工艺学"上的特殊部门的生产，而是"生产一般"②，并且"总是指在一定社会发展阶段上的生产——社会个人的生产。……指的是某个一定的历史时代"③ 的生产。马克思强调的政治经济学方法是从一般到具体，即把"生产"等这样的抽象经济概念放在具体的社会形态下去考察，考察各种规定性下或一定历

---

①　《马克思恩格斯选集》（第 2 卷），人民出版社，1995 年，第 1 页。

②　《马克思恩格斯选集》（第 2 卷），第 3 页。

③　《马克思恩格斯选集》（第 2 卷），第 3 页。

史条件下的生产是怎样进行的，从而去研究经济与政治的互动关系。①这种历史和具体的考察政治经济关系的方法既强调了生产的基础作用，也重视生产之外既定的具体外部环境（包括政治在内）对经济的反作用，从而避免了"经济决定论"的机械性。经济决定论否认既定的上层结构对生产的反作用，忽视历史的丰富内容与结构的相互联系和作用。马克思主义的物质生产的基础决定作用不是经济决定论，它强调既定的上层结构是过去生产的产物，但在某个历史截面，既定的上层结构对生产有着重要的反作用。

以具体的历史条件下的生产方式为研究起点，研究具体历史条件下的生产关系才能发现经济政治的互动关系。生产关系才是影响政治（政体和政治秩序）的社会基础。公认的马克思主义国际政治经济学开创者罗伯特·考克斯（Robert Cox）在《生产、权力与世界秩序》中，开宗明义地写道："生产是创造所有社会存在形式的物质基础。人们在生产过程中结合起来的活动影响着包括政体在内的社会生活的其他方面"②。同时，任何的生产都是既定历史条件下的生产，既定的政治结构对生产具有重要的影响或反作用。所以，生产研究的逻辑必须建立在特定历史阶段的生产基础上，必须以此来研究它所产生的政治影响，同时还要结合特定历史阶段的政治因素分析它对生产的影响。这好比研究中国当今以市场为组织形式的生产方式及其政治影响不能脱离中国所处的历史环境，不能不注重这一环境下的政治因素对生产的反作用。

在具体的历史条件下，从经济影响政治的角度来说，在生产过程中，各种生产要素的主体是人，如土地的所有者、资本的所有者、技术的拥有者和劳动力的支配者，他们通过生产组织形式形成了一定的生产关系或社会权力关系。这种关系不仅影响着经济成果的分配，还形成了社会生产过程中的各种阶级或阶层。这些阶级与阶层是构成国家形态的社会基础。国家的政治经济体制正是在这个

---

① 《马克思恩格斯选集》（第 2 卷），第 17—27 页。

② Robert W. Cox, *Production, Power and World Order*, Columbia University Press, 1987, p1.

框架下产生的，由此产生的国家法律与政策促进或巩固这种社会生产（组织）方式及其分配格局。如在市场这种生产的组织方式中，生产要素通过市场交换组织起来进行生产，资本、土地和劳动的要素所有者在这一过程中形成的社会关系以及拥有的社会权力，决定着他们的分配结果，也构成了阶级与阶层的基础。这个基础就是国家的社会基础，决定着国家的实际形态以及政治经济体制。

从政治对经济的反作用角度来说，任何一个社会生产总是在一个既定的历史条件下进行的。社会政治权力结构的变化或政治领导层的变化会导致生产（组织）方式的变化与变革。如布尔什维克革命导致俄国社会政治权力结构发生了变革，产生了计划性的生产组织方式。中国的社会主义市场经济的产生则是政治领导层变化的产物。这种变革与变化都是对经济运行产生的社会矛盾与冲突的反应。没有资本主义自由放任的市场产生的阶级矛盾与民族国家的战争，十月革命在当时就失去了成功的条件。若非"文革"导致中国经济处于崩溃边缘，推行改革开放路线的邓小平就不会获得社会的广泛支持。另外，如果滞后的政治体制落后于经济发展的要求，这种滞后的政治体制也会影响经济。比如中国在高度集中的计划经济中产生的高度集中的体制在某些方面制约了市场改革进程，是产生权力寻租的重要根源，严重影响着市场的公平竞争。但是，在谈到政治对经济的反作用时，应该强调的是，特定历史条件下的政治对经济的反作用，从人类历史发展的进程来看，还是经济对政治有着基础性的作用。比如没有资本主义市场经济的产生，就不会有俄国的工人阶级，就不会由此产生代表这一阶级的布尔什维克；没有高度的计划经济就不会有高度集中的官僚体制。

现实世界中政治与经济是密不可分的，经济总是在某种政治环境中运行，经济运行的结果总是会对政治环境产生某种促进与变革作用；政治环境对经济运行有着重要的反作用，或促进或阻碍经济的运行。上述对经济与政治相互作用的简单分析不能替代人类在历史发展过程中丰富的政治与经济的互动关系。现实世界的政治与经济的互动关系符合经济决定政治，政治对经济具有反作用这一命题，但实际的过程则复杂得多，丰富得多。比如市场经济这种生产组织方式从地方发展到全国，再扩展到世界，每一阶段它带来的政治影响、社会矛盾与冲突和政治秩序都各具特色。即使在不同的国家内，由于各国政治体制的特点不同，市场经济具有不同的特色，如"股东资本主义""经营者资本主义""社会市场经济""政府主导的市场经济""权贵资本主义"或"裙带资本主义"（crony capitalism）。如果把过去某个阶段的政治经济互动关系的分析简单地应用到当今或未来的政治经济互动关系中，或者把一国政治经济互动关系不加区别地应用到其他国家，就会产生经验主义与教条主义的问题。因此，任何对政治经济互动关系的深入研究都应该结合具体的历史来进行，这样才可能认识到这种复杂性和丰富性。

国际政治经济学（International Political Economy，IPE）就是研究国际层面的政治经济互动关系。它研究国际/世界经济产生的国际/世界生产关系，即对民族国家间的关系和国际秩序产生的影响；另一方面，它研究特定历史条件下民族国家关系和地缘政治对国际/世界经济产生的影响。由于资本主义产生前，自给自足的经济占主导地位，国家间的经济交往没有形成密切的联系。只有在资本主义市场经济产生后，国家间经济联系才与市场这种生产组织方式逐步建立了广泛而深入的联系，因此，国际政治经济学主要是研究资本主义市场生产组织方式产生后的国际政治经济互动关系。

资本主义的兴起在政治与经济领域有了两个重要的产物：市场化的生产组织方式（市场经济）与民族国家。这两者在国内以及国际上都具有广泛而深刻的互动关系。两者的互动使得市场经济隐含着高度的政治色彩，民族国家不断应对市场经济带来的社会矛盾与冲突而呈现阶段性的形态。两者的互动不仅影响着国内的政治关系和秩序，也影响着民族国家间的关系和国际秩序。特别是当今，由于经济全球化——市场组织方式的全球性发展——政治经济的互动关系越来越呈现出国内与国际无法区分的状况，因此，有人又把国际政治经济学称为全球政治经济学（Global Political Economy, GPE)[1]。出于习惯，人们把研究国际范围的政治经济研究仍称为国际政治经济学，因此，在此书中，我们沿用"国际政治经济学"这一名称。

怎样研究这种国际层面的政治经济互动关系？本书采用的是历史唯物主义方法，分析的途径是从生产入手，并把国内与国际结合起来。本书分析市场化生产组织方式每一个阶段的发展变化带来的国内和国际政治影响，即分析它带来的社会生产关系以及社会矛盾，它对民族国家形态演变产生的影响，分析它形成的民族国家间权力状态以及由此带来的和平与冲突，分析它产生的国际治理模式。简而言之，本书通过考察生产的变化，来分析国内和国际/世界经济体制、生产关系和政体（polity）变化。这是一种经济作用于政治的过程考察。同时，本书关注在市场化生产组织方式发展的过程中，具体的民族国家和国际地缘政治发挥的作用，如民族国家和地缘政治因素是怎样促进和削弱它的发展的。市场这一生产组织方式的变化——从地方到国家，到全球的跨国生产——带来的社会与民族国家间的矛盾是分析国际政治经济秩序变化的动力与基础。

第一节 国际政治经济学的历史渊源

资本主义发展的条件之一是海外贸易，资本主义从其萌芽开始就把这种交换活动拓展到国外。因此，现代政治经济学起源于资本主义萌芽，并且从一开始就带有国际政治经济学的成分。

对现代意义上的政治经济学的研究最早可以追溯到 15 世纪末到 17 世纪中叶的欧洲重商主义（mercantilism）时代。重商主义是强调经济与政治互动关系的最早的国际政治经济学思潮。重商主义者

---

[1] 罗伯特·吉尔平（Robert Gilpin）把他 1987 年所写的国际政治经济学著作命名为《国际关系的政治经济学》（杨宇光译，经济科学出版社，1989 年），而把 2001 年出版的国际政治经济学著作取名为《全球政治经济学》（杨宇光、杨炯译，上海世纪出版集团，2003 年）。

把从流通领域内获得财富与强兵富国、建立强大的专制王权联系起来，强调强大的民族经济对内是建立强大的世俗专制王权的保证，对外是与其他世俗王朝政权竞争的需要，因为民族经济的发展是国家税源的保证，是建立强大常备军的经济保障。在此基础上重商主义者提出了许多关于国家应如何采取措施发展民族经济从而获得更多财富的政策建议。

正是在这种条件下，最早的政治经济学诞生了。据说"政治经济学"一词来自法国重商主义者安徒万·德·蒙克莱田（A. de Montchreitien，1621—1775?）。此人在 1615 年向法王呈上了一本关于如何富国强兵的政策建议书——《献给国王和王后的政治经济学》。① 由于资料的限制，这里我无法分析此书的作者是如何谈论经济发展同国家实力与富足的关系，以及促进国家经济发展的政策选择的。

尽管有蒙克莱田的《献给国王和王后的政治经济学》在先，但英语国家的学者一般认可的鼻祖是英国人威廉·配第（William Petty，1623—1687）。因为英国的古典政治经济学被认为是现代政治经济学的发端，配第是英国古典政治经济学的创始人。大约在 1671 年，配第在其一本关于爱尔兰政治社会问题的著作——《爱尔兰政治剖析》（*The Political Anatomy of Ireland*）中用英语写下了"政治经济学"（Political Oeconomies）这个术语。实际上，统计学家出身的配第在此是把他的政治经济学作为一种"政治算术"形式来使用，他希望在"土地与劳动之间建立某种对应的等号关系以便用其中一个来表示任何事物的价值"。他认为这种"政治算术"的形式比单纯思想观点的文字表述更具有说服力，更具有精确性，因为数字"在本质上具有显而易见的基础"。配第的这种思想体现了 17 世纪欧洲理性时代崇尚自然与科学的特征。② 由此可见，配第的政治经济学的实质是用经济变量或统计数据来分析社会政治关系，

① 许涤新主编，《政治经济学辞典》（中），人民出版社，1980 年，第 413 页。

② Ralph Pettman, *Understanding of International Political Economy with Reading for the Fatigued*. Boulder, Col: Lynne Rienner Publishers, Inc, 1996, p. 10.

这或许是当今强调统计量化的政治经济学分析的先驱。

从政治经济学的早期起源来看，重商主义是作为政治的附属品出现的，目的是更好地实现政治目标，更好地分析政治，服务于巩固世俗王权这一目标，而且，政治经济学从其早期发展来看，就是一种国际政治经济学。重商主义强调建设民族经济需要国家的政策扶持，注意政治对经济发展的促进作用，而且强调民族经济的发展对国家国际权力地位的巩固作用，重视民族经济的发展对国防建设的重要意义。但是，重商主义的作品中，一般是对国家的经济政策进行建议，没有完整的政治经济学理论阐述，重商主义时代的政治经济学还没有一种系统性的理论体系。所以，重商主义时代的（国际）政治经济学研究不能视作一种现代意义上的政治经济学。

一、古典政治经济学中的国际政治经济学思想

第一个形成理论体系的政治经济学是古典政治经济学。它从一开始就有关注政治经济互动关系的特征。公认的古典政治经济学开创者是亚当·斯密（Adam Smith），在其代表作《国富论》中他非常强调政治是经济的重要条件，重视经济带来的重要政治结果。斯密认为，"在一个政治修明的社会，造成普及到最下层人民的那种普遍富裕情况的，是各行各业的产量由于分工而大增"[1]。这里尽管斯密强调分工是国家财富增加的重要手段，但是斯密没有忘记使分工得以实现的政治前提：政治修明的社会（well-governed society）。在论述收入分配时，斯密也没有忘记政治因素对市场运行所造成的限制与分配不均。斯密认为："欧洲各地的货币工资及货币利润，都随劳动和资本用途的不同而大不相同，但这种不相同，部分起因于各种用途本身情况……部分因为欧洲各国的政策都不让事物完全自由发展"[2]。这里斯密明确地把政治原因作为经济分配不均的原因之一。斯密进一步指出，欧洲各国政府的政策限制表现在：（1）限

---

① 亚当·斯密，《国民财富的性质和原因的研究》（上），郭大力、王亚南译，北京，商务印书馆，1981年，第11页。

② 同上，第91页。

制某些职业中的竞争人数，使其少于原来愿意加入这些职业的人数；（2）增加另一些职业上的竞争，使其超越自然的限度；（3）不让劳动和资本自由活动，使它们不能由一职业转移到其他职业，不能由一地方转移到其他地方。①用现代经济学的术语来说，就是政治因素限制或过度放纵了生产要素的自然供应，限制了生产要素的合理自由流动。此外，斯密也注意到分工生产与市场交换对社会的改造作用。在《都市商业对农村改良的贡献》一章中，斯密谈到都市商业可以改变封建农民对封建领主的人身依附，消除封建领主的"地方统治权和裁判权"，减少封建领主间相互征战以及向国王争权的情况。②实质上，斯密非常重视限制市场经济交换的政治环境，以及市场经济交换对原来的政治体制的改造。他要求的"政治修明的社会"是一个赋予个人平等和自由的社会，并且他认为，如果允许市场这只"看不见的手"自然运行，就可以创造出一个自由安全的社会。其实，斯密的政治经济学学说还有更深刻的含义。过去重商主义者的理论基础是，在一个人人追求私利的社会，如果没有一个超越个人之上的公共权威，整个社会将处于一种"所有人反对所有人"的自然状态，因此，社会必须有一个"利维坦"，专制君王的"至高特权"是政治与道德所必需的。而斯密的理论改变了这一基础。从斯密的理论中我们可以得出这样的逻辑：自私的个人，可以利用"自然优势"进行分工，通过市场这只"无形之手"的引导，可以实现社会财富的成长和个人的和谐，而无须有一个专制的"利维坦"来凌驾于社会成员之上，人的自私性不应该成为专制的政治道德动因，而自由平等才是政治道德所必需的，才符合人自私本性的要求。

斯密的《国富论》也是重要的国际政治经济学著作。斯密反对重商主义的对外贸易政策，认为重商主义政策在政治上是对某种产业（羊毛生产业）业主的歧视，也是对某种产业（制造业）业主的

---

①　亚当·斯密，《国民财富的性质和原因的研究》（上），郭大力、王亚南译，北京，商务印书馆，1981年，第112页。

②　同上，第371—378页。

优待，违反公正平等的精神。按斯密的逻辑，国家的贸易政策应该是国家根据其具有的自然优势（绝对成本优势）出口产品，并进口没有绝对优势的产品。如果背离这种自然的法则，不但在经济上得不偿失，而且还会对消费者和一些具有绝对成本生产优势的业主的利益造成侵害。这违背了一个"政治修明的社会"应该体现出来的公平与平等原则。斯密就这一问题曾说："一国君主，对其所属的各阶级人民，应给予公正平等的待遇；仅仅为了促进一个阶级的利益，而伤害另一个阶级的利益，显然是违反这个原则的。"① 这说明，斯密已经看到，经济上"正确"的外贸政策是建立在一个公正的政府基础之上的，建立自由的贸易必须以有一个"平等对待各阶级"的公正政府为前提。

后来，斯密的建立在绝对成本优势基础上的贸易理论经过另一位英国政治经济学家大卫·李嘉图（David Ricardo）的进一步发展，成为具有更具普遍适用意义的比较优势理论。比较优势理论不仅继承了斯密理论的政治经济分析，而且进一步提出，自由贸易可以形成各国之间和平的纽带。李嘉图曾说："在商业完全自由的制度下，各国都必然把它的资本和劳动用于最有利于本国的用途上。这种个体利益的追求很好地和整体的普遍幸福结合在一起。由于鼓励勤勉、奖励智巧、并最有效地利用自然所赋予的各种特殊力量，它使得劳动得到最有效和最经济的分配；同时，由于增加了生产总额，它使人们都得到了好处，并以利害关系和互相交往的共同纽带把世界各民族结合成一个统一的社会。"② 这是说，自由贸易在政治结果上存在着这样的逻辑：任何国家，不论是富国还是穷国，只要从比较优势出发，进行分工与贸易，就会彼此受益，提高劳动效率、福利水平和资源利用率，进而形成经济依存，促进彼此的和平，形成一种世界性的和平社会。这种逻辑后来被孟德斯鸠概括为：和平是

---

① 亚当·斯密，《国民财富的性质和原因的研究》（下），商务印书馆，1981年，第321页。

② 大卫·李嘉图，《政治经济学及其赋税原理》，郭大力、王亚南译，商务印书馆，1972年，第七章《论对外贸易》，引文部分见第113页。

贸易的天然结果。它也是自由主义者倡导的贸易促进相互依存与国际和平的观点的最初来源。这使得现代形式的政治经济学从一开始就是一种国际或全球政治经济学。

在亚当·斯密和大卫·李嘉图之后，边沁、萨依、约翰·斯图尔特·穆勒都在一定程度上发展了这种古典政治经济学的传统。实质上，古典政治经济学是一门从抽象的市场经济要求出发来规范政治，或者说是强调政治为经济服务的学问。它认为，没有"修明的政治"，国家就不可能增加财富。同时，古典政治经济学强调了经济对政治的改造与改良作用。它认为，通过市场运作的经济可以促进自由、平等与安全，通过分工形成的经济相互依存可以促进世界和平。

但是，亚当·斯密开创的古典政治经济学在 19 世纪中期遭到了一些思想家的批判。在这些批判的基础上形成了早期政治经济学的另外两个学派，即经济民族主义传统的政治经济学和革命主义传统的政治经济学。前者以德国历史学派的弗里德里希·李斯特（Friedrich List，1789—1846）为开创者，后者以马克思、恩格斯为开创者。同时，亚当·斯密开创的古典政治经济学在以后的一些继承者的发展下，逐步演变成脱离政治的现代经济学。

二、民族主义政治经济学中的国际政治经济学思想

发源于英国的古典政治经济学，尽管也谈到市场经济的政治前提，但这种政治前提是一种为了经济发展或财富增加而预设的理想政治形态。然而，在现实中，这种理想的政治形态往往是不存在的。国家不可能不对经济运行施加一定的限制，政府也不可能同等地对待各个阶级与产业。正是从这种政治现实出发，以李斯特为代表的德国历史学派对英国的古典政治经济学进行了批判，提出了后进国家超越先进国家的经济民族主义的政治经济学理论。这种政治经济学理论是一种新重商主义，因为它与传统的重商主义有类似之处。

在《政治经济学的国民体系》（1841）中，李斯特从各国的历史经验教训总结和理论的逻辑推导出发批驳了古典政治经济学提出的脱离国内外政治经济现实的、普适的经济规律，提出了国家要根据国际政治的现实和自己的民族经济发展水平来具体地决定本国的经济发展战略与政策。关于国际政治的现实与国家的经济政策的关系，他说："历史……向我们指出，（贸易）限制政策并不只是出于凭空的理想，而是由于利益的分歧，由于各国追求独立与优势方面的争夺，也就是由于国际竞胜与战争的自然结果；因此在国家利益上的这种冲突还没有停止以前，换个说法，就是一切国家还没有在同一个法律体系下合成一体以前，这个政策是不能舍弃的。"关于国家的经济发展水平与经济政策的关系，李斯特说："历史教导我们的是，凡是先天的禀赋不薄，在财富、力量上要达到最高度发展时所需的一切资源色色具备的那些国家，就可以，而且必须……按照它们自己的发展程度来改进它们的制度"。他提出，处于未开化阶段的国家，应该对"比较先进的国家实行自由贸易，使自己脱离未开化状态，在农业上求得发展"；处于现代化过程阶段的国家应该"用商业限制政策，促进工业、渔业、海运事业和国外贸易的发展"；处于最高阶段的国家应该"再行逐步恢复到自由贸易原则，在国内外市场进行无所限制的竞争，使从事于农工商业的人们在精神上不致松懈，并且鼓励他们不断努力于保持既得的优势地位"。①这里，李斯特实际上反对古典政治经济学从理想的政治前提出发来思考经济，而是强调从实际的政治现实出发来思考经济；反对从眼前的、静态的观点来思考经济利益，而是强调从长远的、动态的观点来看待经济利益。

　　李斯特还批判了古典政治经济学，他认为，古典政治经济学鼓吹的是一种世界主义的经济学，它的政治前提是存在一个"持久的和平局势""一个世界范围的共和国"，这种经济学认为"所有各国的商人是处于一个商业联邦之下的"，关注"私人经济"和否定国家存在的"世界主义的全人类经济"，并且把私人经济建立在这种人类经济上，即"个人福利是完全依存于全人类福利的"。李斯特

---

　　①　弗里德里希·李斯特，《政治经济学的国民体系》，陈万煦译，商务印书馆，1997年，第104、105页。

强调，真正的政治经济学应该是一种"国家的经济学"，是一种建立在国家主权范围内的"公共经济"，目前各个国家处于相互分立自治的状态，彼此之间"各不相谋"，存在着利益分歧，"处于世界目前形势以及它自己的特有国际关系下"，国家的政策是要"维持并改进它的经济状态"，而私人经济只能首先依赖于国家经济，个人福利只能首先依赖于国家的福利，而不是世界主义的全人类福利。因此，李斯特批判古典政治经济学把"还没有出现的情况假定为已经实际存在的情况"，并且混淆了因果关系。他认为，只有政治上的统一与联合，才能带来商业的联合，而不是古典政治经济学者所说的自由贸易带来世界范围内的共和国；国际政治的现状使得"保护制度是落后国家在文化上取得与那个优势国家同等地位的惟一方法"，只有这样，才能平等实现国家间的联合，为实现自由贸易奠定基础。①

李斯特对古典政治经济学在理论上的第二个批判是：亚当·斯密等古典政治经济学家短视地看待了财富，重视暂时的财富增加而轻视创造财富的手段，轻视最具财富创造力的工业生产给国家的经济、政治和文化带来的潜在重大作用。在李斯特看来，通过分工与交换只是增加了财富的交换价值，并没有提升创造财富的能力，而财富的创造能力的获取比财富的暂时增加更具意义。李斯特说："财富的生产力比之财富本身，不晓得要重要到多少倍；不但可以使已有的和已经增加的财富获得保障，而且可以使已经消失的财富获得补偿。个人如此，拿整个国家来说，更加是如此"；"一个国家的发展程度，主要并不是……决定于它所蓄积的财富（也就是交换价值）多少，而是决定于它的生产力的发展程度"。李斯特认为，在一个落后的国家，要发展生产力就必须牺牲眼前的利益，不能按照流行的自由分工理论来形成自己的经济政策，因为发达国家已经处于强有力的地位，并且"在自己领域以内有了周密的保护"，这样，后进国家不可能与先进国家实现平等，在自由竞争下没有保护

---

① 弗里德里希·李斯特，《政治经济学的国民体系》，陈万煦译，商务印书馆，1997年，第106—117页。

的后进国家"成为一个新兴的工业国是不可能的"。李斯特特别强调工业优先发展的重要性，认为工业的发展对国家的财富、文化和权力具有重大意义，可以在政治上、经济上、民族精神与素质上产生一系列的积极外部效应。因此，工业更有被保护的必要。[①]

可以说，以李斯特为首的德国历史学派继早期重商主义后又一次强调了国家对经济或工业发展的主导作用，以及经济发展与工业产生的富国强兵的政治作用，并提出了被后人称为"进口替代的战略"来实现国家的经济发展。其实，早在李斯特之前，美国"国父"之一——汉密尔顿就提出过类似的思想。在美国建国之初，汉密尔顿面对外部的政治与经济威胁，把国家的经济建设与年轻美利坚的生存和发展联系在一起，强调经济活动的布局与国家的生存息息相关。他在《关于制造业的报告》中写道："不仅财富，而且一个国家的独立和安全，看来都与制造业的繁荣有着相当重要的关系。为了实现这些伟大的目标，每个国家必须努力设法在本国拥有一切必需的供应品。"[②] 但是，汉密尔顿所表述的具有萌芽形式的"进口替代"发展战略思想，不如李斯特论述得深入与具体，也不如李斯特的思想在当时文明中心——欧洲具有影响力。

以李斯特为代表的新重商主义强调国际政治竞争对国家经济的要求，强调国家作为整个民族利益的代表必须通过自己的干预作用提升国家的经济竞争力，从而提升国家在国际上的政治地位。但它比早期的重商主义更具科学性与系统性。李斯特所代表的经济民族主义的政治经济学强调从现实的政治出发来确定经济政策，突出国家对经济发展的主导作用，并且注重工业发展对国家权力和政治发展的促进作用。它还突出了国家而非市场才是个人、民族财富和福利增长的保证，强调国家通过干预与引导市场来促进经济的发展，从而实现富国强兵，铸造民族精神，争取在国际上的平等地位的关键作用。这是一种以政治为中心的政治经济学，强调政治现实对经

---

① 李斯特在《政治经济学的国民体系》第十二至二十七章中都论述了这一问题。

② 转引自罗伯特·吉尔平，《国际关系的政治经济学》，杨宇光译，经济科学出版社，1989年，第206页。

济的作用，国家干预保障经济发展的作用。

三、马克思主义政治经济学中的国际政治经济学思想

政治经济学在马克思那里得到进一步的发展。在马克思看来，政治与经济是融为一体的。经济关系就是政治关系，政治关系也体现着经济利益。马克思用生产方式的概念来分析政治与经济的关系。马克思认为，生产方式体现着生产关系与政治关系，生产方式的内部矛盾最终会变革政治上层建筑，而政治上层结构决定着经济制度、分配体制。在一定的社会结构下，生产的过程本身体现出相应的社会生产关系，社会的生产关系又决定着上层建筑，上层建筑对生产关系与生产力的发展具有重大的反作用。这是马克思主义政治经济学的核心。《德意志意识形态》《共产党宣言》《1857—1858 年经济学手稿》《资本论》等著作都是马克思主义的经典政治经济学著作。以《共产党宣言》为例，它既是一本政治经济学著作，也是一本国际/全球政治经济学著作。在这本书中，马克思用历史唯物主义的方法从历史分析的角度概要性地阐述了历史唯物主义的政治经济学原理。

在《共产党宣言》中，马克思提出，"现代资产阶级本身是一个长期发展过程的产物，是生产方式和交换方式一系列变革的产物"，即社会经济体制的变革导致了资本主义及其阶级的产生。随后，马克思进而指出，资本主义产生的主导阶级不断地改造了国家的政治结构，改造了一切社会关系。在政治上，资产阶级从最初封建领主下被压迫的等级，最后成为"现代的代议制国家里夺得了独占的政治统治"地位的阶级，"现代的国家政权不过是管理整个资产阶级的共同事务的委员会罢了"。在社会关系上，资本主义"无情地斩断了把人们束缚于天然首长的形形色色的封建羁绊，它使人和人之间除了赤裸裸的利害关系，除了冷酷无情的'现金交易'，就再也没有任何别的联系了"，"把医生、律师、教士、诗人和学者变成了它出钱招雇的雇佣劳动者"，把家庭关系变成了"纯粹的金钱关系"。也就是说，资本主义把一切社会关系与亲情关系变革成金钱雇佣与交换关系，资产阶级把资本主义生产方式

推广到全世界，并且按自己的面貌改造了世界。马克思说，"资产阶级，由于开拓了世界市场，使一切国家的生产与消费都成为世界性的了"，不仅"物质生产是如此，精神生产也是如此"。资本主义把"各民族的精神产品变成了公共的财产"；"民族的片面性和局限性日益成为不可能，于是由许多种民族的和地方的文学形成了一种世界的文学"；"它迫使一切民族——如果它们不想灭亡的话——采用资产阶级的生产方式，它迫使它们在自己那里推行所谓的文明制度"；资本主义还使"未开化和半开化的国家从属于文明的国家，使农民的民族从属于资产阶级的民族，使东方从属于西方"。总之，资本主义生产方式产生的资产阶级按照自己的利益改造了国家的政治社会结构，改造了世界的政治经济结构，塑造了资本主义文明，使这些结构有利于资本主义的发展。①

但马克思主义的政治经济学是一个历史发展的理论，是要从社会经济体制的矛盾中去发现历史发展的动力。所以，马克思认为，资本主义的发展存在着内在的矛盾与冲突，这种矛盾与冲突导致资本主义必然被一种新的社会经济形态——社会主义所代替。在马克思看来，资本主义经济运行体制导致了经济体制的结构矛盾：商品生产能力的不断扩大与消费能力相对不足的矛盾，资本的不断集中与贫困化人口不断扩大的矛盾，利润率不断下降与社会生产延续性的矛盾。马克思认为，这三个矛盾的背后是资本与劳动之间不断增长的政治矛盾与冲突。这种矛盾与冲突在不断出现的经济危机下，使得工人阶级最后必然反抗资本主义体制，导致社会主义体制代替资本主义体制。实质上，马克思强调在资本主义经济体制下，各阶级的经济利益存在冲突，这种冲突使得工人阶级必然要改造资本主义。首先要从政治上推翻资产阶级建立的有利于资本的政治统治结构，建立自己的领导权，然后改造整个经济体制。这种改造不仅是一个国家内部的社会改造过程，也是一个世界性的改造过程。

马克思主义的政治经济学发展者列宁把生产的变化与世界政治经济结合起来，把马克思主义政治经济学发展成一个具有现代国际

---

① 《马克思恩格斯选集》（第1卷），人民出版社，1995年，第252—255页。

关系意义的政治经济学。列宁根据资本主义生产的新变化，即资本主义市场化组织生产的全国性垄断，对垄断资本主义与自由竞争资本主义进行区别，提出了垄断资本主义的五大政治经济特征：（1）生产和资本的集中发展到这样高的程度，以致造成了在经济生活中起决定作用的垄断组织；（2）银行资本和工业资本已经融合起来，并在这个"金融资本"的基础上形成了金融寡头；（3）与商品输出不同的资本有了特别重要的意义；（4）瓜分世界的资本家国际垄断同盟已经形成；（5）资本主义列强已经把世界上的领土瓜分完毕。由于资本主义的生产就是攫取剩余价值的生产，生产的高度集中意味着需要巨大的海外商品、原料和资本输出市场，这种市场是经济利润的保障并有利于缓和国内阶级矛盾（垄断利润豢养工人贵族）。因此，以国家地理为概念的生产导致资本主义国家不可避免地在国际范围内进行经济竞争，这种竞争在垄断时期不但要依靠垄断集团自身的实力，还要借助国家的力量。垄断的出现使得少数金融寡头不仅控制了国家的经济，而且还控制了国家的政治，渗透到上层建筑的各个领域，左右着国家的对外政策。这样，资本的国际竞争演变成一种国家间的政治竞争，争夺市场，争夺殖民地和势力范围，因为这种竞争关系到以地理划分的资本主义国家的命运。但由于资本主义列强之间的经济政治发展不平衡，它们之间的实力必然会发生变化，这种变化之后的资本主义列强之间自然要按实力关系重新瓜分世界，垄断时期的资本主义列强瓜分世界的战争不可避免。所以，列宁指出，"帝国主义是世界大战的根源"。可以说，列宁根据马克思主义的政治经济学原理，通过分析变化的资本主义的现实，提出了不同于马克思的革命战略，即在帝国主义最薄弱环节首先进行社会主义革命。在列宁看来，垄断时期的资本主义是垂死的、寄生的、腐朽的，内部社会矛盾重重，而且帝国主义之间的战争可以削弱帝国主义自身的力量，唤醒帝国主义国家的人民和殖民地、附属国的人民，这为无产阶级世界革命创造了条件。[①] 这里必须看到，列宁已经把地理范围的资本主义国家（或阶级国家）作为国际关系中的一个独立实体来

---

① 《列宁全集》（第27卷），人民出版社，1990年。

看待，这种国家为了更多的财富，确切地说是剩余价值，必然要争取在国际经济竞争中处于相对领先地位，必然要保持国家权力的相对优势地位。没有这种经济与政治权力的相对领先，就意味着经济利润的丧失、国内社会矛盾的激化甚至是国内社会秩序的变革。

当然，列宁的这种政治经济学在许多方面吸纳了其他一些马克思主义者的思想，如希法亭、罗莎·卢森堡和布哈林的思想。① 这些人的思想都对列宁的政治经济学思想做出了重要贡献。

第二节　国际政治经济学流派

政治经济学自19世纪后期到20世纪后期逐步淡出了经济学的主流，尽管这一时期内，有许多学者写出了不少政治经济学的著作，如马克斯·韦伯、布哈林、列宁、约瑟夫·熊彼得、卡尔·波拉尼、西蒙·库兹涅茨、普列维什、保罗·巴兰、冈纳·缪尔达尔、达德利·西尔斯、阿瑟·刘易斯、沃尔特·罗斯托、汉斯·辛格等。在传统的理论中，政治经济学就如亚当·斯密所说，是"关于政治家或立法家的科学的一个分支"。在这种政治经济学中，政治与经济的关系十分清晰。但随着经济学的发展，这种关注政治与经济相互联系、相互作用的经济学已经在经济学中处于支流或边缘化的状态，而占主导地位的则是已经把政治排斥在外的现代经济学。但到20世纪后期，一种新的政治经济学又在西方重新兴起，它重点关注国际范围内的政治与经济的互动关系。这就是当今的国际政治经济学。

自20世纪60年代末起，由于布雷顿森林体系出现严重危机，国际货币危机频繁发生，世界经济出现停滞，保护主义再次在西方发达国家抬头。许多学者开始担忧，是否会如同20世纪30年代那样，由于世界经济危机，各国争夺市场以解决国内经济危机，从而导致国际政治冲突。国际政治与经济的互动关系再次引起了西方学

---

① 如希法亭的《金融资本》（1910），罗莎·卢森堡的《资本积累》（1912），布哈林的《世界经济和帝国主义》（1918）、《帝国主义与资本积累》（1925）。

者的关注。一些西方学者希望通过研究国际政治与经济的互动关系，研究国际经济的新变化，研究世界经济史中由于经济危机导致的政治冲突等诸方面问题，为国际制度建设与国际秩序的稳定和变革寻求政治上的答案。这些研究符合传统政治经济学的原则，而且把研究的焦点放在了国际政治与经济的互动关系上，是一种真正意义上的国际政治经济学。

首先从事国际政治经济学研究的是经济学家。哈佛大学经济学教授理查德·库珀是最早进行这一方面研究的学者。他在 1968 年出版的《相互依存的经济学：大西洋共同体的经济政策》一书中提出，由于经济上的相互依存，需要加强国际政治合作与协调来加强国际经济的管理，从而避免国际经济动荡。库珀在此书中认为，技术进步造成的相互依存已经从根本上改变了国际经济的条件，更重要的是，传统的比较成本的差异似乎正在消失，贸易利益明显地来自竞争优势；而且全球经济一体化可能阻止了世界市场的均衡，在常规的周期内，未来的国际收支不平衡较之以往可能更加频繁，而且规模更大。鉴于这种新的经济现实，库珀提出加强国家间经济合作的思想，强调国际政策协调是在依存世界中唯一能实现各国经济目标的途径，重商主义既会引发失败的竞争又会破坏目前的国际制度和秩序。[①]

随后其他一些经济学家也相继发表了一些这一方面的研究成果，如麻省理工学院的经济学家查尔斯·金德尔伯格就是其中有代表性的一位。他在《权力与金钱：政治经济学与经济政治学》（1970）和《大萧条中的世界：1929—1939》（1973）中提出了后来被称为"霸权稳定论"的观点。他用公共商品理论模式，并结合 20世纪 30 年代世界大萧条的历史，说明在一个无政府的世界中，只有在单一霸权的国际政治结构下才能提供自由国际经济秩序这样的"公共商品"，由此来保证国家间的经济合作，促进世界经济的增

---

① Richard Cooper, "National Economic Policy in An Interdependence World Economy", in *Economics of Interdependence: Economic Policy in the Atlantic Community*, N. Y.: McGraw-Hill, 1968.

长；但是这种单一的霸权结构产生的自由国际经济秩序由于众多的"免费搭车"现象必然受到侵蚀，自由国际秩序的瓦解将导致国家间经济民族主义的再次兴起，从而引发国家间的政治冲突。[①]

库珀与金德尔伯格所关注的问题实质是国家自主与国际经济秩序的关系问题。由于当时的国际经济状况——频频出现的货币金融危机、世界经济的滞胀以及发达国家经济民族主义的重新抬头，这一问题也引起了国际政治学者的高度学术关注。正是由于这种关注，在国际关系领域产生了把国际经济与政治融合起来的国际政治经济学。从20世纪80年代起，在西方国际政治学界出现了大量国际政治经济学著述。

这些20世纪后期兴起的国际政治经济学著述，从世界观的角度来分，可以分为三类：自由主义观点的国际政治经济学、现实主义观点的国际政治经济学（民族主义的政治经济学）、马克思主义观点的政治经济学。

国际政治经济学的分类还有其他方法，如美国学者科恩（Benjamin J. Cohn）把国际政治经济学分为美国学派和英国学派，提出美国学派以自由主义为主，但不研究现实重大问题、规范与价值取向，侧重于统计；英国学派注重重大现实问题，比较倾向于规范与价值取向，以传统方法（历史哲学）为主。[②] 然而，这一分类不如从世界观角度进行的分类更能体现各种流派的政治倾向。这种分类也是一种回避国际政治经济意识形态的策略。以对世界的态度与看法为基础的分类具有鲜明的意识形态特征，它继承了政治学传统且最为公认的分类方法，把国际政治经济学理论分为保守主义（现实主义的国际政治经济学）、自由主义（自由主义的国际政治经济学）和激进主义（马克思主义的国际政治经济学），从中可以清楚地发现各种流派对当今国际政治经济的政治倾向以及对国际政治

---

① 罗伯特·吉尔平，《国际关系的政治经济学》，杨宇光译，经济科学出版社，1989年，第87—96页。

② 本杰明·科恩，《国际政治经济学：学科思想史》，杨毅、钟飞腾译，上海世纪出版集团，2010年，第二章和第三章。

经济秩序发展的态度。保守主义者一般认为，人的自私本质或恶的本性是造就人世间一切冲突与动荡的根源，由于人类的这种劣根性，人类无法通过自身的努力去实现一个美好的社会，基于此，保守主义者强调尊重现状与传统。自由主义者对人性持一种积极乐观的态度，相信人类的潜力、人类为了更美好的社会改造社会机制的能力以及人类的理性和平等性。鉴于此，自由主义者相信社会改革是可能的和必要的，但他们对社会运作方式的改变不是根本性的，而是渐进式，是在尊重现存社会基本内核的前提下进行的社会改良。一般说来，激进主义对现存社会的组织和运作方式怀有强烈的不满，对现存社会制度抱有彻底的否定态度，并且把人类分为好坏两类（但更多的是分为好中坏三类），认为现存的体制制造的是不科学、不道德或者是邪恶的体制，故希望对社会进行根本性的、急剧和即时的改变。当然，不是所有激进主义者都是相同的，他们之间也有激进程度的差异，这种差异取决于他们的信仰程度，以及他们可能希望运用的战略和进行变革的急切程度。激进主义有左与右之分，对社会的变革倾向于一种更公正或更科学态度的激进主义往往属于左翼激进主义，而那些倾向于使社会回到过去状态甚至是旧的价值体系的属于右翼激进主义。① 保守主义、自由主义和激进主义的世界观也不是绝对的，每一种实际的理论都具有或温和或激进的色彩。保守主义中有温和与强硬之分，温和保守主义与自由主义相接近，强硬保守主义似乎与右翼激进主义有相似之处。自由主义有左右之分，左倾自由主义强调平等，与左翼的激进主义接近；右倾自由主义与保守主义自由派相近。激进主义中也有温和与激进之分，温和激进主义一般认为，可以用非暴力形式实现社会变革，而激进的激进主义认为，只有暴力才是实现社会变革的唯一途径。

根据上述分析，下面分别对三种国际政治经济理论的各自特点与代表作品进行一定的介绍。

---

① Leon Barodat, *Political Ideologies*, Englewood Cliffs, N. J.: Prentice Hall, 1984, pp. 27—40.

一、现实主义的国际政治经济学流派

国际政治经济学的现实主义/民族主义理论是国际政治现实主义在国际政治学中的应用，它强调国际关系的动力来自国家的政治动物本能或国际政治独特的无政府结构，它促进国家在国际关系中为相对收益而竞争。这种现象也自然地反映到国家经济关系之中。所以，这一流派理论认为国际政治与经济的关系是，政治环境和政治结构决定经济关系，或者更简单地说是政治决定经济。国际政治经济学的现实主义论者是从现实主义的三个假设来思考国际政治经济关系的。

第一，民族国家是国际政治经济关系的主要行为者和分析对象。主权国家是其行为的最高判断权威；其他行为者，如跨国公司，服从于主权国家，企业之间相互交往的基础受制于国家权威。同样，国际经济关系也服从这一法则，即民族国家是国际经济关系的主体。

第二，民族国家是权力最大化的追求者。权力对国家来说既是目的又是实现其他目的的手段，这是国家的政治动物本性或国际政治结构的无政府性决定的。

第三，民族国家是理性的，以工具理性行事，但在权力追求最大化的条件下，国家在国际关系中追求的不是绝对收益而是相对收益。

因此，国际政治经济学的现实主义理论一般具有这样的倾向：（1）由于在国际经济关系中，国家之间对财富的追求是相对收益，所以国家间的政治经济关系是一种互为消长的"零和游戏"，具有相互冲突性；（2）国际权力分配格局是决定国际经济关系形式和状态的因素，即国际经济运行体制是国际权力格局下的产物，受国际权力格局的制约；（3）由于以国际政治现实主义的基础来思考国际经济，他们对国际政治经济关系的发展前途是持悲观态度的，强调

对国际政治经济关系现状的维护和管理。[①]

在民族主义国际政治经济学理论中有两种研究角度。一种强调国际关系权力分配格局或国际政治结构是国家对外经济政策和国际经济关系的基础，它与国际政治现实主义理论的联系较为密切，是一种宏观的研究；另一种重视国内的官僚制度、政治体制、政治特征和利益分配关系对国家对外经济关系的作用，它的一些研究方法受一般政治学和行政学理论的影响，如被称为"官僚政治学研究方法"的国际政治经济学就受到两方面理论的影响，一是韦伯的"理性"现代官僚概念，二是美国组织理论中"非理性"官僚概念[②]。后一种研究可称为微观研究。这两种研究并不是完全没有联系的，只是各有侧重，宏观研究中有一定的国内政治因素作用，微观研究也是以国际政治结构为前提的。宏观理论的主要代表有吉尔平、克拉斯纳等，微观理论是以卡赞斯坦、艾文斯等人的一些作品为代表。由于微观理论多从国内政治特点出发来分析国家的对外经济关系，因此往往带有比较政治经济学成分。

在宏观理论中，最著名的就是霸权稳定论。霸权稳定论是由美国经济学家金德尔伯格首先提出的，后来经过吉尔平、斯蒂芬·克拉斯纳等人的扩充与修改形成。[③] 其理论的核心内容是：一个开放和自由的世界经济需要有一个居霸主或主宰地位的强国，霸权的衰落必然导致自由开放的国际经济体系的削弱与瓦解。这种理论以国际政治的现实主义假定作为国际经济的政治背景的研究基础，提出如下四点看法。

（1）世界是内在冲突的。由于国际政治的无政府特征，规则、秩序、稳定和正义都是例外。无政府性是指缺乏一种由一个世界国家提供的全球力量来把秩序强加于各民族国家。在一个冲突的世界

---

① Jeffry A. Friden and David A. Lake ed., *International Political Economy: Perspectives on Global Power and Wealth* (4ᵗʰ), Routledge, 2000, p. 10.

② Peter Katzenstein ed., *Between Power and Plenty*, Madison: University of Wisconsin, 1978, p. 14.

③ 霸权稳定论概述主要依据吉尔平的《国际关系的政治经济学》第三章和《全球政治经济学》第四章中的相关内容。

中，权力是政治的最后决定因素，国际权力资源的分配决定着国际体系中竞争的国家间关系的格局。

（2）国家是国际关系的主要行为体，它被假定为汇聚和反映了市民社会所有成员的利益总和。每一个国家的利益都建立在渴求生存、寻求安全和追求权力的欲望基础之上。拟人化的国家像人一样具有相对固定的、不变的本性，它是自私的，追求自我利益的。在无政府的状态下，自私的和以自我利益为中心的国家追求一种相同的利益，它包括巩固（甚至是扩张）国家的领土，最大化地扩大其权力和财富。因为权力是为了生存与安全的需要，财富是为了更好地加强权力。

（3）国家利益是冲突的，由于没有一个世界政府，追求权力的国家处于一种"安全的困境"之中，一国的安全是以另一国的不安全为代价的。同样，在国际经济中，国家为了自己的安全，总是在追求相对收益。因此，国家间关系是一种你得我失的"零和博弈"。这里的国家类似于现代西方经济学中的理性角色，追求权力与财富的最大化。

（4）在无政府的状态下，实现国际经济秩序的最好方法是有一个世界帝国或霸权国，即一个具有压倒优势的国家来约束其他国家和维持和平；次优方案是大国间小心地建立或理性地维持一种均势，不使任何一个国家来破坏现状。

霸权稳定论借用了公共/集体商品理论，认为，开放自由的国际经济体制（开放的国际贸易体制和稳定的国际货币体制）就是一种公共商品。霸权国利用自己的优势地位和影响力建立这种国际经济体制，以确定各国的行为规范，防止欺诈和损人利己，分摊成本，抑制经济民族主义，从而达到限制冲突、维持秩序的目的。霸权国建立维持这种体制的力量在于具有强大的军事、经济实力和政治与意识形态的感召力，既能用军事实力左右一切，又能用经济实力（控制市场、原料和资本的供应以及具有高附加值产品的竞争优势）迫使其他国家遵守它所建立的开放自由的国际体制，而且它建立的国际经济体制所体现的意识得到其他大国的认同。但是，由于霸权稳定论者相信现代西方经济学所说的市场经济本身的功能，即扩散财富的功能，经济发展的后来者利用后发优势以更快的速度发展的功能，加之利用"公共商品"免费搭车的特点获得更快发展，从而改变了原来的国际权力分配格局。霸权国的实力衰落使得霸权国不再愿意维护这种"公共商品"，出于国际政治的现实考虑而采用经济民族主义的保护政策以保护自己的权力地位。因此，国际自由开放的经济体制受到削弱，直至最终瓦解。国际自由开放的经济体制的瓦解又导致各国间争夺财富的政治冲突，甚至战争。

霸权稳定论者认为，国际政治经济关系就是这种必然的霸权稳定与衰落的循环往复，不论技术水平的发展如何、核武器是否存在以及相互依存关系的强弱如何都不会改变国际政治经济关系的这种特点。因此，这种理论具有一种宿命论的成分。这种理论是建立在对19世纪以来英国霸权兴衰的经验研究基础上的，并且结合美国从二战结束到20世纪80年代以来的经历加以证明。不论是政治现实主义的各种假定，还是"公共商品"中的各种假定都充斥着经验实证主义的色彩。

霸权稳定论的有关著述有查尔斯·金德尔伯格的《大萧条中的世界：1929—1939》，罗伯特·吉尔平的《国际关系的政治经济学》《全球政治经济学》，斯蒂芬·克拉斯纳的《结构冲突》和《国家权力与国际贸易结构》[①]。

在微观理论中，卡赞斯坦的《权力与充裕之间》和艾文斯编的《世界体系中的国家与市场》是被较多引用的两本书。《权力与充裕之间》一书通过对六个工业化国家国内结构（他指的是统治联盟和政策网络，前者决定国家对外经济政策的目的，后者决定政策的工具）的考察来弥补宏观理论过多注重国际和跨国因素而较少触及国内因素的缺陷。卡赞斯坦认为，在面对世界经济的共同挑战时，民族国家的内部结构是产生不同反应的主要原因，离开这一内部因素，就不能理解国际相互依存与政治战略的关系，他认为国际环境

---

① Stephen D. Krasner, *Structural Conflict*, Berkeley: University of California Press, 1985. S. Krasner, "State Power and The Structure of International Trade", in *World Politics*, Vol. 28, No. 3, April 1976.

和国内结构的共同作用决定着国家的经济对外政策，但在某些特定的条件下，如霸权衰落时，国内的政治结构在决定国家的对外经济战略上显得尤为突出。^① 在《世界体系中的国家与市场》一书中，编者收集了九篇研究美、英、德、日、法、意等国国内结构对其对外经济政策影响的文章。通过对这些国家的国内政治与对外经济政策的研究，该书突出了这样的主题：尽管各国左右国际市场的能力不同，但市场并不是"自行组织"的，由于国家具有"相对自治性"（即超越利益集团影响），因而可以改变市场的规则，使市场运作按国家的预期进行。^② 微观理论实质是，强调国内结构对国家的对外经济政策的作用，反对把外部结构作为唯一的决定变量。

二、自由主义的国际政治经济学流派

自由主义者按照古典政治经济学从经济上阐述的人类交往中的自然法则，认为国家在相互经济交往中存在着共同利益。自由主义国际政治经济学理论按照比较优势的法则，认为国家间经济交往的加深以及由此产生的相互依存关系在总体上对民族国家的"自治"有着一定的削弱作用，并且国家间经济相互交往的加深在利益上造成的"一荣俱荣、一毁俱毁"状态可以促使各国在经济竞争中寻求政策的协调，良化竞争，而不是回到重商主义的"以邻为壑"的相互残杀之中。这种协调可以用一定的制度加以保证和促进，如当今世界的三边委员会、西方七国首脑会议、国际货币基金组织和世贸组织等。因此，自由主义者在国家与市场的矛盾关系问题上，更多地倾向于市场的力量，认为国际经济交往与相互依存关系的存在与加深可以改造传统的权力政治特性或消融国际政治的冲突性，发展国家间的经济交往是实现世界永久和平的重要途径。这种经济决定政治或改造政治的观点是自由主义国际政治经济学理论最重要的

---

①　Peter J. Katzenstein ed.，*Between Power and Plenty*，Madison：University of Wisconsin Press，1978，p. 3，11.

②　Peter Evans *et al*. ed.，*State versus Markets in The World-System*，Beverly Hill，1985，p. 26 – 29.

本质。

自由主义的国际政治经济学也是从三个基本假设出发的。

第一，像个人或企业这样的个体是国际政治经济学分析的主要出发点和行为角色，尽管国家在国际经济交往中占重要地位，但社会活动的目的最终要归结到个人和企业。

第二，个体是功利（而不是权力）最大化的追求者。因为对人体而言，这种功利是主观自我满足的最高价值水平，而不是民族主义者的相对利益的领先。

第三，个体间的这种利益机会成本间的理性选择（"两利相较取其重，两弊相较取其轻"的选择）是促进彼此间合作的重要手段，因为这种条件下的经济交往，使行为者不再追求一种"你得我失"的零和博弈，而是一种"双赢"的互利。

最后，自由主义论者尽管认为国家力量在经济生活中应越少越好，否则会干扰市场的作用和回报，但也主张国家提供某些"公共商品"来为维护市场的自由竞争创造必要的条件，或阻止市场失败。[①]

因此，自由主义流派具有这样的特征：（1）国际经济关系是一种零和博弈，因为国家的利益认定不是现实主义者的利益的相对增加，而是绝对收益；（2）对国际经济关系发展持乐观态度，经济相互依存关系的加深促进了国家间合作，依存关系可以改良和消弭政治的恶性竞争，进而对国际关系的和谐起着积极的作用；（3）主张对国际制度进行改良，通过一个制度设计来促进相互依赖并追求私利国家的绝对收益的增加，以促进相互依存关系的加深。

自由主义国际政治经济学流派内部在具体的研究上也有一些特点。一种是宏观的自由主义观点，强调世界经济的发展对国际政治的改造作用。其中，也有极端主义的观点，认为民族国家在世界经济一体化过程中已经让位于市场，国家主权受到了一些巨大的跨国公司权力的侵蚀，民族国家的政治结构在世界经济全球化过程中正

---

① Jeffry A. Friden and David A. Lake ed., *International Political Economy: Perspectives on Global Power and Wealth*, pp. 6-7.

在逐步过时，并将其权力转让给更能适应新的国际环境的跨国组织，声称技术和市场的发展使经济消融政治已不可避免。但更为主流的观点依据世界相互依存的现实而提出自由制度主义理论。

自由制度主义最主要的代表是罗伯特·基欧汉和约瑟夫·奈。两人在上世纪 70 年代末所写的《权力与相互依存》是自由制度主义的开山作品。书中认为，民族国家仍然是国际政治关系中的主体，但相互依存的现实已经使得传统的军事权力主导国际关系的状况有所改变，军事权力在国际经济等领域的作用已经下降，主张对权力的认识复杂化，因为控制结果的能力在各个领域中是不同的，而且国家的权力受到跨国机构的制约，在这种复杂而又多层次的政治中，在传统权力政治存在的同时，新的政治特征在相互依存的条件下也出现了，这种新的政治特征使得合作是实现国家利益的最佳方式。

1984 年出版的《霸权之后》一书是最能体现自由制度主义的理论著作。作者基欧汉更系统地阐述了自由制度主义的理论。他认为，国际制度是世界经济的重要组成部分，国际体制是一个处于国际权力关系与国家和非国家行为体之间的中间变量或干预变量，它可以由霸权国建立，但是一旦建立它便可以形成自己独立的功能，即可以促进世界经济的有效运作，减少动荡，降低交易成本和不确定性，防止市场失灵和欺诈，因为国际体制中的规范、规则可以在一定程度上对国家的行为施加影响。另外，国际体制的存在可以使国家从中预见到自己未来利益实现的可能性和其他国家行为的可能性。基欧汉强调，即使国家是一个自私的自我利益的追求者，在一个无政府的世界中，即使没有霸权的存在，但由于国际体制的存在，它们也能进行合作。因为相比较一个没有国际体制的秩序而言，尽管国际体制存在着一定的不足与缺陷，仍能相对促进国家利益。[①]

基欧汉在他的理论中没有排斥国际政治现实主义的假定，如无政府的国际结构，国家是国际舞台的主要行为体，是一个理性行为

① 关于自由制度主义的阐述参照了基欧汉的《霸权之后》（上海人民出版社，2003年）和吉尔平的《全球政治经济学》（上海世纪出版社集团，2003 年）第四章的有关内容。

体，追求利益的最大化，国家利益存在着冲突，等等。但是，他认为，国家所追求的是促进全体成员和国家的整体利益，如果每个国家在一个国际体制下的世界经济中都可以得到益处，它们就可以通过理性的比较，即"两弊相较取其轻，两利相较取其重"的选择，来比较没有体制和有体制下的利益得失，从而选择保留既存的国际体制，即选择合作，因为存在许多不利因素，如没有体制的世界经济可能充斥着更大的不确定、动荡和欺诈，建立新的体制可能成本过大，等等。而现行国际体制下的世界经济可以使国家的绝对收益得到增加，即比没有体制时的利益有所增加。基欧汉的新自由制度主义的理论沿用了国际政治的现实主义假定，但同时对其中的国家利益与理性行为角色的假定进行了一定的修正，强调国家利益应是具体的，如重视财富的绝对增加的意义，从而淡化了国家生存欲望的重要性，更加关注相互依存对国家利益实现的作用；认为理性是自我利益的绝对增加，而不是相对于他国的利益增加。同时，基欧汉的理论引入现代经济学的公共商品理论、博弈论和公共选择理论（甚至包括某种福利经济学的思想）。

基欧汉继承了国际体制是一个公共商品的观点，认为它存在着"免费搭车"的无人付费的问题。同时，基欧汉引用多重博弈的思想，认为国际体制起到一个多次重复博弈状态下的作用，使欺诈/背叛所付出的代价难以承受，由此可以减少欺诈/背叛。基欧汉把公共选择理论引用到他的国际合作的思想中，主要是强调国际体制的设计必须体现出某种福利经济学的思想，即在增加自己的利益时，也可以增加其他人的利益，至少不减少其他人的利益。他认为，美国在战后建立的国际经济体制在一定程度上就是这样一种体制。因此，他相信，即使在美国的霸权衰落后，由于国际体制的潜在优点和国家作为一个理性行为体的思维，也可能继续维持这种国际体制，维系合作。

基欧汉的这一著作在国际制度自由主义理论中也是一本极有影响的扛鼎之作，之后几乎所有关于制度研究的论著都引用这本著作。但同样，这一著作对南北关系也很少关注。基欧汉的这种理论后来又得到其他一些学者的支持与补充，如阿瑟·斯坦、查尔斯·利普森、罗伯特·阿克塞尔罗德、海伦·米尔纳、当肯·斯奈德等。

新自由制度主义的研究方法基本也是与现实主义的方法一致的，在坚持现实主义的主要假定基础上，直接引用如博弈论、公共选择理论和公共商品理论作为理论阐述的工具。它强调的是固定不变的人性、不变的思维理性，所选取的历史资料也是历史时期的某个片段，如战后世界经济的某个领域或阶段，如货币领域和能源领域，并且把这种经验绝对化，作为预测未来国际政治经济关系的准绳，认为国际体制在人们的这种工具理性的学习与选择下仍然会延续与发展下去。因此，它同霸权稳定理论一样，在方法论上仍是经验实证主义的，但在历史观上它却具有某种进化主义的色彩，不过这种进化主义仍以理性人的假设为基础，认为理性的人通过利弊比较（或者说工具性学习）可以创造和维持一种促进合作的国际体制，只要这种体制可以促进各国的福利（或安全），对所有人/国家都有利。进化的动因仍可以还原到不变的人性上。这种理论同样带有一种功能主义的色彩，带有以结果来解释原因的特征。①

自由主义流派的另一种分支是微观理论，它把研究的侧重点放在了国际经济关系对国内政治的改造上，注重世界经济相互依存关系的发展对国家内部政治关系的作用。这种研究也同样具有一定的比较政治经济研究的色彩，但与宏观理论（应该说宏观理论中也有对国内政治的分析，但研究的重点是国际政治特征）相比，影响力较小。

三、马克思主义的国际政治经济学流派

当代马克思主义国际政治经济学理论主要来自西方学者。战后马克思主义的政治经济学在相当程度上具有国际政治经济学的特色。尽管战后一些马克思主义的具有国际政治经济学色彩的理论与马克思主义经典作家在一些问题上存在着认识不一致之处，而且许

---

① 关于基欧汉的新制度自由主义的进化主义及其特征的分析详见 Andres Hasenclever et al. ，*Theories of International Regimes*，Cambridge University Press，1997，pp. 39 - 41.

多理论彼此间在观点上也存在着一定的分歧，但在一些最基本的方法上仍然与经典作家保持着一致。他们都是从生产方式出发来分析经济政治，认为资本主义生产方式导致了财富的两极分化，并且否认个人之间的交换关系必然导致社会福利的最大化这样的自由主义观点，相信资本主义作为一个内在冲突的体系应该也必然被推翻并迟早要被社会主义所取代。尽管在革命的道路和方式问题上存有一定的分歧，但马克思主义国际政治经济学都否定资本主义政治经济体系的合理性、公正性或科学性，对资本主义国际/世界经济秩序持批判立场。具体来说，战后马克思主义国际政治经济学从以下几点体现出自己的特色。

第一，用历史唯物主义的观点来解释国际政治经济关系，在政治与经济的关系问题上，强调经济决定政治，政治是经济的集中体现。在国际政治经济关系上认为资本主义的生产本质决定了资本扩张的必然性，决定着资本主义的世界经济格局，这种经济格局又决定着世界的政治面貌。这和民族主义国际政治经济学所说的国际关系的动力来自国际政治结构与国家的政治本性完全不同。

第二，马克思主义的国际政治经济学认为政治经济学的主体和分析单位是阶级，或者资本和劳动。世界经济的"中心"与"外围"的划分是这种阶级划分的国际体现，目前从经济全球化的现实出发，一些学者已经根据生产的全球化过程从全球范围进行阶级划分。

第三，马克思主义国际政治经济学认为，在国际政治经济关系中，主导阶级的行为是为了本阶级经济利益的最大化，如同资本主义市场组织方式是为了资本积累的最大化。

第四，由于资本主义的生产本质决定了在世界范围内资本与劳动的关系不可能是一种和谐的关系，而且在经济成果上必然"你得我失"，因此，马克思主义的国际政治经济学认为政治经济关系是冲突的。[①]

---

① 后三点总结于 Jeffry A. Friden and David A. Lake ed. , *International Political Economy*：*Perspectives on Global Power and Wealth* （4*th*），Routledge，2000，pp. 10 - 11。

马克思主义国际政治经济学研究集中反映在三个领域：一是发展中国家不发达的研究和西方工人运动在全球化过程中命运的研究，二是全球资本主义政治经济体系的研究。① 前者属于世界范围内贫困阶级的研究（类似于马克思对工人阶级的研究），后者是对资本主义世界体系的研究，这两者是相互联系的，因为马克思主义的国际政治经济学理论大体都是一种整体的理论，把世界范围的贫富分化与全球资本主义政治经济体系密切联系起来。前者以"依附理论"为代表；后者以世界体系理论和全球资本主义研究为代表，而"葛兰西主义学派"则是世界资本主义体系研究与西方工人运动相结合的理论。相对而言，依附理论微观色彩较大一些，主要针对发展中国家不发达的研究，而对世界资本主义体系的研究则宏观层面的特点更明显。

依附理论　依附理论是针对发展中国家不发达及其在国际政治经济中地位的理论。它起源于资本主义进入发展中国家后没有促进不发达国家发展的现实，这与马克思的预见有一定的差距。1957 年保罗·巴兰在其《增长政治经济学》中首先提出这一问题，并认为：外国资本与本国社会力量的相互作用不一定在不发达国家带来典型的资本主义生产模式的产生；相反，资本从亚非拉地区榨取剩余价值后，并没有把剩余价值用于开发第三世界，而是返回到发达国家，从而造成这些地区的发展停滞。② 在这位"依附论之父"③ 的观点基础上，其他学者后来进一步提出各种依附理论④，虽然它们之

---

① 　*Ibid*，pp. 11 - 12.

② 　Paul Baran，*The Political Economy of Growth*，N. Y.：Monthly Review Press，1957，p. 27.

③ 　Dudley Seers ed.，*Dependency Theory：A Critical Reassessment*，London：Printer，1991，p. 43.

④ 　依附理论与结构主义理论（主要以普雷维什等人为代表）同属于不发达理论，但后者并不具备上述马克思主义国际政治经济学理论的特征。国外关于依附理论的研究一般都把普雷维什的理论与依附理论分开，如吉尔平的《国际关系的政治经济学》中的第七章和西尔斯所编的《依附理论》，见 Dudley Seers ed.，*Dependency Theory：A Critical Reassessment*，London：Printer，1991。这里对"依附理论"的分析主要来自西尔斯的《依附理论》。

间存在着一定的分歧。弗兰克与多斯桑托斯认为外部因素是第三世界不发达的决定因素。根据弗兰克的解释，作为一个整体的世界，资本主义经济内在的发展动力必在其中发生作用，第三世界国家在资本主义世界经济中的地位犹如资本主义国家内部工人的地位一样，发达国家的"发达"必然要以不发达国家的"贫困化"为代价，这是维持资本主义世界经济运行的必要条件。[1] 多斯桑托斯则认为：在资本主义世界经济体系中，资本主义支配着一切，不发达国家的国内结构也是由这一体系决定的，是世界依附关系延伸的产物。尽管各个不发达国家的内部结构存在着特殊性，但都有着共性，即国际资本与国内反动势力相互勾结，形成特定的联盟进而维持着不发达的状况。[2] 从20世纪70年代起，随着一些新兴工业化国家的经济发展，依附理论出现了一些新的变化。这方面卡多佐的观点较有代表性。卡多佐认为：只有在一些第三世界国家和地区存在所谓的"历史结构"条件时，即外来资本、本国资本和本国的政治统治处于一种相互有利的关系状态下，外来资本的引入才会促进资本主义的发展，但这种发展不同于早期的资本主义发展过程，而是一种联系性的依附发展（associated-dependent development）。[3]

依附理论最大的问题是过度强调外在资本主义世界体系结构对发展中国家的决定作用，特别是早期的依附理论把发展中国家的不发达完全归因于外部的资本主义世界体系，看不到发展中国家内部发展的主观能动性，所以，有着机械结构主义的特征。事实上，在世界资本主义体系下，也有原来属于不发达的民族成为发达民族的先例。

---

① A. G. Frank, *Capitalism and Underdevelopment in Latin America*：*History Study of Chile and Brazil*, N. Y.：Monthly Review Press, 1967.

② Dos Santos, "Structure of Dependence", *American Economic Review*, Vol. 60 (May 1970), No. 2, pp. 231 - 36. 多斯桑托斯与以前的依附论者所不同的是，他认为依附不仅源于世界资本主义经济的因素，国内因素受制于国际因素也是形成依附的一个重要方面。

③ Fernando H. Cardoso, "Associated-Dependent Development：Theoretical and Political Implications", in Alfred Stephen, ed., *Authoritarian Brazil*, Yale University Press, 1973, pp. 142 - 178.

世界体系论　　如果说依附理论重视世界资本主义经济体系对第三世界国家和地区内部政治经济关系的影响的话，那么世界体系论则相对关注世界范围内整体的资本主义政治经济结构。伊曼纽尔·沃勒斯坦是世界体系论最有名的代表。尽管沃勒斯坦本人不认为自己是马克思主义者，但他的代表性作品如《现代世界体系》《世界资本主义的兴起和未来的灭亡》和《历史资本主义》被公认为具有马克思主义倾向。

沃勒斯坦的世界体系论认为，作为一种世界体系的资本主义生产方式，从 16、17 世纪自西北欧出现以来，逐步扩展到全球范围，并在这一过程中呈现周期性发展规律；尽管出现过霸权国家兴衰（如荷兰、英国、美国）和经济中心地理变化（从原来只限于西北欧转向了包括北美、日本在内的北半球），但其内在本质没有发生变化。这种稳定性是由经济、政治和意识形态形成的结构性因素维持的。

沃勒斯坦认为资本主义在世界范围内形成了一种整体性的有效的分工格局，它包括应用工资劳动的核心生产国、应用强迫劳动的外围生产国以及兼具两者的准外围生产国。各成员通过世界市场交换来实现生产的目标和获得积累。这形成了一种资本主义的世界经济体系，各个生产者地位（即国家的地位）是由它们在这种分工中的地位决定的。决定这一体系的经济结构性因素是资本主义的生产方式。

但沃勒斯坦认为，这种分工体系不仅是生产方式的产物，也是政治的产物。各类国家都交替地应用经济战略与国家权力获取世界经济中的盈余以发展自己，这就形成了世界范围内国家间的政治经济竞争。由于发达国家的政治军事实力和在经济竞争中的能力，这一体系的分工格局不仅通过世界市场交换实现，而且也通过核心地区经常性地对边缘地区施加政治强制实现。正是通过这种市场交换与政治强制，核心国家从这一体系生产关系中获得了主导地位。同时，政治经济的竞争产生的国际均势体系使得任何国家都无法单独以世界帝国的形式独占世界经济中的盈余，改变这一体系的分工和交换方式。因为对积累的争夺，各国力图通过各种政治经济战略使自己获得更多的积累，这既为技术的全球扩散提供了新的机会，也防止了某一大国以帝国方式改造和控制世界经济。这对维持资本主义世界体系具有政治上的结构作用。

沃勒斯坦还提出，资本主义生产体系创造的世界性意识形态（如种族主义和普遍主义）对维持世界资本主义体系也具有结构性作用；这种意识形态旨在使人们接受资本主义体系是一种普适的科学理性的产物，由此产生的文化不仅塑造了这一体系内所有人的思维，甚至制约着反资本主义体系运动。他认为，在这种意识形态影响下，一切形式的反资本主义体系运动和国家，自身都是历史资本主义的产物，无法超越这一体系的矛盾与制约，反而会加强世界资本主义体系。

鉴于资本主义世界体系自身在经济、政治与意识形态方面的结构性作用，沃勒斯坦认为，历史资本主义世界体系不能为现存的社会主义所取代，只有当资本主义接近其最充分发展程度时，其崩溃才能加速，才会被一种历史社会主义所取代。[①]

沃勒斯坦的世界体系论，尽管具有历史唯物论的成分，并且运用了马克思主义生产方式的观点来分析世界经济与政治，但他的方法论中仍然存在着经验实证主义的成分，因为他把资本主义世界体系的结构绝对化了，否定体系变革的可能性。这使人在其理论中看到这样一种逻辑：世界资本主义体系具有内在结构性自我维护功能，尽管其中存在着巨大的矛盾，但这种矛盾不会导致体系的变革，社会主义运动无法撼动这一体系，反而客观上起到加强这一体系的作用，因而过分地关注资本主义世界体系的"共时性"（synchronic）因素。并且他的理论还具有宿命的色彩，即资本主义体系最终的灭亡只有等到它发展到最成熟，其内在矛盾积累到最大时，类似于西欧封建主义灭亡一样，由于突然的危机被一种历史的社会主义取代，没有深入分析人在创造历史中的主观能动作用。

考克斯为代表的葛兰西主义学派　葛兰西主义学派（Gramscian

---

① 沃勒斯坦，《现代世界体系》（一至三卷），高等教育出版社，1998年；《历史资本主义》，社会科学文献出版社，2000年；Immanuel Wallerstein, "The Rise and Future Demise of the World Capitalist System", in Immanuel Wallerstein ed., *The Capitalist World Economy*, Cambridge University Press, 1979.

school）是西方马克思主义学者应用意大利共产党人葛兰西的思想来分析国际政治经济关系的一个学派。在这一学派中，加拿大学者罗伯特·考克斯是先驱，也是最有影响的代表。他的《生产、权力与世界秩序》和《社会力量、国家与世界秩序》等论著是这一学派的代表性作品。葛兰西对意大利社会的阶级分析，对国家和市民社会（实质是政治经济）关系的分析，以及对霸权（hegemony，即领导权）本质和作用的分析，都被考克斯等人应用到国际政治经济学领域中。① 一些信仰葛兰西思想的西方马克思主义学者，如斯蒂芬·基尔（Stephen Gill）、马克·鲁伯特（Mark Rupert）、克雷格·墨菲（Graig Murphy）、乔万尼·阿里吉（Giovanni Arrighi）等人，也纷纷效法考克斯，应用葛兰西的思想来分析世界经济政治，提出了自己的理论。②由于葛兰西主义学派的大多数学者都来自西方发达国家，他们非常关注西方工人阶级的状况，有些学者本身也多年从事工人运动，如考克斯曾经多年在国际劳工组织中担任官员，因此，他们的许多作品涉及工人运动、工人阶级在跨国资本流动日益加快条件下的经济与政治状况以及斗争策略。

　　作为葛兰西主义学派最突出的代表，考克斯的国际政治经济学理论主要建立在这样的逻辑上：不同的资本主义生产组织形式塑造了不同的社会生产关系，这种社会生产关系体现着一定的社会权力关系，它不仅塑造了不同的国家形态，也塑造了不同的世界秩序；但同时，世界秩序运行过程中产生的经济政治矛盾是社会生产组织方式、国家形态和世界秩序变革的动力。③ 虽然考克斯从一个历史截面来考察，认为生产、国家和世界秩序是相互影响的，但是从根

---

　　① 体现考克斯应用葛兰西思想和方法论述的论文是："Gramsci, Hegemony and International Relations: An Essay in Method", in *Millennium*, Summer 1983.

　　② Stephen Gill, "Historical Materialism, Gramsci, and International Political Economy", in Craig N. Murphy and Roger Tooze, ed., *The New International Political Economy*, Boulder: Colorado, 1991, pp. 53 - 54.

　　③ 以下考克斯理论阐述主要依据下列考克斯的论著："Social Forces, States and World Orders", in Robert Keohane ed., *Neorealism and Its Critics*, Columbia University Press, 1986; *Production, Power and World Order*, Columbia University Press, 1987.

本上来说，他的理论把决定世界政治经济秩序的最基本的因素放在了生产组织方式上。考克斯在《生产、权力与世界秩序》中开宗明义地指出，"生产创造了各种社会的物质基础，在生产过程中人类劳动组织起来的方式影响着社会生活的其他方面，包括政体"①。这使得考克斯的理论具有鲜明的历史唯物主义特色。考克斯用主要由物质能力、意识和制度三种力量构成的历史结构分析框架来分析生产、国家与世界秩序，认为这三种力量共同作用且彼此统一是形成霸权结构的基础。同时，考克斯采用了整体分析方法，强调生产、国家形态和世界秩序是相互影响的。"生产组织的变化产生新的社会力量，它们会导致国家结构的变化；国家结构的普遍变化会使世界秩序的问题发生变化"；"跨国社会力量可以通过世界秩序影响国家"；"世界秩序的具体结构会对国家采纳的形式施加影响"；"国家的形式也可以通过它们发挥某种主导作用，如通过促进某一阶级利益和阻碍其他阶级利益，来影响社会力量的发展"。②

考克斯的理论是一种把微观（生产和社会力量）、中观（国家形态）和宏观（世界秩序）相统一的、整体性的历史主义理论，从生产组织方式的矛盾与变革中考察国家形态和世界秩序的变革，从霸权或非霸权的世界秩序中来考察国家和生产的变化。通过这种分析框架，考克斯着重考察了经济全球化条件对整个西方工人阶级运动和命运产生的影响，他认为生产全球化导致了工人阶级整体力量的衰落和相对贫困化的加剧，破坏了二战后资本主义世界劳资"和平共处"的基础，正在引发资本主义福利国家和世界秩序的"霸权危机"，使战后世界资本主义秩序处于变革的过程中。所以，考克斯把西方工人运动与世界秩序联系起来，在世界经济秩序中考察工人阶级命运。

作为历史主义的理论，考克斯的理论始终坚持把矛盾运动贯穿

---

① R. W. Cox, *Production, Power and World Orders*, p. 1.

② Robert W. Cox, "Social Forces, States, and World Orders", in Robert W. Cox and Timothy J. Sinclair ed., *Approaches to World Order*, Cambridge University Press, 1996, pp. 98 - 101.

于生产、国家和世界秩序的运行进程中，成为洞察历史结构变化的主线。这一理论还体现了实践本体论的精髓，强调生产、国家形态和世界秩序都是人实践的产物，社会生产实践中产生的矛盾是推动变革的动力，不存在外在的给定性和不变的结构固定性。人的基本生存和发展要求产生了生产实践，人的生产实践创造了社会生产关系、国家形态和世界秩序。任何层次下的霸权结构都是人有意识创造的产物。没有永恒性的结构，它的内在矛盾是促使其变化发展的动力。这种对"历时性"（diachronic）因素的重视与早期的依附理论和沃勒斯坦世界体系论过度强调资本主义体系内在结构稳定性和共时性因素形成了重要差别。但考克斯理论的进化性并不是机械式的，而是非线性的。他认为，社会现实带来的结构性因素存在着巨大的"惰性"，仅仅是危机与矛盾并不能自动实现进步性的变革，强调人的主观努力是实现公正的世界秩序、促进历史进步的重要基础之一。这里考克斯的理论强调了人的思维能动和反思作用，强调了批判对促进变革的积极意义。因为批判可以改变人的固定思维，可以摧毁旧的秩序和旧制度的"天然的合理性"，触发人类变革的欲望和动力。

与考克斯相比，同属英国学派的斯特兰奇的国际政治经济学理论则没有历史唯物主义的特色。斯特兰奇的理论也是一种结构理论，但她的理论中决定国际政治经济秩序的基础并不是最终所归结的生产，而是安全、生产、金融和意识这四种结构性权力。斯特兰奇没有深入探究四种结构之间内在的相互关系，这导致斯特兰奇的理论没有对国际体系变化的动因进行深入的解释，尽管斯特兰奇强调国际理论应该关注国际体系的变化。后来斯特兰奇把国家、市场和技术视为结构性权力变化以及国际政治经济体系变化的三个决定因素，[①] 但同样没有深入分析国家形态、市场和技术是怎样变化与发展的，以及什么动因促使它们变化与发展，而只是说明了这三个

---

① S. Strange, "An Eclectic Approach", in *The International Political Economy*, ed. by C. Murphy and R. Tooze, Boulder: Col. , Lynne Rienner Publishers, 1991, pp. 39 - 40.

因素如何共同影响与决定安全结构、生产结构、金融结构与知识结构的变化。这一点使得斯特兰奇理论失去了历史唯物主义特点。由于没有解释体系发展的动因，有人甚至把斯特兰奇的理论说成是"似乎假设了一种社会永恒运动，但没有找到向前推动的驱动力"[①]的理论。在这一点上，斯特兰奇的理论不如考克斯的理论具有彻底的历史唯物主义性。考克斯理论的最终动力就是生产方式产生社会政治经济矛盾。

马克思主义的国际政治经济学的新发展 近年来西方马克思主义学者依据经济全球化的新现实提出了资本主义全球体系的新观点和新理论。其中一种是以迈克尔·哈特、安东尼奥·内格里以及威廉·I.罗宾逊等人为代表的新型"超帝国主义论"；一种是以戴维·哈维（David Harvey）、亚历克斯·卡利尼科斯（Alex Callinicos）等人为代表的"帝国主义竞争冲突论"。前者的主要作品是《帝国》和《全球资本主义》等；后者的作品主要有《新帝国主义》《美国权力的新官员》（*The New Mandarins of American Power*）等。

《帝国》的作者迈克尔·哈特和安东尼奥·内格里认为，自中世纪以来经济呈现由不同主导产业界定的三种模式。第一是以农业和采矿业为主导产业的经济模式，第二是以工业和耐用产品的制造业为主导产业的范式，而当今生产是以服务业和信息业为经济核心的范式。就像在工业化时代，农业受控于工业，被工业改造一样，在后工业化或信息化时代，工业和农业都处于服务业和信息业的控制之下，被服务业和信息化改造了。在这种新的范式下，所有生产网络化，去领土化，劳动变得非物质化，但都受制于由大跨国公司控制的信息与服务业。这种经济范式带来世界政治的新变化：国家已经被击败，公司统治着地球。国家失去了自治性，臣服于跨国经济力量，代表跨国资本集体利益的"帝国"成为主权载体，民族国家

---

① Christopher May, "Structured Strangely: Susan Strange, Structural Power and International Political Economy", in *Theorizing in International Relations: Contemporary Theorists and Their Critics*, ed., by S. Chan and J. Wiener, Lewiston: N. Y., The Edwin Mellen Press, 1999, p. 51.

地位类似于中世纪封建领主，对内管理国家，对外服从于"帝国"；"帝国"作为一种全球性政体统治着世界。在"帝国"中，权力呈现一种金字塔式的结构：顶端是由美国以及一些由一系列机制——如七国首脑会议、巴黎和伦敦俱乐部、达沃斯论坛等——联系起来的有能力控制全球货币工具和国际交换的大国；第二层是控制全球生产网络的跨国经济力量以及屈从于这一力量的一般民族国家；最基层是大众和国际公民社会。在"帝国"中，资本主义大国已经由于资本的跨国化，统一了全球市场，它们之间已经失去了过去帝国主义的经济竞争和殖民化动力，因为帝国主义和殖民主义带来的市场分割与统一的全球市场原则相悖。在"帝国"中，由于处在新的经济范式下，发展中国家虽然也在发展与增长，建立自己的工业，但它们仍处于屈从地位，因为工业与制造业不是新范式的主导产业。"帝国"作为一种超国家力量，对发展中国家施加了全面的政治经济统治。[①]

《全球资本主义》同样也认为，目前由于生产的跨国网络化，资本出现了跨国融合，出现了一个跨国资本家阶级，在此基础上世界范围内兴起了一个代表跨国资本利益的跨国国家（transnational state）全球新型政体。这一政体在全球范围对国家施加控制，使之适应于资本主义全球化的需要，由于这一新兴政体没有传统的国家制度形式，全球的控制主要依赖美国作为最终保卫者。[②] 在当今"生产全球化条件下，资本的竞争与冲突呈现新的形式，不再以民族对抗来表现"，虽然"还存在着部分跨国资本与部分民族资本的冲突，还存在着跨国集团之间激烈的对抗与冲突，这种对抗与冲突更多诉诸多种制度渠道"[③]。

帝国论整体上体现了这样的共同思想：今天的跨国生产带来了跨国统治阶级和政治统治，今天的资本主义大国关系已经不具有对抗性，它们的利益关系在跨国资本的协调下已经融合，具有了考茨基

---

① Michael Hardt and Antonio Negri, *Empire*, Harvard University Press, 2000, pp. 280 - 350.

② 威廉·I. 罗宾逊，《全球资本主义》，高明秀译，社会科学文献出版社，2009 年。

③ William I. Robinson, "Beyond the Theory of Imperialism: Global Capitalism and the Transnational State", in Alexander Anievas, ed. *Marxism and World Politics*, p. 63.

（Karl Kautsky）所说的"超帝国主义"的特点（虽然所用的名称有的是"帝国"，有的是"跨国国家"）；跨国资本通过一些国际组织和美国这样的跨国资本的代理人国家来统治世界，特别是统治发展中国家。应当承认这样的观点仍然是符合马克思主义的，而且与当年考茨基超帝国主义论还是存在区别的。因为考茨基的超帝国主义论是建立在设想的经济基础之上，而当今的资本帝国论是建立在生产全球化基础上的，并没有脱离具体的历史阶段的资本主义全球生产方式。

帝国主义竞争冲突论整体上认为，国际经济与国际政治体系是两个不同的体系，国际经济体系与国际政治体系并不是直接的对应关系。两个体系具有各自的主体性。国际政治体系的自主性是历史遗留物，是历史上经济基础的产物，它来自封建时代，在资本主义初期专制时代得到加强，由于整个世界不平衡和综合发展（uneven and combined development）规律的作用得以遗留下来，对当今的资本主义世界经济仍然具有反作用。[①] 虽然经济全球化产生了跨国资本，但资本主义大国之间的对抗冲突仍不可避免。这是因为国家体系与经济体系是两个逻辑，前者需要资本为其权力竞争提供实力基础，后者需要国家为其提供保障。冷战结束后，资本主义世界三大经济中心（美、日、欧）的发展不平衡，阻碍着资本的世界统一进程，资本主义各大国仍需要资本的积累为其提供权力竞争的实力，而资本需要国家为积累提供政治保障；各大中心的资本为了全球积累仍会利用国家为其服务，这将会在 21 世纪导致资本主义大国间的冲突。虽然目前资本主义大国仍保持着合作状态，但这只是二战后美国世界霸权把其他资本主义大国纳入其领导的历史产物，"马克思主义政治经济学不能把这样的结果作为一个默认情景赋予优先性"[②]，资本主义大国之间仍存在着冲突与战争的经济基础。

---

① 大卫·哈维，《新帝国主义》，初立忠、沈晓雷译，北京，社会科学文献出版社，2009 年，第 24—25 页。又见 Alex Callinicos，"Does Capitalism Need the State System?"，in Alexander Anievas，ed. *Marxism and World Politics*，London：Routledge，2010，pp. 19 - 21.

② Alex Callinicos，"Does Capitalism Need the State System"，in *Marxism and World Politics*，pp. 16 - 25.

第一章　国家与市场

　　市场与国家的关系是现代社会经济与政治关系的代称。因为现代社会最主要的政治组织形式是民族国家，最主要的经济组织形式是市场，特别是在国际经济领域，由于缺乏类似国家那样的中央政治权威，国际经济交往主要依靠市场这种形式。这种政治与经济组织形式是历史发展的产物，也是社会生产方式的产物。目前的世界还没有其他的政治与经济组织形式在影响上超越这两种组织形式，因此，这里仍把国家与市场的互动关系作为研究国际政治与经济互动关系的核心内容。

　　如绪论所述，国家与市场并不是各自独立，彼此互不影响，而是相互联系，相互影响与作用的。国家可以利用政治权力来规定市场主体的所有制性质（如私人的、集体的、国有的）的合法性，可以利用权力来确定分配的形式，制定各种法规来影响市场的运行规则和自由度。可以说，任何市场运行，包括世界范围内的市场运行，无不受到来自政治权力或多或少的影响与限制。市场在现代社会是一种政治化的市场，即使是所谓"最自由的市场"，也是国家"创造"的结果，是国家作为或不作为的产物，①难以摆脱国家权力的介入与干预。究其原因，主要有三。（1）任何经济体制都是在一定的政治框架下产生的，这种政治框架决定了经济体制的特点与属性。从某一个历史截面来看，既存的政治结构决定和影响着经济，使经济运行体现着政治结构、政治文化的作用。因为既存的政治结

---

　　① Karl Polanyi，*The Great Transformation*，Boston，Ma.：Beacon Press，1957，p. 139.

构也是过去生产方式的产物，过去的经济体制产生的政治结构对现存的经济体制必然产生影响。例如中国集中的政治结构是计划经济的产物，更远地说是中国封建经济的产物，它对中国现在的市场经济体制产生着重大影响，使得其市场经济有着自己的特色。（2）经济活动的主体是人、社会群体，他们的经济利益与生活福利都源于生产的分布、交换的范围和分配的方式，彼此的权力关系也源于生产、交换和分配。国家权力的行使者和体现者也是生产过程中的人、社会群体或阶级，他们必然要动用他们可支配的权力与影响来引导或限制市场的活动和规则，使之最有利于自己。（3）更重要的是，现代民族国家作为一种集体认同的政治载体，它本身就必须通过解决冲突与危机、促进民族福利与和谐来体现自身存在之必要。而市场经济在带来效率、为国家提供福利的物质基础的同时，也带来了社会动荡、冲突和危机的风险，国家必须通过权力影响和干扰市场，保证社会的正常秩序与稳定。

同样，市场（或者说市场化的生产组织形式）在现代社会也深深地影响到国家的政治权力，决定着国家的形式。马克思主义者把生产的组织方式看成阶级产生的基础，进而看成国家权力结构和属性的基础。市场化的生产组织形式同其他一切生产组织方式一样，都会产生分工关系。这种分工关系（或者不对称相互依存关系）造就了社会关系、社会权力关系和社会分配关系，这都是造就阶级和国家的基础。它们影响着国家的阶级结构、国家的属性或政治权力结构。如市场经济和工业革命使英国工业资产阶级获得了财富，进而逐步地获得了国家的政治参与权，这使得英国的阶级结构和国家性质发生了变化，把国家改造成为一种自由主义的国家，使国家成了"管理整个资产阶级的共同事务的委员会"[①]。在国际范围内，通过市场形成的经济交往与联系是国家间社会交往与联系的最深刻的基础。没有它，就没有现代国际体系。正是这种联系——国际生产与分工——成了国际/世界的阶级与权力结构划分（如中心与外围的划分）的基础。国际分工与市场形成与发展为现代国际政治形成

① 《马克思恩格斯选集》（第1卷），人民出版社，1995年，第274页。

与演变提供了动力。可以说，市场活动为各种社会力量和民族国家带来了权力关系，提供了实施权力影响的物质手段，市场化的生产组织方式及其变化加强与变革了政治权力结构。现代意识形态都与市场化的生产组织方式产生的社会形态有着密切的关联。

市场与国家的关系，从某一个历史截面来看，是一种彼此互不还原，而且其中任何一个都没有优先决定权的相互作用、相互影响的关系，市场（制度）反映着政治，政治影响着市场。

要深入理解现代市场与国家的关系，就必须深入了解民族国家和市场这两种现代社会的政治与经济的组织形式，了解这两种组织形式有什么内在的特征、功能与作用。但为了研究和叙述方便，我们对市场采用理想形态（ideal type）加以分析，这并不代表作者对市场和国家的关系持两分法的立场。

第一节　国家、市场及其组织原则

一、民族国家的特征、组织原则及其功能

在国际关系领域，现代国家的主要共同特征是现代民族国家（nation-state）。现代民族的概念是一种主观的集体想象，用人民共同体的概念替代了传统的世袭王权国家的神灵或家族认同基础（如"君权神授""朕即国家"）。现代民族的集体归属感在物质层面上是以血缘关系的生物持续性、领土空间延续性和语言的共同性为前提，在思想上是以领土上共同主人（人民主权）为认同基础。民族国家作为现代民族的政治载体用民族主权替代了过去的君主主权。虽然目前世界上一些国家并没有发展成真正意义上的民族国家，但民族国家作为一个共用的概念广涉国际关系中的国家。

现代的民族国家一般而言起源于近代西欧，主要是法国大革命的产物，正是这个"毁坏神谕的、阶层制的皇朝的合法性"[①] 时代

---

① 本尼迪克特·安德森，《想象的共同体》，吴叡人译，上海世纪出版社，2003年，第7页。

赋予了现代民族主义一个核心内容——人民主权，即共同体的所有公民，不分贫富、贵贱、等级、阶层都是国家的主权拥有者。人民主权逐步使得现代民族国家的政治制度呈现出代议制民主形式，政府体现"民治、民有、民享"的共和性质。因此，现代民族国家的特征是主权在民，作为主权的行使者的政府是人民授权，为人民服务。这种政治组织相对西欧的帝国、城邦国家和封建采邑制而言，是一种现代化的产物。它相对以前的政治组织（如部落、封建帝国、城邦国家和封建采邑）具有更强的身份归依、更合法的中央权威、更高效的动员能力，这使它逐步替代传统的世袭王权国家成为世界流行的国家形态。

按吉尔平从进化角度的总结，民族国家之所以取代以往的政治共同体，成为现代社会最有效的政治共同体，有这样一些理由。[①]

（1）民族国家比过去较大的共同体更具有认同性，因为比民族国家更大的共同体——帝国，尽管在军事上是强大的，但它只能争取和获得少部分居民的忠诚，因此，它会时刻面临着内部的反叛和外部的压力。

（2）民族国家比更小的共同体如城邦国家具有更大的规模，这使得民族国家比城邦国家具有更大的领土和更多的人口，因而拥有更多的资源应对现代战争，并能更有效地组织社会经济活动，尽管城邦国家的居民认同性大于民族国家。

（3）在组织严密性上，民族国家比过去的西欧封建体制具有更集中的政治结构、中央权威和统一居民的忠诚性，因为过去西欧封建采邑制是建立在骑士精英和驯服的农奴构成基础上的，它是以政治上的碎片化和松散的忠诚纽带为特征的。

（4）中世纪后发生的市场经济和军事革命使民族国家成为规模最佳、最适应的共同体。领土与人口规模以及领土内的统一市场使得民族国家比以往的政治组织更能承受军事革命造成的庞大的军事成本，更能有效地进行战争动员，更广泛地提供了税源基础，更能

---

① Robert Gilpin, *War and Change in World Politics*, Cambridge University Press, 1981, pp. 116－123.

激发公民为民族而战的精神。

　　恩格斯也曾从功能的角度分析过国家存在的意义。他说："国家是社会在一定发展阶段上的产物；国家是表示：这个社会陷入了不可解决的自我矛盾，分裂为不可调和的对立面而又无法摆脱这些对立面。而为了使这些对立面，这些经济利益互相冲突的阶级，不致在无谓的斗争中把自己和社会消灭，就需要有一种表面上凌驾于社会之上的力量来抑制冲突，这种力量应当缓和冲突，把冲突保持在'秩序'的范围以内；这种在社会中产生但又居于社会之上并且日益同社会相异化的力量，就是国家。"① 虽然恩格斯没有提及民族国家的概念，但他对国家存在的意义及其作用的界定同样适用于民族国家。从恩格斯的分析来看，国家正是由于它具有缓和冲突、解决危机，维护社会统一的功能得以存在。然而，进入现代历史后，市场经济的出现、对外的政治经济竞争都会给社会带来冲突与危机，民族国家给了国家一个更合理、更有效的理由来缓和冲突，应对危机。因为民族国家不再是过去的"神授"的王权国家，而是人人皆为主人的"人民共同体"，属于同样神圣的民族。两者虽然都具有超验性，但民族国家（至少表面上）更体现出合理性、广泛的社会代表性。

　　正是现代民族的这些优点和功能，使它作为现代最流行的人类共同体，流行于整个世界。西欧民族国家的成功以及它们对世界的主宰使民族国家这种政治组织形式扩散到了整个世界，使得落后的民族为了本民族的生存与发展而效法这种政治组织形式。可以说，西欧民族国家的成功开启了一个世界性国家改造过程，逐步地使世界各地的国家向着民族国家这一形式靠拢。虽然，各国在民族国家发展的进程中并不平衡，但民族国家成为一种趋势，影响着非现代民族的国家建设。

　　国家（政府）必须通过其行为再现这种象征，如政府维护国家安全，保障社会秩序的活动，为促进所有人民福利而发展经济的活动，为促进民族的科技与文化教育等事业的发展、提升整个民族的

---

① 《马克思恩格斯选集》（第 4 卷），人民出版社，1995 年，第 170 页。

素质而开展的活动，保障社会公平和公民自由的行为……可以说，这种集体的"想象的共同体"赋予了民族国家从理论上说对民族的无限责任。同时，反过来说，成功的现代民族国家，或者说，只有对民族承担了更多责任的民族国家，才能增强民族认同的凝聚力。所以，历史上，福利国家比自由主义国家和新自由主义国家更具凝聚力。

虽然，从功能上来说，各种理论大体认同国家功能的一致性，但它们对国家本质的解释是不同的。自由主义和现实主义的国际关系理论都认为，民族国家实质上是全民的国家，代表的是整个民族。自由主义理论更多的是强调国家是一种"社会契约"的产物，国家利益是平等的社会成员通过谈判与讨价还价产生的社会共同利益，国家的作用在于维护这种共同的利益。现实主义的国家理论更多是从马克斯·韦伯的国家理论出发，认为国家或政府（或者管理国家的官僚体制）是一个"理性"和"效率"的产物，它是超越各阶级、阶层和党派利益的。因此，现实主义和自由主义国际关系理论中的国家都是"公众意志"的产物。而经典马克思主义国家学说认为，国家是阶级的国家，代表着统治阶级的利益。但近年来，也有一部分马克思主义学者认为，国家要获得社会的霸权，维护阶级的长远利益就必须以普遍利益的形式来表达它的意志。考克斯就认为，在一个统治秩序稳定的国家内，国家的行为是由"历史集团"（historical bloc）决定的，这种"历史集团"需要统治阶级把其阶级意志以一种普遍的利益形式表达出来，并赢得被统治阶级的认同，从而形成一种体制的要求。这种体制的要求决定了国家的行为似乎代表着普遍的公众利益，这样才能获得社会的霸权。[①] 中国共产党的"三个代表"的重要思想在一定程度上体现了这种观点。所以，虽然当代马克思主义视域中的国家与现实主义和自由主义的国家有着本质的区别。前者是阶级的民族国家，后者是全民的民族国家。但两者相同之处都是强调国家是"公共意志"的产物，是以"超

---

① Robert W. Cox, *Production, Power, and World Order*, Columbia University Press, 1987, pp. 6 - 7.

越"社会力量之上的面貌出现的。这样，在国际关系中，国家作为一种立足于一定地理范围内的社会"超然"力量与外部国家相互进行着互动，国家对外是一种"统一"的行为体，一种内部各种社会力量整体的象征。

现代民族国家是从欧洲专制的世袭国家发展而来的，因此，它"继承了世袭王朝国家的形态并赋予它一种新形式"[1]，即具有人民主权及其民主代议制的新的形式，又继承了传统封建国家的组织形态——主权的垄断性与等级制，把人民主权形式与主权的垄断性与等级制组织形态结合起来。这种主权的归属不再是获得神灵授权的国王，而是基于领土和文化精神认同的抽象集体。正是民族国家这种共和属性，加强了主权这一被格老修斯称之为"管理国家的道义力量"[2]，使之具有更大的合法性来履行国家消除危机、缓和冲突的根本功能。

主权是国家对内的最高统治权与对外的独立权。在现代民族国家中，国家的对内最高统治权决定了这种权力只能由"共同体内"的集体享有，由其代议制产生的政府具体行使；对外的独立权意味着国家的最高统治权具有不受外部干涉的排他性，域外民族作为"他者"不是主权的享有者，不具有干预民族内部事务的合法性。这两个方面体现着民族国家的权力的垄断性特点。另外，为了保证国家权力的有效行使以及内部利益的协调，国家内部权力分配呈现出一种等级制。中央政府代表着国家最高权威，体现着社会所有力量的共同意志，具有对个人权利以及地方权利更高等级的合法性，履行其根本的功能。任何个人与地方的政府凌驾于国家（中央政府）的权威之上，既违反了社会的共同利益，也侵犯了他人和其他地方的权利。

现代民族国家及其人民主权的特性既赋予了国家更大的合法性

---

① Michael Hardt and Antonio Negri, *Empire*, Harvard University Press, 2000, p. 95.

② Hugo Grotius, "On the Law of War and Peace", in Marc Genest ed. , *Conflict and Cooperation: Evolving Theories of International Relations*, Orlando, Fl. , Harcourt Brace & Company, 1996, p. 147.

来行使主权，也对政府施加了更为强大的压力履行其根本的责任，以保障政府的合法性，再现和巩固民族的认同。国家必须通过履行一些具体职责来完成其基本的消除危机、缓和冲突的功能。民族国家具体的职能，除最基本的救灾、防治重大疾病传播和救济穷人外，还包括保卫国家的安全与领土完整，保障国内的社会秩序，促进经济和科技教育事业的发展，维护社会的正义，保证人民的基本自由。这一切可以概要地体现在以下几个具体职责上。

（1）安全职责：对外保障国家的独立与领土完整，防止外来的侵略与攻击，尽其所能获得与其他民族平等的国际地位；对内保障社会正常的政治秩序，维护社会的基本稳定与安全，打击一切破坏社会秩序的敌对力量和犯罪活动。这是维护社会物质性存在不可缺少的职责。

（2）福利职责：在对外经济交往中，为本民族的经济福利获得相对多的资源，争取更好的对外经济交往的条件，为本民族获得更多的财富；对内组织、管理社会经济活动以促进本民族的经济发展，为本国人民的社会福利提供经济基础。福利职责是国家为促进经济发展，增加民族福利而实施的行为，甚至包括直接干预经济的行为。福利职责也是民族国家保障民族国家合法性的物质保障。

（3）发展职责：为了民族的竞争力和长远的发展，国家要通过举办科技、教育和文化等事业，提高整个民族素质，增强本民族智力基础和共同的认同基础。现代的民族国家处在一个相互联系、相互竞争的国际环境中，国家的独立与繁荣需要相对领先的物质基础来保障，民族的身份认同既建立在国家文化教育的熏陶和灌输的基础之上，更立足于国家繁荣发展的业绩。这都需要国家通过加强教育，促进文化建设，推动科技发展来增强民族素质与竞争力，通过在国际竞争中的优异表现来增强民族的自豪感、认同感。民族素质和竞争力的提高也是安全职责和福利职责长远的保障。

（4）公平职责：促进社会的公正，保障所有民族成员获得机会（甚或结果的）公平是民族国家无法回避的责任。维护社会公平是民族国家中人民主权的体现，作为现代民族的政治载体必须确保共同体所有成员的平等。在共同体内，任何社会成员形式不平等、实质不平等都有悖于民族国家的人民主权的原则。

（5）自由的职责：在现代民族国家中，人民主权的原则要求政府有义务保障人民在法律下享有的基本自由，除非获得人民的授权否则不能对人民自由进行限制。因为民主共和体制下，政府及其法律是人民授权的产物，"法不禁止即自由"体现的是政府无权超越人民及其代表的授权侵犯人民权利的原则。政府必须依据（人民及其代表制定的）法律来管理国家。

国家的这些具体职责体现了斯特兰奇所说的社会稳定所需的"财富、自由、安全和公正"四大价值①。然而，随着市场经济的运行和国际市场的融入，民族国家是很难承担民族国家特征所施加其身的无限责任的。国家内部的社会权力关系，国家的内部阶级属性往往决定了国家实际代表谁，国家的政策倾向于谁。为了社会的稳定与凝聚，缓解社会冲突与危机，国家必须从中进行平衡和协调，国家平衡协调的程度使得民族国家呈现出不同的形态——自由主义国家、福利国家、新自由主义国家。

自由主义国家除少数职责外，更多地依赖市场来实现社会的和谐、福利、发展、公正和自由。福利国家则承担更多的职责，在市场机制之处，还通过国家的干预，来保障社会的和谐、福利、发展、公正和自由。新自由主义国家则是福利国家向自由主义国家的回归，再次强调市场的作用，减少政府对社会的责任。所以，福利国家比自由主义国家和新自由主义国家更加获得全体公民的认同，更大程度上体现了现代民族的本质要求，但它也在一定程度上束缚了资本。

任何一个现代社会，其稳定与和谐都必须以四种价值的同时存在与合理分配为前提。虽然特定的历史时期这四个价值的分配可能存在着差异，但绝不能长期只突出一种价值而不顾及或偏废其他社会价值。如我国在改革开放的初期，提出"效率优先、兼顾公平"的原则，它是针对过去平均主义和"大锅饭"造成的长期福利缺损提出的，但这一以效率为优先的实践造成了社会公平的严重缺损，

---

① Susan Strange，*State and Market*，London，Printer Publisher，1988，p. 17.

导致了社会的动荡。公平也是现代民族社会必备的一种价值要求，离开公平也不可能有长久效率，只有社会价值协调分配，社会才可能获得可持续发展。所以，作为民族的载体，民族国家所关注的社会目标绝不可能是单一的社会目标。

目前民族国家面临最大的挑战是社会公平。经济全球化带来了国际约束，使得国家在维护社会公平上越来越力不从心，国家面对全球市场只能以牺牲公平来赢得财富增长。在一些发展中国家，由于它们历史上发展水平低，本身的福利基础差，经济全球化带来的社会公平问题不如过去发达的福利国家突出，甚至经济全球化还使得福利水平有所提高。但必须指出，即使这样，许多发展中国家仍然不是通过国家干预的形式来实现社会福利增加的。而在发达的西方国家，由于新自由主义国家放松政府干预之手，在社会价值的分配上越来越偏离公平，这导致民族国家的合法性危机不断增加。

正因目前单个的民族国家在经济全球化下，无力独自地解决社会公平问题，所以，整个世界要求在全球层面建立新的治理来解决这一问题的愿望不断增加。对民族国家来说，面临着是一种新的转型、一种新形式的要求。

二、市场的组织原则、功能与社会影响

现代经济主要的组织形式是市场，这个论断是从当今世界各国的主要经济组织是市场这一现实得出的。在国际范围内，市场更是绝对主导着经济资源的配置方式，因为在国际范围内没有一个中央政府在国家之间进行资源的计划调节。市场经济说到底也是一种生产的组织形式，它是通过市场的价格竞争机制来调配资源组织生产，而不是以行政指令和劳役掠夺方式来组织生产的。

在西方现代经济学中，假定了一个没有政治与社会因素干预的市场，这种市场的定义是：一种物品的买主与卖主互相作用，以决定其价格和数量的过程。这种物品可以是一般的日常消费品（包括有形的消费品和无形的服务），也可以是生产要素（资本、土地和劳动）。按照现代西方经济学的逻辑，通过一个又一个这样讨价还价的交易过程，市场决定了社会经济生活中"生产什么，如何生

产，为谁生产"的问题。生产什么是由消费者出价高低和生产者利润的高低决定的，如何生产是由价格竞争机制决定的，为谁生产取决于生产要素市场的供应与需求，或者说，取决于生产要素拥有者之间的分配结果。① 其实，这是一种理想类型的市场。在这里应用这一理想类型的市场是为了便于分析市场的功能及其社会影响。

一般而言，理想的市场调节是将经济活动集中在有利于发展生产并获得高额利润的地方，其核心在于市场组织是必须以开放性与竞争性为原则的。开放性就是市场对所有人开放，老少平等，童叟无欺，竞争性就是所有市场参与者都是以效率为准则决定输赢。所以，纯粹的市场组织原则是以效率为基础的，它要求消除一切阻碍价格机制运行的政治因素和其他社会因素。

市场取代其他经济组织形式在于它比以往的经济组织更有效率。这种效率与市场内在的动力密切相关。这种动力包括三个方面：

（1）商品交换与服务的相对价格的重要作用，即商品与服务交换过程中，相对价格的低廉是决定交易成功的关键；

（2）竞争在决定个体与组织机构行为中的主导作用，即价格的竞争迫使生产者千方百计地降低成本，改进技术，提高劳动生产效率；

（3）效率是决定经济行为主体能否生存的关键，即高于平均生产成本的生产者很难在这一生产领域中生存下去。②

正是因为市场经济的这些动力特征，市场对社会最重要的影响就是具有促进经济增长、发展生产力的功能。静态意义上，市场可以迫使所有市场的参与者提高生产效率，扩大社会的财富总量，促进资源的再分配，更有效地利用世界稀缺的资源，增加消费者的消费基础。动态意义上，市场经济的功能在纯经济方面是，迫使生产者不断地进行技术创新和管理的革新，以提高技术水平与生产效

---

① 萨缪尔逊和诺德豪斯，《经济学》（第 12 版，上），中国经济发展出版社，1992年，第 72—73 页。

② 吉尔平，《国际关系的政治经济学》，经济科学出版社，1989 年，第 26 页。

率，从而使生产力在质上有不断的提高，用李斯特的话说，增强了生产财富的能力，而这种财富生产力比财富本身重要得多。[①]

市场这种效率的功能产生的巨大经济成就是不可抹杀的，即使是对资本主义持批判态度的马克思也对此大加赞赏。马克思认为，市场的自由竞争使得资产阶级不再有中世纪"好勇斗狠"骑士的"懒散怠惰"，"资产阶级在它的不到一百年的阶级统治中所创造的生产力，比过去一切世纪创造的全部生产力还要多，还要大"，"自然力的征服，机器的采用，化学在工业和农业中的应用，轮船的行驶，铁路的通行，电报的使用，整个大陆的开垦，河川的通航，仿佛用法术从地下呼唤出来的人口，——过去哪一个世纪能够料想到有这样的生产力潜伏在社会劳动里"。[②] 一百多年前马克思赞赏的资本主义在市场条件下取得的经济成就与今天的成就相比可能微不足道。资本主义的巨大成就有理由认为是市场组织带来的，而不是私有制带来的。因为私有制已经延续几千年了，但私有制与其他的经济组织形式结合并没有产生如此巨大的经济成就。这说明，市场是迄今为止人类最有效率的经济组织形式，同时，这也说明，市场作为一种社会经济资源的配置方式，不一定必然与私有制联系在一起。美国学者约翰·罗尔斯就曾说过，"自由市场的运用与生产资料的私人占有之间并无本质的联系"[③]。正因为如此，中国经济采取市场模式后，中国在近30多年来取得的经济成就大大超过以往社会经济成就的总和。

鉴于此，有人把现代社会经济生活的决定作用归于市场，而不是资本主义、工业主义和科技发展，[④] 这是非常有道理的。正是市场变革了社会的经济生活，也对社会的其他方面产生了巨大影响。市场带来的生产力的提高和社会财富的增长使得国家具有更强的物

① 弗里德里希·李斯特，《政治经济学的国民体系》，陈万煦译，商务印书馆，1983年，第118页。

② 《马克思恩格斯选集》（第1卷），人民出版社，1995年，第277页。

③ 约翰·罗尔斯，《正义论》，何怀宏、何包钢、廖申白译，中国社会科学出版社，1988年，第262页。

④ 吉尔平，《国际关系的政治经济学》，经济科学出版社，1989年，第23页。

质基础和对外竞争力，这种物质基础可以促进社会福利，发展科技、文化和教育事业，可以进行扶贫和转移支付，减少社会的贫富差距，促进社会公平，可以为社会成员的自由提供更好的技术手段以及更大的自由发展的空间。

市场的作用不仅仅是增加了财富，还对社会具有重要的改造功能，表现为以下五个方面。[1]

（1）市场具有天然的地理扩张性，一个社会被吸到市场之中，这对这个社会来说具有改造作用。如果没有政治与地理限制，它总是要跨越一个又一个政治边界，把越来越多的没有处于市场经济影响下的人口纳入其影响范围。这种扩张性是由市场内在的本质决定的，因为市场竞争迫使生产者不断地获取廉价的劳动力和资源，这使得市场经济具有内在的地理扩展性。市场的扩大有助于产生规模生产的效应，规模效应可以大大地降低成本，提高效率，这是竞争压力带来的市场地理扩张的必然趋势。市场的地理扩张性带来的交通、通信的改善反过来也为市场经济的地理进一步扩张提供了条件。市场经济的地理扩张性要求克服政治对市场的限制作用，改造传统社会的生产组织方式和封闭性，这对社会传统的生产方式及其相关的政治结构产生挑战。这种挑战与市场产生的下列社会影响有着密切联系。

（2）市场经济具有把社会的一切关系都"市场化""商品化"和"金钱化"的趋势。市场这种生产组织方式是建立在交换基础上的，生产过程中的交换关系扩展到社会所有的关系上也属必然。这是生产过程中市场交换关系外溢的结果。马克思曾经说过，资本主义市场经济"使人和人之间除了赤裸裸的利害关系，除了冷酷无情的'现金交易'，就再也没有任何别的联系了"[2]。这种社会关系的"市场化"对整个社会的传统结构和关系具有巨大的破坏作用，是对社会传承下来的美德、道德和良知的一种否定。无限制推崇和放任这

---

① 这里所说的市场的经济与政治影响参照了吉尔平的《国际关系的政治经济学》第 26—30 页。

② 《马克思恩格斯选集》（第 1 卷），人民出版社，1995 年，第 253 页。

种社会一切关系的"市场化"将对社会的基本和谐、稳定和政治的廉洁起到极其负面的作用，会破坏整个社会的凝聚力和团结。

（3）市场经济的盛行还会给社会带来一种与市场经济相适应的效率意识。这种意识可能与社会传统的尊卑等级、平均主义和论资排辈等观念产生矛盾与冲突，打破社会原来的等级体系、传统习俗；如果把市场竞争的原则引入社会的其他领域如政治领域，对原来社会的传统政治框架和政府管理模式会造成巨大的冲击。韦伯曾提出三种正式的政治支配和权威的形式：魅力型领导、传统世俗习惯产生的权威以及官僚型支配（现代的法律和国家、官僚）。但在市场经济条件下，旧的魅力型权威统治以及建立在世俗传统习惯上的权威都会受到以效率为导向的竞争的挑战。建立在现代法律基础上的官僚制度体现了理性合法性，但在市场经济条件下，工具理性是衡量理性合法性的重要标准。现代官僚体制下，国家如不能促进经济增长，同样将失去合法性基础。

（4）市场还有一种财富的再分配效应。在现代西方经济学的理想模式中，市场中的任何人、任何国家都可以在市场的分工交换中获益。由于人、国家的能力、机遇、现存禀赋条件和地理位置等因素的不同，总是一部分人、一部分地区或国家先富起来；随着市场经济不断深入，比较优势的变化和技术的转移，市场经济体系内相对贫困的人口与国家具有一种"后发优势"，他们利用相对低廉的土地与劳动形成新的经济增长中心，这可能导致财富在市场经济体系内发生扩散，形成平均化的趋势。但是，事实上这种扩散并不是均衡的，它往往青睐于那些经济条件更为优越、更具有灵活性、更有利于提高效率的地区与人口。从逻辑上看，市场经济总会导致竞争优胜者逐步少数化，形成贫富两极分化，使得市场在国内与国际上产生一种不均衡的发展过程。市场竞争迫使人们进行技术创新，采用新的生产手段，减少生产的成本，这会导致熊彼得所说的"创造的毁灭"，导致拥有传统技能的人失去原有工作岗位，不能跟上科技与管理革新步伐的企业遭到淘汰。资本将集中于少数幸运的胜利者手中。如果没有一定的社会保障，市场失败者的生存会受到威胁。这种结果不仅破坏了现代民族假定的平等，而且也损害了现代民族假定的自由，因为没有物质基础，自由是空幻的。这种结果在现代民族国家内不论在政治上和道德上都是难以让人接受的。最后，市场竞争导致的社会贫富分化破坏社会再生产的作用。因为市场经济的效率机制产生的日益增加的产品将面对的是一个不断萎缩的消费群体，这种局面的不断发展必然导致社会再生产难以为继，这对社会的稳定与秩序将产生重要的破坏作用。

（5）市场还会产生一种社会权力关系。在市场经济中，不论是国内还是国家间，市场主体之间的关系并不是平等的，而是存在着一种等级关系，这种不平等关系是要素供求关系的不平衡造成的。生产者要素的需求强度和供应能力存在着不同步性，使得要素拥有者之间相互依存关系存在着不对称性，这种不对称性就是市场产生的社会权力关系的根源，通常的情况下，稀缺生产要素的拥有者总是对丰裕要素的拥有者具有一种社会权力。另外，市场产生财富的再分配是产生或加剧社会经济依附和政治支配关系的重要根源，因为财富往往会转化为政治影响，从而形成政治权力。

在以上的问题之外，市场所谓的自我调节作用也并不总是有效的，还存在着市场失灵的可能，影响着市场最重要的效率功能的发挥，并能对社会产生负面作用。市场失灵主要包括这样一些情况：不完全竞争和负外部经济效应、信息不对称等，除了市场失灵外，市场经济还会导致公共商品的供应不足。最后，市场调节本身存在着缺陷，如调节的盲目性和滞后性。这一切都会带来社会动荡、冲突与危机。

完全竞争的市场是一种完全开放的市场，没有任何买方与卖方能对市场竞争施加限制，不完全竞争的市场是一种开放度与竞争性都不充分的市场，是一种非理想状态的市场。不完全竞争是指少数的市场寡头（既可以是买方也可以是卖方）对市场竞争施加了限制，阻止市场效率的充分释放。不完全竞争从逻辑上讲，是市场竞争的必然结果，因为市场竞争不可能形成大家都是胜利者的局面，竞争的结果只能产生少数幸运者。少数胜利者可能运用其垄断地位扭曲市场价格机制，使得自己获取超常利润，并可能把这些利润用来影响社会舆论和国家立法权力，使自己的垄断永久化，破坏社会的公正，从而阻止市场效率的进一步发挥。因此，市场的效率功能不是绝对的，在市场竞争发展到一定阶段时，它反而会产生异化，导致其效率功能的失效。

负外部经济效应是指企业或个人向其他人施加了损害，而又不向这些人支付应有的代价，增加了其他人的生产和生活成本。环境破坏是一个最典型的例子。当一个企业向公共空间不受制约地排放污水和废气时，它在获取经济利益的同时却把治理环境的成本扔给了社会，增加了其他社会成员的生活成本以及其他企业的生产成本。这种负外部经济效应是市场竞争下必然的结果，是市场竞争者为了提高效率而采取的行为的必然后果，它无法通过市场自身的调节来加以控制。因此，市场客观上会带来损人利己的效应。

市场调节本身也会遇到市场交易者对有关信息的了解差异带来的问题。在市场交易过程中，并不是每个交易者都对市场信息有着充分的了解。掌握信息比较充分的人员，往往处于比较有利的地位，而信息贫乏的人员，则处于比较不利的地位。市场中卖方一般比买方更了解有关商品的各种信息。这影响了市场交易的公平性，增加了交易成本以及资源的配置的有效性。信息不对称是市场自身的弊病，会导致市场价格信号的紊乱，对市场调节要实现的效率具有很大的危害性。

市场经济下，由于每个企业都希望以最小的成本获得最大的收益，因此，没有企业希望承担公共商品的费用，如维持社会的法治、秩序、国防的费用，修建公路等公共基础设施的费用，支持教育与科技事业的费用，而这些公共商品又是社会包括经济活动本身所必需的。市场本身是很难促成这种公共商品的提供的，公共商品一般是在税收的基础上加以提供的，但市场是无法通过自身的调节来实现企业自觉纳税的，因为价格竞争机制迫使企业尽力增加积累，纳税意味着积累的减少。没有税收意味着社会的公共商品将无人承担成本，缺乏了公共商品，整个社会包括经济活动的正常有序运作都将难以为继。因此，市场本身内在地具有使社会失序的功能。

市场经济还存在着调节"滞后性和盲目性"的特点。市场调节的"滞后性"是指市场的价格机制对生产的调节只能是一种事后调节，即它无法为经济活动参加者在事先提供准确的生产信息，而只是在某种商品供求不平衡，价格上涨或下跌后，向生产者提供扩大或减少这种商品供应的信号。市场调节的盲目性是指，市场的价格机制不能为分散在各自的领域单独从事生产的经营者，提供经济变化趋势的具体数据，而完全依赖生产者依据事后的价格信号盲目生产。这些特点会导致市场出现周期性的波动。由于专业分工，市场经济产生一种相互依赖关系，从而使得个人、企业和国家具有一种易受外部经济周期波动影响的脆弱性。当经济周期的衰落期出现时，经济萧条带来的破产与失业可能引发社会动荡、革命与战争。

所以，市场经济对社会的作用利弊互见，好坏参半。一方面，市场经济具有效率功能，它可以促进经济增长，提高经济内在质量和发展生产力，从而为国家的安全提升、社会福利增加、民族素质的提高提供物质基础和刺激作用，因此对民族国家实行其职能有巨大的积极作用；但另一方面，市场对社会也存在着巨大的破坏和改造作用，会给国家的安全、社会的稳定、秩序、公正带来冲击，会束缚社会成员的自由，甚至它的内在的种种属性也会影响它本身效率的发挥。总之，市场既能带来效率，也能带来社会危机与冲突。

因此，无论是从市场的内在性质出发，还是从市场自身健康运行的要求出发，市场都需要国家的呵护、引导、监管和一定的限制；对市场采取完全放任的做法，将导致社会动荡、民族分裂、政府腐败、道德沦丧、平等缺失、自由难保，甚至是市场效率本身的丧失。

三、民族国家对市场的反应

民族国家作为民族的政治载体，作为一种超越社会之上的力量，它的最大作用是缓解冲突，消除危机，凝聚认同。国家职责不单纯是提升效率，还有安全、发展、平等和自由等。虽然市场带来的效率可以为安全、福利、发展、平等和自由提供物质基础，但它并不能自动地实现这些目标。相反，市场在追求效率的同时，会自动地对国家的安全、社会的稳定，公民的平等与自由产生负面影响。由于市场对社会具有双重作用，国家必然既要积极促进市场运行，发挥市场对社会的积极作用，利用市场提高生产力，增强社会的物质基础，又要对市场进行限制、引导和监管，控制市场的消极作用，使市场符合民族国家内在的属性要求。这样，国家不可能对市场采取放任自流的态度。

面对市场的地理扩张带来的影响，国家为了自己的独立与强盛，总是在国际上力图引导市场的力量向有利于本民族的方向发展，总要力图在国际市场上的依赖关系中处于有利的地位。在有利于本民族的情况下，民族国家或积极推动市场的扩张，应用国家的力量积极打开外国市场，出口产品扩大就业；或积极引入外来的资本与技术，促进本国的经济增长，增加税收扩大就业。在不利于本民族的情况下，国家会进行干预，进行贸易与资本流动的限制，以保障本国的经济与社会稳定。当今的经济全球化使得民族国家处于两难的局面，但国家仍努力设法控制经济全球化的节奏，力图使经济全球化更多地惠及本民族。

面对市场产生的社会关系"市场化""商品化"和"金钱化"的趋势，各个国家都在努力控制这种趋势的蔓延，往往通过法律的约束、道德的规范、宗教和舆论的引导力争把这一趋势控制在一定的范围，以防止社会成员的道德沦丧，破坏社会的和谐、政治的清明和社会的公平。没有一个国家对"交换关系"的无限扩展采取"放任自流"的态度。只是国家对这一趋势实际控制的能力存在着差异。所以，现代国家对市场交换关系并不是没有限制的，总是力争在经济领域维护公平的竞争，在政治领域强调公民的平等、政府的廉洁，在社会领域维持传统的美德与互助精神。

面对市场带来的效率意识，民族国家往往处于两难的处境。一方面国家需要效率意识促进民族的发展，增加民族的实力；另一方面，国家也要防止效率意识带来的社会分裂以及传统的等级体系破灭带来的社会动荡。特别是在现代民族国家中，由于效率导致的社会成员的实质不平等更具有革命与变革的可能，国家更要注重贫富分化的加剧。为此，现代民族国家总是在倡导效率意识的基础上，想方设法地宣扬平等、互助、博爱和公益意识来消除或缓解追求效率带来的社会动荡以及财富和权利的不平等。西方社会对富人慈善的宣扬与鼓励，对民主平等意识的宣扬与鼓吹，虽然存在着一定的虚伪成分，但在一定程度上也是对单纯效率意识的一种抵消。

市场经济最大的负面社会政治结果是财富分配的两极分化，以及由此带来的社会权力关系的失衡。这与民族国家的内在属性存在着巨大的矛盾，影响着公民对国家的认同，潜在地造成社会的撕裂，最终影响着市场本身的效率。因此，民族国家发展得越是成熟，它对市场带来的财富分化与社会权力关系的不平等越是保持高度的警觉，越会积极采取措施控制和缩小这种经济与政治的不平等关系。国家经常通过收支分配的调节手段，如累进税制、转移支付来减少财富分配的两极分化，采取对低收入社会阶层进行诸如食品、医疗和住房方面的补贴等社会保障方式缓解财富的极化效应。

为了应对市场产生的社会权力关系的不平等，现代民族国家已经摒弃了基于买卖关系形成的奴隶制度，禁止任何市场雇佣关系下形成的奴役。虽然，目前市场关系造成的社会权力关系的不平等仍然存在，但至少在发达的民族国家中，市场参与者之间名义上是平等的关系，彼此之间有着选择的自由。国家甚至会通过国家权力来保障市场交换过程中弱者的权利，在法律上赋予劳动者权利和渠道来维持自己的经济与社会利益，如通过最低工资规定、基本的劳资雇佣关系要求、必要的劳动条件和时间的要求、强制性的社会保障措施等来限制市场交换过程中资本的强势地位和权力，制约市场交换下非强制性的不平等。

现在现代民族国家已经有了基本的共识：在市场运行影响国家的安全、社会和谐和经济稳定的情况下，国家应当干预市场；同时国家也要积极引导与控制市场，不使市场成为民族分裂、社会动荡的因素。

即使是当今崇尚市场自由的经济学家也承认，国家不应该完全漠视市场对社会的负面影响，认为政府对市场的作用应该放在提高市场效率、维持公平和对市场进行反周期的调控以避免市场失灵对社会造成动荡。这包括：

■政府应当通过法律与行政的手段对市场失灵进行纠偏，减少和阻止垄断，维护公平的竞争；政府应当通过法律与行政的手段，防范市场主体带来的负的经济外部性；政府还应当通过努力扩展信息获取的公开渠道，阻止企业的主观和客观的损人利己做法；

■政府应该一方面提供公共商品，另一方面为公共商品的提供以及收入分配的调节进行强制性征税；

■政府应该采取宏观经济调控政策，用财政或货币手段来抵消市场调节的"盲目性和滞后性"带来的经济周期波动，从而避免社会的动荡。①

市场是在一个又一个民族疆界之内运行，因此，民族国家的政治属性使得市场并不能像现代经济学所设想的那样完全按自身的逻辑运行，现实的市场受国家力量的影响，呈现出某种政治特征。

现代西方经济学假设的市场主体是相同的，只对价格信号做出反应，分工只按照比较优势的原则来确定，每个人、每个地区、每个国家都能找出自己的比较优势，从而在市场的分工交换中都获得收益。因此，在市场中的所有人、所有地区和国家都存在利益的一致性。市场的调节可以使国家安全得以保障，社会福利得以增长，民族素质得以发展，平等得以维持，自由得到保证。但在现实世界中这一切都是虚幻的。生产的组织过程本身造就着一种社会权力关系，造就着不同的阶级。阶级就是在生产过程中处于不同地位的群体，由于在生产过程中的地位不同，各阶级在生产过程中的经济利益和社会权力也不同。这些阶级在国家政治生活中的力量消长，决定着现实世界中市场经济的特征。因此，现实的市场不是中立的，现实市场所体现出来的特点就是国家的政治结构特征。国家对市场的种种反应强度与力度取决于国内主导社会力量对市场的反应。如果一个国家主导的社会力量在市场机制中会失去重要的权利与利益，它对市场的容忍度，即对市场的开放度和竞争度的容忍性，将越来越小，市场的运行将更多地受国家的管控。相反，如果一个国

---

① 萨缪尔逊和诺德豪斯，《经济学》（12版，上），中国经济发展出版社1992年，第79—86页。

家内部主导的社会力量在市场竞争中处于优势地位，它们则会积极倡导市场机制，扩大市场的开放度与竞争度。然而，即使如此，当今世界上也没有任何国家的经济组织形式完全是市场化的，而或多或少是一种混合型市场模式，即既有市场的自发调节，也有政府的宏观调控。这种混和经济的模式同国家政治作用有密切的关联。

另外，国家对市场的反应状态还与国家不同时间节点所处的情形有关。在国家安全、社会动荡的情况下，在社会公平严重缺损的条件下，在市场带来的经济危机的条件下，市场的作用往往要比在正当的情况下受到的限制更大，更广；在一个生产力长期停滞，人民生活水平长期低下，国家经济竞争力长期落后的情况下，市场的作用有时会得到更大的鼓励与提倡，市场带来的社会负面影响程度可能暂时受到社会较大容忍。

因此，正是由于国家对市场的反应，现实的市场是一个政治化的市场，受政治影响的市场，含有政治价值取舍的市场，而不是一个经济学设想的纯粹的、没有外部政治因素介入的市场。

这样，在现实中，一方面，市场作为生产的组织方式深深地影响着社会与国家，使之不同程度地适应市场竞争的要求；另一方面，国家作为危机的控制者也力图影响市场，使现实的市场成为一个非纯粹的市场，从而服务于国家的需要。因此，市场与国家一直处于一种相互影响、相互作用的过程中。这一历史互动过程只有通过审视历史才能得到深刻的理解。

第二节　国际视野中的国家与市场

随着资本主义的出现，资本需要不断地扩张市场，从地方扩展到整个民族国家，逐步蔓延到世界各个角落，而且对世界市场不断地"深耕"，使世界市场从过去主要是进行简单的商品交换，发展到除无法移动的土地外的全要素的交换，使民族国家疆域内的生产逐步演化成为全球化生产相互关联的一个部分。然而，在资本主义的市场跨越了民族国家疆界之后，每一次世界市场的改造都带来了整个世界政治经济面貌的重大变化，不断地改造着世界秩序。一百多年前，马克思与恩格斯就依据他们对资本主义方式的深刻理解，预言了资本主义通过拓展国际市场来改造世界的前景。

> "资产阶级，由于开拓了世界市场，使一切国家的生产和消费都成为世界性的了。使反动派大为惋惜的是，资产阶级挖掉了工业脚下的民族基础。古老的民族工业被消灭了，并且每天都还在被消灭。它们被新的工业排挤掉了，新的工业的建立已经成为一切文明民族的生命攸关的问题；这些工业所加工的，已经不是本地的原料，而是来自极其遥远的地区的原料；它们的产品不仅供本国消费，而且同时供世界各地消费。旧的、靠本国产品来满足的需要，被新的、要靠极其遥远的国家和地带的产品来满足的需要所代替了。过去那种地方的和民族的自给自足和闭关自守状态，被各民族的各方面的互相往来和各方面的互相依赖所代替了。物质的生产是如此，精神的生产也是如此。各民族的精神产品成了公共的财产。民族的片面性和局限性日益成为不可能，于是由许多种民族的和地方的文学形成了一种世界的文学。
>
> 资产阶级，由于一切生产工具的迅速改进，由于交通的极其便利，把一切民族甚至最野蛮的民族都卷到文明中来了。它的商品的低廉价格，是它用来摧毁一切万里长城、征服野蛮人最顽强的仇外心理的重炮。它迫使一切民族——如果它们不想灭亡的话——采用资产阶级的生产方式；它迫使它们在自己那里推行所谓文明，即变成资产者。一句话，它按照自己的面貌为自己创造出一个世界。"[1]

然而，资本在不断创造新世界的过程中并非一帆风顺，它要克服一个个传统经济、政治和文化的阻力，吸摄一个个异体；它要彼

---

[1] 《马克思恩格斯选集》（第1卷），人民出版社，1995年，第276页。

此竞争，争夺利润，最后联合起来，共同呵护历经坎坷创造的全球市场。这一过程充满了血雨腥风、欺诈掠夺、合纵连横。在这一过程中，它要民族国家为它保驾护航，为它消除危机，为它争权夺利，为此它先从地方开始，把国家变成它的"公共事务委员会"，为它扫清内外阻力，然后把它"做大做强"，为它在国际舞台上拼杀抢利，最后借助民族国家为它在全球范围内建立统一的市场。这时，它回过头来对先前倚重的民族国家说："你要瘦身，你要精干，你要有效率，否则我们只能远离你去"。面对着如此势利、如此薄情的资本，民族国家只好哀求："回来吧，资本。我们已经陷入危机。只要您能带来增长与就业，我们就会更顺从您。"所以，资本在开拓了世界市场的过程中，利用民族国家为它获得利益，驯服大众，建立公共实施后，最后对民族国家是"虚伪和忘恩负义"的。[①]这就是在世界市场发展过程中资本与民族国家风雨同舟的历程。

要深入地了解这一历程，了解作为市场的主宰的资本与民族国家的关系，必须回到近代以来的世界历史的叙事剧中，看看一个个国际政治经济秩序从建立到瓦解的片段，才能体味到世界舞台上经济与政治的"双人剧"。下面我们首先以英国塑造的国际市场体制为起点，去透视世界市场的发展历程，从中去发现民族国家在其中发挥的作用。然后，在上述基础上，去探讨在各种国际体制市场之上形成了怎样的国际治理结构，这些结构是怎样规范国际市场体制下各国的行为的。再进一步，去认识国际市场体制变革的内在原因，这个原因跟国家与市场相互作用有怎样的联系。最后，我们回到当今现实的世界，从经济全球化中去审视当今国家与市场的关系，去发现全球市场下国家的失落。

一、国际政治经济体制的塑造

国际政治经济体系是"影响全球生产、交换和分配体系的社会、政治和经济安排"，这种体系反映了一定的价值组合，它不是单纯的经济体系，而是人类社会、政治和经济安排的产物，它体现

---

① Michael Hardt and Antonio Negri, *Empire*, Harvard University Press, 2000, p. 348.

着政治价值的取舍。^① 所以，由国际政治经济体系塑造的秩序不仅仅是一个国际交换方式的确立，而且包含着某种国际政治体制的塑造。国际政治经济体系内在地反映着某种国家与市场之间的关系，使得现实世界的市场不是经济学教科书所说的自由和完全竞争的市场，而是一个非政治中立的、人为的市场，因为它包含着市场开放与竞争的力度、分配的原则。这其中体现着某种政治目标和价值取向。当今世界众多的发展中国家抱怨国际政治经济秩序的不公正就说明，国际政治经济体系具有政治的特性和价值取向。因此，国际政治经济体制体现的秩序就是世界秩序。

谁来塑造现代具体的国际政治经济体系？斯特兰奇认为国际政治经济体系是由掌握着结构性权力的个人、社会群体和国家塑造的。^② 这正如考克斯所认为的那样，世界秩序是由个体组成的社会力量以及站在其背后的国家塑造的。下面以英国与美国塑造国际秩序的经历来说明市场和国家的关系以及社会力量和国家在塑造秩序中的作用。

1. 19 世纪"自由放任"国际经济体制的建立

19 世纪"自由放任"的国际经济体制是由英国主导建立的自由开放的国际市场体系。这一体制是英国国内经济体制在国际范围内的反映。它的最重要的体现是"自由贸易"和"金本位"。英国成功地建立这一体制得益于以下几个原因：（1）市场经济引发的工业革命带来了经济繁荣；（2）自由主义国家的建立逐步地消除了国内影响市场经济发展的障碍；（3）适合的地缘政治和经济条件为英国塑造这一体系创造了良好的外部条件；（4）殖民体系和殖民扩张把欧洲以外地区纳入了这一体系。

英国是首先成功地实现工业革命的国家。工业革命成功不仅是当时经济现代化的标志。工业革命的成功还为英国确立了世界第一经济强国的地位。在工业革命的影响彻底显现出来的 19 世纪中叶，英国进入了繁荣的"维多利亚时代"。1851 年首届万国博览会在英

---

① S. Strange, *State and Market*, p. 18.

② S. Strange, *State and Market*, p. 29 - 33.

国伦敦水晶宫举行，这是英国财富与科技实力的展示，标志着英国"世界工厂"地位的确立。除此之外，英国还成为世界金融中心、航运中心。当时现代化的标志是蒸汽动力和（机器生产）纺织品，与此有关的基础工业产品是煤与钢。1848 年英国拥有 100 万匹马力的蒸汽机，拥有 1700 多万枚机械化纺锤，每年生产出 200 万码棉布，每年产煤约为 5000 万吨（煤的产量大约占世界产量的一半），年进出口货物达 1.7 亿英镑（是其欧洲竞争对手法国的 2 倍），生铁产量占世界经济发达地区生铁总产量的一半以上（人均消费生铁是比利时的 2 倍，美国的 3 倍，法国的 4 倍以上）。当时与英国进行贸易的国家或成为其原料的供应国和或成为其工业产品的出口国。不仅如此，作为世界金融中心，英国的对外投资——占美国外来投资的四分之一，整个拉美的外来投资的五分之———从世界各地带回 2 亿—3 亿英磅的红利和汇票。[①] 英国当时庞大的商船队在世界首屈一指。经济的繁荣为英国奠定了建立自由国际经济秩序的物质基础。然而，新的自由市场体制的建立，没有新兴资产阶级这样的阶级基础是不可能的。

英国工业革命的成功绝不是自发的，它是市场体制的成功，市场体制成功是建立在政府作用基础上的[②]。汤因比（Arnold Toynbee）曾经评价工业革命的本质是"以竞争取代了中世纪的各种规章条例"[③]。英国政府为英国的工业革命提供了巨大保障。首先，英国通过"圈地"运动，改造了传统农业，为工业革命创造了三个基本功能的准备：（1）增加生产，提高生产率，以便养活迅速增长的非农业人口；（2）为城市和工业提供大量不断增长的剩余劳动力；（3）提供一个积累资本的机制。[④] 同样，在西欧其他国家也存

---

① 伊曼纽尔·沃勒斯坦，《现代世界体系》（第 3 卷），孙立田等译，高等教育出版社，2000 年，第 68 页。

② 同上，第 4 页。

③ Arnold Toynbee，*The Industrial Revolution*，Boston：Beacon Press，1956，p. 58.

④ 艾瑞克·霍布斯鲍姆，《革命的年代》，王章辉等译，江苏人民出版社 1999 年，第 38—39 页。

在着"圈地"，但英国取得如此成功在于其强大的国家机器。[①] 其次，政府还通过各种法令"……消除各种行会限制市场交易"的行为。另外，英国政府还通过殖民为其新兴工业如纺织业争夺海外市场，并且提供一定的保护，以促进这些工业的发展。而且，政府还通过间接的方式向新兴工业提供资金，政府的资金通过私人银行家间接地促进了私人企业的繁荣。[②] 19 世纪上半叶英国自由主义国家完全确立之初，政府采取了一系列政策帮助工业资产阶级进行资本积累，或为资本提供政治与财产保障，如 1832 年的议会改革（扩大工业资产阶级的参政权）、1841 年的皮尔预算案（税制改革）、1842 年的《矿山法》（保障矿山私有权）、1846 年废除《谷物法》（消除谷物进口限制）。英国建立劳动力市场，加强国家的警察力量，如 1829 年警察改革，在大伦敦区建立起一支有纪律的城市警察队伍。特别值得一提的是，英国通过渐进改革而不是革命的方式建立自由主义国家，这保证了经济变革在有序的社会秩序中进行，避免了革命对经济发展的破坏作用。

自由市场经济与工业革命的成功给英国塑造国际经济秩序带来了动力。自由贸易、金本位是 19 世纪中叶形成的"自由放任"的国际经济体制的集中体现。1860 年英法签订的《科布登-谢维里埃条约》（或简称《科布登条约》）标志着这一体制的开始。1846 年《谷物法》的废除标志着成功的英国需要把市场交换的体制拓展到世界，形成"世界工厂"与"世界农村"的国际分工。没有工业革命的成功，英国就没有这种需求，也就没有吸纳海外的农产品的能力和勇气；没有工业革命在英国的成功就没有自由贸易的需求和条件。金本位是英国主要经济力量妥协的结果，虽然工业资本家对它颇有微词，但它提供了稳定的货币环境。由于英国的金融中心地位，金本位对英国金融资本是有利的，它可以为国家间贸易交往提供可预见的稳定金融环境。自由市场和金本位作为英国市场经济的样本必然反映到英国建立的国际经济体制中，因此，19 世纪的国际

---

① 沃勒斯坦，《现代世界体系》（第 3 卷），第 11 页。
② 同上，第 13—14 页。

经济体制实质上是英国体制的国际"投射"。这种"投射"其实是一种英国为其国内工业进一步开辟国际市场的过程。

英国创造国际经济体制离不开良好的外部地缘政治与经济环境。拿破仑战争的结束为英国消除了欧洲大陆最大的竞争对手，这为英国建立国际经济秩序消除了一个巨大阻力。其后英法建立的友好协约（cordial entente），以及英国在欧洲地缘政治中的平衡作用，在一定程度上阻止了欧洲反动政权对自由主义革命的镇压，为欧洲大陆资本主义的发展提供了一定的保护作用。这为一个自由的国际经济秩序创造了良好的国际政治环境。另外，英国的成功引发欧洲国家的学习与模仿。这种学习与模仿对整个欧洲大陆的资本主义经济发展起到积极作用，为英国建立国际经济体制营造了合适的地缘经济环境。较早进行工业化进程的英国在 18 世纪"……的强盛主要奠基于它在经济上取得的成就……因此，到 18 世纪 80 年代，所有自命实行理性政策的欧洲大陆政府也开始推动经济，特别是工业的发展"[1]。英国工业革命的成功进一步加速欧洲国家学习模仿的进程。拿破仑战争结束后，西欧主要国家的工业革命的开展体现着这一学习模仿趋势。西欧的工业革命带来的经济繁荣为自由国际秩序创造了经济基础。

西欧的工业革命带来的经济繁荣缓解了社会矛盾，这为西欧普遍接受自由放任的市场模式提供了社会条件。西欧的政治稳定从 1848 年之后欧洲没有爆发大规模革命这一事实反映出来。1848 年之前，农业经济在欧洲还具有重要影响，农业收成的好坏对社会的影响巨大。但 1848 年之后，工业主导了欧洲国家经济，旧式农业波动失去了往昔的冲击力。[2] 所以，"1848 年欧洲革命是一场最后的、也许是最大的旧式经济危机引发的……这种旧式危机是发生在依赖收成和季节的靠天吃饭的社会"[3]。然而，工业革命使得世界

---

[1]　沃勒斯坦，《现代世界体系》（第 3 卷），第 23 页。

[2]　艾瑞克·霍布斯鲍姆，《资本的年代》，张晓华等译，江苏人民出版社 1999 年，第 83—84 页。

[3]　同上，第 32 页。

经济摆脱了传统"农业波动"的影响，经济的繁荣暂时缓和了社会矛盾。这种社会矛盾缓解的直接表现就是革命政治的"冬眠"。西欧各国工业革命的成功带来的经济繁荣"为被革命动摇的政府提供了非常宝贵的喘息时间，同时也毁灭了革命者的希望"。在英国，"宪章运动"变得销声匿迹，甚至连激进的资产阶级自由派如科布登、布赖特之流也成了政治上的少数派。① 欧洲大陆的其他国家也呈现出类似的状况，18世纪中叶后革命者革命的希望因"群众由于这一段时间的繁荣而变得冷漠昏沉"变成泡影。② 尽管有社会改良和政治镇压的因素，但经济繁荣是革命政治结束、社会矛盾缓解的最重要因素，这为欧洲接受自由的国际经济体制提供了良好的社会条件。

最后，英国在世界范围的海外扩张和殖民战争把一个个欧洲以外的地区纳入了新的国际经济体系。与欧洲传统的殖民运动和战争不同的是，工业革命之后"日不落帝国"触角伸到哪里，资本主义的生产交换就开始推广到哪里，以资本主义为中心的国际分工就在哪里逐步形成。通过这种分工，不发达民族成为新国际经济体系中的依附部分。如英国在印度的殖民统治使印度成为英国的棉花供应地和工业品的销售市场，英国对中国的鸦片战争打开了中国的大门，迫使封闭的中国的经济开始与资本主义国际市场建立商业联系。而欧洲旧式殖民运动没有建立起这种世界工业与农业的分工，而主要是土地的占领、奴隶贸易和贵金属掠夺。由于工业革命的开展，其他工业化国家的殖民运动在这一时期也逐步顺应了这一趋势。

19世纪自由国际经济体制的建立说明，英国自由市场体制带来的工业革命，需要更广阔的国际市场；不论是国内自由市场的建立，还是国际自由体制的建立，都是资本主义市场发展的需要，是资本发展的需要，离不开国家的有效支持。英国作为19世纪的霸权国是新经济体制的最初试验场，它的市场经济的发展与繁荣为它奠

---

① 艾瑞克·霍布斯鲍姆，《资本的年代》，第34页。

② 同上，第35页。

定了重要的物质基础，吸引了有关国家的模仿与效法，引发有关国家拓展市场的需求，特殊的地缘政治机遇为英国扫清了国际阻力，这为其创造自由国际经济体制营造了重要的国际环境。

2. 20 世纪中叶美国主导的国际体制的建立

二战结束后，美国建立的国际经济体制是一个"嵌入式自由主义"（embedded liberalism）[1] 体制。这种体制"……不是 30 年代的经济民族主义，而是性质上是多边主义的；它不是自由主义和金本位的自由主义，而是建立在国内干预基础上的多边主义"[2]。它融合了"新政"所体现的原则[3]。美国之所以能建立这一体制得益于：（1）新式工业化带来的经济繁荣；（2）美国作为一个新兴的改良自由主义国家的成功；（3）特定的地缘政治与经济的条件；（4）新型的海外扩张模式把发展中国家纳于其中。

1890 年美国的经济产值已经名列世界第一。第二次世界大战结束时，美国是公认的世界超级大国，其经济指标远超其他国家。美国工业产量占资本主义工业总产量的 60％，对外贸易额占世界的 1/3，黄金储备占世界的 3/4，谷物生产占世界的 1/3，棉花占世界的 50％，享有全人类整个年收入的 45％，成为资本主义世界唯一的债权国，并且拥有巨大的技术和科技人才优势，是名副其实世界

---

① 指既照顾资本自由，又兼顾社会公正和凝聚力的自由主义。这一说法来自鲁杰，见 John Ruggie，"International Regimes，Transactions，and Change：Embedded Liberalism in the Postwar Economic Order"，in *International Organization*，V36（1982 Spring），p. 393。但这一说是从卡尔·波拉尼发明的"disembedded liberalism"而来的，波拉尼用以表示，19 世纪自由放任的市场经济是一个置市场于社会之外的体制，使经济与社会相脱节，冲击社会凝聚力，见 Karl Polanyi：*The Great Transformation*，Boston：Beacon Press，1957，p. 71。后来，鲁杰用"embedded liberalism"表示国家干预的市场经济体现了使市场置身于社会的自由主义。

② John Ruggies，"International Regimes，Transactions，and Change：Embedded Liberalism in the Postwar Economic Order"，in *International Organization*，V36（1982 Spring），p. 393.

③ Robert W. Cox，"Social Forces，States and World Orders"，in Robert Keohane ed.，*Neorealism and Its Critics*，Columbia University Press，1986，p. 225；理查德·加德纳，《英镑美元外交》，符荆捷、王琛译，江苏人民出版社，2014 年，第 105—106 页。

的全能超级强国。这种经济基础使美国具有重塑世界秩序的物质能力。美国的经济的卓越地位不仅得益于美国独特的自然条件、两次世界大战提供的机会，也得益于美国在 19 世纪末期的工业化进程。

19 世纪末期美国工业化的成功得益于不断开拓的市场。西部边疆的不断拓展和外来移民为美国提供了原料、矿产和广阔市场，促进了资本主义大农业的发展，带来了欧洲的工业技术与人才。由于是一个新兴的移民国家，美国较少有欧洲国家的传统束缚，存在着较有利于资本主义发展的社会经济环境。美国工业的发展速度远远超过英、法等老牌资本主义国家。南北战争的结束为资本主义的发展扫清了障碍，专业化分工得到发展，市场得到统一。至 19 世纪 80 年代初美国工业实力已跃居世界第一位。美国的工业化基本完成，工业总产值超过农业的两倍。这种成功可以说为今后美国塑造国际经济体制打下了物质基础。

然而，在经济大发展的过程中，美国与其他工业大国一样，不断地陷入自由市场经济带来的周期性波动与危机。自由市场经济带来的负面影响随着美国经济的发展越来越撕裂着美国社会。从"进步时代"开始，美国就开始了经济与社会体制的改革进程。这一进程在罗斯福"新政"时代达到了高潮，形成了一个具有强有力的国家干预特色的体制，把传统的自由主义国家改造成一种新兴的民族国家——福利国家。福利国家为资本缓解了国内的社会危机，通过政府的干预适度解决了自由市场造成的许多重大的负面影响，如垄断形成的市场不公平、失业和社会保障等问题，这使得市场在国家维护下能够有效运作，资本的再生产过程得以维护与发展。

福利国家体制是自 19 世纪末以来，工业化国家应对自由市场体制带来的社会矛盾普遍采纳的国家形式。但福利国家在解决国内市场危机的同时，也为资本争夺国际市场进行相互厮杀，其最集中的体现是帝国主义战争。这种厮杀已经开始威胁到资本的生存和国际市场的统一，迫使国家进行协调来维护国际市场。美国战后建立的国际经济体制正是这种资本国际协调的体现。

美国较为广阔的国内市场、特有的经济势力范围和民主传统，为美国福利国家体制的良性发展提供了重要的保障，使它没有走上德国法西斯式的福利国家道路。美国的体制，一方面继承了传统的资本主义的自由市场、财产私有制度、政治民主与自由；另一方面加入了国家干预和经济计划的成分，在经济繁荣的基础下，较好地缓解了社会矛盾与冲突。这对于美国体制得到国际接受有着重要的积极作用。

美国的成功还得益于两次世界大战带来的有利地缘政治与经济环境。这种外部的政治与经济环境不仅促进了美国的发展，而且还为美国在二战后塑造新的国际经济秩序提供了条件。两次世界大战，特别是第二次世界大战，为美国赢得了极其宝贵的地缘政治和经济机遇。德国、日本等国战败和被占领为美国改造这些国家，把它们纳入其建立的国际体制提供了便利。英法等国遭受巨大战争创伤已经无力抗拒美国，战后经济重建与恢复不得不依赖美国资本、技术和市场，对所谓的苏联"共产主义扩张"的恐惧和"冷战"的爆发使它们不得不接受美国的领导。在这种难得的地缘政治和经济条件下，美国有了把其国内的"新政"经济社会体制"放大"到整个资本主义世界的机会，有了消除大萧条时代经济民族主义形成的国际市场堡垒与障碍的条件。

二战后西欧和日本经济的迅速恢复和发展，不仅得益于美国的经济援助、资金和技术支持，而且得益于二战后国际经济体制带来的市场开放，以及这一体制为它们在国内实施福利国家政策提供的制度保障。这一切都为二战后资本主义世界接受与融入美国建立的国际体制创造了条件。二战后西欧和日本的资本主义稳定与巩固，有效地抵御了所谓苏联体制的"诱惑"，加强了对国际新经济体制的认同，有助于资本主义国际市场的协调。这使得美国这种体制在世界范围缓解了资本主义的阶级矛盾与冲突。

在新的国际经济中，美国把发展中国家纳于其中的方式已经不同于传统的殖民运动和海外扩张。它更多地借助经济援助、军事援助和跨国公司。二战后殖民体制的瓦解和民族解放运动使许多新兴独立的国家面临着不同的社会经济体制的选择。美国通过经济援助和军事援助扶持这些国家的亲西方资本主义的力量，帮助它们获得/巩固政权，选择投入资本主义阵营。而对于原来一些名义上独立的国家如拉美一些国家，美国则通过跨国公司和政治控制来防止这类国家出现摆脱资本主义体系的社会革命。总之，美国在二战后把许多发展中国家纳入其建立的国际体制的过程中，较少使用殖民强制与武力手段，更多地使用了"胡萝卜"策略，更多地扶持内部的亲资本主义力量，更多地使用经济激励和诱导。这与过去的英国体制存在着很大的不同。这固然与苏联体制产生的竞争有关，也与美国特殊的经历与国情有关。

美国建立的国际经济体制过程适应了资本获得长足发展与集中后，开拓国际市场的需求，也反映了国家在为资本开拓国际市场过程中的重要作用。垄断资本需要一种新型的民族国家——福利国家来为其缓解国内社会冲突，争夺国际市场。然而，这却酿成了帝国主义争夺国际市场的大危机。为了维护共同的利益，避免相互厮杀中毁灭，它们需要进行协调。正是在这一条件下产生了美国主导下的国际经济体制，美国由于其物质实力和独特的优势较好地适应了这一需要。在美国主导的国际经济体制下，民族国家与市场之间形成了一种新契合，福利国家为资本协调国内外市场，资本也为国家所做的一切提供了巨额的经济资助。

二、国际经济体制的内在规定性和治理

正如前述，任何现实的市场都不是政治中立的市场，它体现着不同的价值取舍。国际市场体制也是如此。国际市场体制是霸权国塑造的结果，它必然体现着霸权国国内体制具有的价值分配倾向。这种价值分配的倾向决定了国际体制的伦理特征和合法性程度，影响到有关国家对它的认同。一个国际经济体制的长期存在和维护，除了其自身的价值分配倾向这一内在的根本基础之外，还需要一个国际治理机制，因为任何市场经济都需要一个政治和安全框架来保障其秩序。下面仍从 19 世纪和 20 世纪两个国际经济体制来分析其内在价值分配和治理。

1. 19 世纪国际体制的内在规定性和治理

英国建立的自由市场体制的主要特征是自由国家、自我管理的市场、金本位和均势①以及殖民统治。在价值分配上，这些都更多地体现了强调市场自由，轻视社会公平，把社会秩序置于市场自由需要之下。这不仅在国内是如此，在国际上也是如此。

工业革命过程后，工业资产阶级逐步处于社会的统治地位，他们要求取消过时的法令规章，消除对市场自由的限制与束缚以及种种封建特权，为此要求更多的政治参与权。1832 年的议会改革，特别是 1935 年的《市政法》使工业资产阶级实质上控制了国家政治权力。虽然英国新兴的资产阶级没有直接当政，但它的社会权力成了国家政治的基础，建立了所谓的"自由主义国家"。自由主义国家的功能就是：拆除封建与重商时代建立的阻碍市场自由的藩篱，为商品与劳动的自由市场创造条件，确保币值稳定，国家为确保自由市场的运行调动金融资源，建立有利于市场运行的公共基础设施。②正是在政府的支持下，自由市场才完全确立下来，所以，卡尔·波拉尼说，自由放任的经济市场是国家精心行动的产物……自由放任是计划出来的。③

这种国家支持下的市场体制最大的特点就是给予资本充分的自由，较少关注社会的公平。一个典型的事件是 1834 年新的《穷人救济法》的颁布。这部法律修改了过去国家对穷人的救济方法，通过建立环境恶劣的穷人救济站迫使穷人进入劳动力市场而不依赖救济，由此全国的劳动力市场得以建立。劳动市场的形成迫使工人接受企业的工资价格和劳动条件。虽然后来英国颁布了工厂法和最高工作时间法令，但整个社会没有最低工资制度和社会保障制度。在这种原生态的市场中，国家较少进行市场干预，个人的生存、福利和发展完全依赖于其在市场中的竞争能力，市场体制导致的周期性波动（或不稳定）完全通过自身痛苦的调整来实现，调整的代价主要由个人承担，政府不承担社会的福利责任。因此，这种资本主导下的"自我管理的市场"，必然导致社会的贫富分化与阶级矛盾的

---

①　Karl Polanyi, *The Great Transformation*, New York: Beacon Press, 1957, p. 3.

②　Robert W. Cox, *Production, Power and World Order*, pp. 130-133.

③　Karl Polanyi, *The Great Transformation*, p. 141.

加剧。只要读一下恩格斯写的《英国工人阶级状况》就会看到当时世界最发达的国家工人阶级的贫困状态。

在国际范围内，以自由贸易和金本位为特征的自由经济体制也依赖于市场的开放和自我调节。通过有关国家签订的自由贸易协定，新的经济体制逐步消除了过去重商时代存在的种种贸易限制藩篱，形成了自由开放的国际市场（详见第三章相关内容）。金本位制度通过休谟的所谓自动调节机制，使贸易逆差国与顺差国自动平衡国际收支（详见第四章有关内容）。这些都对国际经济的增长与繁荣，以及生产效率的提高有着重要的促进作用。特别是对在工业革命中领先的英国来说，自由放任的国际经济体制对其出口工业品，廉价进口农产品和原料具有巨大的益处，而且金本位制下英镑作为国际通用货币，对其国际借贷有着重要的便利作用，并且有助于英国通过国际借贷保障规避休谟的自动调节机制带来的负面影响。

但同样地，这一国际体制不关注公平问题。这一体制对国际市场带来的经济波动没有制度上的相应救济安排，贸易不平衡由市场的自动调节来完成，国家对由此带来的调整痛苦不承担任何责任。因此，国际经济体制基本上也呈现出一种市场自我调节的特点。但必须承认，在这一自我调整的进程中，只有在工业化上领先、具有大量贸易顺差的国家，才可以通过国际投资来规避调整。

虽然，英国的这种体制存在着公平的严重缺损，但从历史的角度来看，它具有进步性。从支持这种经济体制的意识形态——古典自由主义中可以看出这种进步性的所在。亚当·斯密和李嘉图等人的古典政治经济学学说认为，平等的个人在市场中按自己的（比较）优势参与分工，通过市场交换使个人与集体的福利都得到增长，社会资源得到有效利用，由此使得追求经济利益的个体在经济依存的条件下达到利益的一致，从而实现社会的和谐。自由贸易同样达到这种效果，国家按比较优势进行分工，通过交换实现国家间利益的和谐，从而保障国际社会的和平与稳定。这种古典政治经济学体现的意识形态与法国大革命产生的"自由、平等"的自由主义政治学说有着异曲同工的效果。古典自由主义意识形态的核心是：

市场带来福利，带来和谐与安全，带来个体的发展，但前提是个体的平等与自由，没有平等与自由就没有市场平等的主体，就没有选择的自由，就没有市场带来的繁荣、稳定与和谐。正是从这种角度，这种意识形态阐述了这种原生态市场制度的进步性，因为较之于封建制度和重商时代特有的人身依附与特权，平等与自由无疑有着巨大的进步性。而且，正是因为这种市场体制体现出来的价值分配，市场特有的效率作用才得以发挥，这带来了生产力的提高。然而，必须承认，它轻视市场自身带来的不平等、贫富分化以及由此带来的不自由（非人身强制），必然导致阶级的冲突与对立。所以，随着这些问题的逐步激化，这一制度不能长久维持。

由于自由市场体制带来的种种社会问题，它不会带来稳定与安全，需要一个外部强制的力量作为这一体制的安全保障。自由主义国家建立的过程，伴随的是国家强制力量的加强。英国 1829 年首先在伦敦建立由内政部统一管理的新机动性警察力量，之后把这种警察力量扩展到全国。在这一时期，英国很难算是一个现代的"自由民主国家"。维多利亚女王的权威，较低的民主选举人口，使得此时的英国还不具备现代民主国家的特点。另一个自由主义国家法国，在路易·波拿巴统治下完全就是一个威权国家，军事专制统治与市场经济相结合是当时法国的特点。所以，沃勒斯坦认为，自由主义国家是一个"强国家"，是一个"能够保护他们（资产阶级）免于工人不满的破坏性影响"的国家。[1]同样，在国际范围内，它也需要一种政治的强制力量来维护国际秩序。在 19 世纪，这一国际市场秩序依靠的国际安全结构是英国强大的海军力量以及它在欧洲地缘政治中扮演的均势角色。工业优势和巨额的财富使英国有能力建造和供养强大的海军。英国强大的海军保证国际自由航行，保证国际贸易通道的畅通，强大的海军还可以保障殖民地的安全，进行海外扩张。同时，精明的外交平衡技巧加上强大的海军力量使得英国保持了对欧洲大陆"仲裁者"的优越地位，通过权力制衡阻止其

---

① 伊曼纽尔·沃勒斯坦，《现代世界体系》（第四卷），吴英译，社会科学出版社，2013 年，第 121—122 页。

他的欧洲列强破坏国际秩序现状以保障国际经济体制稳定运行。卡尔·波拉尼认为19世纪的和平与稳定依赖的四个机制——均势、金本位制、自我管理的市场和自由主义国家——就说出了这一体制的基本治理框架。自由管理的市场和金本位构成了这一秩序内在的通过市场自我管理的治理机制，而自由主义国家和均势构成这一种秩序的从内到外的外部保障机制。这反映了当时的自由市场的自我管理机制并不能自动保障安全与稳定，它内生性地会产生动荡与冲突，需要自由主义国家暴力机器、国际权力制衡和英国强大的海军来维护。

最后，这一体制的治理机制还有殖民统治的成分。英国等西方工业大国对殖民地或势力范围的统治和控制构成了这一体制中心对外围的治理结构，它同样也反映了不公平。

19世纪的体制四个要素——自由主义国家、自我管理的市场、金本位和均势（加上殖民统治）——赋予了不同阶级和国家特有的政治权力。新兴资产阶级在这种市场体制中获得了重大的经济权力与政治影响，它们与传统的社会贵族共同分享了国家的政治权力，达成了两个阶级的政治妥协。这一经济体制产生了新兴的工人阶级，虽然，他们摆脱了传统的人身依附，但为市场带来的非人身强制所束缚，经济上受制于资本控制的市场交换，生活处于不稳定的状态。这种生产关系状况必然导致社会冲突与动荡。为了解决这种社会冲突与动荡，民族国家对市场的干预是必定要产生的结果。在国际层面，这一国际性的市场体制的建立是英国国际霸权的体现。经济上，世界性分工按英国的要求进行了划分。英国控制着世界的金融权力，伦敦城成为世界的借贷中心。在政治上，英国通过均势策略影响了欧洲的政治局面，保障着欧洲各国的资本主义发展模式的推进，防止欧洲传统的君主国干预欧洲各国内部的资本主义变革，其强大的海军保证了国际贸易通道的安全，而殖民统治与势力范围保证了英国与不发达民族之间的中心与外围的格局。

在英国治下的世界秩序下，民族国家与市场的关系是：自由主义国家作为民族国家这一时期的形式基本上屈从于国内外市场，其代价是不顾国内的社会公平与国际的民族平等。

2. 美国建立的国际市场体制的内在规定性和治理

美国建立的国际经济体制是"新政"的国际投射，或者说是福利国家有管理的市场体制的国际翻版。福利国家是对自由主义国家的改造，但保留了自由主义国家作为自由市场监护人和生产资料私有原则的核心内容。福利国家补充了自由主义国家的功能，用国家干预来弥补自由市场给社会带来的巨大负面作用。[①] 福利国家承认，失业、工人的生老病伤是自由市场下个人无法应对的社会问题，市场失败内生的问题既影响市场正常运行，也带来社会的重大隐患。为了保障市场的运行，避免社会冲突，随着民族国家的进一步发展，国家必须通过自身的作用来纠正市场产生的社会问题。福利国家对市场的干预措施（上一节民族国家对市场反应中所提及措施）来影响市场，使得市场成为一个有管理的市场。这样的市场已经没有了原生态市场的特征，增加了社会公平和国家干预的特点。这种市场体制显然较自由市场具有了一定的进步性。它为市场的健康运行、再生产的循环与扩大、社会矛盾与阶级冲突的缓解提供了暂时的解决方案。

凯恩斯主义是这一新型市场体制背后的意识形态。它摒弃了古典自由主义把市场带来的社会问题归咎于个人弱点和懒惰的学说，强调通过国家的管理与补救措施维护社会公平，纠正市场的弱点。社会公平的元素是这种新型自由主义意识形态最具进步意义的成分，它强调了结果公平、起点公平和规则公平，在一定程度上更全面地体现了古典自由主义鼓吹的"自由、平等、博爱"原则，修改了自由市场给这些原则带来的缺损。正是这种制度带来的伦理进步性，使得在市场竞争中处于弱势地位的工人阶级逐步地"认同"了民族国家。在两次世界大战中，发达资本主义国家的工人阶级支持国家进行帝国主义战争，在十月革命之后的世界社会主义革命浪潮中，发达资本主义国家没有被这一浪潮冲垮，都与福利国家制度实施有着密切的关系。

---

① Robert W. Cox, *Production, Power, and World Order*, p. 165.

但福利国家在国际领域带来的问题是经济民族主义、殖民主义和帝国主义。为了国内的经济增长和就业，19世纪末开始，发达资本主义国家都通过各种经济民族主义的措施和海外扩张的方式寻求市场，殖民主义、帝国主义侵略与战争成为转嫁国内社会矛盾与危机的重要而便捷的方式，特别到1929—1933年的世界经济大萧条时这种状况达到了顶峰。两次世界大战是福利国家带来的政治经济危机的集中体现。它表明垄断资本下，争夺市场的竞争已经无法用和平的手段解决，战争成为唯一的手段。代表资本的国家为了市场只能通过血腥厮杀来获得积累，解决社会危机。这是壮大的民族化资本走向世界，进一步争夺世界市场过程中必然产生的浩劫。但这种血拼的"决斗"也带来了世界市场的分割与碎片化、资本主义可能的毁灭。是通过帝国式征服重新统一世界市场，还是通过某种协调重新统一世界市场是第二次世界大战中美英与德意日挽救资本主义的不同方式。只要读读《大西洋宪章》《联合国家宣言》，看看德意日对外征服计划，就可以看出其中的差异。最终，由于法西斯主义的失败，胜利者美国把其"新政"中的实践应用到国际范围内，通过在其控制下的国际协调"重整山河"，重建资本主义世界秩序。这一体制不再遵循过去英国自由市场体制下的市场自我管理、自我调节的原则，而是融入了正式的制度约束，把国际管理与协调与国家干预的协调起来。

战后国际经济制度一方面从制度上约束国家遵守开放市场的规范，防止经济民族主义恶性竞争，引发民族国家的政治冲突；另一方面赋予了各国在一定的条件下干预经济的自主权，防止国际市场竞争对国内经济的过度冲击，引发国内矛盾与危机。前者在制度安排上主要体现在关贸总协定中一些促进市场开放、消除贸易堡垒、不歧视等原则，国际货币基金组织中确立美元-黄金本位、固定汇率、取消外汇管制以及经常性项目自由兑换等规定上。后者则主要体现在关贸总协定的保障和例外条款所体现的救济原则，国际货币基金组织中国家对资本项目保留管理权、短期货款救助等规定中。除此之外，战后经济体制中，建立各种多边的国际开发银行，促进经济落后国家的发展，也是促进国际社会公平的重要体现。① 虽然，战后国际经济体制在促进社会公平的具体实践上还存在着重大的不足，存在着被美国用来实现其国内外政治和战略目标的现象，但仍在一定程度上较英国体制促进了社会公平，因为它在制度上容纳了福利国家的某些干预功能，赋予了一定的国际救助手段与资源。所以说，有学者称这一体制是一种"嵌入式自由主义"②，这已经不再是自我管理的原生态市场，而是既强调市场自由与调节，又一定程度兼顾社会公平的市场。这种体制自然较之于英国治下的国际市场体制有着伦理上的进步性。

由于美国战后建立的国际市场体制是一个有管理的、正式制度化的体制，它在治理上更多体现了国家干预与国家间多边协调而非市场自我调节的特色，这与英国体制治理特征存在相当大的差异。在战后国际经济治理的结构中，由于美国的实力地位，它成为国际多边协调的领导者和协调者。

由于在国际货币基金组织、世界银行等机构中所占的优势资金份额，以及在关贸总协定中最大经济体/市场的谈判优势，美国成为这一体制的领导者。作为这一体制的霸权领导者，美国通过其庞大的市场、技术优势和金融特权管理着这一体制。通过向"体制内"国家开放市场，把"体制外"国家排斥在自己的市场之外，因为美国有着巨大的市场规模并影响着世界其他地方的市场；可以作为奖赏，通过运用金融的力量让朋友进入资本市场，也可以作为惩罚，不让敌人进入资本市场，因为美元在国际货币金融体系中处于核心地位，美国可以操纵国际投资和国际资本流动；通过技术转让和知识扩散，向有关国家提供了工业化和经济发展所必需的技术和专门知识，因为美国是世界高技术的主要发源地；最后，美国还起到为世界的市场稳定提供稳定器的作用，如充当国际货币体系中的

---

① 有关内容详见第三章中《第二次世界大战后的国际贸易制度》、第四章中《布雷顿森林体系下的货币制度》和《布雷顿森林体制下的国际金融》等章节。

② 见 John Ruggie, "International Regimes, Transactions, and Change: Embedded Liberalism in the Postwar Economic Order", in *International Organization*, V36 (1982 Spring), p. 393.

最后借款人，为其他国家亏本的商品（应该说是相对过剩的商品）提供市场，为资本稳定的流动创造条件。美国就是通过这些巨大的经济优势力量迫使其他国家遵守国际经济规则，抵制各国的经济民族主义的倾向，管理着国际经济体制。虽然，西欧和日本等发达国家随着其战后经济的恢复与发展在这一体制中获得了一定的权力，但在整体上受美国制约；更重要的是通过政治领导与军事联盟关系，美国能有效地控制这些盟国，并在国际经济协调中起主导作用。

最后，凭借军事上的实力，美国领导下的政治军事联盟，作为国际经济体制最后的强制力量，武装保护资本主义国际经济秩序。它通过联盟关系把资本主义大国摄纳其中，防止其经济民族主义再次引发政治军事冲突，同时也预防着有关国家或国际范围内苏联体制的"侵蚀"与"渗透"。从经济意义上也可以说，冷战是美国领导下的西方遏制苏联经济体制扩张，保护世界资本主义免受苏联体制侵蚀的表现。只要读读被视为冷战宣言之一的1947年《杜鲁门国情咨文》就可以体会到这一点。杜鲁门说："美国外交政策的主要目标之一，就是要造成一种局势，俾使我们和其他国家都能塑造出一种免于威胁的生活方式"。也就是说，美国把保证资本主义经济体制带来的生活方式作为其外交政策的主要目标之一，必要时可以通过军事手段加以保障。但从战后的实践来看，美国的确是这样，朝鲜战争、越南战争以及美国其他的一些国际干预战争都与保障资本主义国际边界有关。但一般条件下，美国并不使用武力强制力量，而更多地是用经济手段管理着国际经济体制，并通过自身的经济繁荣和促进这一体制内有关国家的经济增长来充分地显示这种体制的益处，诱使其他相关国家遵守国际制度。

所以，维护战后美国主导下的世界秩序的支柱是：福利国家及其国家干预下的市场、美国领导下的多边国际协调，以及作为最后执法者的美国军事实力以及它领导的军事联盟。这与19世纪英国治下的世界秩序依赖的四个要素——均势、金本位制、自我管理的市场和自由主义国家——完全不同。

美国及美国的领导层即所谓的 WASP（White Anglo-Saxon

Protestant，白种的盎格鲁-撒克逊新教徒）是这一体制的霸权者。战后国际体制给予美国除军事手段之外影响世界的经济手段，而且美国可以利用这一体制进行财政扩张，为其产品的出口、国内的经济增长和就业创造条件，为美国企业海外跨国生产获取原料和美国海外驻军进行战争提供便利，并为美国拉拢盟友，打击敌人提供了经济手段。同时，这一体制也带来了相关国家的繁荣与安定。纳入这一体制的工业化国家，在国际体制的约束下在一定程度上放弃了过去"以邻为壑"的经济民族主义做法。它为各国在一定程度上消除了各自封锁市场产生的发展障碍，这给经济增长与就业都带来了一定的益处。更重要的是，这一体制为战后资本主义体制的巩固与发展奠定了基础，有效地阻止了苏联体制对欧洲工业化国家的"诱惑"。

"嵌入式自由主义"体制在整个资本主义世界内，不仅缓和了国内的社会矛盾与阶级冲突，而且协调了民族国家解决这些矛盾的政策冲突。福利国家是前者的方案，美国战后建立的国际经济体制和美国领导的军事政治联盟是后者的方案。这种广泛的政治经济影响是资本主义战后发展的新成就，它挽救了资本主义世界市场，挽救了资本主义。在这一体制下，民族国家与市场的关系是：福利国家作为民族国家的新形式在国内外管理与协调着市场，防止因资本的"任性"而造成市场断裂与危机。与19世纪的体制相比，这时的民族国家更像是市场的"管家"，而不像过去是"仆人"。

三、国际体制的变革及其内在动因

国际市场体制变革的内在动因是市场这种生产组织及其发展过程中产生的内在的矛盾，以及它所引起的阶级和国家间的冲突。或者用马克思主义的语言来说，是某种生产方式下，生产力与生产关系的矛盾导致的阶级和民族国家间的冲突，促使国际经济体制变革。

资本主义自由市场经济的建立确立了一种新的生产方式，即生产资料私有化加自由市场的生产组织方式。这种生产组织方式为整个世界带来了巨大的生产力提高和工业成就，带来了生产关系的重大变革，而且带来整个世界的地缘政治和经济面貌的变化，形成世界的"中心"与"外围"分工基础下的政治经济结构。但是随着这种生产方式或现代化进程的不断发展，即市场化的组织方式从地方走向全面，从国内走向国际，工业化国家内部新的阶级矛盾与冲突成为社会的主要问题，而且民族国家之间的竞争、矛盾与冲突也逐步显现，这些竞争、矛盾与冲突逐步冲破旧的国际经济体制，促成了国际经济体制的变革，形成国际政治经济的新秩序。

以下通过分析"英国治下的世界和平"（Pax Britannica）和"美国治下的世界和平"（Pax Americana）变革和变化的过程来说明这一命题。

1. 19 世纪自由放任的国际体制的瓦解

19 世纪工业革命在欧洲国家的开展与深入，造就了越来越庞大的工人阶级队伍。自由主义国家的建立也是民族国家的建立，它只是解决了旧的生产关系（资产阶级与传统贵族阶级之间）的矛盾，并没有解决新的生产关系的矛盾，压制工人力量、"驯化"工人阶级的任务远没有完成。自由市场经济导致的贫富分化矛盾与"自由、民主"的意识形态并不兼容。工业化越是发展，自由市场越是深入，这一矛盾就越加突出，特别是在市场经济的周期性波动中，这种矛盾就越尖锐，危机就越显现。马克思曾预言，资产阶级"一方面不得不消灭大量生产力，另一方面夺取新的市场，更加彻底地利用旧的市场"① 来克服危机。历史证明马克思这一预言只说对了后一半。资本主义及其民族国家在适应生产发展的过程中不断寻找各种方式来解决内在的社会矛盾与危机。19 世纪末资本主义解决这一矛盾的方式一是国内的变革，二是加速海外市场的开拓。前者以福利国家的形式出现，后者以经济民族主义的形式出现。这两者既使自由市场体制走到了尽头，使民族国家发展到一个新阶段——福利国家，也使民族国家之间产生了难以调和的矛盾与冲突。

工业革命的不断发展和自由市场竞争产生的熊彼得称之为"创

---

① 《马克思恩格斯选集》（第 1 卷），人民出版社，1995 年，第 278 页。

造性毁灭"的机制，把越来越多的人抛入无产者的行列。贫富分化与大工业生产的发展产生的矛盾使得社会的再生产变得难以为续。在各种社会主义的思想影响下，工人阶级的反抗使得社会冲突再度兴起。因为自由市场导致了工人阶级和其他一些市场竞争失败者的自由平等之类"天赋人权"的丧失。即使市场竞争的胜利者也感到，在财富越来越集中和大工业化的条件下，市场的功能也在逐步丧失，因为相对过剩的产品找不到购买市场。这种经济与政治矛盾促使西方民族国家的执政者思考如何处理矛盾与危机的对策。

这样，从 19 世纪后期开始，福利国家作为一种解决危机的手段逐步从西欧发展起来。福利国家是缓解旧市场体制下的社会阶级矛盾、协调劳资利益、摆脱危机、促进经济发展的一种制度创新，它也是在资产阶级创建民族国家过程中形成的政治共和制度必然的发展结果。共和体制是资产阶级争取民主、平等和自由的产物，它也必然使得"自由民主向大众民主过渡"①，由此工人阶级获得选举权顺理成章。工人阶级选举权的逐步获得对自由主义国家产生了巨大压力，过去自由主义国家放任市场自由的实践逐步不适应新的社会政治结构与形势。通过国家干预，从经济上安抚工人阶级，使之忠诚于民族国家，疏远"共产主义的幽灵"，成为民族国家驯化和安抚工人阶级的重要手段；同时，福利国家经济干预功能还可以带来消费购买力的提升，促进社会生产再循环的经济结果，这在工业化过程带来的大机器生产、生产高度集中、经济处于垄断的状态下尤为重要。国家干预不仅带来自由市场的衰落，而且导致了金本位受到侵蚀。金本位制既限制了政府财政的扩张，也跟不上经济增长的速度。另外，为了保证资本与劳动的妥协与共赢，还需要保护国内市场和不断地扩大海外市场，产生出口"乘数效应"，促进就业与增长。这样，经济民族主义成为福利国家必需的而且是顺理成章的选择。这种结果既背弃了国内的自由市场原则，也破坏了国际自由放任的体制。

福利国家首先在德国由保守的政治家俾斯麦较为成功地建立起来。本来这一"桂冠"应该被拿破仑·路易·波拿巴摘得，但他太急

---

① E. H. Carr, *Nationalism and After*, London: Macmillan, 1945, p. 21.

于建立不辱没于"拿破仑"这一姓氏的功名，"志大才疏"使他的福利国家实践过早地随着他在战争中的失败夭折了。德国作为一个后起的工业化国家，在福利国家和经济民族主义的引导下，得到迅速发展，到了19世纪末德国已经成为欧洲最大的经济体。其他欧洲国家随后也纷纷效法开始了福利国家的进程，最后连自由市场的堡垒英国也不得不顺应历史潮流，加入福利国家的行列。然而，工业化国家走进的福利国家却导致了民族国家间为争夺海外市场开始了新型地缘政治竞争。因为在经济民族主义条件下，争夺海外市场是福利国家解决社会问题必需的任务，而殖民统治、获得势力范围是"实现这一任务的最'方便'方式"①。这就必然打破既有国际秩序下的平衡，由于发展的不平衡，新发展起来的工业大国在旧的殖民体系下已经难以插足，找到市场，必须从老殖民帝国口中"夺食"。另一方面，新老大国眼睛都盯上了日渐衰微的旧式帝国如土耳其奥斯曼帝国、中国等，都企图在这些老帝国崩溃过程中分得更大的"一杯羹"。这种结果导致了19世纪末出现了资本主义瓜分世界的狂潮，工业化资本帝国相互倾轧，为争夺殖民地和势力范围展开了新型的地缘政治竞争。原来英国通过均势战略维护国际政治经济秩序的方式逐渐无法顺应这一新型地缘政治的竞争。竞争的最后结果是军备竞赛和帝国主义战争。战争破坏了国际贸易赖以运行的环境，而且使得金本位无法满足战争带来的巨大开支。自由市场秩序逐步遭到废弃。

这样，19世纪"英国治下的世界和平"的四个支柱逐步失去了作用。自由主义国家被福利国家替代，自我管理的市场被国家干预的市场替代，均势战略在民族国家的不平衡发展和竞争中失效。而最后一个支柱——金本位制在福利国家和经济民族主义的冲击下，也逐步失去了存在的合理性。福利国家的经济政策、帝国主义战争使得金本位制无法从政治和经济上满足其需求，金本位被抛弃是工业化发展、福利国家以及由此带来的经济民族主义的必然反映（有关内容详见第四章中的《金本位制瓦解的原因分析》）。

---

① 《列宁全集》（第27卷），第395页。

　　到了第一次世界大战，英国建立的国际经济体制被参战各工业大国抛弃。第一次世界大战结束后，西方世界曾经尝试过恢复这一体制。但历史发展潮流已经使拯救这一落后于时代的旧体制的努力徒劳无益。虽然曾经有过短暂的回光返照，但到 1929—1933 年大萧条时期，英国创建的旧体制在各国保障民族福利、转嫁经济危机的竞争下彻底瓦解。各国实施高关税，竞相贬值货币，建立歧视性贸易集团……种种经济民族主义的做法，把以自由贸易和金本位为特点的自由国际经济体制撕得粉碎。从此，它只存在于历史的记忆之中。

　　英国的自由国际经济体制从衰落到崩溃的历史经历说明，国际经济体制变革的根本的动因在于市场这种生产组织方式与民族国家的内在属性产生了巨大的矛盾，由此带来的巨大阶级矛盾与斗争、民族国家间的竞争与战争导致了这一体制走向衰亡。市场化生产组织方式的出现要求自由的竞争和平等的市场主体，而专制国家的封建特权与垄断与这一生产组织方式格格不入。资产阶级在确立市场经济体制的过程中必然要建立适应这一经济体制的国家形态，这一形态就是体现人民主权的民族国家。但最初的民族国家形式——自由主义国家只是使得资产阶级成为民族主权重要体现者之一，它没有真正履行民族国家这一具有共和特征的共同体内在的社会职责，即解决社会冲突与阶级矛盾，只是服务于资本的开拓市场的需要。随着市场经济和工业化的发展，自由主义国家——民族国家的最初形式——仅仅保障市场自由的功能逐渐地不适应民族国家成员社会化的形势。工业化的发展和市场运行的负面社会影响同民族国家的内在规定性发生了越来越大的冲突。在这种社会危机中，福利国家作为民族国家的新形式应势而生，民族国家通过这一新形式来解决社会的阶级矛盾与冲突。但这种新国家形式所新增的经济福利功能，一方面改变了国内市场自我管理的模式，另一方面也为工业化国家增添了经济民族主义的动力。经济民族主义既破坏了国际自由经济体制，也助推了工业化国家的海外殖民扩张。后者最终破坏了原来的国际政治平衡，导致了工业大国之间为了争夺海外市场而进行帝国主义战争。因此，正是资本主义的市场生产组织方式与民族国家体制及稳定的国际政治经济秩序之间的矛盾，导致了"英国治下的世界和平"的四个支柱（均势、自由主义国家、金本位和自我管理的市场）坍塌。

2. 战后国际体制的衰落

正如前面所说，战后美国建立的国际经济体制是一个兼容自由市场与社会民主、自由贸易与福利国家的体制。但这一体制从上世纪 60 年代末起也开始衰落与变化。它体现在两个方面：（1）布雷顿森林体系出现了重大变化，美元-黄金本位演变为非黄金基础的美元为主导的多国际储备货币，固定汇率制演变为由市场主导的浮动汇率制；（2）关贸总协定扩大了贸易自由化的范围。本质上，这一变化虽然还没有完全抹去"嵌入式自由主义"的特点，但从总体上向自由市场、放松管制的方向发展。

美国体制的衰落仍然应归咎于市场这种生产方式所产生的社会矛盾与冲突，以及民族国家之间的竞争。虽然，现在还不知道未来的国际经济体制走向何方，但经济全球化产生各种社会矛盾与冲突，使得原来国际治理的机制不适应新的现实，探索建立新的全球经济治理的任务摆在了世界的面前。

国际经济体制和国内经济体制一样，总是会对生产过程中不同的社会力量带来不同的政治经济结果，它的运行总是会产生新的矛盾。各种社会力量面对这种矛盾会本能地做出不同的反应，导致国家政策的变化，造成国家间相互竞争。这种社会力量博弈和民族国家间的竞争最后总是带来体制的某种变化。战后国际体制是自由市场兼容福利国家的"嵌入式自由主义"体制，自由市场和经济民族主义相互竞争与博弈必然体现在体制的过程中。代表市场自由的社会力量和寻求社会公平的社会力量之间的较量决定着这一体制的走向，福利国家间的经济竞争以及地缘政治的竞争附加在这种较量之中，也促成了这一体制的变化。这些因素交织在一起促成战后体制的变化，并且使之处在深刻的调整过程中。下面具体来分析战后国际经济体制变化的原因。

（1）市场自由与福利国家的矛盾

市场具有的地理扩张性是市场竞争内在动力驱使的结果，它要求市场不受任何政治与地理疆界限制，实现更经济的、超越政治疆域的资源配置和规模效应。特别是在资本主义条件下，这种地理的扩张性更受到资本积累的内在动力驱使。"资本主义市场是一架机器，它总是对抗着一切内外划分。这一机器会因壁垒与排斥而不畅，只有不断地把更多区域包容于其领域内才会繁荣。利润总是通过联系、接触、交换和商业产生。世界市场的实现将构成这种趋势的终点。其理想的形态是世界市场没有外部，整个地球都是它的领地"①。但市场内在扩张的趋势在战后仍受到了福利国家特有的经济民族主义的阻碍。因为，虽然战后的国际经济体制在一定程度上协调着两者的矛盾，部分消除了战前福利国家设置的经济民族主义的诸多障碍，但还保留了福利国家的诸多堡垒。削弱福利国家必然成为资本的内在要求，一旦有了外部条件，资本就会启动市场全球自由化的进程，削弱福利国家。

战前资本主义的生产主要立足于国家疆域内，市场的国际扩张只表现在要求外国向本国生产的商品开放市场。通过这种市场的开放，实现资本国内生产的更大规模效应，完成资本的积累过程。二战结束时，这种立足国内生产的国际性生产格局仍占主体。因此，战后体制在促进市场开放、减小各国市场壁垒上有着一定的积极意义，但另一方面，战后体制为民族国家保障国内经济福利保留了种种保障措施和壁垒，又在一定程度上限制了自由贸易，与市场的地理扩张性存在着矛盾。生产的国际化是绕开这一福利国家壁垒的重要方式。生产的国际化，既可以消除这种市场堡垒，又可以为国际生产的接受国带来经济增长、就业和税收等经济福利。但实现跨国生产的最重要的步骤就是资本和技术等生产要素的国际流动，而实现这种要素的国际流动需要一定的外在条件来冲破福利国家的体制束缚，这种条件与下面谈到的民族国家的经济竞争、工业化国家内部的社会力量博弈和冷战等特定的地缘政治有关。

欧洲美元市场的形成为战后资本自由跨国流动提供了条件。在战后建立的国际经济体制中，资本跨国流动受到极大限制，布雷顿

---

① Michael Hardt and Antonio Negri, *Empire*, Harvard University Press, 2000, p. 190.

森林体系赋予了国家对资本流动的控制权。促进战后生产要素的国际流动主要就是让国家放松对金融的管制权。战后西欧国家为了恢复经济，促进就业，防止国内工人阶级受苏联体制的"诱惑"，迫切需要外来资源的"补血"，同时金融资本也需要通过资本的再生产实现增殖。正是在这种考虑下，西欧国家通过特殊的方式，以不影响国内金融管理为前提，以优惠的条件吸引外来的资本，建立起欧洲的美元市场。由于巨大的利润诱惑以及竞争的压力，美国银行为更大的利润与竞争需要也纷纷在欧洲开设分支机构。从欧洲美元市场建立开始，战后世界开启了金融全球化的进程，这一进程逐步削弱了国家对资本的管制（详见第四章第二节、第三节有关国际金融的内容），促进了资本因素的自由跨国流动的进程。

生产国际化的形成与美国具有的跨国生产传统有着密切的联系。美国是世界工业化国家中最早进行生产国际化的国家。以国际化生产为特点的直接投资，是实现更大市场规模和更经济的资源配置、避开贸易堡垒、实现更大利润的手段，也是战前美国企业应对当时欧洲经济民族主义的一种重要方式。从19世纪末开始，西方国家都对跨国生产持一种欢迎态度，因为它能带来经济福利，但这种生产方式直至二战前规模都不大。后来由于战争的因素，这种生产组织方式一度几乎停顿，战后这种生产的国际化重新得以拾起与美国企业有关。战后强大的美国公司为了绕开福利国家的市场壁垒，控制国际市场，获得垄断利润，凭借着技术的优势，积极地进行跨国生产。美国政府、强势的美元为这种跨国生产提供了支持。西欧和日本战后经济恢复后，一些大企业为竞争国际市场也加入了跨国生产的行列。特别是上世纪70年代，由于西方国家的经济滞涨，企业不堪国内福利国家带来的高税收、高工资和高福利以及消费萎缩，纷纷利用海外生产来规避国内福利国家的干预。这样，作为资本应对危机的方式，跨国生产的步伐由此加速。而上世纪60年代末以后，越来越多的发展中国家为了寻求发展资源加入生产国际化的行列，也是促进这一国际化生产进程的因素。一方面发展中国家优惠的税收、便宜的劳动力、低要求的环保，对西方公司有着巨大的吸引力，另一方面跨国生产既可以为西方企业带来更大利润，也可以促进发展中国家一定程度的发展，这样，西方资本与发展中国家的共同需求，促进了跨国生产的发展。

跨国生产的迅速发展带来了战后新的贸易形式，如基于产品周期的贸易、产业内贸易、公司内贸易。而这种贸易在国际贸易体制内的历次谈判中都受到了鼓励，其限制都得到放宽（见第三章第二节《第二次世界大战后的国际贸易制度》的相关内容），这种国际制度上的鼓励反过来又促进着跨国生产。虽然这一趋势冲击着发达国家的福利国家政策，但关贸总协定及其后来的世界贸易组织（WTO）仍在促进这一进程，特别是 WTO 的投资协定的签订，是促使跨国生产进程发展的重要标志。由于各国对跨国直接投资的争取，国家间"逐底竞争"又在进一步破坏福利国家政策，迫使国家放松管制，造成国际经济体制向着自由化趋势发展。

所以说，正是作为对市场自由与福利国家这一矛盾的回应，跨国生产这种新的生产组织方式得到了大发展，造成了战后国际经济体制的衰落与变革。但这一过程离不开福利国家的竞争，离不开国家内部的政治博弈，离不开冷战及其冷战后的地缘政治等因素的作用。这些内部政治结构、地缘政治与经济因素影响着战后国际经济体制的变化。

（2）民族国家间的福利竞争

在马克思时代，资本通过让工人为经济利益竞争无法团结而获得巨大优势；现在资本通过让福利国家为了民族福利相互竞争也获得了巨大优势。这一优势造成了福利国家的世界性倒退，使战后国际经济体制向着有利于资本的方向倾斜。

战后民族国家发展到了一个新高峰，其标志就是福利国家。而福利国家带有强烈的经济民族主义色彩和保障就业的特点。但经济民族主义带来的国际竞争，保障就业带来的通胀和债务负担，却导致了福利国家走向了反面。

随着战后国际经济体制的建立，保护性的、恶性竞争的经济民族主义受到了抑制，而积极性经济民族主义却得到了发展。这种积极性经济民族主义的一个重要方面就是通过国家的作用吸引外来的资源，发展经济，增加福利，保障就业。这形成了福利国家新型的地缘经济竞争。战后西欧和日本经济的恢复和发展，得益于它们获得了大量来自美国的经济资源。后来一些发展中国家的发展也得益于国际资本。这些国家对外来资本与技术的吸引，除了其他的因素外，其"优势"就在于工资水平低、生活成本不高、币值较低等，原来较低的福利水准成为竞争国际经济资源的重要手段。同时，国家也发挥了重要作用。国家通过特殊的优惠政策来吸引外来的资本和技术，如放松税收、劳工、金融管制等诸多方面的优惠政策。国家的这些优惠政策本来是为了经济发展，为了未来福利的提升，结果却造成了一种集体行动的"悖论"：各国为吸引资本"逐底竞争"，竞相放松管制，导致福利国家的倒退。特别是发展中国家加入生产国际化的进程后，它们的"后发优势"加速了福利国家的失落。

福利国家的保障就业的政策是其经济政策的主要目标。战后福利国家为了保障就业，一是通过国内扩张的货币与财政政策，刺激经济的扩张；二是通过对外出口，产生乘数效应。扩张性宏观经济政策导致的通货膨胀曾作为一种刺激经济增长的措施，有利于增长与就业，而且在固定汇率条件下，还有助于出口，产生乘数效应。但扩张的政策带来的增长逐步加剧了通货膨胀和债务，引起了资本的不满。保障就业与刺激增长使得公司和国家越来越倾向于借贷。为了获得进一步贷款，国家开始越来越关心自己的（国际）信用等级，这最终导致公司和国家受制于投资者。随着国家大量的税收用于偿债，财政拮据的政府变得更要对（国际）债务市场而不是本国公众负责，以便可以进一步借款刺激经济或借新债偿老债。这样，政府的福利政策逐步受到了（跨国）金融资本的制约。要恢复经济增长只有依赖于投资者，特别是海外借贷者的信心，而这种信心又依赖于某种能控制工会和政府财政的"纪律"，防止公司的成本上升、利润下降和国家的滥发福利、无钱偿债。投资冲击和资本外逃成为任何政府都不敢忽视的因素。这样，公司和政府一样没有了自主性，国家和企业竞争力与债券信用等级相关，国家与公司都臣服于华尔街等地的金融操纵者。放松管制、削减社会开支、控制企业成本成了获得借贷的重要条件。

由于出口对就业的重要性，战后西欧和日本随着经济恢复与发展，虽然获得了巨大的国际收支顺差，但它们宁愿把外汇收入存入欧洲美元市场或购买美国国债，也不愿让货币升值，其中的原因就是担心货币升值导致国内经济受到影响，特别是就业受到影响。而美国则通过印刷美钞或借贷来平衡国际收支，却不愿或无法以缩减国内福利的方式来平衡收支。这种福利国家间为了国内经济福利的竞争最终导致布雷顿森林体系发生重大的变化。美国为了自身的福利，只能放弃黄金-美元本位，改变汇率制度，以求解决经济危机，因为高估和没有弹性的美元使得美国缺乏出口竞争力，美元与黄金脱钩和浮动汇率制有利于美国通过贬值美元来促进出口和就业。这种变化直接导致汇率市场化，国际货币制度向自由市场方向变化。

这样，福利国家悖论式地走向反面，追求民族经济福利的政策反而导致了各国放松管理，削弱福利，促使福利国家的倒退。只要某些国家开始这一倒退进程，就会带来"破窗效应"，带动其他国家一个个向着放松管制和自由市场的方向发展，否则，资源外流，经济与就业更加糟糕。这种"悖论"式结果必然反映到国际经济秩序上，导致整个国际经济秩序向着自由化方向发展，促使国际经济制度向着自由化方向转变。这一悖论并不是一个自然的过程，它是福利国家国内社会力量博弈与较量的结果，特别是西方大国内部的社会力量博弈与较量的结果。因为西方国家是国际经济秩序的主导者，作为完善而典型的福利国家，它们向新自由主义国家转变，必然导致国际经济体制向自由化方向转变。

（3）国内社会力量的博弈与较量

在战后西方社会，福利国家作为协调资本与劳动之间矛盾与冲突的一种方案、一种阶级斗争的妥协、一种国内社会力量的契约，维系着市场与社会的和谐关系。但随着民族国家之间的福利竞争、市场地理扩张的趋势和资本内在的积累要求，这种妥协与契约开始解体。战后福利国家逐步发展，走入巅峰时代，社会公众对社会公平的要求不断地加码，而资本则越来越感到加码的社会福利的要求影响到它们的竞争力、积累率。特别是到了经济危机来临时，如何解决危机成了福利国家何去何从的转折点。这时何种社会力量处于政治的主导地位，成为福利国家何去何从的关键，关系它的承继与衰败。

　　大卫·哈维的《新自由主义简史》对西方国家从"嵌入式自由主义"转变为新自由主义，从福利国家转变成新自由主义国家的过程做了较为详尽的描述与分析。① 更早一点，在上世纪 80 年代末和 90 年代，罗伯特·W. 考克斯也曾对这一过程做过一定的描绘与分析。② 这两本书的共同之处就是，描述分析了上世纪 60 年代末出现的经济危机在促使战后福利国家转型过程中，社会力量及其相关意识形态的斗争发挥的作用；描述与分析了代表新兴资本力量的政治人物如撒切尔夫人、里根执政之后，如何通过国家的政治权力削弱了福利国家，压制社会民主的力量，促使了国家向自由主义国家的转变，并且如何在国际范围内引领了新自由主义发展的进程。从他们的描述与分析中，可以看到资本力量不满福利国家对其积累的损害而发动新一轮阶级斗争和改造民族国家的复杂过程。

　　战后随着福利国家的发展，社会财富的再分配导致资本显然越来越感到积累的下降，越是发达国家的资本（如美国）越具挫折感。因此，它们需要制服要求社会公平的社会力量，需要重新塑造民族国家的国家形态，需要通过国家的力量重新进行社会的分配。为此，它们一方面宣扬一种新的意识形态，这种新的意识形态就是以保障自由为核心，宣扬国家干预对个人的危害，宣扬自由是恢复增长和效率的基础；另一方面，利用福利国家带来的负面作用和经济危机，引导公众重新恢复对自由市场的信赖。而随着代表新自由主义社会力量的撒切尔夫人和里根的当政，英美两国的放松管制、推动自由化的措施带来的经济增长似乎证明了新自由主义的可行性。这样，在世界范围内，资本在促进竞争力、发展前途的名义

---

①　David Harvey, *The Brief History of Neoliberalism*, Oxford University Press, 2005, pp. 5 - 64.

②　Robert W. Cox, *Production*, *Power and World Orders*, Columbia University Press, 1987, pp. 273 - 353; also see, R. W. Cox, "Global Perestroika", in R. W. Cox with Timothy Sinclair ed. *Approaches to World Order*, Cambridge University Press, pp. 296 - 313.

下，加速了国家的改造进程。同时，资本在被改造的国家——新自由主义国家的帮助下，重获阶级权力，而工人阶级在国家政治中的发言权受到压制，政治影响下大幅下降。由此，在这种新的社会力量权力分配的格局下，福利国家失去社会基础，走向衰落成为必然。

福利国家向新自由主义倒退，实质是民族国家的倒退，因为它把民族认同又带回了非实质的认同。福利国家带来的认同是实实在在的物质利益基础上的认同，通过福利国家让社会大多数人感受到个人福利的增进，通过社会民主加强民族的认同感，新自由主义国家和经济全球化导致了这一基础的渐失。资本从过去建立民族国家、依赖民族国家来解决国内危机开始转向改造和破坏民族国家来实现积累。现在资本要求民族国家"瘦身、精干"，使民族国家从福利国家形式倒回到类似于 19 世纪的自由主义国家——新自由主义国家。新自由主义国家的作用如同自由主义国家一样，为商业提供良好的自由市场环境，为企业削减成本而大幅降低工人的福利和社会保障。① 所以，民族作为一个"想象的共同体"，只有它给有关阶级带来福利，带来利益，带来保障，有关阶级才会认同它，建设它，巩固它；反之，就要破坏它，改造它，抛弃它。不仅资本如此，工人阶级也是如此。世界革命时，为了争取世界革命的胜利，民族国家作为狭隘的民族主义受到抛弃；保卫胜利成果时，民族国家作为巨大的堡垒受到格外珍视。② 熟知十月革命后的国际共运史的人，对这一些不会陌生。

这场新的社会力量斗争及其带来的国内政治结构的变化，尽管没有使西方社会完全回到 19 世纪的原生态市场体制之中，尽管福利国家的印迹在不同国家不同程度地保留着，但福利国家对市场的干预、社会再分配的机制、工人的组织力量和权利已经大大地削弱了，这为世界经济秩序向自由化的转变消除了巨大的政治阻力，使

① David Harvey，*The Brief History of Neoliberalism*，pp. 70‐81.

② 有关这一方面的历史可以详见霍布斯鲍姆的《极端年代》第二章《世界大革命》，江苏人民出版社，1999 年。

得资本更加畅快地进行全球市场的建设。

（4）地缘政治的因素

冷战和冷战结束带来的地缘政治形势也是促使国际经济体制向自由化发展的一个外在的因素。冷战是美国为首的资本主义集团与苏联为首的社会主义集团社会制度的竞争，这种竞争对西方福利国家既产生了推动作用，也产生了负面作用。

为了抵制苏联制度的诱惑，战后西方资本主义国家积极发展福利国家以作为抵消所谓"共产主义影响"的重要手段。为此，福利国家为了经济的发展积极地获取发展的资源，特别是外部经济资源。但这种对外部资源的需求又导致了上述所谈的福利国家间为迎合外部资本的政策竞争，这为资本摆脱福利国家的沉疴提供了条件，形成了福利国家悖论式的自我否定。同时，制度的竞争损伤了美国经济，破坏了国际制度的基础。为了能够促进西欧、日本以及一些发展中国家与地区的经济发展，巩固资本主义体制，抵制"共产主义"的渗透，美国对这些盟国采取相对"宽容"的市场开放政策，这既对美国的经济力量的增长，也对美国的国际收支赤字产生了负面影响，是导致美国出口低落，国际收支越来越失衡，无力维持美元黄金平价，导致布雷顿体制失效的重要原因。

另外，冷战导致美国同苏联展开耗资庞大的军事竞赛，为盟国提供军事保护，为遏制所谓"共产主义"扩张打局部战争，为了争夺发展中国家进行政治、经济和军事的较量，这种过度的军事扩张消耗了美国大量的经济资源，造成美国巨大的收支赤字，导致了保罗·肯尼迪所说的"大国衰落"[①]。其直接结果是美国无力维持黄金美元的固定汇价，促使布雷顿森林体系进行重大修改——美元地位衰落，浮动汇率。这种修改既是美国衰落的标志，也是国际货币制度向市场自由化发展的重要体现。作为战后国际秩序的重要支柱之一，美国国力的衰落，不能不使美国对战后经济体制进行修改。

然而，冷战结束后，美国一家独大的地缘政治局面又促进了新自由主义国际经济秩序的世界性拓展。苏联集团的解体，导致东欧国

---

① 保罗·肯尼迪，《大国的兴衰》，梁于华等译，世界知识出版社，1987年，第2页。

家被纳入资本主义世界市场体系，导致许多发展中国家失去了依托苏联向西方讨价还价的筹码，失去了替代性的援助来源和社会经济制度的选择性。这一状况为资本在世界范围内推广新自由主义经济体制提供了良好的外部条件。另外，苏联集团的解体暂时消除了世界范围内的制度竞争，特别是过去的社会主义大国融入世界经济体系后，世界地缘政治竞争的目标和方式发生了变化。现在大国地缘政治的竞争目标不再是摧毁或保卫资本主义世界市场体制，而是发展经济，掌控经济全球化，使全球化对自己有利；方式不再是主要通过军事竞争，而更多地是从经济全球化中获取更多的经济资源，从这种经济全球化中获得更多的收益。这是民族国家在经济全球化的过程中，为了面对其带来的危机与挑战的本能反应。为了在经济全球化中维护自己的政治合法性，凝聚民族向心力和维护社会的稳定，民族国家只有争取外部资本，发展经济。然而，这种对外部资源的竞争，提高了资本与国家的讨价还价的能力，迫使国家以缩减福利的方式加速发展，这标志着福利国家的衰落和世界经济秩序向自由化方向的滑落。

从以上对英国体制和美国的变革历程的分析来看，国际经济秩序变革的动力是生产组织方式的变化与既有的国家内部和国际层面的上层结构的不适应。市场化这种组织形式的不断扩展与内涵变化，生产的市场化组织方式的从地方走到全球，导致了自由主义国家向福利国家的演变，现在又使民族国家的最高形式——福利国家出现了危机。在工业化与市场的不断发展下，国际政治秩序也在不断变化以适应这一进程。英国主导下国家间的实力平衡及其制衡机制从稳定到失效，之后出现了以美国为领导的军事政治联盟的体系。这种民族国家间的制衡与联盟控制机制现在也开始不能适应经济全球化的要求，新的全球治理的要求应运而生。但这种国际政治经济体制的变革并不是简单的单纯经济决定论，它的变化过程受到了特定条件下的国内政治和国际地缘政治的影响，因而这种变革过程丰富多彩，跌宕起伏，从中体现出经济决定政治、政治具有反作用的特点。

这种生产组织方式及其变革带来的国际政治经济秩序变革的解释与国际政治经济学的现实主义解释存在着根本的不同。吉尔平在《国际关系的政治经济学》中提出了现实主义的变革动力解释。吉尔平把动力归于国际政治中的无政府状态，他认为，在国际关系中的无政府状态下，各国都力求在国际市场中寻求获得比其他国家更多的财富，或者说为获得相对效率领先而进行斗争。因为在无政府状态下，国家获得更多的财富不仅对国家安全而且对国家内部的社会福利都有积极的意义。在吉尔平看来，市场制度虽然具有促进世界经济与政治发展的作用，但它的促进作用并不平衡。这种不平衡表现在：（1）全球各地区的经济增长率存在差别，增长的重心常从一个国家或地区转向另一个国家或地区；（2）各个经济部门的发展速度不尽相同，增长率高的部门最终不是在技术不先进的产业中，而是在技术比较先进的产业中；（3）经济增长在长时间内不平衡，它不断地波动，从缓慢增长期转向迅速增长期。吉尔平对这三方面的不平衡发展导致的国际关系变革做了下述解释。（1）外围地区在市场经济中有财富扩散的功能，在这种扩散功能中，外围地区享有"后发优势"，如劳动成本低，拥有更多的建立最现代化的工业和投资的机会。因此，它具有比中心国家更迅速地实现工业化的机会。当外围国家利用经济民族主义通过市场力量发展了自己，成为一种新的竞争来源时，中心国家与外围国家就会发生争夺世界市场的冲突，从而破坏国际市场体制的稳定。（2）各经济部门增长不平衡，使得新经济增长部门与传统的经济部门发生争夺经济资源的矛盾，如果这种新旧经济部门分属不同的国家，具有传统产业部门的国家与具有新经济增长部门的国家为了争夺经济利益往往会发生冲突，因为新的经济部门意味着技术的垄断权和垄断的高利润。（3）经济增长的快慢交替性变化也促使了国家间的政治经济冲突，由于经济增长缓慢期影响国家的福利，易引发国家的经济民族主义，从而导致国家间的经济与政治冲突。这种冲突最后通过战争或和平的方式加以解决，从而导致新结构或经过改造的新结构的出现。[①]

　　虽然吉尔平看到任何一个国际市场体制运行必然带来民族国家间的矛盾性，但他对国际政治经济关系变革的内在动因的解释是建

---

　　①　罗伯特·吉尔平，《国际关系的政治经济学》，杨光宇译，经济科学出版社，1989年，第111—131页。

立在政治现实主义的假设基础上。他认为，无政府国际结构与国家安全和国内福利的张力是国际政治经济秩序变革的根本原因。在无政府状态下，各国为了安全与福利都力求在国际经济中取得比其他国家更大的分配份额，都试图通过自己的努力成为世界经济的中心，成为新经济增长部门的发源地，在世界经济增长缓慢的时期把经济危机转嫁出去，因而引发民族国家的政治冲突，并导致国际经济体制的变革。他把矛盾冲突的根源归于国际的无政府状态，而不是资本主义的市场化的生产方式导致的社会矛盾与民族国家间的冲突。现实主义的解释没有看到，生产组织方式的变革带来的政治经济体制的巨大变革以及各种体制之间实质的不同，更多地是把这种变革视为没有实质变化的结构循环。这种解释具有历史循环论的色彩，而从生产方式出发的解释则从历史唯物主义出发，侧重于历史的发展与进化。吉尔平的解释中，没有把民族国家对市场制度产生矛盾的反应视为主观能动作用，而是看作一种机械式反应，或者说是以一种工具理性为基础的反应，没有认识到人在面对市场体制造成的这些矛盾时所具有的主动反思意识。正是这种反思意识，使有些国家创造出新的社会体制来冲破旧市场体制的束缚，缓和了社会矛盾，发展了生产力，成为新的世界经济的中心，成为新的经济增长部门的发源地，创造出新的国际经济体制。其实，福利国家和战后的"嵌入式自由主义"都不是人类工具理性的产物，而是人类在面对矛盾时主观能动性的反映。

历史唯物主义的解释认为，国际政治经济关系变革的动力从根本上来说在于经济过程中产生的阶级和民族国家的矛盾与冲突，这种矛盾与冲突的解决意味着国际经济体制的规则发生了一定的变化，从一个体制变化过渡到另一个体制。这种变革过去曾经是通过战争来实现的，但最近一次的变革却是和平过渡的。各种体制之间存在着继承性，但没有等同性。这种变革不是一个历史循环的过程，而是历史进步的螺旋式过程。历史是人不断努力与创造的结果，不是"物化"结构的产物。只有记住这一点，才能发现历史的变化性和进步性，才能发挥人的主观能动性去推动历史的进步。

四、经济全球化、危机和全球治理

从上世纪 60 年代末开始，以金融全球一体化和生产全球化为特征的经济全球化进程逐步发展起来，在苏联集团解体之后，呈现加速发展的状态。一个真正的全球性市场出现在世界历史中，这带来了民族国家的改造与变革，带来了旧的国际经济体制变革。在这种状况下，民族国家重新成为资本的仆人，无奈地听命于市场的结构性力量。

经济全球化带来了民族国家的变革表现在，国家对内的保护功能受到了重大削弱，民族国家的主权受到了严重制约。由于国家间的经济竞争加剧，国内经济开始变得更屈从于所谓全球自由经济的需要，不管国家是否愿意都在更有效地受制于体现全球经济的结构。新自由主义国家正在替代福利国家越来越臣服于市场力量，强调市场自由调节和国家大力削减社会福利，放松了国家过去对经济的诸多管制。虽然，目前的民族国家还没有完全回到 19 世纪自由主义的状态，但从福利国家倒退的迹象是非常明确的。

经济全球化也使得战后国际经济体制逐步发生了结构性变化。原来国际经济制度中的某些主要功能被抛弃，如布雷顿森林体系下的固定汇率制被抛弃，转而采用了更加服从于市场的浮动汇率制；国际贸易体制中（WTO）更多地向促进商品、服务和资本的自由流动的方向发展。原来受到限制的贸易与金融领域越来越趋于开放与自由化。这种制度的变化使得全球经济重新呈现出某种自由放任的特征。

民族国家的重新转身和国际经济制度的自由化发展标志着战后"嵌入式自由主义"世界经济秩序向 19 世纪自由放任秩序的倒退。在这一进程中，这一状况虽然带来了效率，带来了技术，带来了财富，但也带来了贫富分化的不公正危机，带来了金融危机，带来了生态环境的危机，更重要的是引发了民族国家的合法性危机（有关分析见第六章）。

伴随着这些危机的社会反应是，反经济全球化运动随着金融危机的频繁发生、环境生态的警示不断显现而高涨。东亚金融危机之后，从 1999 年的西雅图，到 2000 年的布拉格、2001 年的热那亚、

2003 年的坎昆，再到 2011 年的"占领华尔街运动"……凡是西方七国首脑会议、国际货币基金组织、世界银行、世界贸易组织、联合国气候大会等重要的国际会议的会场外，都有反全球化的抗议。反全球化声浪体现了一个重要的声音：维护社会底层的就业和生活保障，反对资本对世界的盘剥，要求节制资本，保护气候与生态，呼吁建立一个公正的、人道的国际经济秩序。这些运动反映了公众对经济全球化不满与反抗，反映了公众寻求制服当今不公平的经济全球化的愿望。

伴随经济全球化发展而来的另一个重大政治危机就是民族国家合法性危机。市场这种生产组织方式在民族国家的呵护下走到今天，在羽毛丰满后似乎正在抛弃民族国家。市场最初在封建主义和重商主义的束缚下破土发展，靠的是民族国家（自由主义国家）的呵护，它得到自由与放任，但也带来了冲突与危机；靠的是民族国家（福利国家）的协调，转危为安，但带来的是世界性冲突与危机；又靠民族国家（福利国家）的国际协调，稳定了局面，但带来了市场的国际性管制与协调。然而市场地理扩张性的本能冲动和资本的积累本性再次冲破福利国家的束缚，在全球层面获得了新自由，似乎又回到了自由与放任的状态。这一次它借助的仍是民族国家（新自由主义国家）。但经济全球化带来的社会不公正正在撕裂着社会，破坏着民族国家的认同性，造成民族国家的合法性危机。因为它打破了原先的社会生产关系，重新调整了社会力量之间的权力与利益格局，造成了资本对劳动更加强势的地位，破坏了民族国家获得认同的政治基础。过去福利国家通过协调资本与劳动的利益，维护着相对的社会公平，促进了民族认同。新自由主义进一步倾向于资本，造成了贫富分化，加剧破坏了这一基础。

民族国家的危机导致一个重要的社会影响，就是全球化带来的全球性问题是国家无力单独应付的，需要全球的治理。资本发展市场的历史过程是：从地方走到全国，从民族国家疆域内走向世界，从国际市场发展到全球市场。在这一历程中，民族国家在其中功不可没。然而，诡异的是真正意义上的全球市场的形成却在为民族国家"掘墓"。当今民族国家的确已经被市场与资本的力量冲得支离破碎，左右为难，无所适从，正在失去为市场协调利益、解决冲突的能力。然而，如果民族国家完全丧失了这些能力，没有了解决危机的能力，市场的负面作用会破坏市场赖以运行的政治与社会环境，也会导致民族国家失去认同的社会民主基础。长期这样下去，经济全球化会失去生存发展的社会条件。

马克思曾说过："资产阶级日甚一日地消灭生产资料、财产和人口的分散状态。它使人口密集起来，使生产资料集中起来，使财产聚集在少数人的手里。由此必然产生的结果就是政治的集中。各自独立的、几乎只有同盟关系的、各有不同利益、不同法律、不同政府、不同关税的各个地区，现在已经结合为一个拥有统一的政府、统一的法律、统一的民族阶级利益和统一的关税的统一的民族。"① 现在这一进程已经扩展到全球范围，要求有一个全球的治理。由于市场对社会具有的天然负面影响及其内在无法避免的"市场失败"，要使市场免受危机与冲突的冲击，健康运行，就必须在市场之上建立一个相应的上层建筑，在当今就是要发展一种新的全球治理结构，用它来发展市场，呵护市场，协调市场，解决市场带来的社会危机与冲突。在过去的国家内部市场和国际市场的条件下，发展市场、呵护市场、协调市场、帮助市场解决社会危机的任务是由民族国家来完成的。但当今的市场是一种全球的市场，是生产的全球化和金融的全球化下的市场，而不是那种传统意义上的国家间市场，它带来的是全球性问题。目前民族国家在全球市场的"紧身衣"下，屈从于全球市场的结构性力量，已经难以有所作为。各国为吸引资本进行的"逐底竞争"，又阻碍了民族国家通过合作应对全球性问题。因此，面对全球化带来的全球问题，单个的民族国家既无力应对，也存在着集体行动的困难。要在全球范围内应对全球市场带来的负面社会影响，就必须有一个相应的全球治理体制。这既是经济全球化资本的要求，也是民族国家生存与发展的要求，更是人民大众的要求。但关键是如何建立一种包容性的全球治理结构，这是摆在世界人民面前的重要议题。

---

① 《马克思恩格斯选集》（第 1 卷），人民出版社，1995 年，第 111—131 页。

第二章 跨国生产的政治经济学

生产是人类生存和发展的物质基础，也是一切社会经济与政治关系的基础。人类从简单的生产逐步发展到当今真正意义上的跨国生产，由此带来了整个世界面貌的巨大变化。这种变化不仅体现在物质层面上，还体现在社会关系层面上，带来了人与人关系的变化，国与国关系的变化。生产的发展不仅意味着生产组织形式更加复杂，分工的深度与广度不断地加大，而且意味着人与人更加相互依赖，国与国相互联系更加紧密。生产组织过程中产生的生产关系是一种重要的社会权力关系，它是阶级关系以及相关的意识形态的基础，因此它对国家的性质甚至世界秩序状态有着深刻的影响。虽然，从一个历史的截面来看，既定的阶级结构、国家与世界秩序对生产有着巨大的反作用，但这些阶级结构、国家形态和世界秩序都是过去生产关系的产物。另外，生产还是其他经济活动的基础，生产决定着交换与分配。虽然贸易和分配对生产有着巨大的反作用，但从本质上它们应该都是服务于生产的。因此，生产是政治经济最重要的基础，不仅国内如此，国际也是如此。

跨国生产的兴起与发展是当今经济全球化的重要内容，它所产生的政治影响是国际政治经济学研究的主要内容。

历史上，世界经济主要是以国内生产为基础，通过国际贸易来联系国家之间的分工，而当今世界经济中，跨国生产已经使传统国际经济的特征发生了变化。跨国生产把各国的生产串联成一个真正意义全球生产链，使各国的生产成为跨国生产的一部分。其中最重要的角色是跨国公司，它是全球生产链的组织者与控制者，经济依存关系的编织者。跨国生产性投资（或直接投资）相当大部分来自跨国公司；跨国公司占据了世界贸易的 70% 以上的份额，控制着世界主要的销售网络；跨国公司还控制着跨国生产的关键技术（80% 以上的核心技术）、商标和特许权。因此，如何认识跨国生产形成与发展的政治经济原因，分析跨国公司控制跨国生产的形式，是研究当今跨国生产的重要方面。

当今的跨国生产拓展了市场生产组织方式，它是一种全球配置生产要素的市场化组织方式，必然带来世界性的政治经济影响。这种影响不仅涉及跨国公司的东道国，也涉及其母国。跨国生产对民族国家内部政治经济的影响，民族国家对跨国生产的反应以及民族国家试图共同管理跨国生产的努力，都是跨国生产产生的世界性政治经济影响的重要部分。

另外，跨国生产已经不同于传统的以国内生产为基础而联系起来的国际生产，它带来了全新的全球生产组织形式。这种生产方式为国际关系带来了怎样的影响，特别是资本主义大国之间的关系带来了怎样的影响？这些问题成为研究跨国生产的政治经济学的重要内容。

资本主义生产方式的每一步发展都带来了世界性的政治经济影响，但过去生产组织主要立足国内，而今天生产的组织已经超越国界，正在深刻地影响着整个世界。当今的人们无法对它带来的影响熟视无睹，漠不关心，因为它不仅涉及人类当下的生活，而且也影响着人类的未来。

第一节　跨国生产的起源与发展

跨国生产也称为生产的国际化或生产的全球化，指商品在多国生产，跨国公司进行生产的组织和管理；各国之间建立起商品生产通道，彼此经济相关度很高。跨国公司是这种跨国生产经营的主体。跨国公司（Transnational Corporation，TNC）有时也叫多国公司（Multinational Corporation，MNC），其定义本身有几种。有的是从地理学含义来界定的，如英国著名的跨国公司研究学者约翰·邓宁说，跨国公司是一个"国际的或者多国的生产企业的概念……简单地说，就是在一个以上的国家拥有或者控制生产设施（例如工厂、矿山、炼油厂、销售机构、办事处等）的一个企业"。有的是从产权属性上来定义跨国公司的，指在海外拥有直接投资并能获得（或参与）经营管理权的企业。第三种定义是从经营组织的角度来界定的，它认为，跨国公司，不论是水平一体化经营，或垂直一体化经营，或混合经营，都涉及生产要素的国际配置，而不仅仅是出口商品、出售技术和借贷资金的国内企业。第四个定义，是对前三者的综合，即在一个以上的国家拥有生产设施，并在一个国家设有决策中心，使各个经济实体实行统一的战略，各实体间是通过股权或其他方式联系起来的，相互分工，共同承担风险、资源、利润和责任。① 由于本章涉及跨国生产，因此采用的跨国公司定义是上述第四个定义。

一、跨国生产的发展历程

今天人们经常把跨国生产与跨国公司联系在一起，但早期的跨国公司并不像今天这样，它们"基本上从事贸易而不是生产活动"②。跨国公司的历史最早可以追溯到 15 世纪初荷兰的东印度公司、马萨诸塞海湾公司和其他由荷兰冒险商人组成的合营公司，还包括 1600 年英国建立的东印度公司。这些最早的跨国公司是西方国家对殖民地统治的象征，某些公司如英国的东印度公司不仅拥有跨国贸易的特许权，而且还拥有军队、铸币权、开战权与媾和权、审判司法权。可以说，最早的跨国公司不仅是一个经济实体，也是政治军事实体，体现的是殖民帝国的权力。尽管如此，由于这些最早的特许"公司与许多工厂和地方贸易公司结合在一起，并组织起国

---

① 这四个定义参见滕维藻、陈荫枋主编《跨国公司概论》，人民出版社，1991 年，第 8—15 页。

② 戴维·赫尔德等，《全球大变革》，杨雪冬等译，社会科学文献出版社，2000 年，第 328—329 页。

际生产"①，因此，这些公司的作用在于贸易中介，通过垄断性的贸易中介把一些国际生产串联起来。最早这些公司的中介作用在于把两地的奢侈品生产串联起来，工业革命后则是把宗主国的资本主义生产与殖民地的非资本主义生产串联起来，比如英国的东印度把印度棉纱输入英国，再使英国的纺织品泛滥于印度。② 这对促进宗主国资本主义生产有着重要意义。从严格意义上来说，最早的跨国公司主要是一种西方殖民主义工具，其海外经济行为更多地体现在促进宗主国资本主义原始积累和生产。

现代跨国生产应该说始于 19 世纪中后叶。此时资本主义大国普遍进入了工业化时代，资本主义大国开始了资本输出。尽管这一时期的投资主要是以间接投资为主，但直接投资也开始出现，但这种资本输出基本服务于国内的生产。

跨国生产在这一时期发展最快的是初级产品部门，主要是采矿和农业、林业、牧业这样的部门。虽然制造业已经有了一定的跨国生产现象，但比重较少。据统计，第一次世界大战前夕，直接投资只占国际投资存量的 35%，世界直接投资大约 55% 集中在初级产品部门，只有大约 15% 集中于制造业，其余的则集中于公共事业和服务业——主要是金融和贸易部门。③ 初级产业部门占了直接投资的主要份额说明此时的国际生产程度有限，直接投资主要服务于国内生产，为国内的工业化生产提供原料。

此时从事跨国生产的公司已经有了一定的发展，已经不同早期的跨国公司形式（垄断特许的贸易公司），某些部门中出现了现代跨国公司的雏形。最初，大部分的公司都是以"独立的"公司（"stand-alone" ventures）的形式（参与）管理一家相关的海外公司，而其本身未成为国际生产链的一部分。到 19 世纪末，在采矿和农业部门出现了在更加国际化基础上组织的生产和销售，特别是一

---

① 戴维·赫尔德等，《全球大变革》，杨雪冬等译，社会科学文献出版社，2000 年，第 329 页。

② 《马克思恩格斯选集》（第 1 卷），人民出版社，1995 年，第 765 页。

③ 《全球大变革》，第 330 页。

些大石油公司开始出现国际化的控制初级产品的生产和销售。所以，当时的跨国生产大部分只是一些发达国家的商人在海外开办的独立企业，只有少数大石油和农业公司在海外建立了与本国企业生产形成生产链的公司。[1] 这些少数的公司具备了现代的跨国公司的形式，如像美孚公司这样的美国大石油公司和联合果品公司这样的美国大农业公司就是比较典型的此类公司。

　　这一时期也出现了少量的制造业的跨国生产迹象。美国是这种制造业跨国生产的最早国家。刺激这种直接投资的动力之一是获取市场的份额，扩大销售，占领市场。从事这类海外生产的公司或是拥有重要的技术发明，或是革新了过去的技术发明。由于垄断了技术发明权，这些公司为了防止别国对其商品的仿制，以"先发制人"的战略首先在海外进行直接投资，占领市场。如美国的胜家缝纫机公司就是第一个进行制造业海外生产的公司。它在 1851 年获得了缝纫机发明专利，为了防止竞争对手制造缝纫机，这家公司于 1875 年开始在英国设立第一家子公司，以后又陆续在欧洲其他国家建立分支机构，逐步垄断了欧洲的缝纫机市场。以后进行类似海外生产的企业还有西方联合电报、贝尔电话、爱迪生电灯、伊斯特曼·柯达、国际收割机、奥梯斯兄弟电梯、国民现金记录器等公司。刺激这种制造业跨国生产的动因之二是避开贸易壁垒。一些公司希望通过东道国生产和销售来扩大销售，占领市场，以避开本国生产出口受到的贸易壁垒。如尤尼莱佛公司就是英国油脂和肥皂业巨头莱佛兄弟为了对付荷兰、比利时的高关税而与荷兰人造牛奶集团合并组成的一个跨国公司；荷兰的人造牛奶公司为了避开德国当时的农业保护性关税在德国开设了许多分厂；美国威斯豪斯空气刹车公司出于避开法国铁路当局要求空气刹车装置必须在法国生产的规定，而在法国设厂；1876 年和 1883 年美国的杜邦公司和爱迪生公司到加拿大设厂也是为了避开加拿大政府的高关税。[2] 从整体上来

---

[1]　《全球大变革》，第 331 页。

[2]　这些事例来自滕维藻、陈荫枋主编《跨国公司概论》，第 32 页。

说，这一时期的制造业跨国生产在整个世界经济中比重并不大，主要是在东道国生产，也在东道国销售，与国内母公司整合度并不高。

同时，传统的殖民形式的跨国公司形式仍有所发展。在非洲，西方大国仍然以荷兰东印度公司的模式进入非洲大陆。一些特许贸易公司取得特别垄断权进行殖民、采矿活动，如英国的南非公司就从政府手中获得"南非共和国的西、北面和葡萄牙领地的西面"以内的特许开发权。

可以说，从19世纪后半叶到二战前，虽然出现了一些跨国生产的迹象，但整体上跨国生产在国际经济联系中并不是最重要的。产品的设计、加工、组装的过程主要都是在国内进行的，生产的主要国际联系是原料的海外开采和获取以及商品的海外输出，并没有形成一种跨国生产链。其模式主要是世界经济中心的核心国家生产的制成品向海外出口，而不发达地区向发达国家出口原料和农产品（见图2-1）。因此，那个时代的国际经济还是以贸易为主，跨国生产与当今相比，不论是规模、深度还是广度都不可同日语，属于那个时代的世界经济联系的支流和边缘现象，是一种"肤浅一体化"[①]。

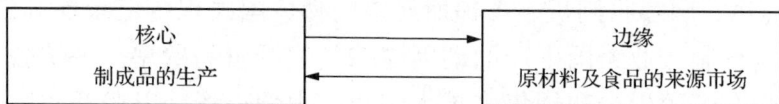

图2-1 19世纪末至二战前国际经济联系[②]

这一时期的跨国生产与当时的生产力水平、国家的贸易体制、交通以及通信的状态是相适应的。19世纪后期，正是第二次工业革命在西方国家兴起的时候，它大大提升了发达资本主义国家的生产能力。生产水平的大幅提高，使得销售和原料市场竞争具有特别重要的意义，原料与销售市场的保证是维系生产循环的必要条件。特

---

① 威廉·I. 罗宾逊，《全球资本主义论》，高明秀译，北京，社会科学出版社，2009年，第17页。

② 彼得·迪肯，《全球性转变》，刘卫东等译，商务印书馆，2009年，第6页。

别是国内垄断的发展造成生产的集中，使得争夺海外商品与原料市场对国内生产有着特别重要的意义。另外，各资本主义大国当时的经济政策也是影响这种对外投资的重要因素。在19世纪后期，西方资本主义大国为了保护本国的生产和市场，通过高关税和其他一些贸易壁垒来限制外来的进口，同时积极拓展海外商品市场，为本国的生产服务。这种政策促使资本主义大国对外经济联系以海外原料和商品输入（出）为主，海外生产并不是主要的。虽然当时也有少数企业为了避开市场的壁垒，采用了在海外设厂的方式，扩大销售。但它并不是主流。因为，许多发达国家对海外直接投资仍然采取一定的限制。最后，当时的交通、通信技术虽然有了飞速发展，为跨国经营提供了便利条件，如19世纪后期，铁路、海上航运工具大发展，电报、电话得到发明与普及，但当时的交通与通信条件还不足以把整个生产链散布到世界各地。

在两次世界大战之间，世界跨国生产的发展也不突出，其格局与19世纪末大体相近，主要仍体现在初级产业部门。所不同的是一些新产业加入跨国生产的行列，如汽车业。美国福特和通用汽车公司开始在日本和欧洲进行生产。但是"即使这些产业，生产也是在一国基础上组织起来的，生产的全球化仍受到限制"[①]。这一时期跨国公司发展不快的原因是：（1）战争破坏、战争债务以及战后重建的费用使得欧洲大陆无力进行对外直接投资，除了美国对外直接投资有较大的增长外，其他资本主义大国的对外直接投资都处于下降趋势；（2）这一时期的世界经济大萧条导致各国采取了经济民族主义保护政策，限制了外来直接投资的进入；（3）这一时期金本位制崩溃，而新的国际货币体制没有建立，各国又采取倾向贬值的方式促进出口，不利于外来投资的进入；（4）这一时期国际卡特尔制度盛行，这一国际垄断形式分割和控制了世界市场，限定了产量及销售价格，划分各自的生产销售范围和程度，不利于跨国经营的发展。[②]

---

① 《全球大变革》，第334页。

② 《跨国公司概论》，第34—35页。

　　所以说，在第二次世界大战结束前，还没有当今意义上的生产的跨国化，少数出现的跨国生产仍是世界经济的边缘现象，特别是制造业的跨国生产更是边缘现象，还没有形成跨国的生产链。这些少数的跨国生产仍以西方的资本为主导，主要集中在初级产业部门，服务于国内生产。

　　跨国生产的真正发展是在第二次世界大战后，特别是在上世纪80年代以后，逐步形成了一个相对完整的全球生产链。然而，战后跨国生产的发展是难以用数字进行准确统计的。一是因为通货膨胀因素，通过各时期数字的比较来体现战后跨国生产的发展状况存在着一定的误差。二是因为统计不完整。目前世界上相对全面地反映跨国生产状况的只有联合国贸易与发展会议（UNCTAD，以下简称联合国贸发会议）每年发布的《世界投资报告》（WIR），其中最重要的反映跨国生产状况的就是外国直接投资（FDI）的数据变化，但FDI数据不能反映非股权和其他跨国生产模式的复杂状况[①]。非股权形式产生的跨国生产数据在WIR中是鲜见的（只有2011年的WIR中略有体现），而且数据仍是不完整的。另外，联合国贸发会议在上世纪70年代才开始对跨国生产状况进行统计，70年代以前的数据相当不完整。但是即使如此，从WIR提供的一些FDI数据中也能间接地窥见目前跨国生产的发展状况。

　　联合国贸发会议公布的统计数据表明，1970年世界直接投资年流量（流出）为133亿美元，到了1980年达541亿美元，到了1990年飙升到2 081亿，2000年为14.14万亿，2011年达17万亿，虽然近年来有所回落，但仍在14万亿左右（见图2-2）。由于通货膨胀的因素，不能准确地说出增长的倍数，但增长是巨大的。另外，可以体现跨国生产巨大增长的经验事实还可以从直接投资的沉淀体现出来。1980年直接投资的流出存量是5 400多亿美元，到了1990年达到了2万多亿，到了2000年上升到8万多亿，到了2010年飙升到21万多亿，到了2013年已经有26万多亿沉淀（见图2-3）。这种增长也是惊人的。最后，还可以

---

① 《全球性转变》，第168页。

从直接投资在世界以及各类经济体产出中的比重来体现跨国生产对世界经济的影响。1990 年直接投资存量（流入）在世界整体、发达经济体、发展经济体和转型经济体年产出（GDP）中的比重分别是 9.7%、8.9%、13.4%、0%，到了 2000 年这组数据分别是 23.3%、22.8%、25.3%、15.5%，2010 年以后这组数据基本上都在 30% 以上（图2-4）。这说明当今的跨国生产已经占到世界经济和各类经济体比重的 1/3，对世界经济和各国的经济产生了重要的影响。

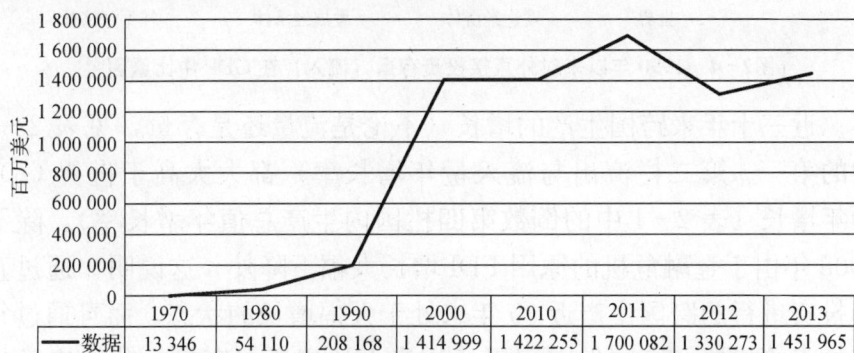

百万美元	1970	1980	1990	2000	2010	2011	2012	2013
—— 数据	13 346	54 110	208 168	1 414 999	1 422 255	1 700 082	1 330 273	1 451 965

图2-2　1970 年以来对外直接投资流量（流出）增长曲线图

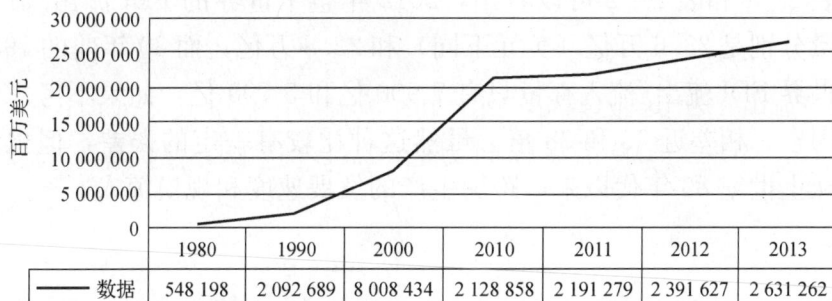

百万美元	1980	1990	2000	2010	2011	2012	2013
—— 数据	548 198	2 092 689	8 008 434	2 128 858	2 191 279	2 391 627	2 631 262

图2-3　1980 年以来对外直接投资存量（流出）增长曲线图

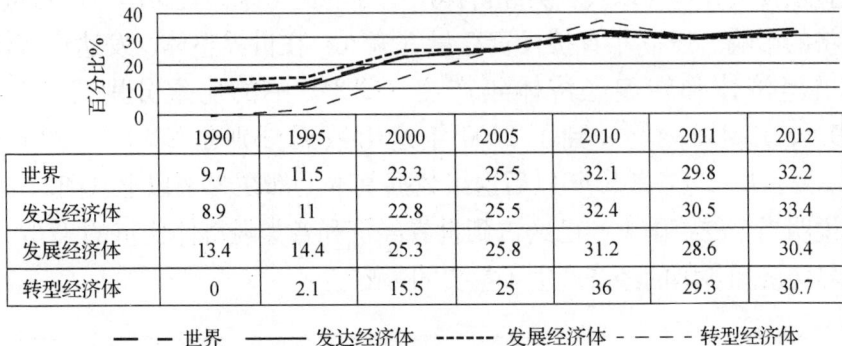

	1990	1995	2000	2005	2010	2011	2012
世界	9.7	11.5	23.3	25.5	32.1	29.8	32.2
发达经济体	8.9	11	22.8	25.5	32.4	30.5	33.4
发展经济体	13.4	14.4	25.3	25.8	31.2	28.6	30.4
转型经济体	0	2.1	15.5	25	36	29.3	30.7

— — 世界　——— 发达经济体　------ 发展经济体 - - - - 转型经济体

图2-4　1990年以来对外直接投资存量（流入）在GDP中比重图①

　　近三十年来跨国生产的增长（不论是流量还是存量，见表2-1中的第一、第二栏流出与流入量年增长率）都大大高于世界GDP的年增长（表2-1中的倒数第四栏国内生产总值年增长率），除了2008年由于金融危机的原因FDI增长大幅下降外。这说明，通过直接投资进行的跨国生产近30年来处于大幅增长的状态，而且通过每年的直接投资，跨国生产积累了相当大的规模（存量反映出来的指标）。近30年来这种积累的增长速度每年也都高于世界GDP的年增长率（表2-1第三、四栏年增长率与倒数第四栏年增长率比较）。从表2-1和表2-2可以看出，2012年整个世界的FDI流出/流入存量分别是23.6万亿（美元下同）和22.8万亿，而30年前的1982年世界FDI流出/流入存量只有7900亿和5790亿，如果不考虑通胀因素，相差近30和38倍。虽然这种比较有一定的误差，但也看出从上世纪80年代以来，跨国生产的发展速度和规模惊人。

①　图2-2至图2-4及表2-1都依据联合国贸易会议数据库（unctadstat）提供的数据所计算绘制而成，有关数据见 http://unctadstat.unctad.org/TableViewer/tableView.aspx。

表2-1　1982—2008年国际投资与国际生产的若干指标①

项目	按当前价格计算的价值(10亿美元)				年增长率(%)						
	1982	1990	2007	2008	1986—1990	1991—1995	1996—2000	2005	2006	2007	2008
外国直接投资流入量	58	207	1 979	1 697	23.6	22.1	39.4	32.4	50.1	35.4	−14.2
外国直接投资流出量	27	239	2 147	1 858	25.9	16.5	35.6	−5.4	58.9	53.7	−13.5
内向外国直接投资存量	790	1 942	15 660	14 909	15.1	8.6	16.0	4.6	23.4	26.2	−4.8
外向外国直接投资存量	579	1 786	16 227	16 206	18.1	10.6	16.9	5.1	22.2	25.3	−0.1
内向外国直接投资存量的收入	44	74	1 182	1 171	10.2	35.3	13.3	32.8	23.3	21.9	−0.9
外向外国直接投资存量的收入	46	120	1 252	1 273	18.7	20.2	10.3	28.4	18.4	18.5	1.7
跨国并购	—	112	1 031	673	32.0	15.7	62.9	91.1	38.1	62.1	−34.7
外国子公司销售额	2 530	6 026	31 764	30 311	19.7	8.8	8.1	5.4	18.9	23.6	−4.6
外国子公司总产值	623	1 477	6 295	6 020	17.4	6.8	6.9	12.9	21.6	20.1	−4.4
外国子公司总资产	2 036	5 938	73 457	69 771	18.1	13.7	18.9	20.5	23.9	20.8	−5.0
外国子公司出口额	635	1 498	5 775	6 664	22.2	8.6	3.6	13.8	15.0	16.3	15.4
外国子公司雇员(千人)	19 864	24 476	80 396	77 386	5.5	5.5	9.7	8.5	11.4	25.4	−3.7
国内生产总值(以当前价格计)	11 963	22 121	55 114	60 780	9.5	5.9	1.3	8.4	8.2	12.5	10.3
固定资本形成总值	2 795	5 099	12 399	13 824	10.0	5.4	1.1	11.8	10.9	13.8	11.5
特许权和许可证可收费	9	29	163	177	21.1	14.6	8.1	10.6	9.1	16.1	8.6
货物和非要素服务的出口	2 395	4 414	17 321	19 990	11.6	7.9	3.7	13.8	15.0	16.3	15.4

① WIR 2009，p. 18。2009年以后各年的WIR中较少提及FDI增长率，因此，我们这里选用的年增长率数字只到2008年。

表 2－2　1992—2012 年国际投资与国际生产的若干指标①

项目	按现行价格计算的价值（10 亿美元）				
	1990	2005—2007 危机前 平均水平	2010	2011	2012
直接外资流入量	207	1 491	1 409	1 652	1 351
直接外资流出量	241	1 534	1 505	1 678	1 391
内向直接外资存量	2 078	14 706	20 380	20 873	22 813
外向直接外资存量	2 091	15 895	21 130	21 442	23 593
内向直接外资的收入	75	1 076	1 377	1 500	1 507
内向直接外资收益率（百分比）	4	7	6.8	7.2	6.6
外向直接外资的收入	122	1 148	1 387	1 548	1 461
外向直接外资收益率（百分比）	6	7	6.6	7.2	6.2
跨境并购	99	703	344	555	308
外国子公司销售额	5 102	19 579	22 574	24 198	25 980
外国子公司的增加值（产值）	1 018	4 124	5 735	6 260	6 607
外国子公司总资产	4 599	43 836	78 631	83 043	86 574
外国子公司出口额	1 498	5 003	6 320	7 436	7 479
外国子公司员工数（千人）	21 458	51 795	63 043	67 852	71 695
备查：					
国内生产总值	22 206	50 319	63 468	70 221	71 707
固定资本形成总值	5 109	11 208	13 940	15 770	16 278
特许权和许可证收费	27	161	215	240	235
货物和服务出口额	4 382	15 008	18 956	22 303	22 432

---

① WIR 2013, p. xvi.

　　当今跨国生产的组织者是跨国公司，跨国公司数量和经营数据的增长也可以反映战后的跨国生产的发展。跨国公司的数量在战后，特别是上世纪80年代后有了迅速的增长，根据联合国贸发会议所给的数据，1992年全世界跨国公司的数量不到4万家，到了2000年突破了6万家，2008年这个数字突破了8万。特别值得注意的是，发展中国家和转型国家的跨国公司近年来在迅速增长。2008年全球8 000多家跨国公司中72%来自发达经济体，28%来自发展经济体和转型经济体；在此之前的1992年和2000年，这个比例是92%（发达经济体）、8%（发展经济体和转型经济体）和79%、21%（图2-5）。这说明来自发展中经济体和转型经济的跨国企业也在迅速增长，并且增长很快。从跨国企业较近的经营数据来看，它们的海外子公司目前的出口额占世界货物和服务出口额的约1/3（从表2-2外国子公司的出口额栏与货物和服务出口额栏推算），产值占世界GDP的产值大约也是10%左右（从表2-2外国子公司增加额栏与国内生产总值栏推算）。如2012年跨国公司海外子公司的出口额是7.479万亿，而世界货物和服务出口额是22.432万亿，约为33%；2012年跨国公司的海外子公司的产值是6.607万亿，当年世界GDP是71.707万亿，占比为9.2%（2010年这个比重是13%）。这些数字还不包括非股权形式和其他形式在跨国生产中的比重。

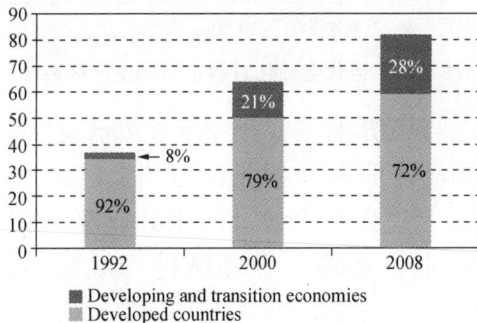

图2-5　来自发达国家、发展中国家和转型国家跨国公司的数量
（1992、2000、2008，单位：千）①

----

① 　WIR2010，p. 17.

由于跨国生产的飞速发展，目前它在世界经济中的作用已经与二战世界大战之前发生了巨大变化，彻底地改变了各国彼此的经济联系方式。整个世界各国的生产通过各种方式（市场交易、战略联盟、外包、合资、许可证、产业合作协议，见图2-6）联系起来，形成了一个巨大的跨国生产链，改变过去主要通过贸易方式联系起来的方式。当今，全球生产的特点是：生产跨国化，跨国生产网络使得世界性生产呈现分散化和碎片化，但全球生产的管理仍然控制在跨国资本手中。[①] 而二战前生产的高度集中和垄断主要发生在民族国家内部。"这一时期，国家资本家阶级组织起全国性生产和服务链，在各自的国家疆域内生产商品，然后与别国生产的商品进行贸易"[②]（图2-1和2-6显示显示出两者的区别）。

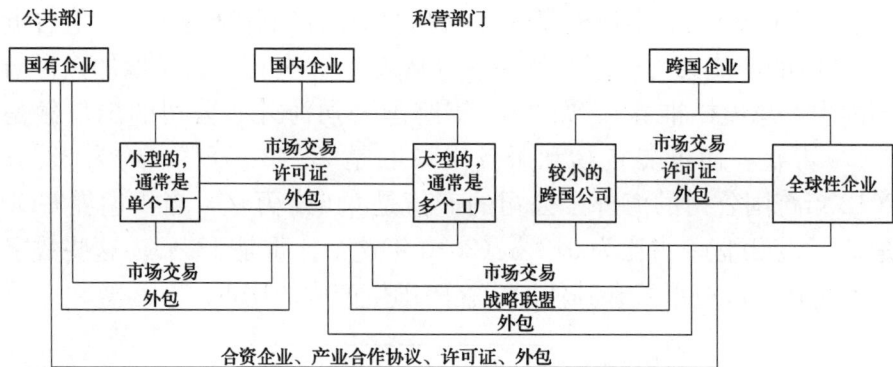

图2-6　当代全球化过程中跨国生产联系[③]

跨国生产已经与历史上主要集中于初级产业部门有所不同，当今跨国生产涉及的制造业和服务业在份额上已经大大超过初级部门（见表2-3），尤其是过去很少涉及的服务业部门发展也很快。过去跨国公司只在金融业、运输业等领域进行规模不大的跨国经营活

---

① 威廉·罗宾逊，《全球资本主义论》，高明秀译，北京，社会科学出版社，2009年，第26页。

② 同上，第17页。

③ 同上，第9页。

动，而现在商业零售业、通信、旅游、法律咨询、工程设计、教育、医疗卫生等行业都有跨国经营。

表 2-3　直接外资项目的部门分布情况①

年份	价值（10 亿美元）			份额（%）		
	初级部门	制造业	服务业	初级部门	制造业	服务业
2005—2007 平均	130	670	820	8	41	50
2008	230	980	1 130	10	42	48
2009	170	510	630	13	39	49
2010	140	620	490	11	50	39
2011	200	660	570	14	46	40

二、当今跨国生产的形式与特征

1. 当今跨国生产的形式

当今跨国生产联系的主要形式，一是直接投资的跨国生产，二是非股权形式的跨国生产。

（1）直接投资

直接投资分为以下几种形式：

① 投资者开办独资企业，直接开店，等等，并独自经营；

② 与当地企业合作开办合资企业或合作企业，从而取得各种直接经营企业的权利，并派人员进行管理或参与管理；

③ 投资者参加资本，不参与经营，必要时可派人员任顾问或指导；

④ 投资者在股票市场上买入现有企业一定数量的股票，通过股权获得全部或相当部分的经营权，从而达到收买该企业的目的，这也称为并购。

（2）非股权投资

跨国生产的另一种形式是非股权投资（non-equity investment）。

---

① WIR 2013，中文概述第 7 页。

它是指跨国公司未在东道国企业中参与股份，而是通过与东道国企业签订有关技术、管理、销售、加工制造、工程承包等方面的合约，取得对该东道国企业的某种管理控制权。它的主要方式有以下几种。

① 订单加工和订单农业（contract manufacturing and farming）。即通过合同契约的形式在另外国家委托当地企业进行加工制造和农产品生产。这种合同委托生产既可以是跨国公司提出产品设计方案，当地被委托企业生产但不得为第三方提供采用该设计的产品，也可以是从设计到生产都由当地企业按跨国公司的要求自行完成，在产品成型后贴牌方买走。

② 服务外包（service outsourcing）。服务外包是指企业将价值链中原本由自身提供的具有基础性的、共性的、非核心的业务基于业务流程剥离出来后，外包给企业外部专业服务提供商来完成的经济活动。

③ 特许经营（franchising）与许可（licensing）。特许经营是指特许经营权拥有者以合同约定的形式，允许被特许经营者有偿使用其名称、商标、专有技术、产品及运作管理经验等从事经营活动的商业经营模式。被特许人获准使用由特许权人所有的或者控制的共同的商标、商号、企业形象、工作程序等，但由被特许人自己拥有或自行投资相当部分的企业。许可是专利权所有人、商标所有人或专有技术所有人作为许可方（licensor）向被许可方（licensee）授予某项权利，允许其按许可方拥有的技术制造、销售该技术项下的产品，并由被许可方支付一定数额的报酬。

④ 租赁（concessions）。租赁是指企业之间较长期的动产租赁。出租人一般为准金融机构，即附属于银行或信托投资公司的租赁公司，也有专业租赁公司或生产制造商兼营自己产品的租赁业务。租赁对象主要是资本货物，包括机电设备、运输设备、建筑机械、医疗器械、飞机船舶，直至各种大型成套设备和设施等。承租人通常为生产或服务企业。

⑤ 战略联盟（strategic alliance）。战略联盟是两个以上的企业

为了实现优势互补、提高竞争力及扩大国际市场的共同目标而制定双边或多边的长期或短期的合作协议。

⑥ 契约合资（contractual joint ventures）。契约式合资是指由两个或两个以上的国家企业进行合作，通过协商签订合同，规定各方的权利与义务，各方的投资一般不折算成出资比例，利润也不按出资比例分配，以此来开展经营活动的一种非股权投资方式。在合同中约定合作期满时企业的全部资产归一方合作者所有，另一方合作者可以在合作期限内先行回收投资。

⑦ 管理合约（management contract）。管理合约又称经营合同、风险合同或工作合同，是指跨国公司与东道国企业签订协议，向东道国企业派出专业管理人员，从事日常管理工作，由此取得一定管理与控制权的投资方式。①

2. 当今跨国生产的特征

（1）生产的分散化与控制的集中化

主要通过上述这两种方式，目前全球形成了一个相对完整的生产链与服务于这一生产链的网络，在这个网络中，生产的分散化与控制的集中化成为目前跨国生产的第一个特点。分散化表现为目前跨国生产分布于世界各地，而控制生产网络的主要是西方的跨国公司。截止到 2008 年，全球 8 000 多家跨国公司中来自发达经济体的占了 72%，来自发展经济体和转型经济体的仅占 28%；在此之前，这个比例更低，1992 年是 92%（发达经济体）、8%（发展经济体和转型经济体），2000 年 79%、21%（见图 2 - 5）。更重要的是来自西方国家的跨国公司大而强，控制着技术与市场，有着更广泛的全球控制力。根据联合国贸发会议所公布的截至 2012 年全球非金融性跨国公司世界 100 强的名单，除三家来自发展中国家（中国的中信和中海运，马来西亚的国家石油）外，其他全部来自号称富国俱乐部的经合组织国家。这 100 家跨国公司

---

① 这几种非股权投资形式来自联合国贸发会议 2011 年出版的《世界投资报告》，见 WIR 2011，p. 128。

中跨国性指数（TNI[①]）不足 50％的不到 10 家，其总资产达 12.84 万亿，海外子公司资产达到 7.7 万亿，平均海外资产率达 60％。[②] 而 2012 年全球跨国公司海外子公司总资产仅为 8.57 万亿（见表2-2），这 100 家跨国公司就占近 90％。这 100 家 2012 年销售总额是 8.73 万亿，海外销售总额是 5.66 万亿，平均海外销售占了 65％，占全球跨国公司海外子公司销售总额（25.98 万亿）的约 22％。来自发达国家的跨国公司，特别是前 100 强的跨国公司控制整个世界的跨国生产。

西方的跨国公司对跨国生产的控制在于它们的所有权优势。它们利用这一优势通过海外投资利用一些地区的区位优势实现所谓的内部化优势以实现利润的最大化，这成为西方跨国控制跨国生产的重要条件。由于西方大型跨国公司具有所有权优势，在法律的保护下，不论在直接投资，还是在非股权形式跨国生产活动中，它们都具有巨大的讨价还价权力，或成为买方或卖方垄断者，或控制技术标准和技术专利等知识产权，形成实际控制全球网络生产的垄断力量。"目前本地资本虽保持着独立性，但将生产和分配的本地循环与依据支配性的世界范围内的积累模式的全球循环区分开来，越来越困难。本地资本和民族资本越来越受制于'去本地化'，而且如果它们想要生存下去，就必须与支配性的跨国资本相链接。"[③] 这就形成了大跨国公司把生产分布于资源和区位最佳的地区的局面，它们利用当地劳动力、市场和区位的特殊优势进行生产，并且通过所有权优势形成对当地资本的控制。

（2）控制跨国生产的资本国际化或跨国化

目前跨国生产的第二个特点是控制跨国生产的资本国际化或

---

① Transnationality Index，指海外资产对总资产、海外销售对总销售、海外雇员对总雇员三项比值之和的平均。

② 见 WIR 2013 年附录表 28，http：//unctad. org/en/Pages/DIAE/World%20Investment%20Report/Annex-Tables. aspx。有关海外总资产和总资产是由这表中数据计算出来的。

③ 《全球资本主义论》，第 88 页。

跨国化。目前控制全球网络化生产的垄断资本已经不是来自一国，而呈现出跨国化。"世界各地的资本在各个层面上日渐增加的相互渗透，这种渗透主要围绕着跨国资本和跨国公司巨头展开"[①]。西方各国资本以参股的形式相互融合，形成资本的跨国垄断特点。众多大型跨国公司股权结构复杂，许多公司股权网络化交叉在一起，使得许多公司没有完全的单一拥有者，而是为来自不同国家、不同企业的资本所共同拥有，只是份额不同而已。世界 500 强跨国性较大的公司股权结构就明显地反映了这一特点，通用电气有来自不同国家的 93 个公司股东，微软有 121 个来自不同国家的公司（基金）和个人股东。[②]这一切都说明了控制跨国生产的垄断资本形成了跨国化的特点，而过去，围绕着垄断资本进行资本相互渗透主要发生在国家内部。

当今跨国垄断资本跨国整合手段有以下几种。

① 通过直接对外投资，让资本触及全球，整合各地资本。FDI 流出与流入存量即体现了这种状况，如上述谈到 2012 年整个世界这两个数字是 23.6 万亿和 22.8 万亿，从这些巨额的存量数字可以看出，目前资本跨国化已经非常深入地伸入世界各地，与当地资本整合起来。由于发达国家跨国公司是主流，通过对外投资整合起来的资本控制权在西方跨国公司手中，这可以从联合国贸发会议提供的各类经济 FDI 存量数据中看出来（图 2-7、图 2-8）。发达国家其直接对外投资流出存量近 20 万亿（2012 年），目前分布在世界各国，其他经济体则少得多。流入发达国家的 FDI 存量近 15 万亿（2012 年），发达国家也是 FDI 流出的主体，这说明发达国家资本的跨国融合度非常高，规模也非常大，西方资本是跨国垄断资本的构成主体。从直接投资流入发展经济体和转型经济体的状况来看，西方跨国资本与这些经济体的整合度近年来也在发展。

---

① 《全球资本主义论》，第 88 页。

② 见 BvD-osiris 全球上市公司分析库，http：//osiris. bvdinfo. com/version - 2013103/Report. serv？ _ CID＝295&context＝18HB97VFPMX5LFP。

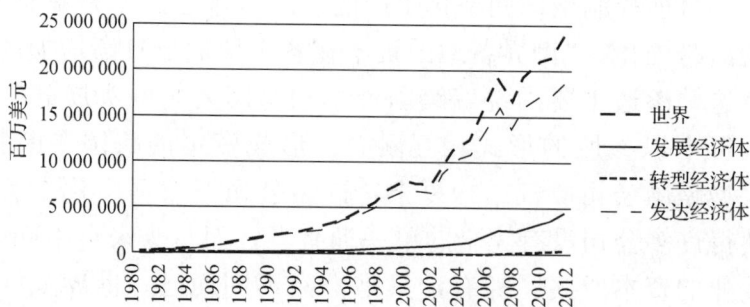

图 2-7　1980—2012 年 FDI 流出存量

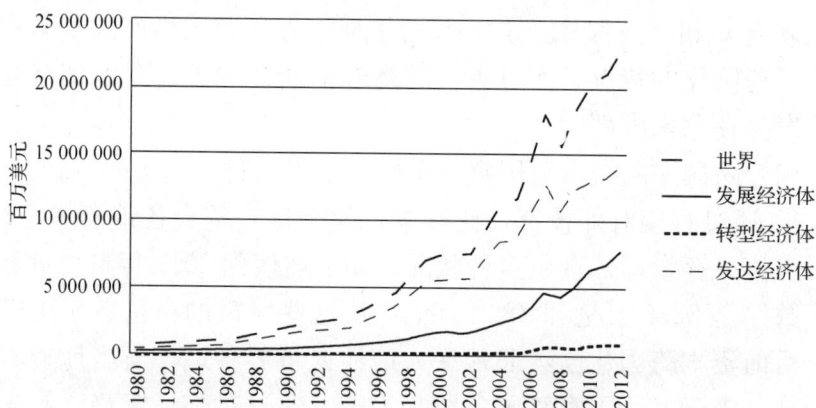

图 2-8　1980—2012 年 FDI 流入存量①

②通过跨国并购实现资本的国际化整合。并购是传统的资本集中形式，过去多发生在国家内部，但目前跨国并购也得到迅速发展，成为垄断资本跨国化的重要方式。表 2-1 所体现的跨国并购的增长速度非常惊人，1986—1990 年间年均增长速度是 32％，1990—1995 年间是 15.7％，1996—2000 年间是 62.9％，2001—2005 年间是 91.1％，2006 年是 38.1％，2007 年是 62％。综合表 2-2 可以发现，从上世纪 80 年代以来跨国并购基本上处于上升趋势，除 2001—2003 年、2008—2009 年经济衰退期（金融危机）外。上世纪

---

①　图 2-7、2-8 根据联合国贸发会议数据库（unctadstat）提供的数据绘制，有关数据见 http：//unctadstat. unctad. org/TableViewer/tableView. aspx。

80 年代年跨国并购据称不足百亿，到 2007 年的最高，突破万亿。
虽然 2009 年并购金额是 2 500 亿，处于低谷点，但仍比 1990 年 990
亿高出 2 倍多。近年跨国并购有所回升，2011 年和 2012 年世界跨
国并购金额分别为 5 550 亿和 3 080 亿（图 2-9）。目前发达国家的
公司仍是跨国并购的主体，占这种交易的 2/3。这些说明，西方跨
国公司目前通过跨国并购使其资本国际化的程度迅速加大，而且由
于这种并购主要发生在西方国家，其资本的跨国融合度非常高。
2013 年的微软收购诺基亚手机业务就是典型的跨国并购和资本的国
际融合事例。这种跨国并购产生了国际企业巨头，进一步加剧了相
关产业的集中，成为资本跨国垄断化的集中体现。

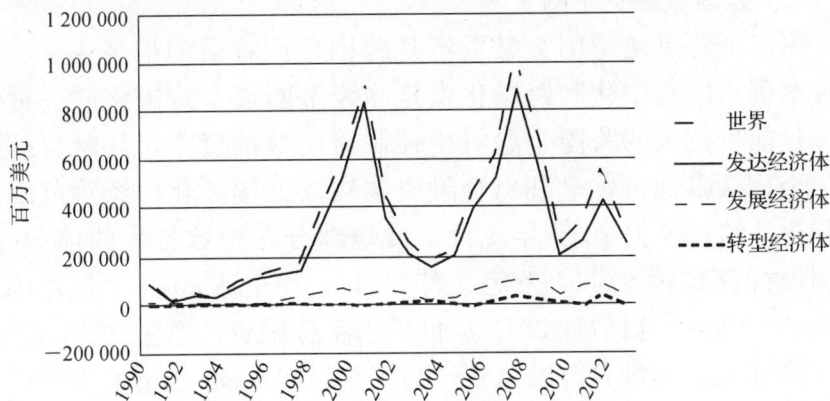

图 2-9　1990—2012 年跨国并购价值[①]

　　③ 资本垄断的跨国化还可以通过非股权形式等跨国经营活动
实现。非股权形式的生产联合原来都是国内生产经营中的做法，
这些做法一旦跨国化就形成了资本的非股权形式跨国联系。在这
种联系中，具有所有权优势的大跨国公司处于主导地位，如通过
订单或合同，某些品牌产品、服务或技术等使用许可等，控制着
各类民族的资本，使之整合在跨国资本之下，成为跨国资本组成
部分，如饮料行业的可口可乐、百事可乐，快餐行业的麦当劳和

---

① 　WIR 2009，p. 11.

肯德基等都是这种支配的典型。同时，企业之间，特别是大企业间通过合资、少量股权投资、股权置换、共同研发和生产销售、技术共享、市场分享、长期的采供协议和提供管理等形成战略联盟、契约关系和管理合约，从而形成了资本的跨国联系与融合新形式。如世界民用航空的"星空联盟"（Star Alliance）和"环宇一家"（One World Alliance）就是这样的跨国联盟，而智能手机领域则有以 Android（安卓系统）为纽带的联盟，包括三星、谷歌、摩托罗拉、宏达、高通等多个企业。现在每个行业都或多或少或多都存在这样的联盟，这种联盟是列宁曾说的"卡特尔""托拉斯"的全球形式，因而也是垄断资本跨国化的重要表现。

（3）跨国金融资本的主宰

第三个特点是跨国金融资本是跨国生产背后的最高主宰。今天金融资本的集中化和跨国化也是当今垄断资本跨国化的一种体现。目前少数大的跨国金融机构控制着巨额的资本，其触角扩展到了全球众多地区，呈现出金融资本构成的国际化、经营范围的国际化的特点。据 2012 年统计，按地理分布指数排名的前 50 家跨国银行资本总和约 51 万亿（表 2-4），而全球 2012 年名义 GDP 才约 71 万亿。[1] 据估算 2012 年世界当年金融资产总量约为 209 万亿（因为 2012 年世界金融总资产与当年世界 GDP 之比是 293%[2]），而这 50 家银行的资产占了近 1/5，这反映出世界范围内金融资本巨大的集中程度。这些金融资本的构成也是跨国化的。以资产总量名列前茅的汇丰银行为例，它有 184 个来自世界 10 多个国家和地区（有的不具名）的股东（包括公司、个人与基金），其中多数都是像高盛、摩根士丹利这样的世界金融巨头。[3] 这 50 家银行中，国际指数

---

①　http：//unctadstat. unctad. org/TableViewer/tableView. aspx？ReportId=96.

②　中国工商银行城市金融研究所课题组，《未来 10 年世界经济金融走势分析》，见 http：//finance. sina. com. cn/stock/t/20130828/060016583502. shtml。

③　见 BvD-Bankscope 全球银行与金融机构分析库，https：//bankscope2. bvdep. com/version-2013926/Report. serv？_CID=425&context=1Q8F97VCDCSJPPP&SeqNr=3.

表 2-4　2012 年按地理分布指数大小排名的世界金融机构 50 强①

Web table 30. The top 50 financial TNCs ranked by Geographical Spread Index (GSI), 2012
(Millions of dollars and number of employees)

Rank 2012	GSI b	Rank 2011	GSI b	Financial TNCs	Home economy	Assets Total	Employees Total	Affiliates Total	Number of foreign affiliates	I.I. c	Number of host countries
1	72.8	1	75.0	Allianz SE	Germany	915 788	141 938	717	585	81.6	65
2	72.4	2	73.7	Citigroup Inc	United States	1 864 660	266 000	840	595	70.8	74
3	71.2	3	72.4	BNP Paribas	France	2 514 570	198 423	984	723	73.5	69
4	68.5	6	67.2	Assicurazioni Generali SpA	Italy	582 398	81 997	493	436	88.4	53
5	68.3	5	68.1	HSBC Holdings PLC	United Kingdom	2 692 538	288 316	1040	746	71.7	65
6	65.9	8	65.6	Deutsche Bank AG	Germany	2 653 053	100 996	1331	1031	77.5	56
7	65.0	7	65.6	Societe Generale	France	1 648 917	159 616	557	386	69.3	61
8	64.1	9	61.1	Unicredit SpA	Italy	1 221 929	160 360	922	861	93.4	44
9	58.3	10	59.5	AXA S.A.	France	1 004 421	96 999	606	515	85.0	40
10	57.4	13	53.0	Standard Chartered PLC	United Kingdom	636 518	86 865	209	153	73.2	45
11	56.4	12	56.2	Credit Suisse Group Ltd	Switzerland	1 009 756	49 700	261	231	88.5	36
12	54.8	11	56.6	Zurich Insurance Group AG	Switzerland	409 270	52 648	328	318	97.0	31
13	53.1	4	69.2	UBS AG	Switzerland	1 375 684	64 820	494	279	56.5	50
14	52.9	14	51.2	Munich Reinsurance Company	Germany	340 622	47 206	525	272	51.8	54
15	49.6	17	50.3	ING Groep NV	Netherlands	1 540 724	95 025	585	327	55.9	44
16	49.0	22	45.5	The Bank Of Nova Scotia	Canada	668 378	75 362	135	108	80.0	30
17	48.7	18	49.7	Morgan Stanley	United States	780 960	61 899	220	163	74.1	32
18	48.5	16	50.6	Credit Agricole SA	France	2 428 968	87 451	418	229	54.8	43
19	46.7	25	43.2	The Royal Bank Of Canada	Canada	825 513	68 480	154	129	83.8	26
20	44.9	21	45.9	Nomura Holdings Inc	Japan	403 557	34 395	153	114	74.5	27
21	43.8	26	42.6	The Goldman Sachs Group Inc	United States	938 555	33 300	288	205	71.2	27
22	42.4	24	45.4	Dexia	Belgium	470 945	14 181	77	73	94.8	19
23	42.1	20	46.0	Mitsubishi UFJ Financial Group	Japan	2 494 137	83 491	131	86	65.6	27
24	41.8	19	46.3	Banco Santander SA	Spain	1 673 877	187 233	430	301	70.0	25
25	41.5	28	40.7	Skandinaviska Enskilda Banken AB	Sweden	377 139	18 912	169	121	71.6	24
26	40.4	23	45.5	KBC Groupe SA	Belgium	338 678	39 925	263	195	74.1	22
27	40.3	33	37.2	Berkshire Hathaway Inc	United States	427 452	271 000	875	296	33.8	48
28	40.3	31	38.4	Aviva PLC	United Kingdom	513 152	36 562	411	238	57.9	28
29	40.2	40	33.4	Prudential PLC	United Kingdom	504 316	25 414	275	171	62.2	26
30	39.1	38	33.5	Metlife Inc	United States	836 781	67 000	133	70	52.6	29
31	38.4	15	51.1	Swiss Reinsurance Company	Switzerland	215 785	10 788	50	41	82.0	18
32	37.1	34	36.4	Aegon NV	Netherlands	482 690	25 288	326	214	65.6	21
33	36.8	..	..	State Street Corp	United States	222 582	29 740	117	88	75.2	18
34	36.7	27	41.1	BBV Argentaria SA	Spain	840 855	110 645	251	147	58.6	23
35	34.6	39	33.4	Bank of America Corporation	United States	2 209 974	284 635	439	138	31.4	38
36	34.3	36	35.1	Intesa Sanpaolo SpA	Italy	887 905	100 118	186	109	58.6	20
37	34.1	42	32.9	CIBC	Canada	393 582	42 239	51	37	72.5	16
38	33.3	32	37.8	Nordea Bank AB	Sweden	893 110	33 068	173	120	69.4	16
39	33.0	45	30.1	Commerzbank AG	Germany	838 341	58 160	648	243	37.5	29
40	32.9	41	33.1	Manulife Financial Corp	Canada	488 155		71	55	77.5	14
41	32.6	29	39.7	Old Mutual PLC	United Kingdom	233 254	55 549	177	99	55.9	19
42	32.4	35	35.3	American International Group Inc	United States	548 633	57 000	235	88	37.4	28
43	32.3	37	34.0	JPMorgan Chase & Company	United States	2 359 141	260 157	691	219	31.7	33
44	31.7	43	32.6	Bank Of New York Mellon Corp.	United States	358 990	48 700	249	139	55.8	18
45	29.9	30	38.5	Barclays PLC	United Kingdom	2 422 516	141 100	1156	225	19.5	46
46	29.2	44	30.3	Australia and New Zealand Banking Group Ltd	Australia	667 748	46 152	112	56	50.0	17
47	28.8	49	27.4	Danske Bank A/S	Denmark	615 854	21 320	101	84	83.2	10
48	28.3	48	27.7	Svenska Handelsbanken AB	Sweden	367 055	11 184	52	32	61.5	13
49	27.5	46	29.2	Sumitomo Mitsui Financial Group Inc	Japan	1 581 545	64 225	200	63	31.5	24
50	27.1	..	..	Erste Group Bank AG	Austria	281 905	50 452	459	198	43.1	17

---

① 见 http://unctad.org/en/Pages/DIAE/World%20Investment%20Report/Annex-Tables.aspx，表 30。地理分布指数（GSI）是国际指数乘以东道国数量的平方根，国际指数（I.I.）是海外分支机构数量除以总分支机构数量（其中的海外分支机构是指拥有大部分股权的机构）。

除少数外都超过 50，这说明这些跨国金融机构的经营业务在海外占相当高比例。当今世界融资渠道除了传统的银行、证券市场外，还许多非传统的金融机构的基金，如养老和共同基金。然而，这些非传统金融市场的金融机构的资本构成往往也是跨国性的，特别是金融资本的证券化运作，使得它们成为跨国金融资本重要构成部分。2008 年金融危机中，随着美国一些大型投资银行的倒闭，其他一些国家的银行、基金蒙受了损失，从这些现象就可以体察出这种跨国化。过去时代的金融寡头在生产控制上发挥的作用如今出现在跨国生产上。列宁时代金融资本对生产的控制作用完全适用于当今，不同的是，过去是对国内生产的控制，而当今是对跨国生产的控制。比如对外直接投资、跨国并购离不开跨国银行的支持，企业跨国扩张离不开证券市场（许多是跨国证券市场）的融资，跨国经营的风险来自国际保险市场的共同担保。从全球上市公司的数据库中（BvD-osiris）中可以看到，基本上所有非金融类大跨国公司股权结构中都可以看到世界大金融机构的身影，而且所占比例较大。可以说，基本上每一个西方大跨国公司背后都有着跨国金融机构的支持。

可以说，当今的经济全球化中的跨国垄断是列宁时代国内垄断现象的世界舞台重现，生产跨国化、金融跨国化以及相伴随的垄断资本跨国化是最基础的特征，它使资本主义发展进入一个前所未有的新阶段。

三、跨国生产的政治经济学解释

公司为什么要进行跨国生产？跨国生产在战后，特别是近几十年来获得迅速发展的原因是什么？不同的思想流派对此有不同的解释。

1. 自由主义的解释

一般而言，自由主义主流经济学家相信：生产要素（主要是资本、技术等）国际转移在经济上产生的效果，与商品的国际流动所产生的结果是相同的。就是说，在国际范围内贸易与投资是完全可以相互替代的。通过跨国直接投资，投资者让资金和技术流向具有区位优势的国家和地区以实现比较优势的转移，同样可以产生以前仅靠贸易分工产生的经济效应。由于贸易先于投资，根据比较优势和区位经济资源禀赋来进行贸易也可以促成没有直接投资时的贸易利益。那么为什么企业会选择跨国生产而不是贸易（或者技术转让）来实现其经济利益？这就涉及一些环境因素。

第一因素是市场的地理分割或者说国家的贸易壁垒。如果没有贸易壁垒，公司可以直接出口或转移技术生产而不进行投资。正是外国政府设置的关税以及其他非关税壁垒，使得外来的商品进口遭遇重重障碍，商品价格缺乏竞争力，这是促使外国公司决定在当地投资生产的原因之一。

其次，与寡头竞争的市场有一定的联系。跨国公司大都是市场上的寡头企业。寡头垄断下的市场竞争，有时需要先发制人的战略性政策，抢占市场，形成生产规模，排挤竞争对手；为了竞争需要，有时并不注重眼前的经济利益。

另外，有时企业的跨国经营主要是由市场的不完善造成的。市场的不完善，特别是跨越国界的市场不完善性，导致市场交易过程中交易成本过大和资产特别是无形的知识产权资产的流失。为了避开市场不完善性带来的交易成本过大和资产流失，一些企业通过海外投资生产和经营，以公司的内部交易代替市场交易。

跨国生产有时还与跨国公司来源国工会势力强大、工人的福利要求较高，以及环境保护要求较高联系在一起的。通过海外生产，可以抵消国内劳动成本的上升以及保护环境带来的成本因素。

自由主义对跨国生产主要是依据上述的解释：公司的跨国生产有时是这几种因素中的一种或多种促成的。正是由于这些影响贸易出口的外在环境问题，企业更倾向于跨国生产而不是贸易出口。这种解释都是建立在经济学理论上的，下面分别介绍一下各种跨国生产的经济学理论。

（1）基于"产品周期"的跨国生产理论

伴随产品周期（见第三章对产品周期理论的相关介绍）阶段

的转变，企业往往把产品生产放在不同的国家。[①]创新期主要是在母国生产，利用母国的技术创新优势，获得垄断利润；成熟期在其他发达国家进行投资生产。这种海外生产可以扩大生产规模，有效配置资源，或者保护自己的无形资产，还可以抢占市场，排斥当地生产者，避开市场的不完善性或避开贸易壁垒。在产品的标准化生产期，跨国公司往往通过在发展程度较低的国家和地区（新兴工业化国家和地区以及发展中国家）进行投资生产并向包括其母国在内的世界其他地区出口。这时的海外生产利用这些国家的区位优势和劳动力价格低廉、环保标准低等优势，可以节约成本，提高竞争优势，避开市场的不完善、贸易壁垒或者本国的高生产成本。所以，跨国公司在产品周期的不同阶段把生产放置于不同的国家是出于多种考虑，既是为了充分利用各国的比较优势和区位优势，也是出于竞争、避开市场不完善、降低生产成本等考虑，但其中根本性出发点仍然是利润。

　　产品周期理论是一种对美国公司跨国经营的模式解释，因为美国公司在 20 世纪 50 年代至 60 年代，甚至更早的时期，就是通过这种模式进行海外扩张的。美国公司首先发明了某种新产品，这种新产品在初期由于价格较高，只在一些发达国家才有销售市场；随着这种新技术的改进，为了维持市场，防止其他国家厂商进行仿制和抢占市场，美国公司通过直接投资，在其他一些发达国家如西欧进行生产，而美国本土的生产规模相对缩小；随着生产技术日益成熟与标准化，这种产品甚至最后转移到在中国台湾、韩国进行生产，而美国国内的消费则主要依赖国外的进口。在这些生产过程中，尽管美国国内这种产品的生产比例不断下降，但拥有产品技术专利的公司却通过海外的生产延长了商品的生产期，

---

①　有关"产品周期理论"详细阐述可以见 Raymond Vernon, "International investment and International Trade in the Product Cycle", *Quarterly Journal of Economics* V. 80, No. 2 (1966), pp. 190 - 207。后来弗农在 1971 年出版的《主权的困境》(*Sovereignty at Bay*, N. Y.: Basic Books, 1971) 一书中，又把产品周期与跨国生产联系起来，并对此进行了深入的分析。

长期维持产品的技术租金。

（2）邓宁与里丁学派的跨国生产综合理论

英国经济学家约翰·邓宁（John Dunning）及其所在的英国里丁大学（University of Reading）的同事们共同创立了跨国生产研究的里丁学派。邓宁代表的里丁学派提出了一种解释跨国公司的国际生产综合/折中理论（the eclectic theory of international production）。这一理论实际上综合了以往一些学者对公司跨国经营的解释和一些国际贸易理论，如作为里丁学派的成员凯夫斯（Richard Caves）的垄断优势解释、巴克利（Peter Buckley）与卡森（Mark Casson）的内部化理论①、赫克歇尔-俄林的资源禀赋理论等，并希望在此基础上对公司跨国经营的各种模式进行全面而统一的解释。

国际生产综合理论认为，公司的国际经营模式大致有三种：产品出口、国际技术转让和对外直接投资。这三种模式的具体运用取决于跨国公司是否具有下列三种优势中的一种、两种或全部。这三种优势是：所有权优势、内部化优势和区位优势。

所谓所有权优势是指，公司进行国际化生产时，与外国企业相比所具有的在产权方面的优势。它包括两类，第一类是资产所有权优势（asset ownership advantage），第二类是交易所有权优势（transactional ownership advantage）。资产优势包括有形资产和无形资产优势。前者是指企业在规模经济、多样化生产和对产品市场与原材料市场方面的垄断优势，后者是指企业在技术专利、商标、生产工艺以及管理和营销技能方面的优势。交易所有权优势是指跨国公司能对其拥有的分布于不同国家的企业进行统一管理，从而实现所属企业内部交易所形成的优势。

内部化优势是指公司自我开发和利用具有优势的交易产权，而不是销售或出租给其他企业，这样可以使得企业拥有的一些无形资

① 内部化理论最初是由斯蒂芬·海默（Stephen Hymer）提出的，后查尔斯·金德尔伯格（Charles Kindelberger）做了详细说明，凯夫斯、巴克利和卡森又进一步对之进行发挥。

产如技术专利与工艺得到保护，提高或延长这些技术的使用租金或期限，从而可以克服外部市场不完善性，最大限度地有效利用这些资产，保证自己的垄断优势。

区位优势是指公司在进行对外直接投资时东道国必须具备的生产优势，如自然资源以及运输与开发成本、生产要素的禀赋状况、地理条件、经济发展水平、市场容量、规范度和发展潜力、经济结构、基础设施、历史文化习俗、商业习惯、法律制度等，即我们常说的招商引资的硬条件和软条件。

邓宁认为，三种优势是决定企业国际经营的必要条件。三种优势的不同组合决定了企业不同的国际经营的模式（见表2-5）。国际技术转让仅是企业具有一些资产优势，而无法利用内部化优势，或者东道国没有区位优势时采用的模式。产品出口只是利用了所有权优势和内部化优势。对外直接投资是所有权优势、内部化优势和东道国的区位优势的综合利用。海外投资生产一则打破东道国的贸易壁垒；二则可以充分利用内部化的优势，在东道国建立竞争优势，阻止竞争对手的出现，或打击已有的竞争对手；三则可以在自己的比较优势已经丧失的情况下，利用东道国的区位优势，在东道国重建比较优势，延续自己的垄断优势，或可以规避母国的税收和环境的限制；四则可以通过直接投资产生贸易创造的效应，带动跨国公司向东道国出口一些中间产品或资本产品来实现生产。但所有这一切都是为了竞争和利润。

表2-5　跨国经营模式及其对应的优势

跨国经营模式	所有权优势	内部化优势	区位优势
直接投资生产	√	√	√
出口	√	√	×
技术转让	√	×	×

（3）出于竞争优势的跨国生产理论

迈克尔·波特（Michael Porter）从企业的战略管理角度出发指出，企业要想保持竞争优势就必须有总成本低、差异化、专一化的特点。波特将他的理论延伸到国际竞争上，提出在国际竞争中，企业可以将活动延伸到几个不同的地点，并借着全球性网络协调，让不同地点的活动产生潜在的竞争优势，提高价值链的产出。所谓的"价值链"就是指，一个公司内的任何一种活动都对该公司最后的产品和服务产生价值，最终产品和服务只是公司内各种活动和资源产生的价值总和。波特认为，跨国生产经营是在世界各地寻求最佳的资源配置地，形成一种最经济的价值链的方式，对外直接投资、企业结构的再塑造、战略联盟、向国外采购零部件进行生产、获得专利、特许技术甚至委托生产或服务等都是建立价值链的手段。[①] 这样，波特的出于竞争优势的跨国生产理论仍然是以利润为根本的。

自主主义者应用了经济学家对跨国生产出现和发展的解释，把跨国生产的兴起与存在看成某些影响贸易形成的外部环境的产物，[②]但较少考虑到跨国生产背后的政治原因或更深层次的政治经济原因。而持现实主义观点和马克思主义观点的学者往往更注重这些原因。

2. 现实主义的政治经济学解释

现实主义者对跨国生产出现与发展更多地是从促进国家权力影响和实力的角度来解释的。现实主义者都承认上述经济学关于跨国生产的原因，但他们更强调促进跨国生产发展的政治原因。现实主义者认为：尽管公司的跨国经营不一定是国家政策的产物，但它的成功与否离不开国家的作用，离不开国际政治的环境。国家间竞争的需要使得国家为跨国生产的发展提供了巨大便利，并使之服务于国家的利益，这成为推动跨国生产的原因。而和平的国际政治环境则是跨国生产进行的条件。

---

①　Michael Porter, *The Competitive Advantage of Nations*, New York: Free Press, 1990.

②　Richard E. Caves, "The Multinational Enterprise as an Economic Organization", in Jeffery Frieden and David Lake ed., *International Political Economy* (4th), Routledge, 2000, pp. 145 - 155.

现实主义者认为：跨国的行为体和过程都是依赖于特定的国家关系模式，不论是 16 世纪的商业冒险者、19 世纪的金融资本家，还是 20 世纪的跨国公司，这些跨国行为体能够在世界事务中发挥重要作用都是因为它们符合主要大国的利益；由于国家实力的兴衰而出现政治环境的变化，跨国过程也会变化或完全停止。[①]所以，跨国生产的发展不是平等伙伴之间竞争的结果，而是在支配性大国经济的出现和影响下发展的。

现实主义者往往认为，跨国公司密切地和最终地依附于各自的母国，不论公司怎样国际化，"但实际上仍深深地扎根于本国社会，在很大程度上是本国历史、文化和经济体系的产物"[②]。因此，公司的海外生产是国家发挥其政治、经济和文化影响力的重要手段，也是国家从中获得重大经济利益的基础。

吉尔平认为，战后世界经济中，寡头竞争以及工业技术的发展与扩散，成为贸易和全球生产的重大决定因素，也使得公司在战略上把贸易与海外生产结合在一起，这"推动东道国与母国利用产业政策和其他一些政策，使这些强大的公司为各自认为的国家利益服务"。[③] 在寡头竞争的国际市场上，如果本国的大企业不能迅速通过贸易或海外生产占领其他市场，成为某个产业国际市场的重要角色，就难以在国际市场立足，难以获得垄断市场下的重大经济收益（详见第三章《民族主义贸易理论》中有关战略性贸易政策的介绍）。海外生产并出口是扩大规模，降低成本，获得产业国际垄断地位，提高本国企业的竞争能力，实现技术外溢和抑制经济竞争对手的战略举措。特别是在工业技术的发展与迅速扩散的条件下，如果不通过跨国生产的方式使本国企业占领海外市场，就很可能会丧

---

①　Robert Gilpin, "The Politics of Transnational Economic Relations", in George T. Crane and Abia Amawi ed., *The Theoretical Evolution of International Political Economy* (2nd), Oxford University Press 1997, pp. 179-180,

②　罗伯特·吉尔平，《全球政治经济学》，杨宇光、杨炯译，上海世纪出版集团，2003 年，第 318 页。

③　罗伯特·吉尔平，《国际关系的政治经济学》，经济科学出版社，1989 年，第 267 页。

失市场、垄断优势和竞争力。实质上，这把公司的竞争优势与国家的实力竞争联系起来。国家间的竞争推动了本国大公司的海外生产。因为，要使国家具有竞争力，就要在世界市场上使本国的大企业占有重要地位，积极推动本国企业国际化是应对寡头垄断和技术发展与扩散的重要手段之一；同时依附于母国的跨国公司也是国家发挥重要权力影响的手段。

斯特兰奇和约翰·斯托普福德（John Stopford）在《竞争的国家、竞争的公司》一书更鲜明地提出：与过去相比，国家之间现在更多地是争夺在领土上创造财富的手段，而不是占有更多的疆土；他们过去如果习惯于将权力作为致富的手段进行争夺的话，那么现在更多地是将财富作为谋取权力的手段来争夺——更多地是争夺能够保障内部稳定和社会团结的权力，而不是进行海外征服或者防卫进攻的权力。这样，国家的产业政策选择和经济管理效益已经开始作为影响资源分配的主要力量，超越了外交或国防政策的选择。企业间新的全球竞争模式的出现影响到政府如何争夺财富，贫弱的国家在这种全球公司竞争中处于相对劣势。全球性公司竞争模式的变化促进了国家间、公司与国家三方外交中的讨价还价。在这种三方外交的讨价还价过程中，国家与企业的行政能力成为获取经济利益的重要的决定因素。发展中国家要想在这种竞争中摆脱困境，必须进行改革开放。这里作者强调的是：国家繁荣与稳定是新的形势下国家竞争实力的体现；吸引跨国生产落户于本国，并从中获得更多的经济利益是促进国家繁荣稳定的重要条件，为此国家进行政策变革是国家在国际竞争中获胜的决定因素。[①] 这就是说国家繁荣稳定成为跨国生产得以兴起与发展的原因。

另一方面，现实主义把国际政治的环境视为跨国生产的重要条件，认为跨国经济活动的作用与影响受制于既定的国际政治环境，

---

① 约翰·斯托普福德、苏珊·斯特兰奇，《竞争的公司竞争的国家》，查立友、郑惠群、李向红译，社会科学文献出版社，2003年，第1—2页。

和平或冲突的政治环境是跨国经济活动能否进行的必要政治条件。[①]没有一个和平的国际环境，就不可能有跨国生产发展的条件。

因此，现实主义者把推动公司提升国家国际竞争力、发挥本国权力影响以及和平的国际政治环境作为跨国生产兴起和发展的政治原因。

3. 马克思主义的政治经济学解释

具有马克思主义倾向的美国学者斯蒂芬·海默（Stephen Hymer）是最早对跨国公司进行政治经济学研究的学者。海默早在1960年其博士论文中就对跨国公司进行了深入的研究，认为跨国公司之所以能通过直接投资进行海外扩张在于它的垄断优势。这些垄断优势有：生产技术、管理方式、营销技巧与网络等无形资产，以及寡头企业所具有的生产规模优势。这些优势使得跨国公司可以到一些原本不具备竞争优势的国家进行投资生产，从而达到控制当地生产、实现国际垄断的目标。[②]海默的这些研究成果为后来的一些跨国公司研究者所吸收，如上述提到的国际生产综合理论以及没有提到的金德尔伯格、哈里·约翰逊等人都采纳了海默的观点。但是，由于当时海默的马克思主义倾向，直到1976年他的博士论文才正式出版。

海默对公司海外扩张的最终动因是按马克思主义政治经济学原理分析的。资本主义的生产方式下的市场竞争必然导致资本的集中，为了更大的积累，这些大公司必然利用其垄断优势来进行海外扩张，获得海外的廉价劳动力，争夺海外市场，赢得比国内生产更大的垄断利润，以消除国内的生产利润相对下降的趋势。因此，在海默看来，跨国生产是资本主义生产方式在战后的新发展，是资本本质属性的必然要求，是追求剩余价值、消除资本主义危机的手段。

---

① 罗伯特·吉尔平，《国际关系的政治经济学》，经济科学出版社，1989年，第71页。

② Stephen Hymer, *The International Operations of National Firms: A Study of Direct Investment*, MIT press, 1976.

罗伯特·考克斯对跨国生产的分析也遵循着类似的逻辑，把它视为资本属性的必然要求。考克斯认为，跨国生产组织以其自身优势利用了国际经济中各国要素禀赋的差异，特别是劳动成本的差异，通过内化这些差异来最大限度地降低总生产成本——"通过把各种社会生产关系联系在跨国生产组织内的等级结构中产生积累"——跨国生产组织关键的问题是通过高生产率不断增加剩余价值和降低生产成本。这一切有利于资本摆脱一系列政治经济危机。[①]因此，跨国生产的出现与发展是战后特定的历史条件下，资本主义生产方式的产物，是资本追求剩余价值最大化的结果，它是资本主义生产方式在全球范围发展的新阶段，是资本在全球范围内复制其过去在民族国家所做的一切。

因此，马克思主义者把跨国生产的产生与发展的最终原因归结于资本主义生产方式，资本主义生产方式要求不断地克服地理界限，最大限度地追求剩余价值，这才是跨国生产形成发展的根本基础。在他们看来自由主义者所说的经济原因只不过表象原因，现实主义所说的政治原因不过是跨国生产过程中具体的政治因素所起的反作用。

第二节　跨国生产与国家的互动

跨国生产作为一种全球范围的新型生产组织方式，像历史上所有的生产方式变革一样，既带来巨大的效率和机遇，也必然给传统的生产组织方式带来冲击。在过去立足于国内生产的条件下，国家的对外经济联系主要是通过贸易的形式，国内生产通过对外贸易与外国发生经济交往；在这种国际经济交往中，国家可以发挥一种"堡垒"的作用，通过种种限制性的措施隔离外来的冲击，保护生产，促进就业。但随着生产全球化新浪潮的到来，国内生产越来越成为跨国生产的一部分，国家之间的经济联系更多地通过跨国生产

---

① Robert Cox, *Production*, *Power and World Order*, Columbia University Press, 1987, pp. 244 - 253.

及其相关的贸易形成。跨国生产形成的国际分工不同于过去国内生产形成的分工（见图 2-1 与图 2-6 的区别），这使得国家过去的"堡垒"作用变得复杂起来。要想促进国内生产就必须适应跨国生产，就必须与跨国生产相联系，除非回到自给自足的状态。然而，回到这种封闭的状态，将失去与不断扩大的全球市场相容性，也违反市场本身就有的不断的地理扩张的特性。而市场经济是目前最具效率的经济组织形式，它是国家实现民富国强的一个最重要的基础，没有经济的繁荣，就没有社会的稳定、国家的安全。所以，选择市场经济就无法不与全球市场相融合，无法不连接跨国生产链。这样，在跨国生产过程中，如何使本国的生产成为跨国生产的重要环节，犹如过去促进贸易的作用一样，关乎国家的经济增长、社会的稳定以及其他社会职能的履行。然而，在加入跨国生产的过程中，国家传统的"堡垒"作用又变得"支离破碎"了。

国家"堡垒"的最高体现就是福利国家，它以促进生产、保障就业为最高目标，以高福利、高保障为社会稳定的条件。在过去国内生产组织方式条件下，两者可以做到相对的统一和协调，但在目前的生产全球化状态下，这两者的关系变得复杂化了，因为国家面对的已经不是完全是自主控制的企业，完全服务于本国经济的生产。国家为促进国内经济增长与就业的政策措施必须竭力吸引外来的生产投资，但同时要牺牲国家的福利和保障的社会政策，因为高福利、高保障增加了企业成本。税收作为国家实现其职能的重要物质基础同样面临着复杂局面：跨国企业可以带来一定的税收，但同时跨国公司内部交易或转移价格可能使得税收变得困难；高税率还可能吓退外来的投资者。而国家社会政策受侵蚀意味着福利国家的基础受到了动摇。

福利国家是在国内生产组织形式条件下民族国家建设的最高阶段。近代以来，国家建设经过了从自由主义的"放任"与"不为"到国家主义的"干预"和"保障"的过程。国家逐步地对市场带来的经济社会的负面影响负起了全面责任，这也为民族国家奠定了合法性基础。越是发达的国家，这种国家建设的成果越是得到体现。世界主要发达国家是这种福利国家的典型代表，它引发众多发展中国家的效法。然而，在跨国生产下，这种福利国家体制正在变得滞步不前，变得进退两难。一方面它必须承担民族国家内在属性施加给它的职能，另一方面履行这些职能又影响其经济增长。因此，目前传统的民族国家正处于一种重新定位的状态。它一方面需要适应经济全球化，另一方面要应对全球化带来的挑战，竭力避免其带来的冲击。这样，跨国生产对国内政治有一点影响是肯定的，就是福利国家正在受到实质性的挑战，国家建设正面临着一种转型的状态。是走新自由主义的道路，还是走一种英国前首相托尼·布莱尔和安东尼·吉登斯等人所倡导的"第三条道路"，或者通过实践创造的新道路，还有待于人类的探索。

　　正是因为跨国生产给国家与社会带来的双重性影响，人们对它褒贬不一，毁誉参半，国家对它五味杂陈，喜忧参半。国家与社会既希望获得跨国生产带来的好处，又希望限制跨国生产产生的伤害。下面具体谈谈跨国生产究竟给国家带来怎样的经济政治影响。

一、跨国公司与母国的互动关系

　　跨国公司给母国的经济政治既带来利益又带来挑战。因此，跨国公司的母国不能不对此进行回应，以实现国家内在的职能。

　　1. 跨国生产给母国带来的经济政治影响

　　本国公司的对外跨国经营与生产对母国产生的影响有下面一些（见表 2-6）。

表 2-6　跨国公司给母国带来的政治经济影响简表

积极影响	消极影响
对原料的稳定获得，可能有利于国家的经济安全。	操纵国际原料市场国，不利于本国的原料供应，导致本国的通货膨胀和国际收支逆差。
扩大市场份额，有利于出口（主要是核心技术产品和相关资本品的出口），公司的核心金融、技术研发和管理仍在母国，避开贸易壁垒。	减少本国过去国内生产的产品出口，低成本的进口影响本国的就业，导致本国产业的空心化，成为产品装配者。

积极影响	消极影响
利润汇回国内有利于国际收支的平衡。同时，外来廉价的商品有助于控制通货膨胀，减少国内生活成本。	资本外流导致本国的国际收支的逆差。
传播本国文化甚至政治社会经济制度的一种方式。	利用跨国经营的便利，破坏本国的经济和社会管理制度。
政府通过控制跨国公司的对外投资活动，迫使其他国家就范，或利用投资形成相互依存网，以此改变对象国的行为，甚至是社会制度，使跨国公司成为外交政策的工具。	跨国公司也可能破坏国家的对外政策，资助敌国，阻碍本国外交政策的实施。

第一，跨国生产有利于扩大本国公司在国际市场的份额，一定程度上可以增加本国某些产品的出口。公司跨国生产经营的一个重要原因是其他国家的贸易壁垒限制了本国生产的产品的出口。通过直接投资、非股权投资形式进行当地化生产，有助于绕过这些贸易壁垒，克服贸易障碍，迅速占领当地市场，扩大本国公司的产品在当地的份额；而且通过跨国生产可能带动相关的资本品、本国的核心技术产品甚至相关的零配件的出口，这在一定程度可能带动国内相关产业的就业。如果这种跨国生产利用了东道国的区位优势，则跨国公司在东道国生产的产品可以向其他国家出口，这有助于本国公司的产品增强在世界市场上的竞争力，扩大在世界市场上的份额。

同时也必须看到，公司在跨国生产中扩大国际市场份额的同时，也输出了就业，导致本国经济的空心化，进而形成就业压力。不过，就公司的海外经营导致国内失业的问题，也有人指出，失业在一定程度上是技术改进的结果。市场的竞争导致生产者不断地提高生产技术，这必然导致结构性的失业，与跨国公司是否海外扩张没有联系。必须看到，虽然市场上的竞争迫使企业不断地提高技术，但技术的改进而带来的生产的标准化特别有利于企业把生产转移于海外，因为标准化生产有利于雇用通过短期培训就可以胜任的低技术工人，而不需要工资较高的高技能工人。因此，跨国生产是当今一些许多发达国家制造业空心化和失业居高不下的重要原因。

第二，本国公司的对外投资有利于本国经济对一些战略性资源如石油和一些矿产的稳定获得，这有助于保证本国经济的稳定运行。"自然资源导向型"跨国投资往往是投向能源、矿产、森林等自然资源充裕的国家和地区，旨在弥补本国在这些自然资源方面的短缺，保证本国经济能获得这些资源的供应，确保本国经济正常进行。比如中国的一些企业海外投资都具有这种"资源导向"的倾向，这对国家的经济安全有着巨大的积极作用。

但也应认识到，跨国公司也会利用自己在国际某些自然资源市场上的地位，与一些国家或公司进行相互串通，紧缩生产，抬高价格，导致本国市场上的原料供应紧张，价格大幅上涨，对本国经济的增长和国际收支产生不利的影响。如 20 世纪 60 年代末和 70 年代，在阿拉伯国家的石油减产和禁运产生的"石油冲击"中，美国一些石油公司也推波助澜，大捞一把，根本不顾本国的经济利益，导致本国严重的通货膨胀和国际收支的赤字。

第三，公司的对外投资产生的利润汇回国内有助于本国的国际收支盈余。跨国公司由于独特的优势在国外的投资一般都可以获得较高的投资回报率。这些利润汇回国内，有利于改善本国的国际收支。另外，必须看到，现在的跨国公司大都是现代股份公司，它的资本除一部分由较大股东持有外，主要是由国内外众多股东持有，这种"资本的人民化"和"国际化"的倾向，使得海外股东可以从跨国公司的巨额利润中获得收益，同时也可以促进更多的外来资本的注入，这对于改善本国的国际收支有着积极的影响。跨国公司的巨大利润也有利于国家财政收入的增加（如果没有发生避税的话），而国家财政收入的增加有利于改善国家财政，这对政府履行职能具有积极作用。最后，跨国生产带来的廉价进口商品有助于母国控制通货膨胀，减少生产成本。

然而，跨国公司对外投资本身也是本国国际收支的支出，有时会加剧本国国际收支的逆差。美国在 20 世纪 50—60 年代不断增长的国际收支赤字，与美国公司不断扩大的海外投资有着一定的关系。还必须看到，有些跨国公司在对外经营中，利用跨国经营的便利，不惜制造虚假的经营业绩骗取投资者，例如，本世纪初卷入丑闻之中的西方大公司如安然、世界通讯、普旺迪、帕玛拉特公司等，不仅没有为投资者带来利益，而且为国家经济带来负面影响。2001—2002 年美国经济增长乏力，在一定程度上有美国一些公司海外账目造假的因素。同时，跨国公司有时利用转移价格，把利润集中于税收较低或无税收的国家，造成了国家的税收流失，这不仅给国家的经济而且给国家的政府运行带来了负面影响。目前，跨国生产造成的国家税收流失是许多国家共同面临的一个问题。税收一直是国家主权的重要因素，让·博丹的"主权六论"中税收权就是国家主权之一。现在由于跨国生产带来的税收流失，国家这一传统主权内容正在受到侵蚀。跨国生产对国家主权的另一个破坏作用在于它破坏国家的经济管理能力。各国为留住资本竞相进行政策的恶性竞争，导致国家在维护社会公平中的作用逐步弱化。

第四，跨国生产在本国经济增长的条件下，不会产生强烈的民族主义情绪，然而，在经济增长乏力或危机时期，会引发经济民族主义和强烈的排外意识，容易造成国内政治的极端化倾向，导致一些极端政治势力的抬头。从近几十年的历史来看，西方一些极端右翼势力的影响力总是在国家经济处于低迷时期时增强，在一定程度上，这与跨国公司对本国经济造成的负面影响有关。[①]

第五，西方的跨国公司把一些研发中心、管理中心和金融中心设在本国，而把生产重心或威胁转移至国外，这造成了本国内部工人阶级的分化。传统的蓝领工人的地位下降，白领阶层地位不稳定，一批所谓的"金领"阶层被培养起来，导致了工人阶级的两极分化与分裂，劳工阶层反抗资方或与资方讨价还价的能力大大削

---

① 有关西方国家右翼极端政党在西方政坛影响力上升的政治经济学分析可以见李滨，《西方政坛向右转背后的政治经济学》，《世界经济与政治》，2002 年，第 10 期。

弱，这使西方国家工人阶级通过近一个世纪斗争得来的权益正在丧失，整个社会的民主程度下降，不仅贫富两极分化加剧，而且政治对立加剧，过去通过福利国家形成的阶级妥协和社会契约逐步解体。

第六，跨国公司对外扩张有利于传播本国的文化和本国的价值观，塑造本国的国际形象。海外生产、先进的技术和管理、物美价廉或优良的产品，加上企业文化的熏陶，使当地的员工和其他当地人产生一种对跨国公司母国的崇敬感与向往感，由此不知不觉地产生了一些母国文化、价值观、消费观的接受者、宣传者和崇拜者。但同时也必须看到，跨国企业在跨国生产活动中也在力争适应东道国的文化，更多地借助当地的文化传统来营造对自己有利的生产经营环境，甚至刻意地强调自己的非民族特征，避免被指控带有西方文化帝国主义的特征。

第七，在对外政策上，跨国公司具有促进国家对外政策目标的功能。通过鼓励本国企业对外投资可以向盟友提供经济上的帮助，使盟友可以得到经济增长、税收、就业等诸多经济上的好处，正如战后初期美国在西欧所做的那样。有时，政府可以将阻止或鼓励投资的形式作为外交压力或奖励，迫使东道国政府在内政外交上改弦更张，实现对外政策的目标。可以说，跨国公司编织的经济相互依存的网络，有时成为其母国，特别是那些发达国家，实现对外政策的重要工具。

但同时也必须看到，有时跨国公司也与母国政府的政策意愿并不一致。它们不愿意放弃丰厚的经济利益来服务于本国政府的对外政策，有时甚至直接阻挠本国政府的对外政策，甚至变相资助敌国。如20世纪80年代，西欧与苏联签订了合约，由西欧国家向苏联提供资金和技术，建立从西伯利亚到西欧的天然气管道，向西欧供应天然气。虽然美国政府极力反对这一工程，担心苏联与西欧建立密切的经济联系，干扰西方对苏政策，但美国公司在西欧的子公司并不理睬美国政府的警告，仍积极参与这一项目，这在一定程度上破坏了美国对苏联的政策。1989年后，西方国家为了迫使中国政府尊重其声称的"人权"而对华实施制裁，正是由于跨国公司不愿放弃中国庞大的市场，这一政策最后被迫不了了之。

在跨国生产的过程中，跨国公司破坏着母国传统的生产组织方式，造成传统生产方式下的企业和社会群体不同程度地感受到痛苦和冲击，同时又在建设一种新的跨国生产方式，凡是顺应跨国生产方式的企业和社会群体都是受益者和拥护者。这实质是新的生产组织方式阶级分化与重组的体现。例如，跨国公司管理层、大股东都是海外生产的获益者，因为他们可以从海外经营得到更大的回报；固守传统国内生产模式的企业，则可能面临跨国生产企业的强大的竞争压力。传统的蓝领生产阶层如果其生产工作与跨国生产密切联系，如为跨国生产带动的出口生产，则受益；反之，如果他们的工作能被海外低工资工人替代，则是受害者。从国家来说，控制跨国生产的企业，是保证国家经济政治受益于跨国生产的重要条件。比如跨国公司对海外资源的控制能否有利于国家，这取决于国家能否有效地控制本国从事跨国生产的公司。企业海外经营的利润能否汇回国内，收入能否成为国家税收的重要来源，都与国家对跨国公司的控制能力有关。跨国公司能否成为国家政策的工具和战略利益的促进者也与国家能否控制企业有关。而国家能否控制住跨国企业与国家间的政策竞争有着密切的关系，也与国家的体制有着密切的关系。但有一点必须肯定，跨国生产已经对母国造成了冲击，因为国家仍然是建立在传统的国内经济基础上的，而跨国生产正在侵蚀传统的国内经济基础，必然对传统的国家带来冲击。

2. 母国对跨国公司的鼓励与限制作用

由于跨国生产对母国既可能带来利益，也可能带来损害，国家千方百计地希望"趋利避害"：一方面积极鼓励企业走出去，为其带来经济与政治的利益，另一方面采取各种措施防范和限制跨国生产的企业带来的消极影响。这些鼓励和限制措施大体如下（表2-7）。

表2－7 母国对跨国公司鼓励与限制措施简表

促进跨国公司对外投资措施	限制跨国公司对外投资措施
通过双方与多边协议要求东道国通过立法保护外来投资，保护知识产权，遵守国际商业规则，平等对待外来公司，减少各种对外来投资的限制。	限制企业投资于敌对国家和不友好国家，防止本国资助敌国经济或破坏本国的对外政策；限制企业的核心技术或敏感技术输出，防止投资造成本国竞争优势的丧失。
鼓励海外投资在国外生产用于当地消费或出口到第三国的产品，防止造成本国就业的流失；鼓励企业把利润汇回国内，防止本国的国际收支出现逆差。 鼓励企业投资于保障资源或特殊产品，以利于国家经济安全；投资于有贸易壁垒的市场，以利于占领市场，带动出口。	对来自海外的劳动密集型产品施加限制，保护本国的就业；通过多边和双边的协议要求有关国家遵守共同的劳工标准、环境标准等，减少各国政策的恶性竞争。
通过各种产业政策和研发计划、补贴，甚至外汇优惠政策来实现产业的集中，支持企业的研发，帮助获得各种的专门技术，尽快达到国际技术标准，降低成本，并使本国企业拥有动态的规模经济优势，形成能在国际市场竞争的大型企业。	加强监督，防止跨国公司利用跨国经营的便利，破坏国内的经济与社会管理制度。如加强税收管理防止企业偷税逃税，加强劳工法的实施防止企业过度剥削本国工人。

跨国公司一般而言离不开母国的支持与帮助。跨国公司对外扩张的基础是内在的竞争优势，不论是弗农的产品周期理论，还是跨国生产的综合理论都认为，跨国生产的优势都来自母国。在产品周期理论中，跨国公司的对外投资基础在于技术创新。在跨国生产的综合理论中，公司的对外投资的优势在于财产权优势。可以说，母国国内的商业环境、产业政策、国家对教育科技的支持以及基础设施投入都是跨国公司建立特定的优势的基础，这些基础是海外扩张赖以实现的条件。越是发达国家跨国公司越多的事实说明，正是因为发达国家内部的经济体制、政策环境和教育科技的先进，培育了本国跨国公司海外扩张的内在优势。

跨国公司海外扩张同样离不开母国政府的支持。海外财产权和知识产权的保护、国外投资领域的准入（包括准入条件）和投资机会的获取、国外享受公平的待遇、利润自由汇出、税收的优惠、东道国对国际商业规则的遵守等，都需要政府来"保驾护航"。当然，跨国公司在投资前与东道国政府的讨价还价的能力也可以实现这些目标。但是，没有母国政府强大的后盾，以及母国政府通过双边和多边国际协议形成的保障，仅凭跨国公司的能力是不足以让东道国完全遵守承诺的。因此，母国政府签订双方或多边的协定与条约是促使东道国保障跨国公司的权益，为跨国公司的投资提供便利，减少各种妨碍投资的壁垒与限制的重要基础。

同时，母国政府也对本国企业跨国投资进行限制以防止其伤害本国经济政治利益。政府可能对海外投资设立限制领域和限制地区。如禁止本国公司对海外进行某些领域的投资，以防止核心与敏感产业和技术过早的流失，对国内形成竞争；或禁止公司对一些国家与地区进行投资，以防止对敌国或潜在敌国的资助。例如，美国通过《赫尔姆斯-伯顿法》和《达马托法》，禁止本国跨国公司对伊朗、古巴这样的国家进行投资，美国与欧盟至今仍在对华技术出口上设立种种限制，防止西方的技术被中国用于军事目的，破坏其军事优势。母国政府还可以通过各种政策和法律措施加强对跨国公司的监管，对违反这些规定的公司进行法律与行政制裁。如美国的休斯公司曾被美国政府怀疑向中国提供卫星技术，被美国政府课以罚款。

母国政府还可以通过各种措施如税收优惠，改善投资环境或某种产业政策等，吸引本国的跨国公司把核心技术、研发和管理、生产留在国内，鼓励企业把海外生产的产品向第三国出口或在当地消费，防止对本国就业造成冲击；另外，政府鼓励企业把利润更多地汇回国内，帮助企业向贸易壁垒较高的国家投资以扩大国际市场份额；或鼓励企业海外投资于稀缺资源以及特殊战略部门，以保障国家的经济安全。同时，母国也会加强税收与监管措施来防止跨国公司各种逃避税收和监管的行为。另外，国家也希望通过各种双边和多边的协议来防止国家间政策的恶性竞争导致本国生产的外流，影响本国的就业。

然而，国家对本国跨国生产的企业的种种限制面临着巨大的挑战。市场的地理扩张性本能，促使着企业必须不断地开拓世界市场，而他国企业的国际竞争又加强了这一内在的国际扩张动力。另外，来自东道国的种种优惠进一步刺激着这种市场的内在扩张动力和外在竞争压力。这一切导致母国的限制措施受到企业与外部世界的共同抵制，其效果往往背离初衷。因此，在公司和国家间的竞争下，跨国公司冲破母国的限制的能力越来越强，而母国为其在世界市场的扩张提供的保障与服务则越来越多。

二、跨国公司与东道国的互动关系

今天的跨国公司东道国有发展中国家，但更多的是发达国家。可以说，目前大多数国家都在想方设法吸引着外来投资，促进本国的经济增长。然而，过去跨国公司对东道国生产投资，特别是对发展中国家的投资，一度曾被说成是对当地民族经济的侵害，或者资本的帝国主义式的剥削与控制。即使在发达国家的东道国也存在类似的担忧与指责。法国人让-雅克·苏文-施莱贝尔（Jean-Jacques Servan-Schreiber）曾在 20 世纪 60 年代末写过一本名为《美国的挑战》的书，书中就表达了当时的法国对美国跨国公司接管法国和西欧其他国家的经济的疑虑。[①] 虽然今天这种对跨国公司投资的担忧与批评之声仍不绝于耳，但各国对跨国公司态度有了巨大的变化。一份研究报告表明：在 20 世纪 80 年代早期，受调查的四分之三的外交官认为所有跨国公司都采取不利于发展的腐败做法与政策。而现在各国，特别是发展中国家，为了经济的增长，都在研究如何利用跨国公司的资金、技术和市场营销网络来帮助自己抵消过去由国家借贷导致的失败后果。[②] 国家对跨国公司态度的变化客观上讲，确实是因为跨国公司给东道国经济发展带来了积极的成分。如果跨国公司给东道国带来的全是负面作用，众多国家，特别是发展中国家对跨国公司的态度不可能发生变化。

跨国公司给东道国究竟带来怎样的经济政治影响，下面结合跨国公司的批判者和支持者的声音进行分析。

---

① 引自吉尔平《全球资本主义挑战》，第 170 页。
② 斯托普福德、斯特兰奇，《竞争的国家、竞争的公司》，第 7 页。

1. 跨国公司给东道国带来的经济政治影响

批评跨国公司在东道国（特别是发展中国家的东道国）作用的声音包括如下几个方面。

首先，跨国公司对东道国的投资没有带来发展中国家的经济发展。它们不是在促进东道国的工业化，而是把东道国作为原料产地和销售市场，造成了不发达国家的经济畸形发展，形成了双元的经济结构，扭曲了当地经济发展的性质，加大了当地的贫富分化。有人甚至指出，跨国公司在当地的生产没有与当地的经济发展相结合，促进当地相关产业的发展，带动当地的工业化水平，而是通过投资形成一种与当地产业没有太多关联的"飞地经济"；有时甚至是通过投资，形成垄断，提高当地生产者生产准入的门槛或给当地生产带来强大的竞争压力，阻碍当地的民族经济发展。

第二，跨国公司不肯向东道国转让核心技术，或者以不合理的价格转让技术，或者对技术转让附加种种限制条件，通过控制核心技术，形成技术垄断，从东道国拿走了生产中产生的大部分盈余，这阻碍了东道国通过生产积累进一步地发展。有人甚至批评，发达国家的跨国公司对知识产权的强烈保护在一定程度上加剧了技术垄断，增加了发展中国家获得技术进行发展的成本。

第三，跨国公司由于各种优势能够相对容易地在当地进行融资，这样，在当地金融市场与发展中国家的企业形成了强烈的竞争，抢走了本来可以用于东道国民族经济发展的资金；跨国公司把大部分的利润汇回国内而不是用于当地生产，或者跨国公司通过转移价格转移了大部分的经济利润，都影响了当地的发展所需的资本。所以，跨国公司通过融资能力、利润汇出、转移价格榨取发展中东道国的发展资金，就使本来就资金匮乏的发展中国家更加缺乏发展资金，并且影响着发展中国家的国际收支。

第四，跨国公司通过高薪等方式挖走了东道国的大量人才，或者由于跨国公司的高薪政策提升了当地的人才价格，这对发展中的东道国家来说，无疑是加剧人才资源的竞争，使得本来就缺乏人才的东道国企业更加雪上加霜，削弱了当地企业的技术研发与管理改善的能力，加大了它们提高技术与管理水平的成本。

第五，批评者还指责跨国公司造成了东道国经济上两极分化，收入分配差距加大。他们认为在东道国，跨国公司的代理人以及相联系的产业获得了更多的收益，而那些受到跨国公司冲击的民族产业以及农业则举步维艰，这加剧了当地的经济分化和收入差距。

第六，跨国公司为了在政治上保护在当地的投资，特别需要一个稳定的亲跨国公司的政府，往往干预当地的政治。过去为了防止当地出现左翼革命，西方跨国公司往往扶持一些右翼独裁政权，颠覆民族主义左翼政权，破坏当地的民主变革，镇压当地的民主人士，如美英跨国公司 20 世纪 50 年代初都参与了推翻伊朗摩萨台政权的政变，美国公司在 20 世纪 70 年代卷入推翻智利阿连德政权的军事政变，事后在两国都扶持了右翼独裁的亲西方政权。而且，当地的右翼政府在跨国公司的撮合下，往往与国际资本势力结成联盟，形成共同反对社会主义和反共的国际政治势力。这样在政治上，跨国公司造就了东道国政府对西方的依附。跨国公司反对者在这一方面举出的最多例子就是 20 世纪 50—70 年代的拉美军人独裁政权。近年来，跨国公司干预当地政治的现象也时有发生，2009 年英荷壳牌石油公司被指控 1995 年与尼日利亚政府合谋，"捏造证据"绞死肯·萨洛-维瓦（Ken Saro-Wiwa）和其他八名环保人士，被告上纽约法庭。此外，壳牌公司还被指控长期与军事当局共谋，暴力镇压当地人的和平抗议活动。

最后，批评者还指出，随着跨国公司的进入，发展中国家往往出现一种依附性的文化和消费习惯。东道国在引入外来投资的同时，也引入西方颓废文化和消费主义，造成人们崇尚西方的生活方式，追求跨国公司的名牌消费品，奢靡享乐之风弥漫整个社会。这样，整个国家资源在一种畸形消费中被大量浪费，民族经济在这种崇洋文化中举步维艰。因此，跨国公司造就了一种不利于民族发展和振兴的依附性的社会文化。

近年来，一些反全球化人士进一步发展了对跨国公司的批评。

批评之一是，跨国公司利用发展中东道国急于获得投资发展经济的需求，把国内污染的企业搬到了发展中国家，进行环境污染输出，破坏了当地的环境，甚至造成了极其恶劣的环境污染事件，最典型的事例就是 20 世纪 80 年代在印度发生的博帕尔事件。1986 年美国联合碳化物公司在印度博帕尔的子公司毒气外泄造成了众多当地人员伤亡，至今仍有许多受害者没有得到相应的赔偿。

批评之二是，跨国公司为了获得当地政府对其生产经营的支持以及一个稳定的政治环境，或为了利润的需要，往往对当地政府侵犯人权视而不见，甚至在国际上或者在母国极力为这些政府辩护，阻碍了世界人权事业的发展。

批评之三是，跨国公司加剧了对穷困国家及其工人的剥削。跨国公司为了利润，在发展中国家制造一些血汗工厂，在极其恶劣的生产环境下迫使工人进行超强度的劳动，甚至不惜雇佣童工。

客观地说，对跨国公司的这些批评与指责并不是没有道理、没有事实依据的。这都是跨国生产对东道国，特别是发展中国家的东道国，带来的经济政治的消极影响。但是，随着跨国生产的全球发展，为跨国公司辩护的声音也在高涨。这种辩护是完全与上述的批评与指责声相对应的（两者比较见表 2-8）。

表 2-8　跨国公司给东道国带来的政治经济影响

好处	坏处
带来就业，增加税收，带动本地经济的联系性发展，提高本地经济的档次，促进本地的竞争，有利于经济长远发展，有利于当地收入水平的整体提高。	导致不发达国家的经济畸形发展，扭曲经济发展的性质，形成飞地经济，阻碍民族经济的发展，加剧本地贫富分化。
以市场换技术，提高本国的经济发展的层次，有利于获得新技术，迅速工业化；劳动密集型技术有利于就业；知识产权的保护有利于促进创新，促进长远的发展。	控制核心技术，维护技术垄断，不肯以合理价格转让技术，拿走大部分盈余，阻碍了发展。
外来投资有利于国际收支平衡，在当地的融资有利于当地资本的有效利用。	汇回利润，极易在当地融资，因而榨干了当地的发展资金。
有利于培养本地的技术与管理人才，促进当地教育的发展和对人才的利用。	吸引了当地人才，造成本国经济发展的人才匮乏。
跨国公司要求一个稳定可预见的商业环境，可以促进当地法治的建设。	由于要有稳定的政局，形成同情跨国公司的独裁政府，政治上依附于外国，形成本国反动派与国际资本主义的联盟。

续表

好处	坏处
促进当地传统价值观念的转变，有利于当地落后保守的文化消亡；外国的消费模式不仅对当地少数人起作用，而且有利于刺激消费，形成新的生产点。	造成文化帝国主义，发展中国家失去对自己文化和社会发展的控制，引入外来颓废和消费主义文化，形成对外来奢侈品的崇尚。
环境污染是当地政府政策与管理所致，跨国公司付给工人的工资高于当地平均水平和以前的水平。	接受污染，破坏环境；残酷剥削当地工人。

跨国公司的辩护者认为，跨国公司给当地带来就业，增加税收；跨国公司通过合资或合营可以使当地企业与国外市场建立联系，带动国内相关产业的联系性发展，迅速提高本地经济的发展档次；外来的竞争可以提高本地企业的竞争能力，从长远看可以提升本国经济的素质，有利于本国经济的长远发展。有人甚至说，只有"与狼共舞"，才能培养出有竞争力的企业。

东道国通过以市场换技术的方式，迅速赶上国际先进水平，实现本国经济的跨越式发展。因为发展中国家技术研发能力低下，开发这些技术存在着人才与资金的严重缺乏，引进技术是实现工业化的比较快的途径。即使是劳动密集型的技术引进，对一般人口众多的发展中国家来说，也是一种增加就业的方式。跨国公司对知识产权的保护是为了保护创新，有利于促进人类的长远利益。

外资的进入有助于东道国的国际收支改善和当地资本市场效率的提高。外来资本的进入本身就改善了国际收支，国际收支的改善有利于进一步吸引外来资本，从而使国家从海外获得发展资金；跨国公司在当地的融资有助于提高当地资金的利用率，因为跨国公司有先进的技术和国际销售网络，信贷的安全性远远大于投资于本国企业。

跨国公司的进入增加了对人才的需求，也加剧了人才的竞争，这为东道国的教育发展和改革提供了契机；跨国公司雇佣当地人才也是为东道国培养人才，跨国公司在技术、管理上的先进之处也为东道国提供了学习便利，有助于东道国的学习模仿。同时，跨国公司的出现和对人才需求的加剧，也可以促进东道国重视人才，更好地利用人才，改变过去传统的用人之道。总之，跨国公司是在促进东道国的人才培养与使用。

为跨国公司进行辩护的人还指出，跨国公司只是为了利润在东道国进行投资，并不涉及政治，跨国公司也在一些共产党执政的国家进行投资生产，这种投资生产促进了经济增长，有利于共产党政府的执政。跨国公司与社会主义政府的合作不能说成是与当地的反动政府结成国际反共反社会主义的联盟。他们甚至说，跨国公司在东道国的投资有利于当地民主与法治的建设。跨国公司需要一个稳定的可预见的商业环境，就会要求当地政府尊重法制，依法办事，这对于东道国的民主与法治建设起到了促进作用。

跨国公司的辩护者否认跨国公司在东道国建立"血汗工厂"，残酷剥削当地工人。他们认为，跨国公司付给当地工人的工资高于当地的平均工资或以前的工资水准，而且由此带动当地整体的工资水平；跨国公司的一些合资、合营或代工企业雇用童工，不是跨国公司自己所为，而是当地代工企业的所为。另外，他们强调，跨国公司对当地经济增长的贡献也有利于当地整体收入水平的提高。跨国公司的辩护者强烈反对跨国公司是造成当地两极分化的根源的观点，认为东道国的贫富两极分化是当地政府的政策失误造成的，与跨国公司无关。

此外，跨国公司的支持者认为，跨国公司的进入不仅不对当地的文化产生负面作用，而且产生了积极作用。他们说，跨国公司带来了竞争与效率意识，这冲击了当地传统的保守文化，为落后的国家实现现代化带来一种文化氛围。另外，他们否认外国消费的模式只适用于少数人，并不对整个民族的消费产生影响。他们认为这种消费模式对当地产生重要影响利大于弊，因为这种消费模式不同于当地传统的自给自足式的消费，它有利于刺激生产，带动经济的发展。

跨国公司还否认自己破坏了当地环境，认为良好的环境也是它们进行投资时重要的考虑因素之一，特别是一些技术水平较高的产业对环境的要求也较高，这对当地改善环境是一种促进，而非破坏。当地环境的破坏与跨国公司无关，更多的是当地政府政策或执法不当所致。①

这些对跨国公司的辩护一定程度也反映了跨国公司对东道国经济政治产生的积极作用。正是这种积极作用在一定程度上促使目前各国努力地吸引外来投资。

从上述的批评与辩护中，大体可以发现：跨国公司为东道国带来了经济增长的机会、技术进步可能、就业与税收增加可能、更社会化生产或者更大的市场联系的前景；同时，跨国公司也给民族经济带来了巨大的竞争压力、经济依附的可能、政治屈从的可能、文化迷失的可能……并且，资本主义生产方式以及市场经济可能导致一些问题，如在当地造成社会与经济分化。凡是与跨国生产组织方式相结合的当地生产与经济部门（包括其中的各种社会群体）都得到一定的发展机会，凡是与这一生产组织方式相违背的当地生产与经济部门都受到了一定的冲击。同历史上资本主义每一次进入带来的冲击一样，东道国传统的生产方式及社会结构都要经历重大的撞击，在进步中付出重大代价。正像马克思谈及英国把资本主义输入印度那样，"只有在伟大的社会革命支配了资产阶级时代的成果，支配了世界市场和现代生产力，并且使这一切都服从于最先进的民族的共同监督的时候，人类的进步才会不再像可怕的异教神那样，只有用人头做酒杯才能喝下甜美的酒浆"②。目前全球化生产也是一样，只有改变资本主义跨国生产的性质，这种更社会化的生产才可能不会"像可怕的异教神那样，只有用人头做酒杯才能喝下甜美的酒浆"。

当然，当今许多发展中国家是跨国生产的东道国，甚至像美国这样最发达的国家也有许多跨国公司在此投资生产。跨国公司在发达国家产生的影响与在发展中东道国产生的影响并不相同。由于发

---

① 对跨国公司的这些批评与辩护参照了 Jagdish Bhagwati，"Coping with Antiglobalisation"，*Foreign Affairs*，January/February，2002；吉尔平《国际政治经济学》，第六章；《全球资本主义挑战》，第六章；《全球政治经济学》，第十一章；赫尔德《全球大变革》，第 381—391 页。另外，上述跨国公司对母国带来的政治经济影响大致也参照了这些著述。

② 《马克思恩格斯选集》（第 1 卷），人民出版社，1995 年，第 773 页。

展中国家的东道国其国家控制能力有限，受负面影响的深度与广度必然更大一些。发达国家在与外国的跨国公司打交道时，无疑较发展中国家更有讨价还价的力量，因为它的市场吸引力、国家管理能力、对外国投资的选择度等都远远强于发展中国家。

2. 东道国对跨国公司的鼓励与限制措施

由于跨国生产对东道国经济政治带来的双重影响，面对这种跨国生产带来的市场与国家的新矛盾，东道国必然希望采取一定的政策措施规范跨国生产，"趋利避害"，一方面鼓励跨国生产落户于本国，另一方面限制跨国生产带来的种种弊端，使之服务于国家的利益。下面依据一些东道国曾经对跨国公司采取的政策措施，归纳一下东道国在鼓励和限制跨国公司中发挥的作用（见表2-9）。

表2-9　东道国对跨国公司采取的措施简表

鼓励措施	限制措施
鼓励跨国公司与本国企业建立合资、合营公司，带动本国的就业与经济发展。	限制某些产业和敏感产业的投资，或对外来投资施加本地化零配件生产比例要求。
提高教育水平和基础设施建设，整治环境，加强法治，为外来投资创造投资软环境。	限制有损于本国环境、政治和文化的产业进入。
鼓励外来投资者带来新技术和促进就业的劳动密集型技术。	对影响本国经济命脉的服务金融业施加一定的投资控制。
税收优惠，放开一定的市场，使外来投资者有一定的规模效应，提供一定的融资，放松外汇管制，设立经济开发区和特区。	将市场开放与技术转让相联系，对外来投资施加出口比例限制；鼓励跨国公司的相互投资竞争，防止跨国公司的垄断行为。
建立必要的附属的生活设施保障跨国公司外来员工的生活需要。	限制跨国公司介入国内政治事务和破坏国内的生活习俗，鼓励建立工会；支持工会与跨国公司讨价还价的能力。

有的东道国通过各种税收或准入政策措施鼓励跨国公司与本国企业的合资、合营，以此来加强跨国企业与本国企业的利益联系，带动本国的就业和经济的发展。

　　许多东道国对跨国公司的投资进行产业准入限制，限制其在一些敏感产业的投资，保证国家对一些重要产业的绝对控制和国家安全。另外，国家还可以对跨国公司投资施加本地化零配件生产的比例要求，由此促进本国就业和经济。

　　东道国通过提高教育水平、加强基础设施建设、整治环境、加强法治，营造良好的软环境，吸引外来投资。因为高素质的劳动力、良好的基础设施、优美的自然环境、相对健全的法制，都是吸引外来投资的重要因素。如东道国政府普遍立法保障外来投资者的资产一般条件下不被国有化，特殊条件下国有化将得到充分补偿，这是吸引外来投资的重要的法律基础。

　　东道国可以根据自身的需要和具体情况，对一些高技术产业或劳动密集型技术的产业的进入区别对待，加以政策鼓励，如减免税收。高技术可以提高本国技术水平，这对技术水平落后的国家有一定的帮助；劳动密集型技术可以提高就业率，这对人口相对庞大的国家有一定的积极作用。相反一些东道国根据本国情况，对某些类型的产业加以限制，防止其破坏国家的就业与经济，破坏环境，损坏国家的政治体制与文化。另外，国家对关系其经济命脉的某些服务业如金融业、通信业的外国企业进入加以一定的限制，防止其操纵自己的经济。

　　一些东道国通过税收、开放市场、放宽外汇管制、提供融资渠道等措施要求跨国公司转让技术；通过对外来投资施加某些出口比例要求，来减少跨国公司给当地企业造成的竞争压力。

　　许多东道国通过设立开发区或自由贸易区来吸引外来投资，通过建立一些特别的服务设施来改善外来投资者的生活。同时，在吸引投资的过程中，东道国往往采取多家引进方式，让跨国公司相互竞争，以最少代价获得最佳的投资效果，并防止垄断。

　　一些东道国还通过立法来要求跨国公司设立工会，让劳资双方在法律框架下协商工资和其他劳动或社会保障关系，防止跨国公司过度剥削劳工；也通过立法，禁止跨国公司参与本国的政治生活，干涉本国的内政或破坏本国的风俗习惯。

　　但必须认识到，由于目前为了吸引外来投资，国家间经常进行政策"逐底"竞争，特别是发展中国家没有多大的对跨国公司的讨价还价的能力，因此，往往无法过多地限制跨国公司，而是让跨国公司获得较丰厚的投资条件。相反，发达国家在这一方面则具有较强的能力，国家对跨国公司的特殊优惠较少，但总体上也存在着鼓励多于限制的倾向。

因此，东道国在面对跨国生产这种新型生产组织方式时，体现出一种"爱恨交加"的情绪，一方面希望利用跨国生产促进其经济发展，一方面竭力希望避免跨国生产给其政府职能带来挑战。跨国生产使得国家发展资源国际化，又让国家无法完全操控这些资源，国家只有更多地通过种种鼓励措施来获得这些资源。但是由于国家间的政策竞争让跨国公司有了更大的讨价还价的余地，因此，东道国和母国一样，在跨国生产面前更多地表现为无能为力，屈从于跨国公司，越是相对发展落后东道国越是如此。

三、跨国生产的全球治理

由于跨国公司给国家带来的一些负面作用，不论是母国还是东道国，总是希望"趋利避害"。但在整个世界都在为吸引外来投资进行"逐底"竞争的情况下，国家单方面的努力往往是势单力薄的，难以奏效的。只有国际合作，各国共同规范跨国生产行为，才可能使跨国生产的负面作用受到一定的控制，承担所谓的"公司社会责任"（CSR：Corporate Social Responsibility）。

在国际范围内建立规范跨国公司的制度的努力自 20 世纪中后期以来一直没有中断，但至今没有很大起色，各国仍在各行其是，甚至相互拆台，可以说，至今没有有效的规范跨国公司的国际制度。规范跨国公司主要还是依靠国家与跨国公司间的讨价还价，取决于国家的能力。相反，各国竞相放松对跨国公司的管制，而且在全球经济治理上有相应的国际制度要求国家促进投资自由化。这种有利于跨国生产的国际治理结构说明，在目前全球生产过程中，跨国公司的势力在主导着国际治理结构，而民族国家在规范跨国资本的治理过程中处于下风。下面通过考察国际努力的进程，认识跨国生产的全球治理。

1. 早期一些国际组织的努力

从 20 世纪 60 年代末、70 年代初起，联合国和一些国际组织曾经试图对跨国公司进行规范，但是这种尝试没有取得实质性的成效。

最早做出这种尝试的是安第斯条约组织。1971 年由秘鲁、哥伦比亚、智利、玻利维亚和委内瑞拉六国组成的安第斯条约组织通过一个名为《关于外国资本、商标、专利权、许可证和版税共同处理制度》的决议，规定：在 15—20 年内把外商拥有全部股权的跨国公司子公司变为东道国至少拥有 50％的合营公司；跨国公司每年汇出的利润不得超过投资额的 40％；不准外资进入金融、保险、商业等部门及插手新闻广播领域；禁止技术转让中的限制性条款；禁止外资企业使用东道国银行的中长期贷款；等等。这是发展中国家第一次集体对跨国公司进行规范的尝试。这种集体尝试发生在拉美，与拉美长期以来受跨国公司的负面影响有较大关系，但这种尝试最后以失败告终，其中的原因主要是西方发达国家的阻挠。如智利先是由于阿连德上台宣布实行激进的国有化政策而退出这一组织，后来阿连德政府在军人政变中被颠覆，亲西方的军人政府上台后，对跨国公司采取了开放的政策，放宽了跨国公司汇出利润的限制。另外，当时一些亲西方的拉美国家军人政权实行对外资开放的政策，如巴西、乌拉圭、阿根廷（庇隆政府倒台后为军人政府），这对坚持这一规定的国家形成了压力。1976 年安第斯条约组织修改了这一章程，放宽了对跨国公司的许多限制，如允许进入某些产业和汇出利润，在当地融资（长期贷款），等等。到了 80 年代，整个世界出现市场化改革浪潮后，各国普遍实行开放政策，强调自由市场成为世界主流，特别是在拉美债务危机后，这一章程与"华盛顿共识"格格不入。拉美许多国家进行市场化和私有化改革后，就基本上没有执行这一制度。

随着 20 世纪 60 年末和 70 年代发展中国家谋求变革国际经济秩序运动的兴起，一些发展中国家的国际组织如不结盟运动和 77 国集团开始试图改革国际经济治理以规范跨国公司。1973 年第四次不结盟运动首脑会议通过的《经济宣言》和《经济合作行动纲领》，1976

年第五次首脑会议通过的《经济宣言》和《不结盟国家和其他发展中国家经济合作行动纲领》都涉及规范跨国公司行为的问题。77 国集团在寻求改革旧的国际经济秩序的声明中也提及要对跨国公司进行规范。1974 年 4 月，联大第六届特别会议通过由该集团起草的《关于建立国际经济新秩序的宣言》和《行动纲领》，其中涉及了发展中国家要求对在其国内经营的跨国公司具有控制权，以期有利于发展中国家的经济，这反映了发展中国家试图限制跨国公司负面影响的愿望。但随着国际政治形势的变化，77 国集团的这些努力也没有取得实质性的成果。

由于发展中国家改革新国际经济秩序的要求，以及跨国公司对发达国家同样产生一定的负面影响，20 世纪 70 年代发达国家也提出了一些规范跨国公司行为的声明作为集体回应。1976 年作为富国俱乐部的经济合作与发展组织（简称经合组织［OECD］）在巴黎发表过一个《关于国际投资和多国企业的宣言》作为反映发达国家对跨国公司国际管理制度的"指导性方针"。在这个宣言中，发达国家强调，跨国公司对东道国投资具有经济与社会发展的积极作用，并要求东道国给予跨国公司子公司国民待遇，改善外来投资的环境，同时也提出一些规范跨国公司行为的建议，如：定期公布公司重要的财务和经营状况；遵守劳动条件和劳工法规，防止就业歧视；禁止利用自身的产权优势进行垄断；在信贷过程中考虑有关国家的国际收支和财务状况；提供有关征税用的充分资料，以防止逃税；在有利于有关国家科技发展的目标下，允许技术迅速扩散；等等。这些规范性建议一定程度上也反映了发达国家要限制跨国公司给其带来的负面影响的考虑。由于这一宣言只是要求跨国公司在自愿的基础上遵守有关的建议，并且声称各国在执行这一指导性文件过程中存在争议时应相互协商，实际上并没有什么强制力。这一宣言还给了跨国公司和有关国家执行有关规范的自由裁量权，因而没有形成这一领域的国际法基础。但是，由于当时有 23 个国家表示自愿执行这一宣言，因此这一宣言成为国际上迄今为止最有影响的规范跨国公司行为的最初国际文件之一。然而，这种约束只是通过有关国家的内部法律和能力来发挥作用，不具有国际规范的作用。[①]

2. 联合国系统的努力

在 1974 年联大第六届特别会议后，联合国开始尝试建立一个具有普遍规范作用的管理跨国公司的国际制度。但这种努力由于发达国家的反对至今没有实质性的成果。

联合国经社理事会下的国际投资和跨国公司委员会（U. N. Commission on International Investment and Transnational Corporations）是联合国负责制定跨国公司行为国际规范的最主要机构。它的前身是联合国跨国公司委员会（U. N. Commission on Transnational Corporations）。联合国跨国公司委员会成立于 1974 年，是经社理事会的辅助机构。1994 年经社理事会同意该委员会转为联合国贸发会议贸易和发展理事会的辅助机构，并改名为联合国国际投资和跨国公司委员会。该委员会的宗旨和任务是：研究跨国公司的定义、任务及其对政治、经济和社会诸方面所产生的影响；协助审查关于跨国公司具体问题的可行性措施或协议，并研究拟定共同协议的可能性；向联大呈交关于自身行为活动的报告或有关建议；召开各类会议，研究跨国公司在实践活动中所产生的矛盾和问题；制定跨国公司的行为守则，即不可侵犯他国选择自己经济和社会发展途径的权利，不可侵犯东道国拥有自己领土上的自然资源和经济活动的权利，不可践踏当地政府的社会经济发展计划、法律制度和社会经济制度等。但是，这一机构的工作至今为止没有取得多大的实质性成效。早在 1975 年，这一机构下属的"跨国公司中心"就开始研究制定跨国公司行为守则，以图建立一个规范跨国公司在东道国的行为的国际性制度。1977年该中心拿出草案，并交各国磋商，但 1983 年联合国经社理事会没有通过这一草案。1985 年这一中心的有关专家综合各方意见，再次提出草案，但也没有获得通过。之后，这项工作不了了之。这项工作之所以流产，关键是发达国家对此不积极，强调平衡跨国公司与东道国的利益，反对有"约束力"的行为守则。

---

① 有关内容参见滕维藻、陈荫枋主编《跨国公司概论》，人民出版社，1991 年，第 298—305 页。

尽管 20 世纪 70—80 年代联合国尝试建立对跨国公司进行规范的国际制度流产了，但是联合国呼吁规范跨国公司的努力一直没有中断。世纪之交，联合国提出两项与规范跨国公司行为有关的倡议，包括"全球苏利文原则"（The Global Sullivan Principles）和全球协议。

"全球苏利文原则"由非裔美国传教士里昂·苏利文（Leon Sullivan）于 1977 年倡导，当时是针对南非的种族隔离制度，要求在南非的跨国公司抵制南非政府的种族歧视政策，在工作场所内外遵守平等地对待不同肤色的工人的准则。1999 年联合国秘书长科菲·安南（Kofi Annan）与苏利文一起再次倡导跨国公司遵守一定的社会责任和道义准则，并扩大了最初"苏利文原则"的范围，呼吁跨国企业应遵从法律和承担相应责任，并将有关原则长期性地整合到企业内部的经营策略，包括公司的政策、程序、训练及内部报告制度之中，以便促进人与人之间的和谐及谅解，提升文明水平与维护世界和平。"苏利文原则"主要有 9 条：（1）维护全球人权（特别是员工）、社区、团体、商业伙伴；（2）员工均有平等机会，不分肤色、种族、性别、年龄、族群及宗教信仰，禁止剥削儿童、生理惩罚、凌虐女性、强迫性劳役及其他形式的虐待事项；（3）尊重员工结社的意愿；（4）除了基本需求，更要提升员工的技术及能力，提高他们的社会及经济地位；（5）建立安全和健康的工作场所，维护人体健康，保护环境，提倡永续发展；（6）提倡公平交易，如尊重知识产权，杜绝贿金；（7）通过教育、文化、经济及社会活动，参与政府及社区活动以提升这些社区的生活质量，并给予社会不幸人士训练及工作机会；（8）将原则完全融合到企业各种营运层面；（9）实施透明化，并向外提供信息。

全球倡议是 2000 年 7 月由科菲·安南秘书长发起的全球运动，旨在要求行业领先的企业积极投入保护人权、提高劳动标准、保护环境和反对行贿的行动。按照协议，企业将和联合国各部门、国际劳工组织、非政府组织和其他相关各方进行合作，建立起可持续发展的全球经济环境。

但是，联合国的这两项倡议都不具有国际法的效力，只能依赖于跨国公司的自愿遵守。

除了联合国本身外，联合国系统内的一些机构在其一系列制度中逐步提出一些规范跨国公司行为的条款，如世界人权组织（包括联合国人权委员会）中的人权规范条款、里约热内卢全球环境峰会中涉及环保内容的条款、国际劳工组织中有关劳工规范的条款、联合国儿童基金会中有关禁止童工的规范……然而，这些条款都没有强制力，完全依赖于有关国家和跨国公司的自愿执行。

从上世纪 90 年代起，由于跨国生产的迅猛发展，跨国公司对发达国家政治经济的负面影响愈加突出。跨国公司的海外投资和产业转移以及由此带来的廉价进口，产生了越来越大的就业压力，这些国家相关的劳工组织和机构要求限制发展中国家的竞争优势的呼声日益高涨。为减轻政治压力，发达国家试图利用国际组织来形成在人权、环保、劳工、儿童权利等方面的共同国际规范，以此来限制跨国公司行为。这就在这一时期，联合国系统的一些机构在发达国家的倡导下进行了一些规范跨国公司的努力。

3. 其他国际组织的努力

一些国际性专业组织和非政府组织也在这一时期加入了这一行列，开始注意强调企业跨国行为中的共同准则、社会影响和责任问题，以减少跨国生产对有关国家的负面影响。

国际商会联合会在其涉及企业的行为准则中，国际标准化组织关于管理和环境管理的标准中，都强调跨国公司应该促进和维护当地的人权、环境、劳动者的工作条件和工作报酬等。还有一些非政府组织也在积极呼吁企业经营遵守"社会责任"，并提出一些"社会责任"的国际共同标准，希望推动各国立法建立一种全球性的规范公司行为的体系。这其中最有影响的就是经济优先权委员会（Council on Economic Priorities Agency，CEPAA）。这一组织希望通过三个方面的努力在全球范围内建立一个共同的"公司社会责任"体制：一是建立企业认证的国际化"公司社会责任"标准，二是在区域经济一体化组织的规章中规定企业的社会责任，三是在各国国内立法中规定企业的社会责任。

目前企业认证的国际化"公司社会责任"标准就是所谓的社会

责任 8000（SA8000），这是目前在世界范围内最有影响的国际企业道德规范。虽然过去一些国际组织曾使用过公司的"社会责任"的概念，但这一概念一直存在争议。为了使这一概念统一，一些国际认证公司和非政府组织进行了厘清标准的工作。社会责任 8000 就是这一工作的产物。它的提出源于瑞士通用认证公司（SGS Yarsley LCS）国际认证部执行董事意塞（Reg Easy）和美体国际公司（Body Shop）社会审核部高级经理威拉（David Wheeler）的一次谈话。在这次谈话中，他们提出制定一个便于第三方认证的社会责任标准。后来，瑞士通用认证公司（SGS）积极支持并赞助制定这一标准。1996 年 6 月，SGS 主持了制定社会责任标准的首次会议，来自美国和欧洲一些公司和非政府组织参加了这次会议，会议一致同意制定一个可用于审核的社会责任国际标准。1997 年初经济优先权委员会成立了下属的认证委员会，负责制定该标准和根据国际标准化组织（ISO）指南 62（质量体系评估和认证机构的基本要求）来评估认可认证机构。该委员会在纽约召开的第一次会议上提出了标准草案，最初名为 SA2000，最终定名为 SA8000 社会责任国际标准，并在 1997 年 10 月公布。2001 年经济优先权委员会认证委员会更名为社会责任国际（Social Accountability International，简称 SAL）。SAL 咨询委员会成立时有 28 个成员，负责起草社会责任国际标准，它由来自 11 个国家的 20 个大型商业机构、非政府组织、工会、人权及儿童组织、学术团体、会计师事务所及认证机构组成。2001 年 12 月 12 日，SAL 发表了 SA8000 标准第一个修改版，即"SA8000：2001"。

　　根据 SA8000 标准 2001 版本的条款，公司应该遵守国家和其他适用的法律、公司签署的其他规章和本标准。当国家和其他适用的法律、公司签署的规章与本标准所规范的议题相同时，应该采用其中最严格的条款；同时这一标准还包含国际劳工组织（ILO）公约、《世界人权宣言》、《儿童权利公约》及《消除对妇女一切形式歧视公约》的有关内容。这一标准的主要内容包括童工、强迫劳动、安全卫生、结社自由和集体谈判权、歧视、惩罚性措施、工作时间、工资报酬及管理体系等 9 个部分（内容见下表 2 - 10）。

表 2-10　SA8000 主要 9 项内容

1. **童工** 公司不应使用或者支持使用童工，应与其他机构或团体采取必要的措施确保儿童和青少年接受教育，确保无论是否在工作地点，都不得将其儿童或青少年工作置于危险、不安全或不健康的环境和条件下。

2. **强迫劳动** 公司不得使用或支持使用强迫性劳动，也不得要求员工交纳"押金"或存放身份证件于公司。

3. **健康与安全** 公司应为员工提供安全培训，提供安全健康的工作环境，采取适当的措施，降低工作中的危险因素，尽量防止意外或健康伤害的发生，并为员工提供安全卫生的生活环境，包括干净的浴室、洁净安全的宿舍、卫生的食品存储设备等。

4. **组织工会的自由和集体谈判的权利** 公司应该尊重所有员工自由成立和参加工会，以及集体谈判的权利，并保证工会代表不受歧视。

5. **歧视** 公司不得因种族、社会阶层、国籍、宗教、残疾、性别、性取向、工会会员或政治归属问题等而对员工在聘用、薪酬、训练机会、升迁、退休等方面有歧视行为；公司不可干涉员工的信仰、政治需求等权利，不能允许强迫性、虐待性或剥削性的性侵扰行为。

6. **惩戒性措施** 公司不得从事或支持体罚，不得进行精神或肉体胁迫以及言语侮辱。

7. **工作时间** 公司应遵守法律及行业标准有关工作的规定，在任何情况下都不能经常要求员工一周工作超过 48 小时，并且每 7 天至少应有一天休假；每周加班时间不超过 12 小时，且应保证所有加班都是自愿的。

8. **薪酬** 公司支付给员工的薪酬不应低于法律或行业的最低标准，且满足员工的基本需求，并以员工方便的形式如现金支付；并保证不会为了惩戒的目的而扣减工资；不采取纯劳务性质的合约安排或虚假的学徒工制度以规避有关法律所规定的对员工应尽的义务。

9. **管理系统** 高层管理阶层应制定公开、透明、保证所有员工都能了解和实施的有关社会责任与劳动条件的公司政策，要对此进行定期审核；指派专职的高层管理代表具体负责，同时让非管理阶层选出自己的代表与其沟通；建立并维持适当的程序，证明所选择的供应商与分包商符合本标准的规定等。

　　在推动 SA8000 进入区域经济一体化组织章程和有关国家的立法上，发展并不平衡。在一些区域经济一体化组织的有关章程中或多或少也可以看到这一标准的影子，如在欧盟和北美自由贸易区的有关章程中，甚至一些发展中国家和发展中国家的经济区域一体化组织（东盟）也开始引进这一标准。但在执行上，都存在着商业集团设置的重重阻力。美国、欧盟等国在其国内立法中不同程度地借鉴了这一标准，如美国的《萨班斯-奥克利斯法》（Sarbanes-Oxley Act)，但实际的效果如何仍取决于各国执行这些规章与法律的效果。如美国政府开始对 SA8000 十分积极，要求对美国供货的企业应该符合这一标准，但后来实际上并没有很好执行。

应该承认，国际社会在规范跨国公司的国际治理上是做了一定努力的，这种努力对跨国公司的行为至少有一定的道义影响力，但整体上成效不彰，缺乏有效的制约力，其主要原因有以下几点。首先，发达国家在许多情况下对规范跨国公司采取一种机会主义态度：一方面希望通过要求东道国采取共同的规范措施，减轻其国内经济、政治压力，限制发展中国家的竞争优势，因此遭到许多发展中国家不同程度的抵制与反对，同时，也遭到许多跨国公司的抵制和反对；另一方面，又不愿自己做出实质性的努力对本国的跨国公司进行规范，更多地是进行道义上的呼吁，提出属于自愿接受的倡议，没有实质性约束力。其次，在全球经济化与自由化的大背景下，整个世界无法形成强有力规范跨国公司的国际制度，因为它与自由放任的经济哲学的核心内容——自由市场与自由企业制度——是相背离的，不符合自 20 世纪 80 年代以来西方国家倡导的国际自由经济体制。所以，对跨国公司的规范仍然是由国家与跨国公司之间的讨价还价来决定的。可以说，在对跨国公司的规范上，国际规范作用缺失，国家的不作为作用更大。一个西方学者对跨国公司履行"社会责任"所做的调查与研究可以表明这一点。

这一研究对 2002 年《财富》全球 500 强中的 100 家公司进行了调查。研究者从调查结果中发现：目前还没有证据表明，与资本主义的全球化相伴，已出现了公司道德观念（这主要体现在公司的行为准则的内容中）的全球化；公司的价值观（主要指的是社会责任）确实在它们的准则中得到了体现，但这些价值观中，有一些是含混不清和未被具体说明的，其他则不尽相同。除了那些纯粹的浮华辞藻，所有准则的共同之处在于，公司在决定将什么内容纳于其中时，国家内的要求比全球性的要求更有约束力。总而言之，受调查的公司所声称信奉的价值观有着鲜明的国家特性，"不管是受到国家的文化、制度还是丑闻的驱动，一家公司将特定的因素纳入其准则，与全球性的宣言、协定或公约关系甚微。相反，在倾向上，全球资本主义的价值观仍然与国内因素有着非常紧密的关联"。[①]

这一调查研究恰好说明：在整个世界范围内，对跨国公司的国际管理制度还处于非常稚嫩的阶段。国际上各种关于规范跨国公司行为的标准、协议、原则、指导方针等都不具有实质性的约束规范力。对跨国公司的管理主体仍然是国家，管理的效果取决于国家的能力。

与规范跨国公司行为的国际制度没有实质性成果相反，在促进跨国生产投资的国际制度建设上却有了长足的发展。由于各国普遍的对外开放，由于国际贸易越来越自由化，目前跨国公司在世界范围内所受到的限制与过去相比是越来越少的，它们受到的保护却逐步加强。在国际贸易体制中，WTO一直在致力于减少国家对与贸易有关的国际投资的限制，并通过加强知识产权协定来保护跨国公司的利益。如WTO中的《与贸易有关的投资措施协定》（TRIMs）中就禁止有关成员对与货物贸易有关的投资进行如下措施：

（1）禁止要求企业购买或使用当地生产的或来自当地的产品；

（2）禁止限制企业购买或使用进口产品的数量，并把这一数量与该企业出口当地产品的数量或价值相联系；

（3）禁止对企业进口用于当地生产或与当地生产相关的产品，进行外汇限制；

（4）禁止限制企业出口产品或为出口而销售产品。

这些措施在一定程度上都是对国家的制约，有助于便利跨国公司的生产经营活动，促进目前在世界范围内的跨国生产向着自由化方向发展的。更重要的是，由WTO建立起来的促进投资与保护知识产权的制度都具有强有力的约束力，得到了有关国家，特别是发达国家的积极维护。

---

① 西蒙·赖克，《当公司表现得"负责任"时，根源在国内还是全球?》，郭建业译，《国际社会科学杂志（中文版）》，2006年，第3期，第101—122页。引用的部分在第119—120页。

第三节　跨国生产与国际关系

不同的生产组织方式带给国际关系不同的影响。19世纪末到20世纪初，资本主义民族垄断下的生产组织方式带来的是资本主义大国的对外扩张和对不发达民族的殖民统治，带来的是资本主义的帝国主义战争。因为资本主义国内生产需要广阔的市场和大量的原料以保证再生产的延续。这种国际冲突的经济根源今天还存在吗？这是当今国际政治经济学必须回答的重大问题。跨国生产不同于以民族境界为主的生产组织方式，国家之间的经济交往不是基于国内的国际贸易而是基于跨国生产链及其贸易。这个生产链的主体是跨国公司，特别是西方垄断资本控制的跨国公司。它们现在成为全球市场中的寡头公司。它们之间的竞争是什么样的竞争？它们在国际政治生活中扮演了怎样的角色？这都成为跨国生产下国际和平与冲突的经济基础。

一、跨国生产与国际和平的理论

在国际政治经济学的三大学派中，自由主义学派是跨国生产国际和平论的坚定支持者，它坚守着国际经济交往带来和平的传统。而一部分马克思主义学者也认为，在跨国生产这样新型国际生产组织方式下，资本主义大国之间的帝国主义战争已经失去了经济基础，跨国资本已经把各国资本整合起来，正在形成一个世界性资本帝国，这个帝国已经使各资本主义大国丧失了争夺市场的经济动力，资本帝国不需要分割世界市场，而是需要对世界共同的控制。这种条件下，只有世界资本主义对发展中国家的统治与战争，而不太可能有资本主义大国之间的战争。

1. 自由主义的国际和平观

自由主义者相信主流经济学的观点：生产要素（主要是资本、技术等）的国际转移在经济上产生的效果，与商品的国际流动所产生的结果是相同的。这样它们相信，跨国生产带来的国际政治影响与自由贸易是一样的。既然"和平是贸易的天然成果"，那么"和平也是跨国生产的天然结果"。因为资本的国际自由流动可以为各国带来共同的经济益处，就像自由贸易能给各国带来经济福利一样，因此，跨国投资活动也可以促进国家的相互依存和共同利益，带来世界的和平与繁荣。如高托姆·森（Gautam Sen）认为，各国和跨国公司合作生产，形成了一个互利纽带，它有利于抵消或缓解各国因经济不平衡发展而引起的经济冲突。如果衰落中国家的公司能够通过对外直接投资继续成为工业生产者，它们就不大会反对新工业国的兴起，跨国公司及其政治上的盟国将保卫自由世界经济和反对经济民族主义。[①] 经济全球化的积极拥护者托马斯·弗里德曼更是直接地说，"当国家经济建设和未来发展与全球一体化、全球贸易紧密地联系在一起时，是否与邻国动武，这个国家就会三思而行"，因为生产链连接着彼此，战争意味着失去生产供应链中的位置。[②]

　　当今经济学中的关于跨国生产的解释似乎为这种和平观提供了依据。从弗农的产品周期理论解释的跨国生产原因可以看出，跨国生产使得产品各阶段生产国都获得了经济增长的机会，带来税收、技术水平的提高以及各种要素的充分利用；各国都能从跨国生产过程中享有技术创新产生的经济利益。从邓宁综合生产理论中可以看到，公司的跨国生产充分发挥了财产权的优势，获得保障的财产权带来最大的收益，而有关东道国从中获得了经济增长、就业的机会，百姓获得了廉价的商品。从波特的竞争优势理论中，可以发现跨国生产链联系着各国，带动各国的经济增长和就业，因为生产的环节或"价值链"联系着各国。总之，在自由主义眼中，跨国生产带来是各国经济更密切的联系，彼此"一荣俱荣、一毁俱毁"的状态；这种状态下，国家之间经济利益成为彼此和平与合作的基础。所以，自由主义秉承其一贯的传统，认为国家间紧密的经济联系及其经济收益是消除国家权力竞争关系的重要因素，是促使合作的重

----

① 转引自吉尔平《国际关系的政治经济学》，第 292—293 页。

② 托马斯·弗里德曼，《世界是平的：21 世纪简史》，何帆等译，湖南科学技术出版社，2006 年，第 387—389 页。

要基础。跨国生产比过去立足于国内生产形成的贸易联系更紧密地把国家联系起来，建立了更为相互依存的经济关系，因此，和平是跨国生产的必然结果。

有人甚至认为，跨国公司已经变得没有国籍，是国际舞台独立的行为体，它正在改造传统的国际政治权力竞争的状态，使得国家争夺经济相对收益动因变得无足轻重。大前研一（Kenichi Ohmae）在其《没有疆界的世界》等著述中就表达了这样观点。他认为：跨国公司正在变成国际舞台上越来越强大的独立行为体，它正在与民族国家一比高低，其重要作用甚至已经超过民族国家；全球性（即没有国籍的）公司自然可以应对有相似偏好的消费者的无疆界世界经济；正在进行的经济全球化已经改变了跨国公司自身的性质。早期的跨国公司把在国外的经营当作为制造国内设计的产品与服务的一种附带手段，在这种情况下，公司的国籍和各个管理环节是一清二楚的。而现在，由于广泛从外部采购零部件及公司的生产和其他活动的全球一体化，跨国公司的性质已经大大改变，20 世纪 90 年代的跨国公司变得没有国籍，成为脱离母国的全球性公司。例如现在的公司进行生产活动的规划时越来越从全球而不是本国的角度进行构思，甚至所有权也变得模糊了，因为股份制、合资或公司联盟形式使公司跨越国界而紧密联系起来，这使得现在的跨国公司逐渐地摆脱了民族认同感，变得与母国没有什么联系。全球性公司之间的联盟和联系导致母国经济在帮助公司取得竞争优势方面已经失去了重要性，公司的国际联盟破坏了国家边界的重要作用，建立了超越各国政治差异的跨国联系，国际竞争是在大公司组成的工业联合企业之间进行，而不是在单个企业之间进行。这样，世界的主要经济体存在着经济趋同的趋势，它们的生产、金融和技术结构都遵循着相同的模式，而且其经济周期往往是同步的，经济政策也是相同的。世界各大国之间的经济联系日益紧密，跨国公司既是这种日益一体化的原因，也是各国应对跨国公司产生的政策结果。主权国家的自主性正在受到跨国公司的制约，跨国公司编织的国际生产网络把民族国家置于相互紧密的依存之中，国家主权的削弱和相互依存的紧密意味着一个"无疆界世界"的即将到来。这种"无疆界世界"在经济上消除了各国间为争夺经济相对收益产生的冲突。①

可以说，自由主义对跨国生产在国际关系上产生的结果是乐观的，继承了其传统，认为跨国生产产生的全球性经济依存正在改造着国际政治的性质，促进着国际的和平。

2. 马克思主义学者的国际和平观

一些马克思主义学者从历史唯物观出发，认为生产方式的变化是所有政治变革背后的动力。目前的全球生产组织方式已经不同于历史上资本主义立足于国内的生产组织方式。19 世纪末到 20 世纪初的国内资本垄断方式下的生产不同于当今的全球化生产，今天的生产全球化把各国生产串联起来，形成了一个全球生产网络，改变了原来的以立足于国家的生产进行国际交换的格局。这必然带来国际政治的新变化。

从当代跨国生产出发，有些西方马克思主义的学者提出在跨国生产条件下，资本的跨国融合使得全球生产关系、阶级结构和国家形态出现了新变化，并在此基础上提出了不同于列宁时代的世界秩序观和新帝国主义观。② 比如，罗伯特·考克斯提出：生产全球化产生的跨国经济联系在全球范围内已经形成了跨国管理阶级、中间阶层的民族资产阶级和全球性低层阶级③；国家的形态已经从福利国家转变为极端自由主义国家（hyperliberal state）④，即目前人们通称的新自由主义国家；跨国的管理阶级通过一些国际组织和新自由

---

① 转引自吉尔平《全球政治经济学》，第 324—325 页。

② 战后一些马克思主义研究者对国际层面的阶级分析以中心-外围这样的结构来划分，这种划分依据的是国家在国际生产过程中的地位。但当代西方马克思主义者从全球生产的角度出发，以全球性社会力量来划分阶级，这与过去以国家为标准进行的阶级划分是不同的。

③ 这些阶级构成及其分析详见 Robert Cox, *Production, Power, and World Order*, New York: Columbia University Press, 1987, pp. 359 - 390; Robert Cox, "Social Forces, States and World Orders," in Robert Keohane ed., *Neorealism and Its Critics*, New York: Columbia University Press, 1986, pp. 234 - 236。

④ 这是考克斯对撒切尔夫人-里根模式的国家形态的表述，因为他按照传统的政治分类把福利资本主义国家称为新自由主义国家。两者的区别参见 Robert Cox, *Production, Power, and World Order*, pp. 285 - 289。

主义国家实行全球治理，并形成了一种帝国体系的世界秩序结构。这种帝国体系的结构"不等同于一些行为体，如国家或跨国公司，（虽然）这些行为体是这一体系的主导因素，但作为一种结构这种体系超过它们的总和"①。简单地说，考克斯认为，今天的跨国生产已经产生了跨国的统治阶级和政体，使世界秩序和帝国主义发生了变化，不再表现为旧时代帝国主义大国冲突，而是一种世界性的跨国垄断资本的集体统治，美国及其军事同盟是这种集体统治的最后军事强制力量。

这种观点在西方马克思主义者中并非个别，哈特（Michael Hardt）和内格里（Antonio Negri）也是从世界生产的变化出发，认为像一战和二战那样的帝国主义战争已经失去了经济基础，当代世界秩序是一种全球资本的联合统治，从帝国主义向帝国转变。跨国垄断资本已经超越了国家，并且成为全球市场的主宰，建立起全球生产和金融的网络。资本不需要国家为它获得排他性殖民地和势力范围，帝国主义建立起来的排他性市场已经不符合全球性垄断资本的特点，它只能造成全球市场的分割化，而且由此产生的帝国主义战争会破坏世界市场的正常运作。因此，全球资本需要的是一种全球的政治经济统治，而且在跨国经济的基础上正在形成一种全球的资本帝国。这一切在经济与政治上消除了资本主义大国传统的帝国主义战争的条件。② 威廉·罗宾逊（William I. Robinson）也是这类观点的宣扬者。他认为，在当今"生产全球化条件下，资本的竞争与冲突呈现新的形式，不再以民族对抗来表现"，虽然"还存在着部分跨国资本与部分民族资本的冲突，还存在着跨国集团之间激烈的对抗与冲突，但这种对抗与冲突更多诉诸多种制度渠道，包括

---

① Robert Cox, "Social Forces, States and World Orders," in *Neorealism and Its Critics*, p. 229.

② Michael Hardt and Antonio Negri, *Empire*, Harvard University Press, 2000, pp. 3 - 21; part 3, pp. 219 - 325.

众多民族国家，来追求自己的利益".[1] 这种跨国垄断阶级的主要治理结构不同于传统的国家政体，它没有形成中央集权的制度形式，而是一个新兴的网络，包括西方大国以及一些超国家的经济和政治论坛。经济论坛包括国际货币基金组织（IMF）、世界贸易组织（WTO）和世界银行等一些国际组织；政治论坛包括西方七国集团、经合组织、欧盟、欧安会等国际机构。这一新兴政体对全球的最后强制力依赖于美国的武力。跨国资本间的竞争主要通过控制国家和跨国机构进行，而不是传统的帝国主义式的国家竞争与战争。[2]

这种资本主义大国和平论者的观点是：今天的跨国生产产生了跨国统治阶级及其政治统治，今天的资本主义大国关系已经不具有对抗性，它们的利益关系在跨国资本的协调下已经融合，具有了考茨基所说的"超帝国主义"的特点（虽然所用的名称是"帝国体系""帝国"和"跨国国家机器"）。跨国资本通过一些国际组织和美国这样的跨国资本的代理人来统治世界，特别是对发展中国家进行统治。应当承认，这样的观点仍然符合马克思主义，而且与当年考茨基的"超帝国主义论"是有区别的。因为考茨基的"超帝国主义论"建立在虚幻的世界经济设想基础上，当今的资本帝国论是建立在生产全球化基础上，并没有脱离具体历史阶段的资本主义世界经济。

二、跨国生产与国际冲突的理论

现实主义者对跨国生产带来的国际政治影响依然坚守其传统，认为跨国生产与历史上国际经济联系一样，不可能带来国际和平与稳定，各国在跨国生产中对相对收益的追求，必然导致国家间的冲突与战争，这是无政府的国际政治状态和国家的内在属性决定的。而一部分马克思主义学者则坚持列宁的"帝国主义观"，强调跨国

---

① 威廉·罗宾逊的观点参见 William I. Robinson, "Beyond the Theory of Imperialism: Global Capitalism and the Transnational State," in Alexander Anievas, ed., *Marxism and World Politics*, London: Routledge, 2010, p. 63。

② 有关跨国国家的概念及分析详见威廉·罗宾逊著，高明秀译，《全球资本主义论》，第110—183页。

生产没有消除资本主义内在的帝国主义经济根源，资本主义大国间的帝国主义战争是必然的。

1. 现实主义的国际冲突观

现实主义者或经济民族主义认为：跨国公司并不是什么无国籍的公司，它们仍然从属于母国，跨国公司的大部分生产还是立足于母国，外国市场的市场也是以母国的市场为立足点的，国内经济结构和经济观念仍然有力地影响着跨国公司的战略和活动；来自不同国家的跨国公司仍有着很大的差异，这些差异的根源来自国内因素；所谓跨国公司间国际联盟也是言过其实，这种联盟大多是暂时的，而且是为了公司暂时的利益而结成的，并不稳定，它们之间仍然存在着激烈的竞争；跨国公司的竞争优势来自母国，并由母国来维护与支持；跨国公司并没有改变世界的面貌，跨国公司之间的竞争仍然是国家间的竞争组成部分。[①] 因此，在现实主义者看来，从属于母国的跨国公司在全球的活动仍然是国家利益的延伸，公司之间的竞争依赖于母国，成为国家之间竞争的一部分。这不可避免地带来国家为经济利益进行争夺，必然导致国家间的冲突。

现实主义者也引用经济学关于跨国公司的解释来佐证自己的观点。波特的国家竞争理论为现实主义提供了证据：国家的竞争力来自公司，公司的竞争是国家培养的结果。产品的生产周期理论表明，生产转移尽管带来了就业的转移，但更多的是本国公司战略性抢占市场，造成等级式的分工与依附，是不对称的相互依赖，因为核心技术有时并没有转移，生产的控制仍在母国。跨国生产的综合理论表明，跨国生产并没有削弱公司的财产权优势，而是带来更大的利润，公司通过财产权优势形成跨国生产网络，增强公司的市场影响力，也给国家带来了权力的影响。所以，在现实主义者看来，跨国公司之间的竞争背后蛰伏着国家之间谁主沉浮的雄心，无政府世界中国家竞争的逻辑必然导致各国利用跨国公司去攫取财富，巩固权力。这一切必然导致国家间的冲突。

---

① 《全球政治经济学》，第 326—330 页。

现实主义的跨国生产冲突论的理论基础在于国际政治的现实主义理论。它把国家当作无政府世界中的理性行为体，无政府的结构必然影响国家在国际舞台上的竞争性，导致国家追求权力，追求国家间经济交往中的相对收益。它把跨国公司作为国家经济的组成部分，因此是国家获取竞争实力的重要物质源泉和工具。本国跨国经营的大公司既为国家带来巨大的财富，也为国家提供了权力的影响。各国大公司国际竞争的背后是国家的竞争，本国的跨国公司在国际经济舞台上的利益，必然导致国家最后的冲突。从根本上，跨国生产从属于国家的竞争性，因此，它不会带来国际和平。所以说，现实主义认为国家在国际舞台上跨历史的本质决定了跨国生产不会带来国家间和平。

2. 马克思主义学者的国际冲突论

一部分马克思主义学者也认为跨国生产不可能导致资本主义大国间的和平。但它们与现实主义的出发点是不同的。如大卫·哈维、亚历克斯·科利尼科斯（Alex Callinicos）等人认为，国际政治体系具有自主性，与资本体系是两个不同的体系，按不同的逻辑运行（二元逻辑论）。前者表现为追求权力的相对优势，追求集体利益，固定于特定领土；后者是追求利润，追求个人利益，不受时空限制。[①] 这些学者认为国际体系的自主性是前资本主义生产方式的历史遗留物。在前资本主义生产方式（尤其是封建生产方式）下，由于财富获取主要来自土地与土地上的人口，没有通过改进生产技术提高生产效率进而增加其收入的动力，统治者改善其物质境遇的主要途径是通过领土的扩张，即通过掠夺其他国家的土地以及土地上的人口来增加收益。在这种情况下，军队与武器投入以及立足于领土之上的用以保障这种投入的有效的政治组织就尤为重要了。因此，封建的生产关系成为领土的扩张和国家建设的动力。领土扩张

---

① 有关论述参见大卫·哈维著，《新帝国主义》，初立忠、沈晓雷译，北京：社会科学文献出版社，2009 年，第 24—25 页。科利尼科斯的观点参见 Alex Collinicos, "Does Capitalism need the State System?" in Alexander Anievas, ed., *Marxism and World Politics*, London：Routledge, 2010, pp. 19 - 21.

是国家获得生存必须采取的战略，这导致在中世纪晚期和欧洲现代化的早期形成了国家间竞争的政治体系。所以说，国家间竞争的政治体系是封建财产关系"再生产规律"的产物。由于率先采用资本主义生产方式的少数西欧国家获得了巨大的经济财富，在国际竞争过程获得了相对优势，其他国家纷纷效法。这使得资本主义在欧洲传播开来，各国政府极力发展资本主义来保证其在国家竞争中的优势地位。资本主义为政治竞争的国家带来了实力基础，因而各国努力促进着资本主义的发展，支持资本的对外扩张。另一方面，资本主义条件下，市场制度下的资本既处于不断扩张的状态，也处于相互竞争的状态，资本需要克服一个竞争对手，垄断是资本实现生产目的的最好方式和获取积累的最佳途径，为此要实现世界的资本统一。但是在不平衡和综合发展（uneven and combined development）规律的作用下，各国的资本主义发展发生了实力消长，后来居上的资本主义大国总是破坏这种资本的世界统一进程。在这种资本的扩张与竞争中，资本也需要国家的政治支持与保护，而同时国家由于其地缘政治竞争的需要，必须促进本国资本在国际竞争中的优势地位，获取更大的积累，这导致资本主义大国的冲突和周而复始的帝国主义争夺。[①]

　　根据这种二元逻辑论学者的观点，跨国生产并不能改变国家间政治竞争的特性，它仍需要利用跨国生产来提升国家间竞争的实力，由此资本主义大国之间的国际冲突不可避免。比如科利尼科斯就坚持认为，虽然经济全球化产生了一定的资本跨国融合，但资本主义大国之间的对抗冲突仍不可避免。他认为，二战结束后，由于美苏之间的冷战，资本主义大国的政治关系处于美国霸权之下，美国战后建立的国际组织有效地管理了它们的经济冲突，它们之间的政治经济矛盾处于一种压制状态。但冷战结束后，随着苏联的解体和美国经济的衰落，资本主义世界三大经济中心（美、欧、日）形成了新的发展不平衡，阻碍着资本的世界统一进程；各资本主义中

---

① Alex Collinicos, "Does Capitalism need the State System?" in *Marxism and World Politics*, pp. 16 - 24.

心需要资本的积累为其提供权力竞争的经济基础，而资本需要国家为其提供积累的政治保障，为其全球积累服务。这仍将在21世纪导致资本主义大国间的冲突。虽然目前资本主义大国仍保持着合作状态，但这只是二战后美国世界霸权把其他资本主义大国纳于其领导之下的历史产物，"马克思主义政治经济学不能把这样的结果作为一个默认情景赋予优先性"，资本主义大国的经济矛盾已经不断显现，长期看，它们之间的政治冲突不可避免。[①]

这种马克思主义的观点看似与现实主义观点有相同之处，比如它们都把跨国公司视为民族资本国际发展的产物，把国际政治体系视为自主的、竞争性的，但是它们之间存在着本质的区别。马克思主义学者的观点仍是立足于生产方式，把封建生产遗留下来的政治结构作为分析国家间竞争体系的出发点，即认为国际体系的自主性是封建生产方式的历史残余，对当今的资本主义世界经济具有反作用。而现实主义把国家间的竞争关系视为一种超越历史、超越一切经济形态的国家关系本质，因此，虽然上述持有跨国生产"帝国论"的学者认为这种马克思主义的观点落入了国际政治现实主义的窠臼，但它与现实主义的理论基础完全不同。

三、跨国生产与国际和平及冲突

跨国生产是给国际关系增添了和平与稳定的因素，还是依旧保留冲突与战争的根源，这是一种需要历史验证的话题。历史的发展并不受一种机械的宿命的支配，它是多种因素的产物，也是人的主观努力的结果。目前跨国生产的确带来了和平性的因素，但同时它没有完全消除传统的国际关系中的冲突性因素，特别是在西方对非西方国家关系上，传统的国际关系因素影响仍然存在。

1. 跨国生产带来的国际关系结构性因素的新变化

国际关系的结构是影响和平与战争的重要因素。所谓的"无政府的状态"使得国家处于一种"安全的困境"，这一"困境"使得

---

① Alex Collinicos, "Does Capitalism need the State System?" in *Marxism and World Politics*, pp. 24 - 25.

国家在经济相互交往中力争保持着一种经济上的相对收益。从现代民族国家的特性出发，国家由于内在的职能需要也要力争在国际经济交往中获得更多的福利资源以保障国家的合法性。以往建立在国内生产组织方式基础上的民族经济主要通过贸易实现对外经济交往，产品生产的全过程基本在国内，国内生产的成品对外出口（见图 2-10），海外市场的扩大意味着国内生产与就业的增长，以及社会的稳定与国力的增加。因此，对一个高度工业化的国家来说，贸易与贸易的顺差对国家有着特别重大的意义。然而，这种国际关系的外部结构和现代民族国家的内在特性使得国家间的经济交往中存在着竞争性特点。而经济的竞争性进一步加强了国家间在政治上的竞争，加剧了国际关系的冲突性。这种国际政治经济关系的冲突性特征在第二次世界大战前表现得尤为明显。

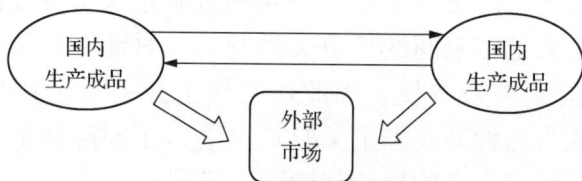

图 2-10　国内生产组织方式下的国际市场竞争

资本主义自从出现以来，生产一直主要是以国内要素进行配置的。这种生产的国内组织需要产品的出口和原料的进口，这样，外部的产品和原料市场成为国内再生产的条件。随着资本主义大国工业化的不断发展，作为国内再生产的外部市场愈加重要，大国间为了争夺世界市场的竞争从经济发展到政治，资本的帝国主义就突显起来。

一战前由于第二次工业革命和资本主义大国生产的国内集中，垄断资本在国内整合了市场，为了解决资本主义生产的内在矛盾，必须进一步开拓新市场和改造旧市场：（1）通过资本的输出，实现国内大工业生产的商品输出，并获得原料以保证国内再生产的延续；（2）通过资本输出实现的资本主义再生产的继续，可以保证国内的就业，缓解国内的阶级矛盾与冲突，[1] 特别是由此实现的超额利润"豢养"工人阶级贵族（实质是福利国家的表现）[2] 也是一种对旧市场的改造，因为福利国家提高了工人的消费能力。

为此，资本主义大国为了顺畅地实现其国内的再生产，需要不断地进行海外市场的拓展，垄断海外市场是最有效的方式。对不发达国家和民族进行殖民统治是实现这一任务的最"方便"的方式，半殖民地或势力范围是其"中间"形式的典型。[3] 海外扩张必须也必然得到政府的"鼎力相助"，因为这一是适应了国家对外竞争需要，二是这时的金融寡头统治已经"渗透到国家社会生活的各个方面"[4]，控制了国家。而且此时的资本主义国内生产组织方式还产生了帝国主义的各种文化和意识形态。[5] 这一切带来了两个结果，一是资本主义大国对不发达民族的殖民统治（包括非正式的势力范围），二是它们间的帝国主义战争。因此，帝国主义是资本主义大国当时生产组织方式的必然结果，当时的生产组织方式是世界性战争与冲突的结构性经济原因。

然而，目前跨国生产给国际关系带来了结构性的新变化，它一定程度上具有缓和国家间政治经济恶性竞争的作用。跨国生产形成的全球生产链把越来越多的国家连接起来，每一个国家都成了产品部件的生产车间（见图 2 - 11），而且各国都在力图加入这一生产链。国家间经济交往越来越呈现出"非零和"性。跨国生产的组织方式把国内生产与跨国生产连成一体，形成"你中有我，我中有你"的相互糅合状态。国内生产的组织方式越来越受到跨国生产组织方式的挑战，如果企业不能融入跨国生产就面临着巨大的竞争压

---

① 一些学者提出各种观点来否定"帝国主义扩张的经济根源论"，英国马克思主义史学家霍布斯鲍姆曾对此专门进行过批驳和全面的解释。参见艾瑞克·霍布斯鲍姆著，《帝国的年代》，贾士蘅译，江苏人民出版社 1999 年版，第 3 章，第 59—77 页。

② 《列宁全集》（第二十七卷），第 330 页。

③ 同上，第 395 页。

④ 同上，第 372 页。

⑤ 这种帝国主义的文化参见 John A. Hobson, *Imperialism*：*A Study* (1902)，http：//oll. libertyfund. org, chapter 2，3，4 of part II.

力，面临市场淘汰的危险。跨国生产的方式带来的企业的社会化行为，使得企业间的跨国联系与融合日益加强，共同开发着世界市场。过去立足于国内的生产下，海外市场的扩大带来了本国经济的增长，以及他国生产与出口的萎缩，国际市场上国家间经济竞争存在着"零和"性。而现在跨国生产组织方式是国际生产链融合各国生产，生产链上相关各国的经济"一荣俱荣，一毁俱毁"，这导致了利益联系的"正零和"性。这种世界经济结构的变化必然给国际关系的结构带来了新的重大变化。不论国际关系的竞争性结构是否独立存在，跨国生产产生的世界经济结构至少冲淡了过去国际关系结构的"零和"性。

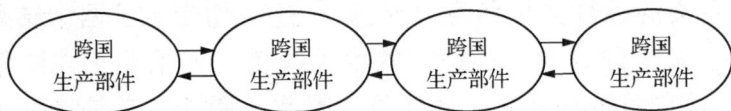

图 2-11　跨国生产方式下的市场关系

因此，当今的跨国生产带来国际政治结构的重大变化，经济利益的融合使得国际关系的竞争结构受到了制约。越是深入地融入跨国生产链的国家，相互间的地缘政治的竞争性越弱。这从资本主义大国半个多世纪的关系中得到了体现。欧洲经济共同体的建立，消除了长期以来德国与法国的地缘政治竞争。美国支持欧洲一体化的发展在很大程度是由于美国公司在欧洲的广泛存在，这使得美国对来自欧洲的经济竞争担忧弱化。

2. 国际关系冲突性因素

跨国生产没有消灭民族国家，它只是冲击了民族国家的最近形式——福利国家，要求民族国家的形式适应跨国生产。这样，传统的民族国家体系及其相应的文化作为历史的产物，依然发挥着作用，有时是重要的作用。因此，国家间地缘政治的竞争在许多情形中还没有完全消亡，特别是在跨国生产过程中经济政治整合度较低的国家之间，仍在发挥着作用。所以，地缘政治的竞争性、国家间的安全戒备仍然是影响一些国家关系的结构性因素。它与跨国生产带来的积极性作用此消彼长地影响着国家关系状态，特别是西方大国与非西方大国之间的关系。比如中国与美国、中国与日本之间的关系就处于这种状态下，俄罗斯与西方大国的关系也是如此。

传统国际关系结构因素的影响与目前跨国生产还处于发展的过程中，并且发展得并不平衡有关。目前跨国生产并没有完全消融民族经济，建立在国内生产组织方式下的民族经济在各国经济中都占有不同的比例，它是传统民族国家的经济基础，也是竞争的民族国家体系的经济基础。跨国生产发展程度较高的西方国家间，通过生产的跨国化巩固与加强了它们的经济关系，同时，也整合了它们间的政治关系。它们之间已经形成了较高的政治经济融合，有着共同的认同感。因此，在西方国家间传统的国际关系结构性因素作用相对较小，地缘政治的竞争被跨国生产带来的经济与政治的整合所替代。而非西方国家则不一样，它们在融入跨国生产的进程中存在着差异性、不平衡性，而且有的融入跨国生产的程度较深，有的程度较浅。比如中国是一个相对融合度较高的非西方国家，而俄罗斯则融合度较低。更重要的是，它们与西方国家之间没有在跨国生产过程中产生政治的高度整合。在这种状况下，西方与非西方还没有共同的认同感，这就使这西方与非西方大国间的关系不同程度地处于传统的国际政治结构影响下。

既然西方与非西方传统的国际关系成分仍然存在，传统国际政治结构中的强权政治就必然表现出来。一方面"强者能够做他们有权所能做的一切，弱者只能忍受他们必须忍受的一切"[①] 的逻辑作用于发达国家对发展中国家。以强凌弱，以大压小产生的强权战争时有发生。在跨国生产过程中，国际资本也需要西方国家撬开不发达国家的大门，为跨国生产链和市场的拓展提供便利。另一方面，地缘政治竞争的逻辑经常作用于西方大国与非西方大国之间。它们对安全的关注不时地冲击着跨国生产带来的积极效应，使双方之间的关系处于一种复杂的不确定状态。美国与中国就是这种关系比较积极的典型，经济上的相互依赖使中美双边关系有着共同的利益基

---

① 修昔底德，《伯罗奔尼撒战争》，谢德风译，商务印书馆，1985 年，第 414 页。

础，但政治上的竞争使得双边关系不时出现紧张与倒退。中美之间这种复杂的关系从根本上说就是跨国生产与传统国际关系结构因素共同作用的结果。俄罗斯与美国之间的关系大体是消极的典型，因为俄罗斯融入跨国生产的进程不深，国际关系竞争性因素更大地作用于俄美双边关系之中。由于跨国生产的过渡性和不平衡性，西方国家间的地缘政治的冲突性变小了，但西方与非西方之间强权政治的传统常常不同程度地发挥着作用，有些情形下甚至是重要的作用。

　　跨国生产条件下的国际关系还受到跨国生产所要求的世界政治统一的影响。经济全球化要求有一个建立在其基础之上的全球上层建筑。这种上层结构就是一些西方马克思主义学者谈到的"跨国国家机器"、资本帝国或全球治理结构以及相应的价值观，它要求所有国家的政治体制与意识形态适应于跨国生产方式的资本主义属性。这对于一些政治上与西方国家整合度不高的非西方国家来说，无疑是对其政治体制和社会价值的挑战。西方国家按其跨国生产的属性改造非西方社会成为国际动荡的一个重要因素。这种改造往往是以一种正义的名义来进行，由于"正义的标准是以同等的强迫力量为基础的"[1]，西方大国的实力地位使其掌握着正义的话语权，以此对非西方的政治和社会体制进行改造，使之适应它们界定的全球治理，这必然带来西方与非西方在政治体制、意识形态的对立与冲突。这些因素都会加剧国际强权政治，地缘政治的压力也是改造非西方的一种战略手段。因此，这种跨国生产带来的世界政治整合的要求又形成了一种国际冲突的因素。

　　跨国生产组织方式的不彻底性、不平衡性，使得民族国家仍具有存在的经济基础，竞争性的民族国家体系仍具有不同程度的作用。地缘政治的竞争、领土主权的争议、意识形态的对立、政治体制的较量有时会阻挠跨国生产给国际关系带来的积极作用，这一切都是国际关系传统因素以及相应的文化的反作用。所以说，跨国生产虽然冲淡了传统的国际政治结构性因素的影响，但没有根除其影

---

　　① 修昔底德，《伯罗奔尼撒战争》，谢德风译，商务印书馆，1985年，第414页。

响。这在西方大国与非西方大国表现得特别明显，跨国生产基本上消除了西方大国之间的地缘政治的竞争，但西方大国与非西方大国之间还远没有发展到这种状态。西方与非西方之间，强权政治、大国竞争的因素与跨国生产带来的积极因素一起共同作用于双方的关系。要消除西方与非西方的冲突，消除西方对非西方的强权政治，还有待于非西方国家的发展、跨国生产的发展与转型。

第三章　国际贸易的政治经济学

引言：贸易的经济政治作用

贸易说到底就是交换的问题。交换是生产和再生产实现的条件，它对生产有着重要的反作用。贸易的顺利进行对生产和生产关系的维系有着重要的作用，进而对社会和政治的稳定变革有着重要的作用。因此，国家的对外贸易不仅对国家具有经济作用，同时也产生着潜在而巨大的政治影响；这种政治影响不仅具有国内意义，同时也具有国际意义。

从经济意义来说，对外贸易关乎经济增长和就业。贸易是国家经济增长三大引擎之一（另外两个是投资与消费），经济增长会带来就业的保障与增长。对外贸易本身的增长除可以带来就业的增长外，如果对外贸易产业能在国内产生配套的相关产业链，就会产生所谓的"乘数效应"，引发相关产业就业的连锁反应，带动整个国家的就业水平的提高。如果国家分配制度比较合理的话，一般条件下就业增长意味着收入水平会保持平稳或增长的状况，这对消费会产生相对积极的促进作用，形成消费对经济增长的拉动作用。贸易的增长也可能带动投资的扩大，因为海外的需求要求产能的扩容，这也形成了投资对经济增长的推动作用。

贸易的扩大还意味着企业规模效应的实现和经济效益的提高，这对资本有着重大的吸引力，因为贸易带来的利润增加是吸引外来投资的重要因素。源源不断的外来的生产性投资无疑是国家额外获得的发展资源，贸易的盈余又是国家国际收支顺差和币值稳定（或升值）的基础，它反过来又为国家吸引了外来资金的流入。这在一定程度上为国家带来了经济增长所需要的资本。

通过对外贸易，国家可以为本国的消费者提供新的消费选择。通过对外贸易，国家可以用低廉的价格进口原料和中间产品，或进口本国缺乏的自然资源，这对本国的经济增长和平稳运行有着积极的意义。

贸易积极的经济作用还表现在它对国家经济的长远发展产生积极的推动作用。国际市场的竞争远比国内的竞争激烈，它可以迫使企业不断通过提高劳动生产率，改善技术和管理来提高经济运行的质量，改变国家经济增长的方式，这对国家经济的长远发展有着促进作用。对外贸易对社会还有一定的改造作用。贸易的开展可以促使人们开阔眼界，增长见识，克服封闭、落后和保守的意识；贸易开展可以促使人们产生效率和竞争意识，抛弃平均主义和论资排辈的传统；这些社会文化的改变对经济发展都具有潜在和基础性的促进作用。另外，贸易带来的经济增长、就业的提升不仅意味着国家福利的保障，还意味着国家税收的保障。国家税收是政府发展教育、科技和文化等事业的物质基础，它对促进经济的竞争力、提高劳动力素质、增加人力资本有着重要意义，也对国家未来的经济发展有着重要作用。

总之，贸易的积极作用在于它可以促进国家经济增长与就业，提升国家的福利水平，这又会产生重要的政治影响。就业的保障、人民生活水平的提高、经济竞争力的加强、国民的素质提升都是社会稳定、政府合法性和实力增加的重要条件，为政府实现安全目标、发展目标、公平和自由目标奠定了物质基础。

相反，贸易也能给国家带来消极的后果。如果一国在对外贸易中缺乏竞争能力，国外廉价商品就会冲击国内生产，导致本国就业率下降，贸易推动增长的发动机的功能失灵。贸易的逆差会导致资本外流，币值不稳，引发金融危机。另外，贸易赤字会影响国家引进技术的能力，无法享受贸易带来的技术扩散益处。在对外贸易中处于结构弱势的国家，贸易不仅不会带来收入的增加，反而会恶化贸易条件，导致一种"穷困化的增长"，这反过来会削弱企业改进技术的动力。贸易竞争力的不佳对国民精神的塑造有时也是负面的。在受贸易冲击的社会中，可能产生排外心理。这种现象在当今世界许多国家都可以看到，不论是发达国家还是发展中国家都是如此。所以，贸易也是一把双刃剑，它也会带来经济的动荡、失业率的上升、贫富差距、金融危机和社会的不稳定。

　　贸易也为国家产生积极的外部影响，通过对外贸易壮大经济实力的国家，在国际关系中可以提升自己的地位。古希腊人在贸易上的成功为它奠定了海上霸权的基础。孟德斯鸠在谈到古希腊人的成功时提到，"因为这个经商胜利的国家给当时最强的君主制定法律，并摧毁叙利亚、塞浦路斯岛、腓尼基等的海上势力"①。贸易在国际关系中对国家产生的积极作用到了近代以来表现得更为充分。16—18 世纪，西欧普遍奉行重商主义（mercantilism）。对于新兴的世俗专制国家来说，这提升了国力的基础，为其在新兴的民族国家体系中保障国家安全提供物质基础，因为只有强大的财力才能供养强大的常备军队或支付得起雇佣军队来保卫世俗专制政权。

　　早期兴起的资本主义强国都与贸易有关。15—16 世纪海上新航路的开辟为西欧国家创造了新的海外市场，引发了一场新的商业革命，同时掠回的大量的贵金属，成为其资本主义原始积累的重要来源之一。后来西欧资本主义国家对世界的统治一定程度上是建立在贸易基础上的，"它的商品的低廉价格，是它用来摧毁一切万里长城、征服野蛮人最顽强的仇外心理的重炮。它迫使一切民族——如果它们不想灭亡的话——采用资产阶级的生产方式；它迫使它们在自己那里推行所谓文明制度……它使未开化和半开化的国家从属于文明的国家，使农民的民族从属于资产阶级的民族，使东方从属于西方"②。

　　由于对外贸易是资本主义再生产实现的重要条件，它对国际政治也产生着重要影响。资本主义为了市场不惜对不发达民族进行一次次殖民战争，彼此之间进行争霸战争。第一次世界大战和第二次

---

　　① 孟德斯鸠，《论法的精神》（下），张雁深译，商务印书馆，1993 年，第 37—38 页。

　　② 《马克思恩格斯选集》（第 1 卷），1995 年，第 276—277 页。

世界大战从经济根源上说，就是资本主义大国争夺市场的战争。

第二次世界大战以后，由于通过战争来获取资源的做法受到了抑制，而贸易成为一些资本主义国家如日本和德国重新成为世界有影响国家的方式，因此，有的学者认为，贸易已经使国家获得了过去希望从战争获得的一切，"贸易国家的兴起"意味着今后大国的崛起的主要方式是贸易。[①]

正是因为贸易对国家的经济繁荣、社会安定、国家地位升降有着如此重要的影响，所以，每个国家都力争使贸易条件有利于自己，力求为自己赢得更多的发展资源，这已经成为国家的重要职责之一，也是它们参与国际贸易的重要动机。同时，贸易又与世界的和平与发展息息相关。贸易的顺利与活跃往往和稳定与和平相伴而行；贸易的中断与不畅往往与冲突和战争形影相随。吉尔平甚至认为，"贸易连同战争一直是国际关系演进的关键"[②]。研究国际贸易是国际政治经济学的重要研究课题。

在本章中，首先讨论各种贸易理论及其背后的政治含义，如自由贸易理论、贸易保护理论以及马克思主义关于贸易的思想。然后，将讨论世界贸易体制的发展变化的过程及其内在特征，特别是当今世界贸易制度的内在特点及其面临的困境。

第一节　国际贸易理论背后的政治含义

国际贸易理论从意识形态的角度来说一般可以分为三种，即自由主义的贸易理论、民族主义的贸易理论和马克思主义的贸易理论。这三类理论有其不同的立论点和关注点，对国际贸易的目的、原因和结果的见解都不同，它们对贸易的政治影响也因此有着不同的理解。

---

① Richard Rosecrance, *The Rise of Trading State*: *Commerce and Conquest in the Modern World*, N. Y.: Basic Book, 1987.

② 罗伯特·吉尔平，《国际关系政治经济学》，杨宇光等译，经济科学出版社，1989年，第195页。

一、自由主义的国际贸易理论

贸易自由主义作为正统经济学的重要构成，主要把促进效率作为贸易的主要依据。它把各国在生产中产生的成本差异或比较优势作为贸易发生的原因，认为贸易带来的结果在经济上是提高效率和增加财富，在政治上是促进和平与稳定。

自由贸易理论可追溯到自由主义经济学的鼻祖——亚当·斯密。他提出的绝对优势论（the theory of absolute advantage）成为后来自由贸易理论的基础。在1776年发表的《国民财富的性质和原因的研究》（*Inquiry into the Nature and Causes of the Wealth of Nations*，简称《国富论》）中，亚当·斯密提出自由市场的理论，并把这一理论应用于论证国际贸易发生的基础与利益。后来在李嘉图的发展下，形成了鼓吹自由放任（laissez-faire）的自由贸易理论。

1. 古典政治经济学下的自由贸易理论

（1）绝对优势理论

亚当·斯密的绝对成本理论是建立在他的分工学说基础之上的，他认为分工可以提高劳动生产率，因而增加一国的财富。在《国富论》中，他开篇就说："劳动生产力上的最大增进，以及运用劳动时所表现的更大熟练、技巧和判断力，似乎都是分工的结果"。① 这种分工不仅应用于国内，也可以应用于国家间，增加国家的经济财富。他说"在每一个人和家庭的行为中是精明的事情，那么这种行为对于一个国家来说绝不是件愚蠢的事情。如果外国能以比我们自己制造还便宜的商品供应我们，我们最好就用我们有利地使用自己的产业生产出来的物品的一部分来向他们购买"②。其基本原理如下。

应根据生产成本来判定一国的某种商品是否便宜，这是分工与交换的基础。一国应把本国生产某种商品的成本即生产费用与外国生产同种商品的成本即生产费用相比较，以便决定是自己生

---

① 亚当·斯密，《国富论》，商务印书馆，1979年，第1页。
② 亚当·斯密，《国富论》，商务印书馆，1979年，第425页。

产还是从外国进口，这就是"绝对优势说"。他认为各国按照绝对成本差异进行国际分工，专门生产本国有绝对成本优势的产品进行贸易，将会使各国的资源、劳动力和资本得到最有效率的利用，将会大大地提高劳动生产率，增加各国的物质福利，节约劳动。每个国家都有适宜于生产某些特定产品的绝对有利的条件，如果每个国家都按照其绝对有利的生产条件（即生产成本具有绝对优势的条件）去进行专业化生产，然后彼此进行交换，则对所有交换国家在经济上都是有利的。

亚当·斯密认为，自然禀赋（natural endowment）即一国在地理环境、土壤、气候、矿产等自然条件方面的优势，后天有利的条件或者说获得性禀赋（acquired endowment），如人们特殊的技巧和工艺上的优势，即通过训练、教育而后天获得的优势，这二者是产生绝对成本差异的原因。因为有利的自然禀赋或后天有利条件可以使一国生产某种产品的成本绝对低于别国，因而在该产品的生产和交换上处于绝对有利的地位，各国按照各自的有利条件进行分工和交换，使各国从贸易中获益。他强调各国都可以找到自己所擅长的具有绝对优势的产业，为了公平，贸易应当自由，他反对政府对贸易进行限制和干预，主张让市场按成本优势进行选择。另外，由于贸易把各国的经济利益联系在一起，形成了一种经济相互依存的状态，这样自由的贸易可以使各国从贸易中获得收益从而促进和平。从此逻辑中，可以看出亚当·斯密这种自由贸易理论的内在政治含义。

① 贸易（市场）是促进国家福利的重要手段，政府要增进国家的福利，只须依赖市场；政府"政治修明"，保障生产要素的自由流动，消除贸易中的垄断，就可以通过市场促进成本优势的实现，通过交换实现福利的增进。政府要秉承公平与平等的原则，"……对其所属的各阶级人民，应给予公正平等的待遇；仅仅为了促进一个阶级的利益，而伤害另一个阶级的利益，显然是违反这个原则

的"①。这体现了亚当·斯密的古典政治自由主义的风格，他强调通过市场这种制度也可以实现社会的稳定与和谐。在亚当·斯密之前的英国政治自由主义传统强调，个人自私的天性，往往造成"一切人反对一切人的战争"的自然状态，为此必须建立一个超越个人之上的"利维坦"（专制君王），以维护国家和国民的安全。虽然亚当·斯密没有谈及消除专制君王的必要，但他这种建立在经济自由基础上的政治自由主义已经含有共和民主政治的成分，因为市场可以在追逐私利的个人之间营造和谐的纽带。

② 贸易也是促进国际和平的重要方式。国家通过贸易建立的经济联系，形成相互依存的状态，可以消弭或弱化国家间在政治上的权力竞争，有助于建立国家间的和平与稳定。这种理论摒弃了霍布斯提倡的追求私利的国家之间只能通过均势方式维护稳定与和平的主张，在经济上为国际和平提供了一个制度渠道。后来孟德斯鸠把这种通过贸易维护国际和平的逻辑概括成，"贸易的自然结果就是和平"②。

亚当·斯密的"绝对优势"理论解释了产生国际贸易的部分原因，但其局限性也十分明显。该理论只能说明国际贸易中的一种特殊情形，即具有绝对优势的国家参加国际分工和国际贸易能够获益，却不能解释现实生活中有的国家没有任何一种产品处于绝对有利地位时的贸易现象。英国古典经济学家大卫·李嘉图在亚当·斯密的绝对优势理论基础上提出了比较优势论（the theory of comparative advantage），认为只要各国之间产品的生产成本存在着相对差异（即比较成本的差异）就可以参与国际贸易分工，并获取亚当·斯密在绝对优势论中所说的全部贸易利益。

（2）比较优势理论

李嘉图同样也是把分工从个人推及国家，认为不论国家是否有绝对成本的优势，只要国家间按"两利相较取其重，两弊相较取其

---

① 亚当·斯密，《国民财富的性质和原因的研究》（下），商务印书馆，1981 年，第321 页。

② 孟德斯鸠著，《论法的精神》（下），张雁深译，商务印书馆，1993 年，第14 页。

轻"的比较优势原则进行分工，就同样可以获得亚当·斯密所说的贸易利益。他认为，国际贸易不是一种"零和"博弈，只要存在比较优势，通过国际分工和交换，不论是大国或小国，竞争能力如何，就都可以从自由贸易中获利，因此，政府不应对此进行干预和限制。李嘉图的比较优势论成为后来自由主义国际贸易理论共同的基础。

表 3-1　英国和葡萄牙的比较成本差异

	呢绒（1 单位）	酒（1 单位）
英国	100 人/年	120 人/年
葡萄牙	90 人/年	80 人/年

在表 3-1 的情况中，英国和葡萄牙两国同时生产呢绒和酒，在生产技术条件和劳动同质的条件下，生产一个单位的呢绒，英国需要 100 个人劳动一年，而葡萄牙则需要 90 个人劳动一年；生产一个单位的酒，英国需要 120 个人劳动一年，而葡萄牙只要 80 个人劳动一年。葡萄牙生产呢绒和酒的成本都低于英国，具有绝对优势。根据亚当·斯密的绝对成本理论，葡萄牙不需要向英国购买呢绒或酒，两国间不存在国际贸易的条件。但是，李嘉图认为在该情况中，国际分工与贸易仍然能够进行并依旧对双方有利。按照"两利相较取其重，两弊相较取其轻"的原则，只要存在比较成本的差异，国际分工与贸易就可以进行。也就是说，贸易的条件并不是成本绝对的高或低，而是相对的高或低。在表 3-1 的假设中，英国生产两样产品的成本均高于葡萄牙，但是生产呢绒的成本是葡萄牙的 1.1 倍（100/90），而酒的成本却是葡萄牙的 1.5 倍（120/80），相较之下，英国生产呢绒的成本相对较低，所以说生产呢绒具有比较优势。而葡萄牙生产呢绒的劳动成本是英国的 90%（90/100），酒的劳动成本是英国的 67%（80/120），生产酒的成本低于呢绒，所以对于葡萄牙来说，生产酒具有比较优势。

和绝对成本理论所分析的一样，比较成本理论下的国际贸易同样具有提高劳动生产率、增加产品总量、提高消费水平、节约劳动时间的好处。首先，分工前，两国一年共生产 2 单位呢绒和 2 单位酒。分工后，英国专门生产呢绒，一年可生产 2.2 单位，葡萄牙专门生产酒，一年可生产 2.125 单位，分别多产出 0.2 单位和 0.125 单位的呢绒和酒。其次，以 1∶1 的比例进行交换，英国可以拥有 1.1 单位的呢绒和 1.1 单位的酒，比不分工时可以多消费 0.1 单位的呢绒和 0.1 单位的酒；葡萄牙可以拥有 1.1 单位的呢绒和 1.025 单位的酒，比不分工时可以多消费 0.1 单位的呢绒和 0.025 单位的酒。第三，要得到 1 单位酒，英国自己生产要 120 人一年的劳动，而通过国际贸易只要 100 人一年的劳动（呢绒与酒仍以 1∶1 的比例进行交换[①]），这样每年就节省了 22 人的劳动。同理，葡萄牙通过与英国贸易获得呢绒比自己生产可以节省 11 人一年的劳动（两国利益分配见表 3-2）。这样，亚当·斯密所说的自由贸易的全部经济与政治意义都可以适用于比较优势理论。不同的是，从李嘉图的比较优势理论来看，一个国家不论其经济竞争力的强弱，只要按比较优势参与国际分工，就可以获得经济利益，而不需要在某个产业具有绝对的成本优势。

表 3-2　英国和葡萄牙在分工交换后的分配利益

	呢绒	酒
英国	1.1	1.1
葡萄牙	1.1	1.025

　　无论是亚当·斯密的绝对优势论还是大卫·李嘉图的相对优势论，在他们看来，当市场机制从国家经济转向世界经济时，某种平衡将建立在国际经济关系中，即不受约束的市场是最好的，政府应尽可能地被排斥在市场之外，采取完全的自由放任的政策。毫无疑问，比较优势论比绝对优势论更全面地论述了国际贸易的成因，改变了一般学者关于自由贸易的利益只在一切商品均在成本绝对低的国家生产的观点，对鼓吹自由贸易的发展起了巨大的推动作用。但

---

　　① 按上述绝对优势理论中所述的方法，在比较优势理论中，同样可以算出英国可以接受的呢绒与酒的贸易条件区间是，5/6 单位酒≤1 单位呢绒≤9/8 单位酒；葡萄牙可以接受的贸易条件区间是，8/9 单位呢绒≤1 单位酒≤6/5 单位呢绒。

是李嘉图和斯密一样，其理论的出发点都是静止的均衡世界，因而所提及的贸易利益是静态的短期利益（即与没有进行国际分工与交换时相比获得了更大的利益），这种利益是否符合一国经济发展的长远利益则不得而知。

（3）资源禀赋理论和要素价格均等化定理

李嘉图的比较优势理论奠定了自由贸易的基石，在以后的自由贸易理论中，贸易基础的分析基本上都是沿着李嘉图所确立的比较优势法则来说明和展开的。只不过，以后的理论对比较优势的产生进行了更深入、更切合现实的解释，逐步强调了比较优势的人为创造性。

瑞典经济学家赫克歇尔（Eli Heckscher）与其弟子俄林（Bertil Ohlin）提出了要素/资源禀赋论（factor/resources endowment theory），即赫克歇尔-俄林模型，这是较早对比较优势产生进行解释的理论。这一理论主要通过生产要素的丰裕度并结合不同商品所需要生产要素的投入比例来说明比较优势的产生和国际贸易格局。

资源禀赋理论认为，在技术水平相同的条件下，决定生产成本的不仅仅是劳动力这一单一要素，而是所有生产要素——资本、土地、资源等都是成本的决定条件，也是比较优势的决定条件。简单来说，一个国家拥有什么生产要素、拥有多少就是这个国家的生产要素禀赋。假定各国的劳动生产率相同，产生比较成本差异的原因有两个：一是各个国家生产要素禀赋比率的不同；另一个是生产各种商品所使用的各种生产要素的组合不同，亦即使用的生产要素的比例不同。[①] 一般来说，一国拥有某种资源的数量越多，这种资源的价格就越低，（其他条件相同的情况下）使用这种资源的产品的成本也就越低。要素禀赋决定生产成本，因此各国要素禀赋的不同也就产生了相对成本的差异，产生了国际贸易的条件。各国应尽可能利用供给丰富、价格低廉的生产要素，生产廉价产品输出，以交换别国价廉物美的产品。如劳动丰富而资本匮乏的国家出口劳动密集型商品，而进口资本密集型商品；相反，资本丰富而劳动匮乏的

---

① 张二震、马野青，《国际贸易学》（第二版），南京大学出版社，2003年，第59页。

国家则出口资本密集型商品，进口劳动密集型商品。另一个产生相对成本差异的决定要素是生产各种商品所需投入的生产要素的组合或比例，即商品生产的要素密集度。① 很少有产品产生于某一单一要素，因此在这一产品的生产过程中最密集使用的要素往往成为产品分类的标准，如资本密集型、劳动密集型、资源密集型等。如果一国能够对生产要素的投入比例进行最佳组合，密集使用本国丰裕的要素，同样能够降低生产成本从而在国际贸易中获得比较优势。

　　要素禀赋理论不仅解释了生产要素的差异如何推进国际贸易的进行，而且也指出国际贸易能够反过来影响生产要素价格。如上文所述，A 国是劳动要素丰裕而资本要素缺乏的国家，它就应该生产劳动密集型的产品进行出口，而进口本国稀缺的资本密集型的产品；B 国是资本要素丰裕而劳动力缺乏的国家，它就应生产资本密集型产品出口，而进口本国稀缺的劳动密集型产品。由于国际贸易，两国对这两种产品的需求都可以得到满足；而且国外市场的存在和扩大，也增加了这个国家具有比较优势的产品（即密集使用本国丰富资源的产品）的需求，扩大生产本国生产要素丰裕的产品（A 国是劳动密集型产品，B 国是资本密集型产品）；同时相对减少本国生产要素相对稀缺的产品生产（A 国是资本密集型产品，B 国是劳动密集型产品）。由于劳动/资本密集型产品对劳动和资本的需求度不同，扩大劳动/资本密集型产品的生产，对劳动/资本的供应状态会产生影响。如 A 国，由于出口的增加、劳动密集型产品的不断扩大再生产，原本相对廉价的丰富要素资源（劳动）的需求开始上升；而国外的进口又使这个国家具有比较劣势的产品（即密集使用本国稀缺要素资源的资本品）面临竞争而生产下降，原本相对昂贵的稀缺资本要素需求开始下降。这样，随着贸易持续进行，A 国因出口部门产品价格上升和劳动资源的供应状态的变化而提高其劳动要素的报酬，因进口部门产品价格下跌而生产萎缩导致资本要素的供应相对扩大，从而降低其资本的报酬。与此相反，随着贸易持续进行，B 国则相对改善了劳动要素禀赋状况和提高了资本要素的

---

① 张二震、马野青，《国际贸易学》（第二版），南京大学出版社，2003 年，第59 页。

价格，改变了资本的禀赋状况和降低了劳动要素的价格。

美国经济学家沃尔夫冈·斯托尔珀（Wolfgang Stolper）和保罗·萨缪尔森（Paul Samuelson）借此提出了"斯托尔珀-萨缪尔森定理"。根据这一定理，如果各国都以各自的生产要素禀赋比率差距为基础进行贸易，其结果是贸易前相对丰富的要素价格上涨，相对稀少的要素价格下降。这样发展之下，将会逐渐达到要素价格比率的国际均等化，这就是所谓的"要素价格均等化定理"。[①] 也就是说，国际贸易不仅使贸易参加国的商品价格趋于相同，而且使生产要素的价格也趋于一致。也就是说，在没有生产要素的国际流动条件下，自由贸易仍然能够使得各国的生产要素获得同样的报酬。

这一经济定理的直接政治逻辑是：不论是发达国家还是发展中国家，只要按市场规律进行国际贸易，所有的要素就都可以获得相同的报酬，即发展中国家劳动者的收入与发达国家劳动者的收入将会相同，资本收入也会一致。那么开展国际贸易不仅不会增加国家间的贫富要素收入分化，反而会缩小乃至消灭原有的贫富差距。这与一些学者批判自由贸易扩大贫富差距的观点形成鲜明对比。

2. 战后的自由贸易理论

战后的自由贸易理论一个重要的特点就是强调比较优势的人为化，强调垄断化市场特点，把人为因素而不是生产要素自然禀赋状况作为比较优势的关键因素。这一切都在美籍俄裔经济学家列昂惕夫（Wassily Leontief）发现所谓"列昂惕夫之谜"之后产生的。列昂惕夫在 1953 年和 1956 年的两次研究中发现了一个难以解释的现象：按照传统的要素禀赋理论，美国这个世界上具有最昂贵劳动力和最密集资本的国家，应主要出口资本密集型产品，进口劳动密集型产品，但事实恰好相反，美国出口量最大的却是农产品等劳动密集型产品，进口量最大的却是汽车、钢铁等资本密集型产品。这被称为"列昂惕夫之谜"。后来，一些经济学家对"列昂惕夫之谜"做出了不同的解释，如劳动熟练解释、人力资本解释、技术差距解

---

① 张二震、马野青，《国际贸易学》（第二版），南京大学出版社，2003 年，第61页。

释、自然资源解释、生产要素密集度逆转解释、需求偏好逆转解释、贸易政策扭曲解释……这一切都为战后的新自由贸易理论提供了启示。

战后自由贸易理论比较著名是产品周期理论、产业内贸易理论、公司内贸易理论。

（1）产品周期理论

战后国际贸易的一个重大现象就是一类产品的生产从发达国家不断地转移到发展中国家，在发达国家一类产品从研制、生产、出口最后到进口经历一个周期性过程。这种新贸易格局与资源禀赋理论所说的固定静态的比较优势导致不同资源禀赋国家相互进出口不同类型产品的格局不一致。

弗农（Raymond Vernon）于 1966 年提出的产品周期理论（Product Cycle Theory，PCT）是一个既强调比较优势来源于人为因素，也重视静态资源禀赋对比较优势形成的作用的理论。该理论采用了波斯纳（Michael V. Posner）提出的模仿滞后假说（Imitation lag hypothesis）中技术创新对比较优势有决定作用的观点，较好地解释了产品的周期性生产出口的现象。

波斯纳 1961 年提出了模仿滞后假说，这一观点开始把技术创新因素作为比较优势的决定因素之一。该理论放宽了 H-O 模型（资源禀赋理论）分析中世界各国都采用相同技术水平的假设前提，它假定各国并不总是能够获得相同的技术水平，并且技术从一国传递到另一国会有一定的时滞。它认为有两种不同的滞后，模仿滞后和需求滞后。模仿滞后是指某种产品被 A 国发明出来后 B 国的厂商生产出它的复制品来的时间长度；需求滞后是指该产品从在 A 国出现到被 B 国的消费者接受并作为其目前正在消费的产品的良好代替品这两者所需要的时间长度。这一理论的关键点是将模仿滞后与需求滞后的时间长度进行比较，由此得出一个净滞后的时间，如果需求滞后短于模仿滞后，国际贸易就会产生，在该段时间内 A 国可向 B 国出口该产品，这段时间结束之后，B 国厂商也将生产并提供该产品，从而对 A 国进口需求降低。因此，一国只有不断地创新推出新产品才能成为一个成功的出口者。从这一理论中可以看到，经济学家开始重视技术因素对比较优势的决定作用，重视人为的"动态"的比较优势。模仿滞后理论说明了国际贸易产生的原因。

弗农将一种产品的周期分为三个阶段。第一阶段是新产品阶段（new product stage），此时，创新国垄断了新产品的生产，也垄断了该产品的国际市场，获得高额的垄断利润。创新国所具有的比较优势是科研知识和技术创新能力。第二阶段是产品成熟阶段（maturing product stage），创新国之外的其他发达国家看到了该产品的潜在市场和高额利润，开始仿制这种产品，于是一些一般标准开始出现，且开始使用大批量生产技术，规模经济慢慢得以实现。由于发达国家拥有较为丰富的资本、训练良好的劳动者和完备的制度，他们更容易模仿出国际市场的新产品，掌握其制造工艺。此时的比较优势是工艺制造传统、规模优势以及学习优势。第三阶段是产品标准化阶段（standardized product stage），生产技术的标准化需要大量的非技术型劳动者，因为这一阶段的标准化生产过程对劳动者技术素质的要求大为降低，技术和资本失去了原本的重要作用。这样，为了节约生产成本，劳动力价格成为主要的考虑因素，生产开始向发展中国家转移。这一阶段的比较优势较多地取决于传统的资源禀赋，比如说发展中国家相对低廉的劳动力。随着这些发展中国家生产和扩大出口，创新国丧失了原有的海外市场，开始放弃这种产品的生产，成为该产品的净进口国。至此，这一产品在创新国完成了它的产品周期。创新国要依靠其他创新产品打开国际市场，获得垄断利润，开始新一轮的产品周期。

在产品周期理论中，在一种产品的整个周期的两个阶段即新产品阶段和成熟阶段中，出口国比较优势都不是要素的禀赋状况，而是科技创新能力、产品开发能力、技术模仿和改造能力。它们都不是自然要素禀赋所决定的，而是依赖于国家的科技教育水平与制度、良好的竞争制度和企业家敏锐与能力等。它们与国家的政策有着密切的关联。只有在产品周期的最后一个阶段，要素的自然禀赋才成为出口的比较优势之一。目前，许多发达国家不断出现的产业梯级转移现象与产品周期的理论非常吻合。发达国家创造出来的新产品，经过一段时间的模仿与竞争，生产过程趋于标准化，然后向发展中国家转移，利用发展中国家廉价的劳动力作为比较优势生产出口至发达国家。即使如此，承接产业转移的发展中国家中，相对驯服的劳动者、稳定的政局和社会秩序、开放的政策、相对良好的基础设施、低廉的土地价格、相对低要求的环保标准都是彼此竞争的"软件优势"，而这一切又与政府的作用和控制能力有着密切关系。因此，就产品生产的第三阶段而言，比较优势仍然离不开人为的因素。

（2）产业内贸易理论

战后国际贸易的另一重大现象是产业内贸易（intra-industry trade）。产业内贸易指的是一国既进口又出口同种类型的制成品，而产业间贸易指的是一国进口和出口属于不同产业部门生产的产品。产业内贸易是随着国家的工业化程度的提高而发展的，越是发达国家，其产业内贸易越成为贸易的一种主要形式，传统的比较成本理论和要素禀赋理论不能很好地解释这一现象，于是一些经济学家开始尝试用新的视角解释国际贸易分工和产业内贸易的发展。

根据经济学的解释，造成产业内贸易的主要因素是：① 产品的差异、② 消费者偏好、③ 两国之间经济发展水平和需求的重叠性、④ 规模经济的需求。

所谓产品差异，是指相似但不完全相同，也不能完全替代的产品。产品差异一般分为三类：水平产品差异、垂直产品差异和技术产品差异。水平差异，是指同一类商品具有一些相同的属性，但这些属性的不同组合会使商品产生差异，如安卓系统智能手机和 iSO 苹果手机的差异。从水平差异分析，产业内贸易产生的原因是消费者偏好，即消费者的需求是多样化的，当不同国家的消费者对彼此的同类产品的不同品种产生相互需求时，就可能出现产业内贸易。垂直差异，是指产品品种上的差异，如经济型轿车与豪华型轿车的差异。从垂直差异产品看，产业内贸易产生的原因主要是消费者对商品档次需求的差异。这种差异主要取决于个人收入差异，收入高的消费者偏好高档产品，而收入低的消费者只能偏好中低档产品。为了满足不同层次的消费，就可能出现高收入国家进口中低档产品和低收入国家进口高档产品的产业内贸易。技术差异是指技术水提高带来的差异，也就是新产品出现带来的差异。从技术差异的商品看，产业内贸易产生的原因，主要是产品存在生命周期。先进工业国技术水平高，不断推出新产品，而后进国家则主要生产标准化的技术含量不高的产品，因而处于不同生命周期阶段的同类产品会发生产业内贸易。比如，同样是自行车，发达国家生产出口新材料的自行车，同时可能进口国外生产的一般的自行车。

消费者的偏好、经济发展水平和消费重叠也影响着产业内贸易的展开。消费者的偏好是多种多样的，并且受到其收入水平的制约。消费者偏好的差别若从需求方面分析，同样可以分为垂直差别与水平差别。前者指消费者对同类产品中不同质量、等级的选择；后者指对同一质量等级的同类产品在其尺寸、款式、品种等方面的不同选择。因此，可选择的产品品种、规模、款式、等级越多，消费者需求的满足程度越高；消费者偏好的差异性越大，产业内贸易的可能性也越大。发达国家中有相当数量的中、低等收入者，与不发达国家高收入者的需求相互重叠。这种重叠需求使得两国之间具有差别的产品的相互出口成为可能，但究竟有多大可能性，还取决于其经济发展水平。经济发展水平是产业内贸易的重要制约因素。经济发展水平越高，产业内部分工就越精细，差别产品的生产规模也就越大，从而形成差别产品的供给市场；经济发展水平越高，人均国民收入就越高，国民购买能力也就越强。在国民购买能力达到较高水平时，消费需求便呈现出对差异产品的强烈需求，从而形成差异产品的消费市场。在两国收入水平趋于相等的过程中，两国的需求结构也趋于接近，最终带来产业内贸易的发生。

追求规模经济效益的动机也是促成产业内贸易的重要原因。同类产品因产品差别与消费者偏好的差异而在国家间相互出口，可以扩大生产规模进而扩大市场。这样，由于不同国家消费市场的叠加，就容易产生规模经济效应，节约生产成本。产业内贸易是以产业内的国际分工为前提的，产业内的国际专业化分工越精细，越多样化，不同国家的生产厂家就越有条件进行差异化和专业化的生产。这种生产上的专业化不仅有助于企业提高生产技术和生产效率，降低成本，而且有助于降低国家间相同生产企业的市场竞争程度，有利于厂商扩大生产规模和市场规模，从而充分体现企业生产的内部规模经济效应。

从这里可以发现，导致产业内贸易的因素不再依存于资源禀赋的差异，但有的经济学家认为，如果改变资源禀赋论的假定，把过去的规模效益不变、市场是完全竞争的、产品无差异性的假设，改变为现在的规模效益不断提高、市场是不完全竞争的、产品之间存在差异性的假定，则可提高资源禀赋论的变通性，仍然可以解释产业内贸易。其实，这里已经把过去自然形成的比较优势变成了人为的。产品差异的生产能力，规模市场的占有，如果加上与产业内贸易密切相关的跨国公司的内部贸易，没有一个不与人的努力、企业家的精神、国家的支持与鼓励相联系。所以说，战后国际贸易的比较优势从传统的资源禀赋向着人的努力、国家的能力变化。

（3）公司内贸易理论

公司内贸易（intra-firm trade）指的是在母公司与子公司或者子公司与子公司之间产生的国际贸易。它是战后国际贸易中所占比例最大的贸易。其实，公司内贸易是与前述的产品周期生产相关的贸易、产业内贸易的综合。跨国公司往往是一个新产品的创造者和全球生产者，从创新研制，到标准化生产，跨国公司往往把产品生产从母国，先是水平转移到相近发达程度的国家，进行水平化生产，最后在标准化生产成熟后转移到发展中国家，利用那里的劳动力等优势。因此，跨国公司的产业梯度转移就是产品生产周期从发达国家转移到发展中国家的过程，这一过程经常伴随着跨国公司的投资。由于目前的国际统计上常常将零部件、中间产品以及加工产品都视为同样的产品，因此，跨国公司的内部贸易也会形成产业内贸易。另外，跨国公司因为主要在经济发展水平和市场规模相似的国家之间从事类似的经营活动，因此倾向于在各个国家都建立自己的生产和销售体系，在当地生产，满足当地需求。从表面上看这种投资行为在一定程度上替代了国际贸易，但如果结合产品差异和消费者偏好来研究，则会发现跨国公司的水平一体化投资也是产业内贸易的重要来源。这种水平一体化的跨国公司在经济发展水平类似的国家之间建立内部市场，进行差别产品交易，呈现出产业内贸易的特征，同时又有规模经济的特征，在需求的拉动下，产业内贸易得到了极大的发展。

但是跨国公司跨国生产的优势在于它的有形产权和无形产权优势，这些产权优势的获得离不开人的努力、国家的扶持，国外的投资生产也离不开国家的帮助。因此，公司内贸易的产生或者说比较优势与人为的努力密切相关。

从战后新的贸易形式和理论研究中可以发现，贸易比较优势已经更多地强调人为的努力与创造，即使强调先天资源的优势，也更多地重视流动的资本对静止资源的利用，即强调跨国生产产生的贸易优势，实质上也是强调人为的比较优势。因此，比较优势在战后自由贸易理论中，更多地体现为人的努力与智慧的产物，是管理与国家作用的产物、跨国生产的产物。迈克尔·波特的国家竞争优势理论可以说是对这种人为比较优势学说的集大成者。他在1991年所出版的《国家竞争优势》一书中指出：一国兴衰的根本在于能否在国际竞争中赢得优势，而取得国家竞争优势的关键在于国家有合适的创新机制和充分的创新能力，而这又取决于国内需求条件、相关产业与支撑产业、公司的战略、结构和竞争等要素条件以及机遇和政府作用的影响。[①]

在这些强调人为比较优势的理论中，可以发现，贸易的利益除了静态的利益外，动态的利益显得更突出。在国际贸易中，国家和企业要取得竞争优势，必须积极开发人为的比较优势，更加注重技术与管理，这样才能不断创新产品，使产品具有差异性，获得经济规模效应。在此过程中，人们的现代化意识会得到提高，经济的结构会得到提升，资源的效率会得到更有效的发挥，甚至产生联系性的经济的积极外部性，如其他厂商的技术外溢和从"干中学"（learn by doing）中获得技术和知识。总之，在人为开发比较优势的过程中，如果通过贸易实现了这些比较优势，就会使国家得到发展，人的素质得到提升，社会经济也会处于良性循环之中。

----

① 张二震，马野青，《国际贸易学》（第二版），南京大学出版社，2003年，第85页。

　　自由主义国际贸易理论经历了从强调比较优势的自然因素到人为努力的过程，但它们的共同点就在于都认为国际贸易可以为双方都带来好处，这种好处可以是静态福利的增加，也可以是动态的技术进步。只要发展中国家按照比较优势原则进行生产，按照市场原则办事，进行自由贸易，它们就能够得到发展。这样，各国都能从这种关系中获益，国际贸易有助于各国间相互依赖关系的形成。因此，国际贸易又成为维护世界和平的杠杆。英国政治家理查德·科布登曾说："自由贸易是上帝赐予人类的最好的外交手段，没有比自由贸易更好的办法能够让人类和平相处"[①]。然而，自由贸易理论没有涉及国家之间贸易利益分配的比较问题，而这一问题在一个竞争的国际环境下恰恰是一个主权国家必须应对的重要问题，因为贸易利益的分配不仅涉及国家的福利与稳定，而且涉及国家的安全与独立。

二、民族主义的国际贸易理论

　　与自由主义的国际贸易理论的主张完全不同，经济民族主义的贸易理论虽然也认同贸易利益对国家经济与政治的益处，但认为，自由贸易或完全的自由市场不一定能实现国家的经济利益增加，或分配利益的相对增加，因此，强调用经济保护主义和国家的干预方式，如关税、非关税等手段来保护国内产业，促进出口，实现贸易收益或利益的相对增加。这一理论认为国家的保护作用才是获得贸易利益或相对收益的保障。

　　比较优势理论认为，只要两国（如英国与葡萄牙之间，根据上一节比较优势理论的模型）在不同产品生产上存在着比较优势差异，如果贸易条件（交换比例）在双方都可以接受的范围之内，双方经过分工与贸易就都能获得绝对收益，即获得比没有分工前更大的经济利益。但这里产生了一些问题：（1）这样的贸易收益是平等的吗？（2）如果不平等，国家愿意接受这种不平等吗？（3）这种分

---

　　① 转引自托马斯·弗里德曼，《世界是平的：21世纪简史》，何帆等译，湖南科学技术出版社，2006年，第381页。

工对两国的未来繁荣与发展产生何种影响？

从前面表 3-2 所表示的英国与葡萄牙所获得的贸易利益来看，显然英国获得的利益（1.1 单位的呢绒，1.1 单位的酒）超过了葡萄牙（1.1 单位呢绒，1.025 单位酒）。因为专业化分工生产后，酒的总产量是 2.125 个单位，如果平均分配，英葡两国应该各得 2.125/2＝1.062 5 单位的酒，而不是英国获得 1.1 单位，葡萄牙获得 1.025 个单位酒的结果。显然，葡萄牙人的经济福利在这种分工贸易中少于英国人。再有，葡萄牙用 1.1 单位酒所付出的劳动（1.1×80＝88 个人年劳动）与英国人的 1.1 单位呢绒所付出的劳动（1.1×100 人年劳动）相交换，存在着劳动价值不平等的交换。

其次，在这种不平等的经济利益分配下，葡萄牙人在什么样的条件下会接受这种不平等？这里涉及一个重要的国内与国际政治经济条件。以国际政治条件来看，英国与葡萄牙如果处于长久和平的条件下，这种分工与交换或许能得以相对顺利地进行下去。

如果以这种分工格局发展下去，英国将成为一个现代化的工业国，而葡萄牙将成为一个传统的工业国。因为呢绒生产还涉及与之相关联的制造业，以及与制造业相关的冶金业，这对现代工业的发展有着促进作用，而葡萄牙则将大力发展葡萄种植业，农业经济在国民经济的成分将占较大比重。现代工业国与传统农业国在一个现代化的世界中其未来的繁荣与发展的不同是不言而喻的。

由比较优势理论产生的这些问题是民族主义贸易理论关注的重要方面。民族主义贸易理论则更关注如何分配贸易相对收益，关注以哪一个比例（或某种贸易条件）进行交换可获得更多的贸易收益，它们认为，互利不代表公平，相对收益比绝对收益更重要。民族主义贸易理论更注重国家所处的国际环境，认为国家处于国际政治的相互竞争的环境中，相对的贸易收益更有助于国家的经济增长、社会稳定，民族的生存与独立。民族贸易理论更关注在一个现代化世界中，现代工业对民族和国家未来发展的促进作用。因此，民族主义贸易理论希望通过国家的干预作用来扭转这种贸易利益分配相对不平衡的状态，更加强调贸易对民族现代化工业的促进作用。

在这种利益分配格局下，显然葡萄牙人获得的收益（1.1 单位呢绒，1.025 单位的酒）小于英国人（1.1 单位的呢绒，1.1 单位的酒），因为自由贸易的收益没有平均分配。

1. 早期的重商主义理论

民族主义的贸易理论是与国家的安全和繁荣联系在一起的。在早期重商主义者的著作中就有经济民族主义关于国际贸易的理论根源，比如他们认为货币具有决定性的意义，国家的强大在于财富，财富表现为获取更多的贵重金属，政府必须采取措施将贵重金属吸收到国内来并将贵重金属留在国内。在采取措施吸收贵重金属的方法上，重商主义主张少买多卖，采取关税等措施限制外国商品的输入，鼓励商品的输出（货币平衡论）；或者以保护国内工商业的发展方式，使本国处于贸易的相对顺差状态（贸易平衡论）。货币平衡论和贸易平衡论是重商主义的两个发展阶段，两个阶段各自反映着不同的商业政策。在第一阶段中，出于对经济力量的不信任，重商主义者认为只能用行政手段来禁止货币出口，认为这是保留货币的唯一手段。如其代表人物——英国的威廉·司塔福特（William Sittaford，1554—1612）就反对运出本国的原材料而运进外国的制成品，因为这样会导致本国货币的流出，认为应该禁止外货进口或对其课以较高关税，以提高本国商品的竞争力。在第二阶段中，重商主义开始信任经济力量的内部逻辑，主张对外贸易，使对外贸易吸收进来的货币多于用出去的货币。如其代表人物托马斯·孟（Thomas Mun，1571—1641）就并不反对货币输出，反之，他还要求取消禁止货币输出的命令，但他主张出超的对外贸易，即本国的出口能够多于进口，他说："国外贸易是增进我们财富和宝库的普通手段。在这个贸易中，我们应当永远遵守下列原则：即每年我们所卖给外国人的货物总额，应当多于我们所消费的外国货物"[①]。他反对以任何措施去限制出口贸易，要求降低出口货物的关税，主张以低廉的物价去增进本国商品在国外的竞争力。在重商主义者眼

---

① 卢森贝，《政治经济学史》（第一卷），李侠公译，生活·读书·新知三联书店，1959 年，第 57 页。

里，"国家政权的援助，以及国家政权对经济生活的保护，成了显而易见的真理"[①]，在所有重商主义者看来，国家干涉贸易是获取国家利益的有效工具，只不过他们认为可以用不同的方法来达到这一目的。之所以会有这种学说和政策主张是因为重商主义产生并盛行于 15 世纪到 18 世纪的欧洲，资本主义处于资本原始积累阶段，货币对资本主义工业的起步和发展起着举足轻重的作用，而且世俗的专制王权迫切需要巨大的贸易盈余来增强自身实力以便与罗马教廷分庭抗礼，或与其他世俗王权国家进行竞争。

2. 汉密尔顿的保护贸易思想

后来的民族主义贸易理论相当程度上继承了传统的重商主义的衣钵，高度重视贸易给相对收益，特别是给现代工业经济，由此给国家安全带来的影响。美国建国初期的保护贸易思想就与此相似。亚历山大·汉密尔顿（Alexander Hamilton，1751—1804）是美国建国之初竭力鼓吹保护贸易的人物。美国独立之初，美国资本主义工业还处于萌芽或成长时期而要求得到政府的保护。作为美国的第一任财政部长，汉密尔顿于 1791 年向国会递交了《关于制造业的报告》，在这份报告里，他力主实行保护关税政策和强调"制造业优先"。他在报告里系统阐述了保护和发展制造业的必要性和重要性，认为一个国家只有拥有自己的工业基础才能维护国家的独立，保持国家的强大；认为制造业的发展，有利于生产更多的机器供各行业使用，提高整个国家的机械化水平，从而促进社会分工，有利于创造更多的就业机会促进就业，从而吸引更多的移民加入美国，加速美国国土开发；有利于提供更多的开创各种事业的机会，使个人才能得到充分的发挥；有利于自我消化大批农业原料和生活必需品，保证农产品销路和价格稳定，刺激农业发展；等等。由于当时美国的工业基础薄弱，技术落后，生产成本高，根本无法同英国、法国等国的廉价商品进行自由竞争。因此他主张实行高额保护关税制度，以使新建立起来的工业得以生存、

---

① 卢森贝，《政治经济学史》（第一卷），李侠公译，生活·读书·新知三联书店，1959 年，第 54 页。

发展和壮大。

汉密尔顿之所以提出保护关税是因为美国在政治上独立之后，经济上处于二元状态，即南方为种植园经济，北方为工业经济。由于南方的种植园经济与英国处于互补状态，提倡自由贸易；而北方制造业非常落后，无法与英国等竞争，反对自由贸易。汉密尔顿为北方制造业代言，强调工业化是经济上的自足与政治上的自治的基础，认为国家的经济繁荣、独立与安全从根本上都依赖于制造业的发展。依赖于天然比较优势分工的国际贸易无法使相对落后的国家实现以工业化为特征的现代化，进而会影响国家未来的生存、发展与繁荣。汉密尔顿的保护贸易思想和政策主张反映了后起工业化国家实现工业化的另一种途径，即后来被称为"进口替代型"的经济发展战略，它对后来的民族主义贸易理论产生了巨大的影响。

3. 李斯特的保护关税思想

德国经济学家李斯特可以说是深受汉密尔顿思想影响的 19 世纪保护贸易理论的最系统的阐述者。在《政治经济学的国民体系》中，他对当时流行的自由贸易理论展开了猛烈的批判，并系统全面地提出了贸易保护主义理论。

（1）李斯特重视各国经济发展的状态和国家所处的国际政治环境，主张国家应根据其发展阶段和面临的国际环境采取不同的贸易政策，认为在一个分裂而竞争的国际政治环境下，不顾自己的发展水平实施自由贸易，只能使落后国家依附于强大国家。李斯特批评自由贸易理论的根本缺陷就在于"没有考虑到各个国家的性质……它们各自的特有利益以及情况"① 以及国家所处的国际环境。他认为从经济发展程度来看，国家都可以分为以下几个发展阶段，即原始未开化时期、畜牧时期、农业时期、农工业时期、农工商时期，因此，在对外贸易政策的选择上，不同的发展阶段的国家应采取不同的贸易政策。李斯特批评亚当·斯密的理论忽视国家所面临的国

---

① 弗里德里希·李斯特，《政治经济学的国民体系》，陈万煦译，商务印书馆，1983年，第 112 页。

际政治竞争环境，"……以阐述全世界范围的商业绝对自由原则作为他的任务"①，并依据"世界上一切国家所组成的只是一个社会，而且是生存在和平局势之下"②的假定来建构其理论是与事实不符的。他认为在存在先进国家和落后国家的国际体系中，自由贸易只能使落后的国家不得不从属于实力强大的国家，主张"要在彼此自由竞争下双方共同有利，只有当两者在工业发展上处于大体相等的地位时才能实现"③，因此应建立"由国家的概念和本质出发，使某一国家处于世界目前形势以及它自己的特有国际关系下，怎样来维持并改进它的经济状况"④的国民经济学。

（2）李斯特强调生产力的培育和促进比单纯财富增长重要。他认为，虽然财富是重要的，但"财富的生产力比之财富本身，不晓得要重要到多少倍，它不但可以使已有的和已经增加的财富获得保障，而且可以使已经消失的财富获得补偿。个人如此，拿整个国家来说，则更是如此"⑤。在李斯特看来，现代工业代表着先进生产力的发展方向，它对民族精神和未来的发展，特别是对落后的国家来说影响至为深远，而自由贸易的分工理论只能固化国家某个时点的国际分工，不利于落后国家长远地发展先进的生产力。因此，李斯特旗帜鲜明地主张经济落后的国家应牺牲眼前利益实行保护贸易政策，认为只有这样才可以促进国内生产力的长远发展，否则，"不但使我们的财富难以保持，就是我们的生产力量、我们的文化、我们的自由，还不仅这些，甚至我们国家的独立自主，都会落到力量上胜过我们的那些国家的手里"⑥，"保护制度是使落后国家在文化上取得与那个优势国家同等地位的唯一

---

① 弗里德里希·李斯特，《政治经济学的国民体系》，陈万煦译，商务印书馆，1983年，第106页。

② 同上，第109页。

③ 同上，第4—5页。

④ 同上，第109页。

⑤ 同上，第118页。

⑥ 同上，第47页。

方法"①。

为此，李斯特极力主张像德国这样相对落后的国家对贸易生活实行干预和限制，反对在经济现代化中实行自由放任的贸易。他认为古典学派"抹杀了国家和国家利益的原则……完全否认国家和国家利益的存在"②，"国家为了民族的最高利益，不但有理由而且有责任对商业（它本身是无害的）也加以某种约束和限制"③，他将国家的力量比喻为人力在树木生长中的作用，认为植林者选择树种，主动栽培，就可以在几十年内完成在完全放任自流状态下几个世纪才能完成的转变。他指出自由贸易之所以在英国受到推崇，是因为英国在保护制度下已经发展成为一个经济强国，可以通过自由竞争打败一切对手，因此想用虚伪的科学的名义来敲开世界各国的大门，扼杀他国的工业发展，让自己成为利益的垄断者。

李斯特与汉密尔顿一样，强调现代化工业才是国家未来经济长期繁荣的保证，主张保护本国幼稚的工业产业。李斯特主张通过实行保护关税制度对本国经济发展具有重要作用的工业部门有选择地进行扶植和保护。同样与汉密尔顿一样，李斯特强调现代工业对国家经济与安全具有重要的外溢作用。李斯特虽然坚定地维护保护贸易，但是他的理论并不是为了保护而保护，保护贸易是手段而不是目的。他主张的是在幼小产业经过关税保护成长壮大后，国家放开保护，最终追求的是工业的发展和国家的强大。工业与国家利益、安全紧密相关，也是更长久、更可靠的财富的保障。

李斯特出生于德国的南德符腾堡州。在他的时代德国正处于一个政治上从四分五裂走向统一，经济上从相对落后走向现代化的进程中。当时流行的自由贸易理论所宣扬的自由贸易不符合德国的现代化进程的需要。李斯特的保护贸易理论正是对这种流行理论的反击，希望建立一种民族的政治经济学来为本民族的发展服务。他的

---

① 弗里德里希·李斯特，《政治经济学的国民体系》，陈万煦译，商务印书馆，1983年，第113页。

② 同上，第144页。

③ 同上，第146页。

理论在德国历史上起了巨大的作用，正是在他的理论的影响下，德国形成了自己特色的经济理论——德国历史学派，这为德国后来的发展提供了许多理论的支持，也为民族主义的国际贸易理论做出了重要的贡献。

4. 凯恩斯的保护贸易思想

19世纪末20世纪初，西方资本主义国家相继进入垄断阶段。由于技术发展所带动的生产集中和垄断使国内市场远不能满足垄断资本对市场的需要，迫切需要扩张市场，因此垄断资产阶级客观上要求一种理论为其经济扩张服务。特别是1929—1933年世界经济大萧条时期，各国竞相采取贸易保护主义，自由市场的自动调节机制无法应对大萧条。面对这种情况，英国著名的经济学家凯恩斯（J. M. Keynes，1884—1946）认为原来的理论不符合现实的需要，必须创立新说。他在其代表作《就业、利息和货币通论》（1936）中阐述了有关保护贸易的思想，后被其追随者所发展，形成了凯恩斯主义的超保护贸易学说（亦被称为"新重商主义"）。

凯恩斯认为，以往经济学中所谈的均衡是根据供给本身创造需求这一错误前提所假设的充分就业均衡，这仅适用于特殊情况，但通常因为有效需求不足，均衡是小于充分就业的均衡。凯恩斯所说的有效需求是指商品总供给价格和总需求价格达到均衡时的总需求，而社会就业量就是由这种均衡状态所决定的。他认为总供给在短期内不易变动，所以就业量取决于有效需求，有效需求不足就达不到充分就业。在现代资本主义经济中有效需求不足是经常存在的现象，之所以如此，他认为有三个基本心理规律的作用。所谓三个基本的心理规律是：边际消费倾向递减规律、资本边际效率递减规律和流动偏好规律。凯恩斯将有效需求分为消费需求和投资需求。边际消费倾向递减使得消费需求不足，而资本边际效率递减和流动偏好对利息率下降的限制使得投资需求不足，因而导致有效需求不足而造成失业。因此凯恩斯主张政府干预刺激消费和增加投资以解决失业问题。他认为，在存在大量失业的前提下，进出口不可能实现自动平衡，传统贸易理论关于进出口自动平衡的分析完全忽视了这一过程对一国经济，尤其是对一国国民收入和就业水平产生的影响。他认为，贸易逆差会对资本边际效率产生副作用，结果是国内经济活动下降，经济危机加深和就业量减少。与此相反，贸易顺差可以刺激投资欲望，增加国内的有效需求，而且贸易顺差还直接表现为外部有效需求的注入，有利于国内恢复繁荣，扩大就业。所以，凯恩斯主张政府采取积极的货币和财政措施干预对外贸易，以获取贸易顺差。凯恩斯还认为贸易顺差会产生乘数效应。某一部门的一笔投资不仅会增加本部门的就业，而且会在国民经济中引起连锁反应，从而增加其他部门的投资和就业，最终使国民收入成倍增长。用公式来表示就是 Y（国民生产总值）＝I（投资）＋C（消费）＋G（政府支出）＋（X－M）（出口－进口），在经济萧条时投资、消费和政府支出不足，贸易盈余就会成为国民生产总值的重要来源。而且，贸易也会带动前三项的增长。

凯恩斯的管理需求理论中关于贸易的保护观点实质是以牺牲他国的就业来保证本国的经济福利，体现了在无政府的世界中国家通过政府干预，在国际经济交往过程中实现相对收益，以维护本国经济、政治和社会利益的经济民族主义思想。然而，这种通过干预手段实现贸易顺差来转嫁国内的经济政治危机的经济思想在国际政治上的后果就是各国"以邻为壑"，引发国际局势的紧张和冲突。第二次世界大战就是这种经济竞争导致的世界冲突。甚至凯恩斯自己后来也意识到这一问题，因此，在二战中设计战后世界经济蓝图时，特别强调国内的自主和国际规则结合的国际合作思想。

5. 战略性贸易政策

战后的一些经济学家如布兰德（James Brander）、斯潘塞（Barbara Spencer）和克鲁格曼（Paul Krugman）等人利用寡头市场的不完全竞争性、规模经济的巨大利润和积极的外部经济性等特征，提出了一种具有保护色彩的贸易理论。所谓"战略性贸易政策"是指一国政府在不完全竞争和规模经济的条件下，可以凭借生产补贴、出口补贴、关税或其他保护国内市场的政策手段，扶持本国战略性工业的成长，增强其在国际市场上的竞争能力，从而谋取规模经济之类的额外收益，并借机劫掠他人的市场份额和工业利润，即在不完全竞争的环境下，国家实施这一贸易政策不但无损于其经济福利，反而有可能提高自身的福利水平。

战略性贸易政策认为在一个不完全竞争的寡头市场中，存在着因产品价格高于边际成本而形成的租金或超额垄断利润，以及对后来者进入门槛过高的限制。针对这个现象，一国政府可以通过对出口或进口进行贸易干预，如在研发、生产、销售、进出口各个环节进行干预，影响本国企业及其国外竞争者的行为，改变国际竞争的格局，从而在寡头市场抽取租金或向本国企业转移利润，达到增加本国净福利，促进本国企业和产业发展的目的。规模经济往往是进入寡头市场重要的条件之一。具有规模经济企业可以实现技术上的外溢和利润递增的优势。一个国家企业要想在国际寡头市场中立足，除自身的努力外，政府还应该通过干预扶持本国企业实现规模优势，使有关公司可以利用规模收益递增，加速累积过程，形成路径依赖，并获得相关的积极反馈来增强自己在全球市场上的竞争力，实现在寡头市场上转移利益的目的，促进本国的经济收益。

战略性贸易政策旨在通过国家的干预在一些重要的经济部门，打破国际垄断，提高本国企业的竞争能力，从而跻身垄断性的国际市场，分享国际垄断利润，实现技术外溢和国家的产业现代化的水平。这种政策不仅在经济上对国家具有巨大的好处，而且在政治上具有促进就业和社会稳定的好处。这种贸易理论实质上与过去的保护理论是一致的：谋求国际经济交往中的相对收益，促进本国经济的增长和现代化，从而实现促进民族经济发展的目的。但另一方面，它与战后的自由贸易理论有着某种吻合之处。

战后的自由贸易理论强调了比较优势是人为化、国家支持性，认为在不完全竞争与规模经济的条件下，企业的比较优势更多地来自人为的创造、国家的政策，这是在目前的国际经济环境下，国家要想获得更大的贸易利益的保证，获得动态的发展利益的保证。而战略性贸易政策只不过是从另一个角度来说明其政策合理性的理由，强调在一个不完全竞争的市场，如果没有国家的干预与扶持，本国企业会处于不公平的竞争之中，国家的干预与扶持是保证本国企业在公平的竞争中获得优势的保障。

战略性贸易政策与所有传统的民族主义理论一样，首先把国家间的经济贸易关系看作一种零和博弈，国家追求相对收益，国际贸易必然成为你得我失的斗争场所。其次，战略性贸易政策认为贸易不仅是经济问题，而且关系着国家现代化、国家的长远利益与国家安全，因为财富和权力是不可分开的。经济资源对国家权力来说是必需的，所以每次冲突既有政治性又有经济性，国家同时追求财富和权力。[①] 这样，和所有民族主义理论一样，战略性贸易政策在逻辑上视贸易为国家竞争的重要场所，要求国家利用权力干预贸易，在寡头国际市场分得更大份额。只是过去的保护贸易理论主张的是消极保护型保护措施，而战略性贸易政策主张创造人为的比较优势。

三、马克思主义关于国际贸易的观点

马克思主义对国际贸易也有着重要的理论阐述，主要可分为传统马克思主义的国际贸易观点、列宁主义的国际贸易学说和现代西方马克思主义的国际贸易理论。马克思主义的国际贸易观点认为：国际贸易是生产的条件，贸易反映了生产关系；在资本主义国际经济中，国际贸易维系着资本主义的生产和生产关系，因此对不发达国家具有剥削性。

1. 马克思、恩格斯关于国际贸易的观点

在马克思主义政治经济学中，贸易属于交换的范畴，它是商品价值、使用价值和交换价值得以实现的手段，包括国际贸易在内的交换不仅是生产与再生产延续的条件，也是生产关系延续的条件。马克思、恩格斯对资本主义生产方式下的国际贸易作用的分析主要表现在以下几个方面。

（1）国际贸易是资本主义发展的重要前提

马克思、恩格斯认为，国际分工与国际贸易既是资本主义发展的前提，也是资本主义进一步发展的条件。他们指出，"大工业建立了由美洲发现所准备好的世界市场。世界市场使商业、航海业和

---

① 罗伯特·吉尔平，《国际关系政治经济学》，杨宇光等译，经济科学出版社，1989年，第41—42页。

陆路交通得到了巨大发展。这种发展又反过来促进了工业的发展"①。美洲发现准备好的世界市场为欧洲资本主义发展创造了必要的条件，发展的资本主义利用了这一市场实现了生产力的飞跃，创造了比过去一切时代创造的全部生产都要巨大的生产力。这表明贸易对生产有着重要的促进作用，是实现生产的必要条件之一。

同时，马克思、恩格斯认为，国际贸易也是资本主义转嫁危机、克服资本主义社会矛盾的一种方式。在《共产党宣言》中马克思、恩格斯曾说，资产阶级的生产"关系已经太狭窄了，再容纳不了它本身所造成的财富了。——资产阶级用什么办法来克服这种危机呢？一方面不得不消灭大量生产力，另一方面夺取新的市场，更加彻底地利用旧的市场"②。这里夺取新的市场方式之一就是开拓国际市场，这说明贸易对维护生产关系有着重要作用。

另外，马克思认为，国际贸易和分工体现的是资本主义生产关系，不是像自由主义理论认为的那样是由自然禀赋形成的，马克思曾说，具有生产咖啡与砂糖自然禀赋的西印度"二百年以前，跟贸易毫无关系的自然界在那里连一棵咖啡树、一株甘蔗也没有生长出来"③。正是资本主义城市对农村的统治，产生了这种国际分工，这种分工体现的是资本主义国际生产关系。

（2）国际价值与国际剥削

马克思首次提出了"国际价值"的概念，认为在国际贸易中，由于商品交换超出了国界，因此国际商品的交换价值取决于社会必要劳动时间的国际平均水平，其计量单位是"国际平均必要劳动时间"。因此一种商品虽然凝结着同样的抽象劳动，但由于其量度不一样而存在国内价值和国际价值。在国际范围内，由于各国的劳动生产率不一样，因此在世界市场中各国生产的某种商品所含的劳动高于或低于生产这种商品的国际平均必要劳动时间，这种差异就导致了一些国家在生产某种商品时更具竞争优势。比如在本书前面所

①　《马克思恩格斯选集》（第1卷），人民出版社，1995年，第273页。

②　同上，第278页。

③　同上，第228页。

述的比较优势理论中，英国与葡萄牙两个国家两种商品的模型中，呢绒的国际平均必要劳动是 95 人年劳动（英国生产单位呢绒的劳动价值 100 人年劳动加上葡萄牙生产单位呢绒的劳动价值 90 人年劳动除以 2），而酒的国际平均必要劳动时间是 90 人年劳动（120 加上 80 除以 2）。这里葡萄牙在生产呢绒和酒上更具效率，因为它生产这两种商品的劳动时间都低于国际平均必要劳动时间。由于国际平均必要劳动时间的提出，商品的国际价值就体现出来了。如果在国际贸易中，一国以一种低于国际平均必要时间生产的商品换取另一国以高于国际平均必要劳动时间生产的商品就存在着国际剥削。比如上述的比较优势理论中，葡萄牙人用 1 单位的酒（80 人年劳动低于酒生产的国际平均必要劳动时间）与英国人 1 单位的呢绒（100 人年劳动高于呢绒生产的国际平均必要劳动时间）相交换，按马克思的观点，就存在着葡萄牙人剥削英国人的问题。国际价值及其衡量标准的提出，为后来具有马克思主义倾向的学者探讨国际不平等交换提供了重要的理论依据。

资本主义生产关系决定的国际分工中，由于存在不合理的国际分工，发达国家在国际分工中处于主导地位，落后民族在国际分工中处于劣势。因而它们的交换必然存在不平等和剥削因素，马克思主义的国际价值论为这种不平等和剥削的交换提供了重要的解释。

（3）自由贸易与保护贸易政策

对于贸易保护政策，马克思认为自由贸易和保护贸易政策是资本在不同时期的不同要求：自由贸易是在资本相对强大的条件下，进一步扩张资本，获取更大剩余价值的需要；而保护贸易则是资本相对弱小时，反对封建主义和专制，聚集更大力量，使资本进一步增值的需要。[①] 因此，在马克思看来，贸易政策对资本来说，不存在自由贸易好、保护贸易坏的抽象区分，都是出于资本的进一步增值，获取更大的剩余价值的需要。这说明马克思认为，资本主义对外贸易就是维护资本主义生产，不论是保护贸易还是

①　《论自由贸易》，《马克思恩格斯选集》（第 1 卷），人民出版社，1995 年，第229 页。

自由贸易，目标都是一致的。

2. 列宁关于国际贸易的观点

列宁所处的时代是资本主义由自由竞争向垄断发展和垄断资本主义在世界范围内确立其政治经济地位的时期，他依据马克思主义政治经济学的基本原理，全面分析了资本主义发展到帝国主义阶段的经济关系基础，对垄断资本主义时期的国际贸易问题及社会主义过渡时期的贸易政策做了较为详细的论述。

（1）资本输出和商品输出

列宁认为，在垄断资本主义阶段，国际贸易的格局发生了巨大的变化，"自由竞争占完全的统治地位的旧资本主义的特征是商品输出，垄断占统治地位的现代资本主义的特征是资本输出"①。在垄断资本主义阶段，发达资本主义国家出现高度的生产集中与资本集中，并且形成了在国家政治经济生活中起决定作用的寡头。金融寡头为了国内的生产和利润，通过资本输出的方式来获得海外商品与原料市场，通过资本输出和商品输出相结合，既对落后国家进行掠夺和剥削，同时也转嫁国内经济矛盾。帝国主义国家之间激烈争夺原料产地和商品市场，争夺殖民地，必然导致帝国主义国家之间的战争。列宁对待资本主义对外贸易的观点与马克思是相似的。第一，资本主义的对外贸易是资本主义生产发展的前提，它具有对落后民族进行剥削的性质；第二，资本主义的对外贸易，加剧了资本主义大国争夺市场的矛盾，引发资本主义的争霸战争，这有助于无产阶级革命，同时，资本主义在不发达地区的开发，有助于当地培养新兴的力量（当地资产阶级和无产阶级）和资本主义基础，这有利于不发达国家进行民族民主革命，向社会主义直接过渡。

（2）对外贸易国家垄断与资本主义国家进行公平互利的贸易

俄国十月革命胜利之初，国内工业基础十分薄弱，小农经济占重要地位，同时处于帝国主义国家的包围之中。在这种历史条件下，为了保卫新生苏维埃的经济基础，列宁主张实行对外贸易国家

---

① 《列宁全集》（第22卷），人民出版社1987年，第232页。

垄断制、大工业国有化和土地国有化。因此1918年4月，在列宁的主持下，人民委员会通过了外贸国有化的法令。后来即使在新经济政策时期，苏俄仍实行外贸垄断制。列宁的对外贸易国家垄断是保障新生苏维埃经济基础的重要手段，列宁就对外贸易国家垄断的原因所做的说明是，"如果工业得不到保护，工业无产阶级是绝对不能恢复自己的工业，使俄国成为工业国的，而能保护工业的只是外贸垄断，决不是关税政策……因此这个斗争对无产阶级及其工业具有最根本的原则的意义"[①]。从这个意义上来看，列宁把苏维埃在对外贸易中的国家垄断视为保护新生社会主义的生产与生产关系的条件和安全闸，防止在对外贸易过程中强大的资本主义冲击社会主义经济的基础，也防止国内资本主义及小资产阶级与强大的国外资本主义产生联系，从而冲击苏维埃经济。

　　在苏维埃政权得到巩固后，列宁积极主张与资本主义世界进行经济往来，他把这种往来既看成打破帝国主义封锁的一种方式，也看成促进苏维埃经济发展的一个重要资源。但列宁主张与资本主义进行贸易与经济往来时必须遵循公平的原则。在1920年苏俄参加一战后处理国际经济问题的热那亚会议上，列宁就指示与资本主义做生意是一个重要目的，但要"分清合理利润和超额利润"，"商定在政治上合适的贸易条件"。[②] 列宁的这种与资本主义大国互利贸易的思想反映了他希望利用国际贸易来促进苏维埃的经济，而不是把国际贸易单纯看成维护国际资本主义生产与生产关系的机制。这也是列宁与资本主义和平共处思想在经济方面的体现。

3. 二战后马克思主义倾向的国际贸易理论

　　长期以来，广大发展中国家的经济没有从国际贸易中获得发展的动力，在恶性循环中难以发展，而发达国家则从国际贸易中获得了巨大的发展机遇，造成这种穷国愈穷、富国愈富现象的根本原因

---

　　① 列宁，《关于对外贸易垄断》，《列宁全集》（第43卷），人民出版社，1987年，第331页。

　　② 《全俄中央执行委员会关于出席热那亚会议代表团的工作报告的决定草案》，见《列宁全集》（第43卷），人民出版社，1987年，第2、7、190页。

是什么？一些代表发展中国家利益的经济学家认为旧的国际经济秩序，尤其是旧的国际分工和国际贸易格局是导致贸易利益在发达国家与发展中国家之间分配不公的根源。这些经济理论主要关注经济平等问题，即对现存国际贸易体制的公平性以及如何纠正不合理、不公正的国际贸易体制，对发展中国家贸易条件日益恶化的原因，做出或多或少的具有马克思主义倾向的解释。

以普雷维什（Paul Prebisch）为代表的一些第三世界经济学家提出的结构主义理论[①]，以及 20 世纪 60—70 年代，一些拉丁美洲的经济学家提出的依附理论都是这种具有马克思主义倾向的理论。这些理论一般利用伊曼纽尔（Arghiri Emmanuel）的不平等交换理论进行分析，认为当今的国际经济分工是发达国家作为中心，通过分工控制着由发展中国家组成的外围地带，中心国家获得了发展资源，而外围地带处于发展的边缘。这种依附关系使处于外围的发展中国家的贸易条件长期恶化，造成大量的贸易赤字，不利于发展中国家的经济发展。普雷维什认为，由于国际分工，技术进步对中心国家与发展中国家的影响根本不同；中心国家是工业产品的制造国，而外围体系在国际分工中只能顺应中心国家经济发展的需要生产出口初级产品；这种由分工导致欠发达国家和发达国家在国际贸易中收益不同，技术动力不同。1950 年，普雷维什向联合国拉丁美洲经济委员会提交了一份题为《拉丁美洲的经济发展及其主要问题》的报告，报告认为：贸易条件愈来愈不利于发展中国家，发展中国家的贸易条件的恶化是一种长期趋势。这一结论也即所谓的"普雷维什命题"，他认为造成发展中国家贸易条件恶化的原因有三。第一，技术进步的利用影响不同。发达国家技术进步和生产率提高以后制成品的价格没有下降，而发展中国家在采用新技术，生产率提高以后由于供给上升，价格反而下降，前者通过贸易实现了技术推动的发展，后者是一种"贫困化的增长"，缺乏技术发展的

[①] 有些学者并不认为结构主义理论是马克思主义的理论，因为它最终不是以社会主义作为发展中国家社会经济发展的目标，有关结构主义的进一步分析见本书第五章第一节。

动力。第二，相互需求的增长率不同。由于发达国家从发展中国家进口的主要是初级产品，当其收入增加时，对初级产品的需求不会上升太多；相反，发展中国家进口制成品，当收入上升时对其需求会上升，由此影响供求关系，必然使制成品价格上升。第三，经济波动对双方产品价格的影响不同。在经济繁荣时期，制成品和初级产品的价格都会上涨，但在危机期间，由于中心国家的制成品具有垄断性质，其价格下降的幅度要远小于外围国家的初级产品价格下降的幅度。因此，发达国家在国际贸易中获得了巨大的发展利益，而发展中国家则不然。按普雷维什的理论，发展中国家要改变这种不平等交换的状况，唯一的出路就是进口替代，通过保护来实现工业化。普雷维什的理论虽然没有提出激进的社会发展战略，但从资本主义国际生产与分工来谈国际贸易中的不平等和发展中国家的保护，也具有一定的历史唯物主义的色彩。

依附理论则认为，由发达国家主导的国际分工导致了欠发达国家在经济、政治甚至是文化上的依附，这种依附不但使发达国家在国际贸易中通过剥削发展中国家，获得了巨大的分配利益，而且使得欠发达国家在政治与文化上形成一种服务于这种经济不平等分配的政治与文化的环境，加强了这种经济依附。由此，一些激进的依附理论家提出，只有欠发达国家进行民族民主的社会主义革命，割断与资本主义世界的经济联系，打破欠发达国家在国际政治经济中的政治、经济与文化的依附，才可能得到真正的发展（关于依附理论将在第五章深入分析）。尽管后来依附理论的影响力大大减弱，但一些依附理论家对不发达国家在国际贸易中受到不平等待遇的分析，以及通过国家保护来自力更生地实现工业化的理论解释仍然具有一定的影响。

总体而言，战后马克思主义倾向的国际贸易论大部分认为，发达国家主导的国际分工，导致了欠发达国家无法从国际贸易中获得贸易发展利益，或者发达国家在贸易中剥削了发展中国家。因此，它们希望通过国家的干预措施来改变这种不公平的交换状态。这种理论继承了马克思的关于国际分工由资本主义生产方式决定，而不是自然形成的观点，这又使它们与一些民族主义的贸易理论有所不同。民族主义贸易理论认为，在静态的比较优势下形成的国际分工，尽管也可以使国家获益，但从国家的长远发展和安全着眼，这是短视的。而马克思主义的观点认为，资本主义生产方式下的发达国家与发展中国家的国际分工是人为决定的，造成了发展中国家无法获得贸易的利益，不对称的国际分工对发展中国家的经济发展没有有益作用。

第二节　国际贸易制度的政治经济分析

贸易是生产与再生产的条件，它对生产有着巨大的促进或制约作用。国际贸易制度（international trade regime）就是维持国际交换的秩序，使之保护生产与再生产，从而维护某种生产关系。

近代以来世界范围内建立过两个资本主义的国际经济秩序，由此产生了两个贸易制度，一是 19 世纪中叶由英国建立的自由放任的贸易制度，二是第二次世界大战以后由美国所建立的所谓"嵌入自由主义"体制。每个制度都体现了当时资本主义生产需要和生产关系的特征。

一、自由放任贸易体制（19 世纪中叶至第一次世界大战前）

英国之所以要在国际范围内建立自由放任的贸易体制与英国的资本主义工业生产是分不开的，这一体制促进了资本主义工业化及其生产关系。

英国是首先进行工业革命的国家，开创了资本主义工业化生产的模式。工业革命的成功要求不断增长的市场满足其生产与积累的要求。到 19 世纪中叶，英国以其发达的纺织业、采煤业、炼铁业、机器制造业和海运业确立了它的"世界工场"和世界贸易中心的地位。英国当时还没有后来的大众消费，国内市场无法充当经济发展的主要基础，[①]并且随着工业革命的首先成功，英国在工业产品上获得了竞争的优势，实行自由贸易可以自由地在世界市场上出售自

---

① 艾瑞克·霍布斯鲍姆，《资本的年代》，江苏人民出版社，1999 年，第 38 页。

己的廉价商品，而且可以从低开发的国家获取低价的食品与原料。[①]
这可以维护英国的资本主义工业生产。

为此，英国从19世纪中叶开始在国内外拆除重商主义的樊篱，逐步实行对外贸易的开放政策，为工业化服务。1813年和1833年，英国废除了东印度公司对印度和中国的贸易垄断权，消除国内的海外贸易的垄断。19世纪20年代，英国与各主要国家订立了互惠关税协定，把工业品的进口税率降低到原来30％左右的水平，取消了丝织品进口的禁令，降低了生丝、羊毛、煤等原料的进口税率，废止了包括机器在内的所有输出品的限制。1841—1846年间，又取消了605种商品的进口税，降低了1035种商品的进口税。1846年废除了直接损害工厂主利益的《谷物条例》。1849年终止实行了近两个世纪的航海条例。从1853—1860年，英国几乎消除了贸易保护主义的最后残余，成为最先实行自由贸易的国家。

1860年，英国同法国签订《科布登-谢维里埃条约》（或简称《科布登条约》）是建立这一制度的重要标志，《条约》规定两国互享最惠国待遇，减免双方重要商品的关税。以后，英国又与许多国家订立了带有自由贸易性质的通商条约，同时欧洲各国相互签订了带有此性质的通商条约。这标志着英国在国际范围内建立了一种与国内自由放任相配套的贸易体制。这一制度体现的是资本主义工业生产及其生产关系的要求，按马克思的话说，自由贸易"……就是资本的自由。排除一些仍然阻碍着资本前进的民族障碍，只不过是让资本充分地自由活动罢了"[②]。

工业革命在欧洲的传播也带来了类似英国的结果。进入19世纪以后，工业革命迅速在欧美大陆主要国家扩展开来，机器大工业的普遍建立空前地提高了社会生产力。工业革命动力之一是私有企业的自由化[③]，工业化带来的繁荣反过来加强了工业资本和经济自由主义的影响力。生产力的提高和生产的大幅度增长，要求更大的市

---

① 艾瑞克·霍布斯鲍姆，《资本的年代》，江苏人民出版社，1999年，第44页。

② 《马克思恩格斯选集》（第1卷），第207页。

③ 《资本的年代》，第40页。

场来容纳机械大工业生产的商品，要求不断有新地区卷入世界市场和进一步扩大原来的世界市场，以适应工业革命带来的生产能力的巨大发展。同时，工业革命也使原来在国内政治经济结构中政治权力并不十分强大的工业资产阶级变得强大起来，他们要求国家在社会和对外贸易政策中体现他们的经济利益。

法国在工业革命后期，由于国内的工业资产阶级实力的壮大，要求自由贸易的呼声也在增大，一些鼓吹经济自由主义的知识分子如米歇尔·谢维里埃在国内倡导自由贸易，同时法国与其他一些欧洲国家一样，需要在工业化过程中进口英国的工业设备来加速国内的技术改造。后来，拿破仑三世的独裁为法国走上自由贸易发挥了作用。正是在他统治法国的时期，法国与欧洲其他主要工业国家签订了自由贸易协定。在德国，同样也存在这样的因素。德国的容克地主阶级为了扩大其农产品的出口与德国工业资产阶级唯一的共识就是经济自由主义，而德国工业资产阶级当时要求降低关税在一定程度上也是为了低价获得来自英国的工业设备。英国的自由贸易政策也为这些国家的贸易政策的自由化创造了一定的外部条件，如《谷物法》的废除以及工业设备出口限制的解除。正是因此，在19世纪60年代欧洲一些资本主义大国相互之间签订了一系列的自由贸易协定，这实质上拆除了当时主要工业化国家间的关税壁垒，甚至一些较落后的国家如俄国与西班牙也于1863年和1868年加入了这一行列，与世界一些国家签订了互惠的自由贸易协定。即使是过去一直强调保护贸易的美国，也在19世纪70年代初在贸易政策上有所改变。可以说，工业革命为英国的发展提供了基础，英国的发展产生的工业主义为其他资本主义国家所效法，带动了世界性的工业革命，国际自由贸易体制体现了整个欧洲资本主义工业化的要求。

英国建立的国际贸易制度由于没有正式的组织形式，不存在对国家背叛承诺的有力制约机制，因此，它是一个制度化程度不高的体制。但加入这一制度的国家围绕着其原则、规范、规则和决策程序有着共同的期待，即各国都相信经济自由主义原则，相信自由贸易是促进繁荣的重要条件；各国都承认这种规范即自由放任，政府对贸易流通不做实质性的干预，政府应促进贸易自由。规则是降低关税壁垒。决策程序上通行的做法是各国通过双方的贸易条约与协定来促进自由贸易的开展。

但不受制约的自由贸易如同不受制约的自由市场一样，其带来的经济政治的矛盾很快导致其衰落。欧洲大陆的自由贸易黄金时代大体维持了 15 年左右。1879 年德国开始提高关税，1885 年和 1888 年两次进一步提高关税，这拉开了欧洲一系列的保护关税的大幕，[①]意味着这一制度开始走向衰亡。

工业革命既是国际自由贸易的催化剂，也是这一制度走向死亡的催化剂。工业革命催生了欧洲工业化浪潮，激发了工业化市场经济的发展，确立了自由贸易制度。但这一切也产生了重要的社会问题。没有节制的自由放任，其结果就是不断扩大的两极分化。资本的不断集中导致了市场失败者日益增多，无产者的扩大对整个社会的稳定产生了巨大的负面影响，为了解决这种工业进步与社会公平的矛盾，各资本主义大国不得不调整了原来的社会政策，这种社会政策的调整不可避免地与自由贸易体制产生了矛盾。

19 世纪中叶建立的国际自由贸易体制是与金本位制相结合的。这种体制反映了工业资本与劳动、发达工业国家与不发达国家之间的生产关系。在金本位制下，贸易由于黄金作为支付手段在各国存在着一种自动调节的机制。贸易盈余国在国际收支盈余的条件下，国内货币供应的基础增大，价格上升，商品对外竞争能力下降，贸易从盈余逐步转向逆差。贸易赤字国由于黄金的外流导致国内货币供应的紧张，通货紧缩的压力使得国内的商品价格下降，对外出口的竞争力加强，由贸易赤字逐步过渡到盈余。这种贸易的周期变化在理论上必然导致国内经济扩张与紧缩的交替出现。这种状况对企业主来说是不可忍受的，对工人阶级来说尤其痛苦。经济紧缩必然导致竞争的更加激烈，破产与兼并是自由市场逻辑下解决矛盾的方式。失业与破产对市场竞争的失败者来说是必然的。因为 19 世纪的

---

　　① 有关研究见 Peter Alexis Gourevitch, "International Trade, Domestic Coalitions and Liberty: Comparative Responses to the Crisis of 1873 - 1896," *Journal of Interdisciplinary History* (Autumn 1977), pp. 281 - 313.

资本主义强调的是市场自我管理的逻辑，工人或者其他市场失败者在市场竞争中不受任何保障，贸易的周期性收缩的成本总是要由工人与其他的市场失败者来承担。出口市场的不畅或出口竞争的需要，必然以裁减工人、降低成本为代价，或以采用新技术、进一步企业兼并为手段。而自由贸易带来的海外竞争的压力又加剧了这种痛苦的可能性，特别是工业进步导致资本进一步集中，一方面加剧了竞争，另一方面又使市场失败者数量扩大。

工业革命造就了两大阶级，工业资产阶级和产业工人阶级，而且随着工业化的发展，工人阶级的队伍越来越庞大。但自由市场与自由贸易对产业工人阶级来说意味着他们是国内外市场竞争的最大牺牲品。以价格信号为基础的市场竞争要求生产物美价廉的商品，企业家必须最大限度地降低生产成本以应对市场的激烈竞争。这要求不断地采用新技术，采用新技术往往是以裁减工人为代价，或者以降低工人的实际工资为条件。特别是在欧洲一些国家普遍进入工业化后，自由贸易产生的市场竞争对工人阶级的压力就越来越大。但是，欧洲的工人运动也随着工人阶级的出现而发展。面临生活的窘境，工人阶级一次又一次地进行反抗。随着工业化和自由竞争的发展，工人阶级的队伍也越来越庞大，庞大的工人阶级要求社会公平的呼声，促进了欧洲社会主义运动的发展。要求民主，参与政治以保障自己的平等权利是欧洲自由主义的基础，它帮助工业资产阶级赢得政治权利，并成为欧洲发达国家政治文明的一种形式，这种政治文明现在也成为产业工人争取自己权利的武器。随着19世纪后期欧洲一些国家普选的扩大，越来越多的普通工人获得了选举权，代表工人阶级利益的社会主义运动政党在国家政治生活中的影响也逐步上升。这样，原来在自由放任的市场体制中，把效率与资本自由置于重要位置，而轻视社会公平的社会性规范框架就越来越不符合现实了，国家与市场的关系也随之产生了变化。

19世纪70年代的经济萧条，可以说是经济自由主义的拐点。它颠覆或破坏了19世纪中期自由主义的基础，这也成为国际自由贸易制度由盛转衰的转折点。[①] 危机加剧了市场竞争的社会负面性，导致了自由贸易无法为续。为了应对危机，19 世纪 70 年代末开始，经济民族主义作为一种方案逐步替代了经济自由主义。国家通过经济干预措施，保障企业的生存与发展，这种干预还可以保障工人的就业，缓和社会矛盾。这样，经济自由主义的国际贸易就显得不合时宜。国家通过保护促进本国企业在国际市场上获得稳固增长的市场份额，通过出口来保障本国的就业与经济增长；另外，通过保护国内市场，防止外国产品的冲击，也可以保障企业利润和国内就业。保护贸易政策是一个劳资两利的双赢，既保证国家服务于企业家，以帮助他们增强竞争能力，又保障工人阶级的基本福利，维系工人阶级对国家的忠诚。凯恩斯的国民收入公式 $Y = C + G + I + (X - M)$ 就很好地说明了这个方案。这里只要 $(X - M)$ 为正（即出口大于进口），在其他条件不变的前提下国民收入就可以提高，而且出口的增长带来的乘数效应有利于经济增长与就业。

　　特别是在新一轮工业化浪潮下，生产趋于集中，生产能力过剩，尤其需要交换和消费领域的改革来保障生产与再生产的延续。国内福利制度的建立和海外贸易保护主义都是这种改革的内容。提高关税，独占海外商品与原料市场，赢得竞争，既是保障国内生产的需要，也是保障国内社会福利和稳定的重要手段。从 19 世纪 80 年代后期开始，除英国以外，几乎所有发达的资本主义国家都纷纷提高关税，对来自海外的工业竞争施加了限制，同时，各资本主义大国大大强化了海外殖民，新一轮的世界殖民浪潮出现了。各资本主义大国为争夺殖民地与势力范围展开了激烈的相互竞争，殖民地与势力范围成了资本主义大国保障国内经济利益的条件。特别是一些后起的经济大国如德国对殖民地的渴望比老牌殖民大国更为强烈，因为它们是殖民地掠夺过程中的后来者，具有先天性的劣势，而它们的经济发展产生的殖民动力却比前者更为强劲。排他性的殖民统治及势力范围与高关税一样，成了解决国内社会矛盾的基础。这样，贸易保护主义在 19 世纪 70 年代末到 20 世纪初，成为世界主

---

① 艾瑞克·霍布斯鲍姆，《资本的年代》，第 54—55 页。

要资本主义大国普遍采纳的对外经济政策，19世纪中叶盛行的自由贸易体制逐步名存实亡了。

从19世纪70年代后期起，首先从德国、意大利开始，世界资本主义大国开始了一轮提高关税的浪潮。除英国以外，主要资本主义国家在19世纪70、80年代都提高了关税税率。德国在19世纪80年代中期以后，农产品税率提高了五倍。法国、俄国的关税税率更是不断提高。其他欧洲国家，如意大利、奥匈帝国和西班牙等都采取了类似的政策。到1913年，美国平均进口税率接近50%，钢铁、棉织物、羊毛织品的税率则更高。[①] 19世纪最后二十年几乎成了关税战时期。各国在保护进口贸易的同时，都支持发展出口工业，对一些产品的出口实行津贴政策，积极支持工业企业向国外市场渗透。

19世纪70年代以后，资本主义由自由竞争阶段开始向垄断阶段过渡。实施经济民族主义，垄断海外市场，成为保证垄断下工业化再生产的条件。在这种条件下，原来的自由贸易国际制度已经不能适应民族化垄断资本的生产集中需要了，因此，它彻底走下历史舞台的时候也就来临了。

二、两次世界大战之间的混乱与无序

第一次世界大战造成了已经名存实亡的国际自由经济制度的终结。一战后资本主义世界曾经有过恢复旧制度的努力，包括战前的自由贸易体制和金本位制，但是此时已经没有复活的国内国际土壤。首先，此时已经没有一个资本主义大国具有重建自由国际贸易制度的能力与愿望。美国是当时最大的资本主义国家，但它仍没有从孤立主义的传统中摆脱出来。凡尔赛会议后美国由于国内政治的原因，没有加入国际联盟，重新回到孤立主义状态，根本没有意愿领导世界建立一个自由主义的国际经济秩序。其次，19世纪末的经济民族的思潮已经根深蒂固，各资本主义大国仍沉溺于19世纪末的经济干预的做法，这不仅阻止了自由国际秩序的复活，而且加剧了

---

① 　罗伯特·赖克，《国家的作用》，上海译文出版社，1998年，第20页。

国家干预的力度。^① 在这种条件下，国际贸易状态的混乱与无序不可避免。特别是在经济危机的冲击下，恶性的经济民族主义导致了各资本主义大国以邻为壑，转嫁危机，根本无法恢复和重建自由国际贸易制度。

在 20 世纪 20 年代，各大国不只一次召开国际会议，试图消除妨碍国际贸易扩大的各种限制，缔结恢复自由贸易的协定，但各国社会内部的福利压力使得各国不愿做出让步，每次这样的会议都没有大的进展。1920 年战胜国美、英、法等曾在比利时首都布鲁塞尔召开财政会议，主要议题包括如何恢复自由贸易和取消外汇限制的问题；1922 年在热内亚召开了规模更大的国际会议，包括苏俄在内的 34 国参加，讨论取消进出口禁令、降低进口原料关税和缔结扩大对外贸易条约等问题。这两次会议尽管提出若干建议，做出某些决议，但因各国之间的矛盾和对苏俄的策略分歧，均无果而终。1927年 5 月在国际联盟的主持下，包括苏联和主要资本主义国家在内共52 国在日内瓦召开世界经济会议，再次讨论降低关税、取消禁运、消除对外贸易限制等方面的问题，以期扩大国际贸易。会议期间，英、美等国都想为自己取得有利的贸易条件，以便加强贸易扩张；而苏联代表则要求资本主义国家终止对苏联的经济封锁，并建议扩大苏联同资本主义国家之间的经济联系。由于各方面矛盾很大，会议未达成协议。

一战结束后，虽然由于战争的破坏，战后初期的重建使资本主义世界在战后经历了一定的繁荣和经济高速增长，各国在贸易政策上都有不同程度的开放，但经济危机的出现又使得恢复旧体制困难重重。1920 年到 1921 年的经济危机使得各国又开始恢复或保持对外贸的限制，大多数国家争相提高关税。1921 年英国实行《保护工业法》，对多种重要工业制成品（光学器械、科学仪器、各种化学品等）规定高额进口税。欧洲的法、比、德、奥、意、匈、波兰以及印度、澳大利亚和其他一些国家，也分别提高了工业品或农产品的进口税率。美国于 1922 年实行所谓"竞争性的关税"，平均税率

---

① E. H. Carr, *Nationalism and After*, pp. 21 - 22.

超过 30％，其中农产品和原料平均进口税率达 38.10％，其他商品平均为 31.02％。① 为抵制别国促进出口的措施，许多国家还征收反倾销关税。美、英、新西兰在 1921 年，澳大利亚在 1922 年，南非联邦在 1923 年，比利时在 1924 年都曾实行过。

1929 年开始的经济大萧条成为恶性经济民族主义大爆发的契机。1929—1933 年的世界经济大萧条使得过去的自我管理的市场成为不合时宜的教条，国家干预成为各资本主义大国促进经济增长、保障就业、摆脱经济与社会危机的重要手段。在对外贸易领域以邻为壑的贸易政策和实践成为最为常见的现象，贸易冲突成为最为常见的特征。

1930 年 5 月，美国国会通过了《霍莱-斯姆特法令》，提高了 890 种商品的进口税率（其中有 50 种商品由免税改为征税），农产品和原料的平均进口税率升至 48.92％，其他商品的平均税率升至 34.3％，结果 1931 年美国进口商品平均的关税率，比 1941 年高出 41.5％。美国这一行动成为关税战迅速升级的导火线。美国提高关税的法令刚付诸实施，就有 33 个国家提出抗议，7 个国家采取报复措施，此后不久，共有 45 个国家提高了关税，对美国进行报复。1931 年底到 1932 年初，美国又先后颁布法令，对一些进口工业品和农产品征收从 10％到 100％的进口税，这一行动更是火上加油，使关税战日趋白热化。

此时，欧洲大陆各国的关税率也有不同程度的蹿升，个别国家的税率甚至高出几倍。如英国这个最具自由贸易传统的国家，贸易政策从 1931 年起也发生了重大转变，在放弃金本位的同时，也最终放弃了它一贯倡导的自由贸易的原则，转而推行全面的高保护关税政策。1931 年到 1932 年，英国先后颁布《非常进口法》《紧急关税法》《1932 年进口税法》等三项关税立法，大大增加了应纳税的进口商品种类（1934 年有 75％的进口商品要缴纳关税），并且规定了高额税率。

---

① 转引自宋则行、樊亢主编，《世界经济史》（卷二），经济科学出版社，1998 年，第二版，第 195 页。

在这一时期，国际贸易实践中，出现了排他性的贸易集团。这种现象是战前通过殖民地和势力范围垄断贸易市场的翻版与扩展。英国于1932年7月在渥太华召开帝国会议，建立了英联邦成员国内部在贸易上相互进一步实施优惠关税的制度，即帝国特惠制。帝国特惠制以关税为武器，目的在于维护英国在英帝国范围的特殊地位与利益，阻止其他资本主义大国对英帝国市场的渗透。美国一方面在同其附属国菲律宾、古巴的贸易交往中实行优惠关税，另一方面则极力破坏英帝国特惠制。美国于1935年同加拿大签订了双边贸易协定，1938年又同英国签订贸易协定，取消了一些商品的优惠关税，竭力要在帝国特惠制中打开缺口。德国则先后同东欧、中东和南美一系列国家签订双边易货贸易协定，推行划拨清算制度，既大规模倾销德国商品，又加紧掠夺备战所需要的多种战略物资。

除关税战，建立排他性贸易集团外，各国还普遍实行对外贸易的国家干预措施，包括：进口定额制、许可证制、对一定商品禁止进出口、外汇控制以及货币倾售等。

在这种经济恶性竞争与冲突中，拥有大量殖民地与势力范围的资本主义大国可以依托这些殖民地与势力范围来缓冲国内的经济危机，而那些在第一次世界大战中失去殖民地与势力范围的国家，或者没有得到殖民利益的国家，如德国、意大利和日本，由于经济大萧条导致各国相互封闭市场，国内极端民族主义情绪上升，极右翼政治势力利用中下层普遍的对现状不满和资本家希望找到商品与原料市场的心理，推行法西斯体制或军国主义体制，积极对外扩张，以一种极端的方式来解决社会矛盾。它表现为，通过军事手段对外侵略与扩张，为国内的就业与商品寻找出路，意识形态上宣传种族主义，宣传极端民族主义，散布民族受害论。第二次世界大战正是这些国家在世界资本主义危机中寻求极端解决方案的背景下爆发的。

两次世界大战之间的国际贸易是一种无制度混乱的状态。这种无序状态的根本原因在于资本主义自19世纪末以来出现的新变化。自由市场的竞争带来的工业的不断进步、生产与资本的集中，使得各国只有通过福利国家政策和"血拼"海外市场来解决国内经济社会矛盾。传统的自由贸易制度已经不能满足民族资本垄断下的国际竞争，各资本主义大国都用经济民族主义的"以邻为壑"方法，消化民族化垄断生产产生的"过剩"，维持新兴福利国家的劳资协调。这种经济民族主义的国际竞争必然导致 19 世纪的自由贸易制度被彻底抛弃。由于各大国力量消长的不平衡，后起的资本主义列强更强烈地倾向用军事手段打破国际政治经济平衡来转嫁危机。世界大战是 19 世纪末工业进步与社会公平矛盾的总爆发，国际贸易秩序的失控只是战争的经济前奏。

三、第二次世界大战后的国际贸易制度——关贸总协定

第二次世界大战对资本主义世界造成了巨大冲击，带来了极其深远的影响。战争迫使资本主义世界进行国际制度的重大调整，重新塑造新的秩序以适应变化的资本主义和应对工人阶级的世界革命；战争也使主要大国之间的经济实力出现了新的重大变化，美国成为无可挑战的霸权国，它既有能力塑造世界秩序，也有意愿去塑造这一新的秩序。

第二次世界大战的结果使得德、日、意三个法西斯国家因被打败而残破不堪，暂时退出了国际竞争舞台。法国丧失了以前的重要地位；英国则元气大伤，在财政经济上日益依赖美国，大多数殖民地、附属国酝酿着独立；苏联也遭受重创。只有美国在战争中大大加强了经济和军事实力，成为名副其实的头号世界大国。美国除在经济上拥有世界的超级强国地位外，还是唯一拥有原子弹的国家，海、陆、空三军进驻西欧、地中海、中东和远东广大地区，军事基地遍布全球，成为全球性的超级军事大国。可以说，战后初期，美国是唯一具备了塑造世界经济秩序实力的国家，美国也希望在世界范围重建对世界各国具有规范性影响的国际经济秩序。

二战结束之前，美国在设计战后世界经济蓝图时，就考虑到战前各国经济民族主义在经济上对二战的作用。美国设计者都希望战后建立的国际经济体制能够吸取二战的教训，削减关税，促进自由贸易，并把经济自由视为在经济上消除战争的基础，把经济因素视

为战后秩序的决定性因素。[①] 作为参与设计战后世界秩序的重要人物之一，美国国务卿科戴尔·赫尔（Cordell Hull）早在成为众议员时就曾说，"无阻碍的贸易带来和平，高关税、贸易壁垒和不公平经济竞争则带来战争……如果我们的贸易较为自由（较少歧义与阻碍意义上的自由），那么一个国家就不会盲目地忌妒另一个国家，所有国家的生活水平就有可能提高，酿成战争的不满情绪会因此而消除，我们或许会获得合理地维持和平的机会"[②]。战时，赫尔坚持认为，自由贸易协定是实现和平的重要因素，并指出正是没有自由协定才导致第二次世界大战的。同时，美国本身在战后也需要一个相对开放的国际贸易环境。美国的经济实力已经在两次世界大战期间迅速扩展增强，在其庞大的生产能力和战后军人退伍形成的国内的就业压力之下也需要巨大的海外市场。建立一个开放的国际经济秩序对于战后美国的经济增长具有重要的作用。美国在战后建立一个开放的国际贸易环境，首先要打破战前欧洲，特别是英国建立的贸易壁垒，如英联盟特惠制，而打破欧洲人战前设立的经济壁垒首先必须消除他们对经济自由主义的担忧。

在认识到相对开放的国际经济环境在政治与经济上的好处的同时，美国也看到，国家干预作用已经成为经济活动中的常态，国家干预对保持社会经济的稳定与福利有着重要的意义，战后各国已经无法回到自由放任的经济状态。因为 20 世纪 30 年代的大萧条使得 19 世纪传统自由主义的老方子已经没人相信了。[③] 人们不再相信自由放任的市场可以自行地保障其经济利益福利，而是相信国家干预的作用。从凯恩斯的一段经历中可以看出当时的西方社会已经普遍不接受自由放任的经济政策。凯恩斯在战时曾经参加过英国的对外经济宣传工作，他被要求宣扬自由经济秩序给欧洲带来的经济与社

---

① 理查德·加德纳，《英镑美元外交》，符荆捷、王琛译，江苏人民出版社，2014 年，第 42—44 页。

② 赫尔《回忆录》，第 1 卷，第 81 页。转引自 J. E. 斯贝茹，《国际经济关系学》，储时祥等译，对外贸易教育出版社，1989 年，第 25 页。

③ 霍布斯鲍姆，《极端的年代》（上），郑明萱译，江苏人民出版社，1999 年，第 147 页。

会益处，宣扬自由贸易和金本位的优点，但凯恩斯认为，这"毫无宣传价值"，除非英国能与德国经济部长冯克提供一样的东西，而且只能做得更好与更真诚时才能吸引公众。[①] 当时英国左右政治势力中的大部分人都不支持经济自由主义，当时的《泰晤士报》就公开宣称，"自由放任和劳动分工无限细致的年代已经结束"，分工交换"不能交由亚当·斯密的'看不见的手'来完成，而必须由负责贸易政策的人通过刻意地、有计划地组织来完成"。[②] 除了欧洲反对经济自由主义外，美国国会中贸易保护主义的势力也是美国建立自由贸易制度无法绕过去的障碍。[③] 既保证相对开放的国际经济秩序又能协调各资本主义工业大国的经济民族主义成为建立战后新的国际经济秩序的关键。

正是这种双重考虑使得战后美国建立的国际经济秩序是一种妥协，约翰·鲁杰称为"嵌入式自由主义妥协"（compromise of embedded liberalism）。这种"嵌入式自由主义妥协"的实质就是：经济自由主义与经济民族主义的折中与妥协。"它不是 30 年代的经济民族主义，而在性质上是多边主义的；它不是自由主义和金本位的自由主义，而是建立在国内干预基础上的多边主义。"[④] 这种国际制度是通过国际协调管理着奉行经济民族主义的国家间经济交往的制度，由此形成一种由福利国家来协调资本主义国内社会关系，由国际经济制度来协调资本主义的国家间经济关系的世界经济秩序。

---

① John Ruggie, "International Regimes, Transactions, and Change: Embedded Liberalism in the Postwar Economic Order", in *International Organization*, V36 (1982 Spring), pp. 387 - 388.

② 理查德·加德纳，《英镑美元外交》，第 63 页。

③ 同上，第 39 页。

④ "International Regimes, Transactions, and Change: Embedded Liberalism in the Postwar Economic Order", *ibid.*, p. 393. "Embedded liberalism" 来自卡尔·波拉尼的 "Disembedded liberalism"，波拉尼认为，19 世纪英国人建立的自由放任市场经济是一个让市场脱节于社会之外，凌驾于社会之上的经济体制，违背了过去的经济与社会相联系的特点（见 Karl Polanyi, *The Great Transformation*, p. 71.）。后来，鲁杰用 "Embedded liberalism" 表示二战后的具有国家干预的经济自由主义是一种不脱节于社会的经济自由主义。

这种秩序从战后的国际贸易制度中得到充分的体现。

1. 关贸总协定原则与嵌入式自由主义

1947 年成立的关贸总协定（GATT：General Agreement of Tariff and Trade）是人类历史上第一个相对比较正式的国际贸易制度。它是基于战后由美国倡导的、经过 23 个创始成员谈判达成的 123 项关税减让协议和流产的国际贸易组织（ITO）中法律文件（《哈瓦那宪章》）而成立的"临时性"管理战后国际贸易的国际组织。这一组织在 1995 年并入当年成立的世界贸易组织。

GATT 是一个多边的、非歧视的贸易制度。这种制度同样不是 19 世纪的自由放任体制，而是一种把国内干预与经济自由主义协调起来的贸易体制。它既有多边相对开放的特点，又有为国家干预和国家福利留下制度空间的色彩。GATT 成立时确定的原则充分体现了这一点。

GATT 确定了这样一些原则：减少贸易壁垒原则、不歧视原则、互惠原则、规范竞争原则、透明度原则、安全阀原则、协商仲裁原则、发展的原则。减少贸易壁垒包括减让关税和减少非关税壁垒。不歧视是对贸易伙伴不差别对待，它主要通过最惠国待遇、国民待遇等来体现。互惠原则是要求各成员在贸易交往彼此做出对等的让步和优惠。规范竞争实质上就是阻止国家通过经济民族主义的干预措施影响市场竞争，如不采用销售、补贴等方式进行竞争。安全阀原则规定了在市场开放中，如果经济与社会秩序受到进口的严重冲击，缔约方可以采取一定的救济措施来保障国内福利。协商仲裁原则是要求成员在遭遇贸易纠纷时，通过法律程序进行解决，而不是采用贸易战的形式。发展的原则（这是后来加入）是在特定条件下给予欠发达成员的特殊的单向优惠，以便欠发达成员利用国际贸易来获得发展或防止国际市场对其的冲击。

GATT 序言中开宗明义地写道："缔约各国政府……应以提高生产水平、保证充分就业、保证实际收入和有效需求的巨大持续增长、扩大世界资源的充分利用以及发展商品生产与交换为目的。切望达成互惠互利协议，大幅度地削减关税和其他贸易障碍，取消国际贸易中的歧视待遇，以对上述目的做出贡献。"① 序言中宗旨中回避了"自由贸易"的字眼，希望通过各国的协调与合作，以开放的方式而不是以两次世界大战之间"以邻为壑"的做法来实现各国经济福利，即提高生产水平，保证充分就业，保证实际收入和有效需求的持续增长（这都是福利国家基本的经济目标）。开放就是各国通过大幅度地削减关税和其他贸易壁垒，消除歧视，增加互惠、透明，以减少国际贸易中的障碍，因为"以邻为壑"的贸易政策只能带来彼此贸易的丧失。这一定程度上反映了经济自由主义的思想倾向。

GATT 第一部分的两个条款中规定了多边的最惠国待遇义务和各国承担的具体的关税减让义务。在 GATT 第二部分中，为推动贸易自由目标而对国家相关政策做了明确规范，即国民待遇原则（第 3 条）、对各国实施非关税壁垒的限制（主要是第 5、7、8、11 条和第 13 条）、规范贸易竞争的原则（主要是第 6、9、16、17条）和贸易政策统一透明原则（主要是第 10 条）。这些条款限制了政府在相关政策上的随意性，为贸易政策确立了应遵守的普遍准则，因此构成了 GATT 最实质的开放性内容，即通过实施非歧视的、多边的最惠国待遇，降低关税和非关税壁垒以推进国际贸易自由开放。这些条款使亚当·斯密以来经济自由论者所追求的原则得以延续。

但 GATT 的"嵌入式自由主义"的贸易制度，也"是一种为国内经济干预而设计的国际多边主义的自由经济方案"②。GATT 为防止国际竞争对国内经济福利的冲击准备了救济措施，在制度中留下了保障民族经济基本福利的民族主义的空间，这就是由例外保障条款构成的安全阀原则，如 GATT 第二部分的第 12、18、19、20、21、22 条等。通过这些条款，GATT 承认各国政府为促进工业化在

---

① 这里和下文关于关贸总协定的条款解释均来自 Bernard Hoekman and Petros Mavroidis, *World Trade Organization: Law, Economics and Politics*, New York: Routledge, 2007, pp. 29 - 30.

② John Ruggie, "International Regimes, Transactions, and Change: Embedded Liberalism in the Postwar Economic Order", in *International Organization*, V36 (1982 Spring), p. 393.

特定时期保护特定初级产业的权力，为保障基本就业，在进口带来重大损害或重大威胁时采取临时性紧急限制的权力，为确保国际收支的平衡、维护货币稳定具有的暂时性限制的权力，为保护社会公德、文化遗产、稀有自然资源、人民健康、国家安全等诸多方面采取特定保护措施的权力。所以这些救济条款使国际贸易制度为政府干预留下了一定的空间，使政府具有一定的缓冲时间来进行经济调整，缓解外部压力的权力。如第 19 条就规定国家在国际收支严重赤字的条件下可以暂时不履行贸易自由化的义务，因为国际收支赤字带来的货币不稳定会影响国内经济稳定；再如第 20 条规定国内某一产业受到外来进口的严重伤害时也可以暂不履行开放市场的义务，这是对国内生产与就业的一种暂时性保护。安全阀原则兼顾了国家干预权，承认自由市场并不能自行保障经济福利而需要国家干预调节的现实，但必须看到这些保障与救济并不是无条件的、长期的。GATT 还规定了一定的特别程序来实施这些例外条款，防止国家滥用安全阀原则破坏国际贸易秩序。因此，安全阀原则不是完全的经济民族主义，而是有条件地兼顾经济民族主义。

GATT 还为成员国之间解决贸易纠纷确定了一套磋商、谈判、仲裁的条款（第 22、23 条），这些条款形成的争端解决机制为各国和平解决贸易纠纷提供了司法途径，防止各国间的贸易纠纷扩大为政治与民族的冲突，从而保证多边贸易制度得到运作。

GATT 后来还对发展中国家要求做了一定的让步。在 20 世纪 60 年代，肯尼迪回合谈判增加的第四部分内容"贸易与发展"（第 36—38 条），70 年代在东京回合谈判增加了"授权条款"，使发展中国家享有比发达国家更为宽松的贸易优惠（较高的关税率、普惠制待遇等）。虽然这些优惠都是有条件的，但至少对发展中国家的发展要求做出了一定的让步，客观上对发展中国家希望通过国际贸易发展经济和在国际经济获得公平对待起到了一定的促进作用。然而，必须认识到，这种让步与上世纪 60 年代非殖民化运动产生大量新兴独立国家以及冷战的国际政治环境有着密切的关系，它是西方与苏联阵营争夺发展中国家的战略的一部分。

这种多边贸易制度把开放的要求与国家保护、贸易自由与国家干预保护协调起来，因此，它与 19 世纪的自由放任制度有本质上的区别。它顺应了资本主义发展的新现实，管理了民族资本垄断条件下各工业化大国之间的经济关系，规范了它们之间的国际竞争。

　　然而，在 GATT 战后的具体实践过程中，一些成员特别是发达国家成员一方面利用 GATT 中贸易自由的条款维护自己的生产、自己在国际分工中的地位，促进自己的经济利益，另一方面利用 GATT 中的安全阀原则，甚至是规避 GATT 中的条款，控制开放的节奏，减弱国际竞争对自己的经济与社会的影响。

　　2. 关贸总协定的实践与"嵌入式自由主义"

　　国际贸易制度是国际生产与分工的保障。但谁主导国际贸易制度，在国际贸易的实践运作中往往更能维护谁的生产，谁在国际分工中具有优势地位，体现着特定时期的国际生产关系。

　　截止到 WTO 成立前（1995 年），GATT 通过关税的削减，使得关税不再成为贸易的主要障碍，促进了部分产业的贸易自由化。但同时，GATT 的非歧视原则受到重大挑战，发达国家通过非关税壁垒限制来自欠发达国家工业品的进口，特别是一些基础产业的产品进口，如纺织品、鞋类等。另外，GATT 的争端解决机制没有发挥应有的作用，这使贸易限制行为得不到有效的司法解决。[①]

　　GATT 成立后的最大成就是通过降低关税促进贸易自由。GATT 自 1947 年以来经历了 8 次关税减让谈判（见下表 3 - 3）。通过这 8 次关税减让谈判，特别是通过 1947 年谈判、肯尼迪回合谈判、东京回合和乌拉圭回合谈判，GATT 成员工业品关税大幅下降。乌拉圭回合谈判使 GATT 内发达经济体的加权关税率为 3.8%，发展中经济体的加权关税率为 12.3%。发达成员承诺关税减让的税目占其全部税目的 93%，占全部金额的 84%，其中承诺减让到零的关税税目的比例为 32%，涉及金额为 44%；15% 以上的高峰税率比例为 12%，涉及金额为 5%，主要为纺织品和鞋；从关税约束水平方面分析，发达成员承诺关税约束的税目由 78%

---

　　① Charles Lipson, "The Transformation of Trade: The Sources and Effects of Regime Change", in *International Organization*, V36（1982 Spring），p. 452.

上升为99％，涉及金额为99％；从约束关税范围上分析，发展中成员税目约束比例为71％，涉及金额为61％。大部分发展中成员在乌拉圭回合后全面约束了关税，如智利、墨西哥、阿根廷等，韩国、印度尼西亚、马来西亚、泰国约束关税的比例在90％左右。可以说，关税减让是GATT取得的最大历史成就，它使得关税不再成为国际贸易中的主要壁垒，堪比19世纪英国对自由贸易的推动所取得的成就。[①]

表 3-3　GATT 历次贸易谈判

序号	时间	开始地点	主要内容和成果
1	1947 年 4—10 月	日内瓦，瑞士	涉及 100 亿美元 4.5 万项关税减让，签订 GATT
2	1949 年 4—10 月	安纳西，法国	扩大到 5 万项关税减让
3	1950 年 9 月—1951 年 4 月	托尔奎，英国	扩大到 8.7 万项关税减让，在 1948 年关税水平上下降 25％税率
4	1956 年 1—5 月	日内瓦，瑞士	涉及 25 亿美元的关税减让，同意日本加入
5 迪龙回合	1960 年 9 月—1962 年 7 月	日内瓦，瑞士	涉及 49 亿美元的关税减让
6 肯尼迪回合	1964 年 4 月—1967 年 6 月	日内瓦，瑞士	涉及 400 亿美元贸易额的关税减让和减少非关税壁垒（反补贴）
7 东京回合	1973 年 9 月—1979 年 4 月	东京，日本	涉及 3 万亿美元贸易额的关税减让和减少非关税壁垒和框架协议
8 乌拉圭回合	1986 年 9 月—1993 年 12 月	埃斯特角，乌拉圭	关税减让，减少非关税壁垒，为世界贸易组织确定管辖范围和加强有关规则的建设

GATT 通过扩大成员促进了贸易自由化。1947 年参与 GATT 谈判的成员只有 19 个，到 1986 年，参与乌拉圭回合谈判的成员增

---

① *Ibid*，pp. 424 - 425. 这里需要说明，1982 年李普森做出这种论断是基于东京回合谈判后的材料，但乌拉圭回合谈判进一步削减了工业品关税，因此，乌拉圭谈判后的数据更可以支持李普森的观点。

加到 128 个。成员的扩大，特别是一些重要的资本主义经济大国的加入，如联邦德国（1951）、日本（1955），保证了 GATT 关税减让、非关税壁垒等一系列促进贸易自由的条款在世界更大范围内的实施，这有助于贸易自由的区域扩展，以及国际分工与生产的扩张。

但是从关税削弱的产业领域来看，涉及发展中国家出口的工业品，如纺织品、鞋类仍然处于高峰税率行列。而关税削弱最大的产业是开展产业内贸易的产业。贸易自由化促进了产业内专业化而非产业间专业化，而发达国家之间的产业内贸易大大受益于这种贸易自由化的进程。[①] 这对于资本主义工业大国之间的分工与生产有着巨大的促进作用。

然而在 GATT 不断地削减关税的同时，在保障与救济措施的名义下，一些 GATT 成员通过非关税的措施，保护本国相关产业的生产的行为也在增多，特别是发达国家在实施 GATT 条款的实践中，通过非关税措施保护本国生产，限制外来进口冲击的特点非常明显。第一个重大的行动是 1955 年对 GATT 一些条款的修改，给予了美国在农业政策上的豁免。后来农产品贸易长期游离在 GATT 的管辖范围之外。与此相反，西方国家对来自发展中国家具有比较优势的工业品则采取配额的方式进行数量上的进口限制。1961 年迪龙回合谈判中制定了关于棉织品配额限制的短期安排作为 GATT 的例外。1962 年这一短期安排变成了长期安排。1974 年这一安排再次扩大到所有纺织品，并形成了具有配额限制效应的《多种纤维协定》（MFA）。这一协定把纺织品贸易年均增长率限制在 6％之内。

GATT 在战后实践中，保障与救济措施主要应用在这类特征的产品中，即生产具有标准化特点的、劳动密集型产品，市场非常成熟，价格竞争性大，而且生产者大多是当地公司或作为跨国分包商的当地公司。这些产品包括：纺织品、服装和鞋类、钢、运输设备（主要是船）、电视、滚珠轴承、真空管等。在保障救济措施下受限

---

① *Ibid*, p. 445.

制最大的三类商品是纺织品、鞋类和钢，占到救济措施限制的 3/
4。①GATT 中较少受贸易保障限制的产业领域往往是一些国际市场
发展迅速和产品具有差异性的高新技术产业。②这实质是保护资本主
义大国在国际分工中的特权地位。

除了利用贸易自由化和安全阀原则来促进自己的利益，一些
发达国家在 GATT 实践中还创制了一些新的方式来规避 GATT 的
监管，维护自己的利益。其中最重要的就是避开 GATT 有关条款
的非关税措施，如通过双边谈判形成的对出口国有限制作用的
"自愿出口限制"（VERs：Voluntary Export Restricts）、有秩序销
售安排（OMAs：Orderly Marketing Arrangements）等新型的保护
机制。这种机制往往是通过进出口国之间的双边谈判达成的，在进
口国可能更严厉的市场限制压力和威胁下，出口国"自愿"地接受
约束，对本国的出口实施自我数量限制，以避免受到进口国严厉限
制。这一机制"大大超过了对 GATT 的规则聪明规避，完全违反了
GATT 的不歧视原则"③。通过这些新机制进行限制的产品同样是上
述那些生产具有标准化特点的、劳动密集型的产品，市场非常成
熟，价格竞争性大；而且生产者大多是当地公司或作为跨国分包商
的当地公司。这一机制具有 GATT 成员双边"自愿"签署的性质，
但它使发达国家在 GATT 规则之外有了对付贸易冲击特别是日本和
一些新兴工业化国家贸易冲击的新手段，因为一些新兴工业化的国
家由于资源有限，不得不屈从于发达国家的压力。虽然，在东京回
合谈判中，GATT 就一些非关税壁垒如政府购买、关税估价、补贴
和反补贴税确定了一些规范，但在这一机制上没有形成有效规范的
行为准则。

另一个发达国家规避 GATT 监管的非关税保护机制是补贴。一
些发达国家通过国家的贴补对诸如钢铁、造船业这种基础产业进行
补贴，由于二战后资本主义的国家干预特点，补贴作为国家政策是

① *Ibid*，p. 428 - 429.

② *Ibid*，p. 433.

③ *Ibid*，p. 431.

普遍的现象，深深地渗入国内生活的许多方面，有时很难发现，因此，它违反了透明度原则，而且管理起来要比关税复杂得多。虽然，在东京回合谈判中涉及了这一问题，做了一定的规范，但问题依然很大。通过贴补得到保护的产业也是属于在西方丧失比较优势的基础产业。[①] 另外，一些发达国家对一些新技术产业通过战略性贸易政策进行补贴以实现规模优势，先发制人地占领市场，比如日本在半导体和计算机产业上，欧盟在大型客运飞机（空客飞机）上。

　　争端解决机制的弱化也是导致发达国家可以在 GATT 实践中为所欲为的重要原因。1958 年之前，GATT 的争端解决机制还有一定的作用，但此后基本被摒弃。虽然东京回合谈判中它有所恢复，但在乌拉圭回合确定的新协议加强其效率之前，这一机制基本没有达到旧有的功能。这一机制的弱化与"休眠"既与 GATT 最初的设计有关也与西方一些国家的作为有关。GATT 最初设计争端解决的初衷是：任何的规则都不可能穷尽未来的所有情况，因此争端解决机制可以解决未来可能由新情况导致的贸易争端。但是随着后来情况的变化，有关国家不诉诸解决机制，或拒绝争端机制，就可能导致争端解决的失效。如日本加入 GATT 后在加强出口的同时，拒绝开放市场，欧共体成立后农业关税，等等，都是新问题，由于这些国家都缺乏司法解决的意愿，更沉迷于双边机制，争端解决机制形同虚设。欧共体成立后替代原来的西欧国家，作为一个单一的缔约方直到 1973 年从没进行过一次争端投诉。加之争端解决机制中组织结构和执行程序上存在的问题，如第三方小组的模糊法律地位和界定不清的执行程序，一些国家采取拖延战术造成既成事实，等等，争端解决机制在大部分贸易冲突中没有发挥作用。这就造成各成员对司法解决失去了信心。由于低效的司法机制使得各种违反规则的非关税限制措施不断出现，如进口存款制、配额、许可安排、触发价格机制（trigger price mechanism）、特许出口融资（concessionary exporting finance）、监督制度、武断海关估价等。有的学者甚至夸

---

①　*Ibid*，p. 432.

张地称，整个贸易体系是一个"自然状态"。① 在这种弱肉强食的"自然状态"下，作为强者的发达国家自然更有能力"为所欲为"，而弱者的发展中国家只能"为所能为"，屈从强者。

在二战后的国际贸易中，新型的贸易形式如产业内贸易成为发达国家主要的贸易形式，有统计表明 1967 年经合组织国家产业内贸易占制造业贸易的一半以上，1972 年美国这类贸易占了 57％，加拿大和大部分西欧国家占了 70％。② 产业内贸易依赖于技术和产品的差异，对国内生产产生的冲击较少，因而在 GATT 内受到限制较少，自由化主要也是集中在这类贸易上；③ 另外，这类贸易的形成及其利益与规模效应有关，这使得一些国家通过国家补贴来帮助企业实现规模效率。而传统的产业间贸易则在 GATT 的战后实践中受到上述各种限制的约束。基础性产品如纺织品、鞋类等，以及标准化生产的产品，都是劳动密集型，正如产品周期理论所描述的那样，标准化生产的产品是发展中国家的优势所在，发达国家不具有比较优势，成熟的市场竞争导致其国内产生巨大的调整压力。发达国家通过各种贸易保护措施或保护自己处于竞争劣势的产业，或减弱国际竞争带来的调整成本，或为自己赢得调整的时间。因此，在二战后的 GATT 实践中，"嵌入式自由主义"只是对发达国家而言的，它对发展中国家却形成了一种限制发展的制约。发达国家一方面利用 GATT 机制中促进贸易的成分来保护与促进自己具有比较优势的产业的生产，另一方面利用 GATT 中赋予国家干预的权力来限制来自发展中国家具有比较优势产品的进口，保护国内生产或减弱社会适应成本。而发展中国家由于经济的落后、产品出口的结构以及对发达国家产品的刚性需求，无力像发达国家一样在国际贸易中充分合理地运用国家干预的权力，无法享受"嵌入式自由主义"规定的权利。

从二战后的 GATT 实践来看，国际生产与分工决定着国际贸

---

① 　*Ibid*，pp. 435－436.

② 　*Ibid*，pp. 444－445.

③ 　*Ibid*，p. 445.

易，贸易制度对国际生产与分工起着一定的反作用规律表现得淋漓尽致。二战后整个资本主义世界经济中，发达国家之间呈现着一种水平差异式分工，这种分工得到国际贸易制度的保护与促进，彼此间的贸易在 GATT 实践中以一种互惠形式进行着；而发达国家与发展中国家之间呈现着一种制造业上的垂直式分工，或者说低端制造业与高端制造业之间的分工，这类分工由于对发达国家产生一定的进口冲击，需要社会调整，因而它的节奏与速度受到发达国家的种种限制。发达国家凭借其优势的经济实力和政治地位，使得二战后的国际贸易制度有助于其生产，而限制发展中国家的生产，使得发展中国家"不仅在决策上，而且在享有市场开放的利益上处于边缘的角色"[①]。所以，国际贸易制度实际运行体现着国际生产关系，或者说体现着发达国家和发展中国家在国际生产与分工中的地位。国家的这种实力决定着贸易制度的实际运行。

当然，发展中国家在 GATT 中并不是完全没有收益的，但是这种收益远没有达到 GATT 条款所承诺的地步。在 GATT 的实际运行中，发展中国家的产品在进入发达国家时尽管关税税率相对较低，特别是东京回合谈判中给予了一些发展中国家普惠制待遇，但是这些相对优惠的待遇，要么经常受到来自发达国家上述的非关税壁垒的"灰色区域"限制，要么由于一些条件的限制而幅度不大，特别是一些劳动密集型产品如纺织品，长期以来受到一种不符合贸易自由化原则的专门的《多种纤维协定》管辖，这使得发展中国家在享受贸易开放的益处时大打折扣。

特别值得注意的是，GATT 对社会主义国家具有较大的限制，明显存在歧视性。社会主义国家一般加入 GATT 相当困难，即使有少数社会主义国家加入也是由于出于某种政治战略的考虑。GATT 或要求加入的社会主义国家以一定的进口数量作为贸易承诺，或对来自社会主义国家的产品比照某些市场经济国家的生产成本核定关税，这往往不利于社会主义国家的产品出口。这种对社会主义国家在贸易上的区别对待，实质旨在鼓励发展资本主义的生产，限制社

---

① *Ibid*, p. 451.

会主义国家的生产。

最后，必须承认 GATT 虽然在实际运行中存在着鼓励、维护资本主义生产，特别是倾向于促进资本主义大国主导的国际分工和生产的特点，但是它也有促进社会化大生产的特点。如果没有这一制度的存在，整个世界二战后的国际贸易的增长可能要小得多，所以，这种制度对所有具有社会化大生产特点的生产都有积极作用。

四、世界贸易组织的建立及其面临的挑战

世界贸易组织的成立是二战后国际贸易制度进一步制度化、规范化的里程碑事件。它的建立得益于下列的国际环境：（1）20 世纪60 年末开始得到迅速发展的经济全球化，特别是生产的全球化使得国际分工获得重大发展和变化；（2）新自由主义意识形态成为世界各国主导经济活动的主流意识形态；（3）美国在冷战后获得唯一超级大国地位，而且经济增长状态良好；（4）整个世界经济在 20 世纪80 年代到 90 年代运行平衡，没有出现较大的经济危机。

从 20 世纪 70 年代开始以美国企业为首的生产全球化开始高涨，以应对经济滞涨和利润下降，对抗福利国家制度对它们的限制，由此带来了新一轮国际分工的滥觞。在这新一轮生产国际化的浪潮中，国际分工呈现出分散化、复杂化的特点。生产的各个环节和工序都通过国际外包和海外投资分散于世界各地，形成一种全球性的生产链。发达国家出现了一种后工业化的状态，即主要从事研发、高新技术产业和服务业，而主要的生产地点分布在发展中国家。而原来以 GATT 为主的国际贸易制度已经不太适应这种新的国际分工的形势，需要进一步修改，以适应新的国际分工。①

与此同时，由于经济危机，凯恩斯经济干预主义在西方世界受到以新自由主义为特点的市场自由主义的挑战。撒切尔夫人和里根的执政使新自由主义意识形态逐步主导了西方国家的经济政策，这种意识形态在 20 世纪 80 年代中期趁着发展中国家的债务危机输入

---

① Jane Ford, "A Social Theory of Trade Regime Change: GATT to WTO". *International Study Review*, V. 4, No. 3 (Autumn 2002), pp. 122-133.

发展中国家。在美英的推动下，新自由主义的意识形态成为一种主流的指导国家经济的意识形态。因此，在这种条件下，过去 GATT 中带有国家干预色彩的贸易制度也显得过时了，需要向自由化的方向变革，需要在国际贸易制度的新发展中规范国家干预。

美国作为经济全球化和新自由主义的先锋，在 20 世纪 80 年代至 90 年代经济运行良好，似乎成为新自由主义实践的范例。特别是在冷战结束后，美国成为世界唯一超级大国，似乎"市场自由与民主资本主义"战胜了各种国家干预型的制度，成为最终的历史。加之，美国大力在世界推动新自由主义，整个世界经济向着市场自由主义方向倾斜。因此，在促进贸易自由化的过程中有了一个强有力的领导者。美国的实力地位、经济状况都是堪当此任，而且美国也有这种意愿，因为美国是新一轮生产全球化的创始者。因此，国际贸易的新变化必须反映美国的意志和利益。

20 世纪 80 年代到 90 年代初期的世界，特别是美英发达国家没有出现较大的经济危机，经济发展状况都处于上行状态，这种经济状态往往被认为是新自由主义的市场政策带来的结果。这种思想反过来促进了新自由主义的传播与可信性，也有助于减少有关国家对贸易自由化变革的阻力。在过去的历史上，凡是经历经济危机的年代都是贸易保护主义盛行的年代，因为经济危机需要政府的干预来保障国内的生产与就业。

但是，由于历史的惯性，国际贸易制度的变革必须顾及"嵌入式自由主义"的传统以及受惠于这一传统的社会群体，而且每一个参与这种变革的国家都不希望新的贸易制度变化对其国内的生产与就业造成巨大的负面影响。因此，贸易制度的变化不可能彻底摆脱原来的"嵌入式自由主义"框架。

上述这一切构成了国际贸易制度变化的新特征。

1. 世界贸易组织与国际贸易制度的新变化

1995 年正式运行的世界贸易组织实现了自 1947 年哈瓦那国际贸易与就业大会以来就一直希望的目标——建立一个正式的国际性贸易组织。WTO 是 GATT 的延续和发展，包含着比 GATT 更广泛的内容，体现着比后者严格得多的规范。两者既有继承关系又存在着明显的区别。

WTO 中的主要原则以及宗旨都继承自 GATT，而且 WTO 中所涉及的货物贸易内容主要是 GATT 中延续下来的，WTO 中的组织结构和议事规则以及处理贸易纠纷的机制也是从 GATT 中发展而来的。但两者也存在着本质性的区别，这种区别体现在以下几个方面。

（1）WTO 不似 GATT 是建立在临时性的政府协定基础上的制度，而是建立在各成员国立法机构批准基础上的国际贸易组织。从严格的法律意义上说，这个组织具有立法意义上的国际组织的性质，对各国国内的行为和立法有着更为正式的约束作用。虽然，从国际法来说，国际协议在国内立法上有着优先于国内立法的传统，但是从法律上来说，只有各国立法机构批准的国际条约才更具有法律意义。因此，WTO 在法律地位上具有更高的地位，更具规范作用。不仅如此，作为一个国际组织，WTO 在机构设置上更具正式性。过去 GATT 只是一个国际协议文本，虽然后来成立了秘书处，但作为一个国际组织，它的机构功能并不是完备的，没有国际条约详细规定。而 WTO 在这一方面具有正式性和规范性，因为得到各国立法批准的 WTO 条约的本身就描述了 WTO 的功能，正式赋予了这个机构合法性的功能。

（2）WTO 比 GATT 涵盖了更多的领域。GATT 主要涉及缔约方之间的货物贸易，而 WTO 不仅把 GATT 包含其中，而且还包括服务贸易、与贸易有关的知识产权等方面的内容。WTO 的构成不仅包含过去的货物贸易协定（GATT），还包括服务贸易协定（GATS：General Agreement on Trade in Services），与贸易有关的投资协定（Trims：Trade-related investment measurements），以及与贸易有关的知识产权协定（Trips：Trade-related intellectual property rights）。另外，GATT 中有关内容也进行了扩展和修订，比如废除《多种纤维协定》以实现纺织品贸易自由化，消除农产品例外以实现农产品贸易自由，约束了各国通过非关税壁垒的随意性。

（3）WTO 中的解决贸易争端的体制比老的 GATT 下的体制更

快，更具自动性，它的裁决不能受到阻挠，这在一定程度上改变了原来贸易争端解决机制中，各国自行其是、专家小组法律地位模糊、执行程序不明晰、仲裁效率低下的状况。[①]

WTO 对 GATT 实质性的发展在于自由化程度大大提升。首先，WTO 再一次降低国际贸易的准入门槛，大幅度地削减了关税，平均降低了关税 40%，有些产品的关税甚至被彻底取消。这是自 GATT 成立以来第四次大幅度降低关税。第二，通过服务贸易协定，降低了服务业贸易壁垒，促进了服务贸易的自由化；通过投资协议减小了各成员国对外来投资的贸易限制；通过修订 GATT 中的条款对各国采用非关税壁垒加强了规范，约束了各国过去通过各种双边机制、各种公平竞争条款和保障救济措施进行贸易限制的随意性，这对贸易自由化起了消除障碍的作用。第三，通过纺织品贸易和农产品贸易的协定，扩大了货物贸易的自由化。第四，争端机制的加强也有助于约束各成员国贸易保护主义的做法。第五，所谓的"一揽子协议"（single undertaking）约束了各成员选择性接受 WTO 条款的自由度，这也使得贸易自由化的实践在各国开展。最后，WTO 对各成员贸易政策的审查，有利于监督各成员遵守 WTO 的规则，促进自由化。WTO 对贸易自由化的促进也是新自由主义盛行世界的背景下的产物，对各种贸易障碍的消减有利于市场功能的发挥，保障市场机制运行的进一步畅通。

由于美国等西方国家是乌拉圭回合谈判的倡导者、领导者，WTO 的一些重要内容反映了这些发达国家经济利益的需求。第一，服务业贸易是对西方发达国家生产格局的重要促进。由于目前西方发达国家处于所谓的"后工业化"阶段，服务业在其国内经济中所占比例相对庞大，而且凭借着技术和经验上的优势，这些国家在世界服务贸易中占有绝对的优势地位，服务业的开放有助于西方发达国家，特别是美国扩大服务业出口。其二，投资协议也有助于促进西方发达国家，特别是美国的大企业的利益。生产全球化是在西方

---

① 这些变化来自 WTO 的说明，见世界贸易组织网站，http//：www.wto.org，2000 年 3 月。

跨国公司带动下发展起来的。目前国际生产与分工的格局是，跨国公司通过直接投资把生产链分布于世界各地，在世界各地进行资源配置，最大限度地利用各国的要素价格差异，实现资源配置的最优化。投资协议有助于保障这种全球化的生产格局，减少各国对投资设置的各种限制，如出口比例、零配件本地化生产的比例，等等，这对跨国生产有着重要的促进作用。第三，知识产权协议也是对西方发达国家经济利益的重要保护。由于全球化生产的格局和西方发达国家的"后工业化"的特点，知识产权保护在保障产品与技术差异、在产业的梯级转移过程中起着重要的作用。严格的知识产权保护可以维护产业内贸易的开展，保障产品周期性贸易中的高额"租金"，从而维持全球化生产中跨国企业的利润，保证产业内贸易的存续，控制全球生产链。最后，农产品贸易的开放，也反映了美国的利益。美国是一个农产品生产强国，农业生产中有着大量的补贴，因此，美国是 WTO 中农产品协议的积极促成者。WTO 新增加的一些主要内容（服务贸易、知识产权保护、投资协议和农产品协议）既反映了目前国际生产的新格局的要求，也反映了西方发达国家特别是美国的经济利益要求。

同时，也必须看到，WTO 延续了 GATT 的安全阀机制，保留了 GATT 保障救济措施的全部内容，但 WTO 对这些保障救济的使用施加了比过去严格的限制和约束。特别是贸易争端机制的加强，使得一些国家滥用保障救济措施进行保护的做法受到了一定的控制。比如 WTO 成立后做出的第一个裁决就是判定美国的汽油税违反 WTO 的非歧视原则，迫使美国同意修改法律；再如美国在 1995 年与日本就照相胶片市场问题发生贸易摩擦时，没有像过去那样单方面宣布通过国内的法律制裁日本，而是走 WTO 的争端解决机制。但也要承认，过去的反倾销、反补贴、各种保障救济措施为一些国家的滥用提供了条件，一些国家，特别是发达国家利用这些"灰色区域"进行保护的做法得到了继承，它们针对一些发展中大国比较敏感产品的限制依然比较频繁。另外，WTO 还对一些新加入的国家设定了特殊保障限制，比如中国加入 WTO 就受到这种新设定的措施的约束。

同样，WTO 也延续了过去 GATT 中贸易促进发展的原则。这表现在对来自发展中国家的重要商品纺织品消除了限制，《多种纤维协定》的废除使纺织品贸易自由化，对一些发展中国家来说无疑是一大利好消息。另外，WTO 维持了过去 GATT 中贸易与发展的内容，给发展中国家一定的优惠和照顾。比如新的关税减让中对关税的削减，对发达国家与发展中国家存在着区别对待，工业化国家某些新产品的关税减低 50%，某些产品的关税彻底取消，而发展中国家没有达到这一削减水平，发展中国家的关税平均税率仍高于发达国家；服务业的开放上对发展中国家所要求的过渡时间也长于发达国家。

但是必须看到，WTO 对发展中国家的照顾是远远不足的，甚至受到某些协议的抵消，因此，在 WTO 中发展中国家与发达国家收益并不平衡。比如发达国家残留的高关税产品仍然集中在纺织品和鞋类等对发展中国家比较重要的出口产品上，并且经过十年的过渡期才完全取消。再如知识产权协议设置了较高的保护门槛，这使得发展中国家获得技术的成本大大提高。虽然发达国家强调对知识产权的保护旨在鼓励发明创造，但没有从发展的角度来看待保护，使得发展中国家通过获得技术实现发展的成本过高，不利于降低发展中国家与发达国家的经济差距。在服务业上，WTO 开放的是技术服务贸易如金融、保险、电信等，但对非技术服务贸易如船运、建筑业并没有开放。前者正是发达国家具有优势的服务业，后者是发展中国家具有优势的服务业，发展中国家并没有从服务贸易自由化中受益。虽然，WTO 建立了一个较有效率的争端解决机制，但这个机制对发展中国家来说远不如发达国家有用。如果像安提瓜这样的小国与美国发生贸易争端，即使它赢得司法仲裁，获得了合法报复的权力，也对美国毫无影响；相反，如果美国赢得了仲裁，安提瓜则无法承受美国的报复。

最后，GATT 的决策机制也得到了继承。少数西方大国，利用其经济优势和市场体量巨大的特点，主导着 WTO 决策的程序。如所谓的"密室会议"[①]形成的决策机制，即在少数大国拉上几个小国组成的小团体讨论有关议题的决策过程中，往往忽视其他比较"不重要"的国家的权益，等等。在此体制下，进入"密室"的少数发展中经济体成员在大国的软硬兼施、连哄带骗的情况下，往往被裹挟，而大部分发展中成员被排斥在外，也没有足够力量反对一些决议，甚至无法获得一些准确的信息。正是由于这种机制，发达国家往往主导着议题，发展中国家往往被发达国家误导，甚至被胁迫。再如，由于西方发达国家的经济和市场优势，由于 WTO 多边最惠国性特点，任何它们不赞成的方案都不具有实质意义，它们操纵着议题的形成。

WTO 的建立及其内容的确促进了世界贸易的开放，由此对国际生产和分工也起到了促进作用。但对不同经济体来说，这种收益是不同的。由于发达国家引领着经济全球化，主导着国际分工和生产，WTO 的建立更有利于其经济利益，更有利于它们在经济全球化中所处的地位和所承担的角色。这也从另一个方面显示了为什么发达国家对国际制度的创制与变革起着主导作用。虽然发展中国家在新建的 WTO 中也获得了一定的好处，但这种好处远远比不上发达国家。交换是保障生产，实现积累，WTO 体现的国际贸易制度促进着发达国家主导的国际化生产，保障着发达国家的积累。关税的降低有助于目前全球化的生产过程，跨国公司的全球生产带来了商品流通，服务贸易的自由化有助于发达国家的服务业走向世界，投资协议有助于减小跨国公司的国际投资与生产，知识产权协议有助于发达国家在国际生产中获得高额"租金"，农产品贸易的开放

---

① 所谓"密室会议"也称"绿室会议"或"小型部长会议"（Green Room），最早指 GATT 乌拉圭回合中，少数会员代表于绿色房间（另一说则为日内瓦 WTO 秘书长的办公室颜色）内决定议题的做法。在"密室会议"中，部分对于会议主题有利益关系的少数大国加上一些小国事先就议题做出一致的方案，之后将此决议再交所有会员进行表决。此种决策方式在后来的 1999 年西雅图、2001 年多哈及 2003 年坎昆部长会议上也被采用，因而导致许多决议失败，因为非洲或其他一些国家被排除在"密室会议"之外，故拒绝承认最后的决议。此种决策过程常被发展中国家或非政府组织批评为 WTO 决策不透明的表现之一。

有助于拥有强大农业的发达国家农产品的出口。虽然发展中国家可以从关税减让中获得一定的收益，但由于保障救济措施的存在，发达国家在纺织品、鞋类等敏感产品上的高关税，以及知识产权的更高保护标准，它们在新的国际贸易制度中的收益远不如发达国家。而且，发展中国家出口的结构相同，彼此间的竞争会影响其出口的收益，尤其是发展中国家在保护自己的能力上存在不足，这也影响着它们在 WTO 中的收益。

2. WTO 面临的挑战

如果一个制度的主要原则受到不断的侵蚀与破坏，制度的有效性就受到质疑。WTO 的建立在有关的协议中继承了 GATT 建立以来确定的重要原则，如多边的不歧视、减少贸易壁垒、贸易促进发展原则、透明度原则、互惠原则、安全阀原则等，但是 WTO 实施过程中这些原则都受到来自一些成员，特别是发达国家成员的侵蚀和破坏。它们通过对 WTO 原则选择性的实施和滥用使 WTO 作为一个国际多边贸易制度面临着挑战。

多边的不歧视原则受到挑战主要来自发达成员滥用安全阀原则，以及谋求建立各种双边与区域性贸易安排形成的歧视。如发达国家经常滥用反倾销和反补贴等措施对一些国家进口商品进行歧视性限制，保护本国的商品。为了保证公平的竞争，WTO 规定了各成员不得采用不正当的贸易竞争行为，如倾销和补贴，但一些发达国家特别是美国总是臆断他国，主观地认定其他成员倾销。凡是新产品进入美国市场都可能面临倾销的指控，而如果美国采用掠夺性定价，就不算是倾销。双重标准是对非歧视原则最明显的违反，美国经常采用双重标准"构成了美国人奉为圭臬的原则——非歧视原则的一个重大例外"[①]。美国是一个经常指责其他成员补贴的国家，但美国农业生产的补贴是举世公认的，美国在多哈回合农产品谈判中坚持一些国内生产补贴。多边的不歧视贸易制度目前受到的另一个冲击就是各种限制性双边的或区域性的贸易安排。虽然 WTO 中

---

① 约瑟夫·斯蒂格利茨，《让全球化造福人类》，雷达等译，中国人民大学出版社，2011 年，第 84 页。有关美国在这一方面搞双重标准的案例可见该书第 82—85 页。

允许双边或区域性自由贸易安排的例外（它是由当年欧共体成立开始的例外），但这种安排往往把一些贸易优惠给予内部成员，而不扩大到整个WTO成员，并且会造成贸易转移，这种转移有时并不是以效率以基础的。更重要的是，不断增加的双边和区域贸易安排造成了WTO多边贸易制度的空洞化。尽管一些人认为，这种安排是多边贸易安排的前身，但实质上，这种特惠式的安排有时会使更广泛的贸易协定变得更加困难。因为多边协定必定会取消特权，所以会遭到那些既得利益者的抑制。由于美国首先开始采用这种方式来促进其贸易利益，目前其他国家也用同样的方式加以应对，如果无限制地发展下去将破坏WTO作为多边制度的效力。这种特惠式的贸易安排是当年美国建立GATT时竭力要打破的东西（如当年英国人的英联邦特惠制），目前被美国重新捡起来。美国目前除了与一些规模较小的经济体签署了双边自由贸易协定外，还在积极推动区域性的特惠贸易安排，如《跨太平洋伙伴关系协议》（Trans-Pacific Partnership Agreement，TPP）、《跨大西洋贸易与投资伙伴协议》（Transatlantic Trade and Investment Partnership，TTIP）。

减少贸易壁垒原则受到侵蚀。减少关税与非关税壁垒是GATT建立之初就确立的原则之一，也是战后国际贸易制度建立的初衷。虽然WTO建立时，经过乌拉圭回合谈判，WTO成员的整体关税有了大幅消减，但一些发达国家对来自发展中经济体的工业品关税施加了相对较高且不断升级的关税。比如欧盟对新鲜进口的橘子征收很低的关税，甚至达到零关税，但对各种加工的橘子制品如橘子酸果酱和冷冻橘子汁征收了25％的关税。假设橘子酸果酱一半的价值来自橘子本身，另一半来自加工过程，如果橘子关税是零，那么加工产生的价值被征收的实际关税就达到了50％。这样，发展中经济体加工橘子制成品在出口到发达国家时与发达国家自己生产的橘子制成品进行竞争时就很可能仍然没有价格优势。发达国家就是通过这样的关税对来自发展中国家的工业生产所创造的附加值进行征税的。[①] 如果关税壁垒相对来说是受到削弱的壁垒的话，非关税壁

---

① 约瑟夫·斯蒂格利茨，《让全球化造福人类》，第77—78页。

垒可以说仍然是一个影响贸易自由的巨大障碍。非关税壁垒主要是一些成员特别是发达国家成员滥用安全阀原则所致,通过滥用各种反倾销、反补贴以及种种例外与保障救济措施形成的非关税壁垒已经造成贸易自由化的难以实现,而且这种障碍由于安全阀原则的存在形成了一种"灰色区域",成为一些成员自由裁量地保护本国生产的手段。

促进发展的原则是目前受到最大挑战的原则。WTO 继承了 GATT 中的这一原则,并且给予了发展中国家特殊和有区别的对待,即允许发展中经济体在一些产品上保持相对高的关税,在实施知识产权与服务贸易中拥有较长于发达国家的过渡期。然而,在 WTO 实施过程中,发展中经济体往往发现它们的发展在贸易过程中受到各种限制。在货物贸易中,WTO 仍然是倾向于资本密集型和技术密集型产品的自由化,^① 发展中经济体在这一领域没有优势可言,而发展中经济体具有比较优势的领域如纺织品、鞋和一些初级加工制造业,受到来自发达国家的有形或无形的关税与非关税壁垒限制。如在纺织品贸易中,经过十年过渡期后,发达国家仍然经常通过救济措施限制来自发展中国家的出口;农产品贸易中,发达国家自己在国内生产中存在着大量贴补,却要求发展中国家开放市场。这造成了多哈回合谈判中,农业贸易成为难以达到妥协的症结所在。即使 WTO 给予发展中经济体的专门的特殊优惠有时也被发达西方国家巧妙地拿走了。以普惠制的"原产地规则"为例,如果一个发展中成员出口服装到发达国家,除成品本地生产外,原料也必须有一定比例的本地生产才能享有服装出口到发达国家的优惠。假设发展中成员不产棉花,或生产棉花的成本相对较高而要进口棉花就无法享有这一优惠。可以说,"原产地规则"使得发展中国家无法利用国际市场进行最佳生产配置,发展受到限制。在服务贸易领域,发展中国家具有优势的非技术性的服务贸易如建筑与船运并

---

① 有关分析见,Hans-Jurgen Engelbrecht and Christopher Pearce, "The GATT/WTO has promoted trade, but only in capital-intensive commodities!", *Applied Economics*, No. 39 (2007), pp. 1573 - 1581.

没有开放，而且在多哈回合谈判中，发达国家仍然抵制非技术性服务贸易的自由化。知识产权领域，发达国家过高、过宽的保护限制使得发展中成员付出过高的发展成本，发达国家拿走了发展中经济体过多的生产利润；更为恶劣的是，一些跨国大企业利用其技术优势，偷盗生物，抢走了本属于发展中经济体的传统知识，使得一些发展中成员特有的传统产权丧失。[①] 可以说，知识产权现在成为发达国家进行垄断、阻碍发展中成员发展的一种新手段。因此，发展中成员目前强烈要求修改知识产权协议。

透明度原则是确保成员间公平贸易得以实现的重要原则。目前透明度受到侵蚀的最大问题有两个方面。一是无法全面地获取成员涉及贸易的国内规章信息，特别是立法过程的信息无法准确掌握。成员在贸易法规立法阶段不透明，往往导致法规内在的歧视和巧妙保护不易被清楚辨认。比如有的发达国家规定来自最不发达经济体享受普惠待遇的纺织品，依据原产地规则必须达到原料本地化的55%，而这55%的原料原产地的规定恰恰抵消优惠待遇带来的收益。二是一些成员间相互订立限制性双边和区域贸易安排谈判的过程不透明，如美国主导 TPP 谈判就对外保密，这容易对在这一进程之外的其他成员形成歧视，影响它们的利益。第三是 WTO 决策过程不透明。少数贸易大国拉上一些发展中成员通过密室形成的决议，很容易导致暗箱操作，损害贸易地位处于弱势的其他成员。第四是争端解决机制过程不透明。WTO 争端解决的外部透明度并不是很高，目前，许多非政府组织要求参加到争端解决中的呼声很高，尤其在环境保护方面，环境保护者经常批评 WTO 争端解决程序缺乏透明度，要求对 WTO 进行较大的制度改革。

互惠原则是 WTO 保证成员在贸易中皆获得收益的重要原则。然而，在实际过程中，发达国家通过各种方式使得它们在贸易上的收益远远大于发展中成员。比如上述提及的发展中国家劳动密集型敏感产品的关税问题、服务贸易问题、知识产权问题、原产地规则

---

① 有关知识产权对发展的限制见约瑟夫·斯蒂格利茨的《让全球化造福人类》，第4章。

问题等，都是发达国家在互惠的幌子下巧妙地使发展中成员利益空洞化的表现。发达国家往往引诱发展中成员同意其提出各种开放市场的方案，但又通过种种方式把承诺给发展中成员的好处与优惠拿走了。正是由于这种不对等，发展中国家在 WTO 建立后的实施过程中发现自己无法实现发达国家曾经承诺的好处，因此，要求多哈回合谈判应以促进发展中成员的发展为优先方向。

司法解决贸易争端的机制虽然在 WTO 中得到加强，但对一些发展中成员还存在着无力执行的问题。比如安提瓜在网络赌博诉讼案上赢得了胜利，但安提瓜无法执行合法的报复，因为征收美国商品的关税反而提高了商品的价格，使自己的处境更糟。这种由于发展中成员能力的限制产生的司法执行问题影响了许多发展中成员的利益，使它们无力实现正义。

安全阀原则是导致 WTO 其他众多原则得不到有效实施的关键因素之一。安全阀原则是所谓"嵌入式自由主义"的产物，它是为了保障国内福利免受外来冲击而给予国家的暂时干预的权力。但在实际过程中往往被滥用，形成了一种既合法也不合法，没有统一客观标准的"灰色区域"，给了有关成员自由裁量的机会，形成了非关税壁垒的主要来源，影响着其他 WTO 其他原则的有效实施。发达成员是这一滥用的罪魁祸首，并且导致许多成员效法。现在众多WTO 成员都在利用这一原则保护国内生产，限制外来竞争。这一原则也成为多哈回合谈判难以取得进展的主要障碍。

从 WTO 以及二战后国际制度的沿革历史来看，由于贸易对各国生产以及由此带来的经济、社会和政治的重要作用，每个国家都力图使贸易制度特别是制度的实施有利于自己。西方大国利用自己的实力操控着国际贸易制度，使制度的实际运作朝着更有利于自己的方向运行，使得国际经济秩序呈现着不公正状态。

第四章　国际金融的政治经济学

引言：金融的经济政治作用

　　货币作为交换过程中的中介物，对经济繁荣和社会稳定有着巨大作用。货币的价值尺度、储藏手段、流通媒介和支付手段四个功能，在经济生活中发挥的融通与信贷（通常所说的狭义金融①）作用，使得（广义的）金融发挥着便利贸易、促进生产的作用，由此影响着经济繁荣和社会稳定。

　　货币在经济中起着中介性的作用，使得生产、交换得以有效便捷地开展。因为信贷的存在，生产的扩大、商品与服务的购买，可以不依赖于积累而暂时地依赖于信贷的发行者。这样金融可以影响市场，影响生产者的生产能力，影响消费者的购买能力，从而影响着实体经济。适当的信贷可以促进生产与经济的增长，带动相应的就业，对社会稳定有着积极的影响；相反，过多的信贷却导致通货膨胀，是对以货币形式持有财富的人进行剥夺，也是一种变相征税。另外，信贷不足可能引发通货紧缩，限制经济交换，导致生产与就业的低迷，影响社会与政治的稳定。除此之外，金融还直接影响着市场的结构，通过信贷操纵企业的兼并，影响着市场的竞争格局。同时，由于借贷以一定的风险担保为前提，往往使得富者更容易获得发展的机会，可能形成和加剧社会的贫富分化。因此，金融

①　狭义的金融仅指信用货币的融通；广义的金融泛指一切与信用货币的发行、保管、兑换、结算、融通有关的经济活动，甚至包括金银的买卖。

对社会的经济与政治有着巨大影响。

金融还可以直接服务于政府的职能。国家有时借助金融市场来弥补财政税收的不足以扩大政府支出，执行国家的公共职能，促进经济增长，发展科技教育文化事业，帮扶穷人，维持政府运作，豢养军队等国家机器，进行战争，等等。因此，金融对于国家的安全、人民的福利、社会的发展、社会公平的实施和自由的保障有着重要的作用。

在一个开放的经济中，世界货币和国际金融与国内的经济有着密切的联系，并对其产生重大影响。国家间不同的货币交换安排、国际金融市场秩序以及世界货币的构成都对国家的经济和政治有着重要的影响。国家间的货币交换安排关系着对国家经济自主是否存在着限制。如金本位制下的固定汇率使得国家货币发行受制于黄金储量，无法通过影响币值的方式来促进出口与就业，这在一定程度上限制了国家调控经济的能力。国际货币量的多少影响着国际贸易量，进而也影响着国际经济，最终影响各国的经济。世界货币的构成决定了世界货币的流通性和币值的稳定性。它对国际贸易、投资和借贷都有重要的影响，世界货币的稳定不仅对国家的外汇资产增减产生影响，还对国家的货币供应产生影响，从而影响国家内部的经济运行状态。一个国家能否有效地进入国际金融市场是其能否获得外部资源的重要条件，而有效地获得外部经济资源是促进国家经济增长的重要因素。国际金融市场的稳定与动荡也影响国家经济的正常运行，国际金融危机可以对国家的出口、投资产生影响，从而影响国家的生产与就业。所以，在一个开放的经济中，国际金融的状况对国家的经济、政治与社会有着重大影响。

马克思就曾经谈到，"随着商品流通的扩展，货币——财富的随时可用的绝对社会形式——的权力也日益增大"①。一个国家，一个阶级掌握了这种权力意味着不仅可以为自己获取资源，促进自己的安全、福利、发展，而且还有能力对其他国家、其他阶级的经济增长与社会稳定施加影响，甚至可以直接作为政治与外交的手段，

---

① 《马克思恩格斯全集》（第23卷），人民出版社，1972年，第151页。

作为拉拢盟友、打击敌手的手段，迫使其他国家的政治、经济和外交政策改弦更张。谁掌握了这种权力，谁在国际政治经济中就有了巨大的结构性权力。

由于金融的巨大重要性，任何国家都把对货币金融安排的控制视为对国家经济命脉的控制，绝不会放任货币金融市场自由行事。国家通过各种手段来管理、影响甚至是操纵货币金融安排，使之服务于国家的需要，或者说服务于统治集团的需要。国家通过国家权力确定币值，发行货币，用储备金比例、公开市场操作、利率杠杆等调控信贷的流向、规模和方式，国家以最后贷款人的角色维护着金融市场稳定。国家还通过各种法规管理着国家的货币信贷机构，使金融机构的经营符合国家的需要。国家通过政府协议确定本国货币与外国货币的兑换安排（固定汇率与浮动汇率），通过各种直接与间接的手段干预外汇市场，甚至直接通过行政管制来控制外汇使用。国家可以直接通过政府对外贷款（赠款）或通过某种政策安排鼓励私人对外贷款，为国家的政治、外交与经济利益服务。国家可以通过各种政策措施来吸引外来的资金服务于本国的经济增长；国家也可以限制资本的流出入。

但是国家干预与调控货币金融市场的能力，也受到国际货币金融体制的制约。国际货币金融制度安排在一定程度上制约着国家调控货币金融市场的手段与能力，国际金融市场日益庞大的规模与灵活性使政府的调控能力日益相形见绌。因此，在国际层面上，国家有时也处于被动消极的地位，金融危机的不时出现既是市场力量失控的一种表现，也是国家控制能力不足的一种反映。

本章的重点主要在国际金融体系的安排上。国际金融体系的历史可以分为如下几个阶段：金本位下的国际金融体系、布雷顿森林体制下的国际金融体系、牙买加会议后的国际货币金融体系。国际金融制度都包含着这样一些基本的内容：本位货币、各国货币兑换的安排（即浮动汇率还是固定汇率）、在这种货币制度下的国际收支的调节机制是什么？它建立在怎样的政治条件下？它的实际运行是怎样的？产生的经济与政治结果是什么？谁是国际主要的信贷者？国际金融市场是通过什么方式，以什么样的条件进行国际借贷的？它是怎样受政治因素影响的？通过分析这些因素，来认识金融领域内的政治与经济的互动关系，从中发现各国或各阶层从中"得到什么，如何得到"。

在分析国际金融制度之前，有必要了解国际货币制度和金融市场制度的基本内容，国际货币体系都包含着这样一些基本的内容：本位货币、各国货币兑换的安排（即浮动汇率还是固定汇率）、国际收支的调节机制。一个稳定的国际货币体系应该具备三个基本条件：充分适当的清偿能力、对以国际通货形式保存的储备资产的信心和对国际收支失衡进行的有效调节。国际金融市场中基本内容包括：谁是国际主要的信贷者（资本的输出主要源自哪些国家），它们是通过什么方式，以什么样的条件进行国际信贷的。健全的国际金融体制应该具备这样的特征：（1）对国际收支失衡起到一定的调节作用；（2）有效地利用资本，促进贸易与投资的活动，繁荣世界经济。

第一节 金本位制下的国际金融体系

一、金本位制下的国际货币体制

国际金本位制又被称为传统金本位制。它是历史上第一个真正意义上的国际货币体系，形成于 19 世纪，并在 1897 到 1914 年间达到鼎盛。

英国是最早采用金本位制的国家（1819）。英国采用单一的本位货币是出于市场交换与对外贸易便利的需要，其中英国的商业阶层发挥了巨大作用。拿破仑战争中英国政府从英格兰银行借贷了大量资金进行战争，战争期间英国政府中止了银行券与金币的兑换，但战后初期，英国政府并不愿意把战时私人持有的国家债权以兑换成黄金的方式支付。英国商业阶层担心政府像过去一样滥发纸币，导致通胀，因此鼓吹金汇兑是国际贸易的必要基础，强烈要求政府恢复黄金兑换，收回债务，以保证其权益；而农业利益集团则希望继续实行不受黄金纪律约束的纸币通货政策，使它们可以从纸币通货中享受到因通货膨胀而给农产品价格带来的好处。但是由于英国工商阶层在工业革命后的影响力，英国政府在 1819 年恢复了黄金兑换。在工商阶层的努力下，1844 年英国政府操纵货币的发行权受到了限制，并被要求严格遵守金本位。这一举措是通过 1844 年银行法来实现的。该法使英格兰银行发行通货的功能与其他银行业务功能分开，通货发行按法律规定严格与黄金挂钩。[①] 后来，由于英国是世界最大贸易国，大量的国际贸易和投资都用英镑来结算，这样，英国的金融稳定效果就在世界范围内扩展开来，[②] 这种通货发行以黄金为基础的做法后来逐步在其他国家推广开来。因此，金本位的确立反映出英国工商利益集团的诉求，是英国工商业利益集团对国家政策影响的结果。这是因为英国工商利益集团不愿借给政府的资金由于政策操纵通货而缩水，并且稳定的货币是对外贸易与投资的重要基础，有利于他们从事对外贸易与借贷。

金本位制下运行的其实是以英镑为中心、以黄金为基础的货币制度。英镑是国际贸易最主要的清算手段，并成为公认的主要国际储备货币。这反映出英国在世界经济中的领导地位，它的世界工业中心和最大的贸易顺差国的地位决定了英镑的这种作用，因此该体制又被人称为英镑汇兑本位制。英镑汇兑本位是建立在传统金汇兑本位（一种金铸币本位）上的，它既具有金铸币本位的特点，也具有自己的特色。其主要内容包括如下几个方面。

1. 四大前提

第一，黄金是国际金本位制的基础，也是各国货币发行的基础；第二，黄金可以自由输出输入；第三，一国货币同另一国货币（这里包括另一国的金铸币和其他货币与银行券）的汇率比价由其铸币平价决定，实行自由兑换；第四，在金币流通的国家，金币可以自由铸造，但在后来的金本位制下，流通的一般不是金币，而是代表金币价值的纸币。这决定了在金本位下，国家间的货币（国家以黄金为基础发行的纸币）是固定汇率兑换，货币兑换通常条件下是自由的。

---

① Robert Cox, *Production, Power, and World Order*, pp. 125 - 126, 132.

② Susan Strange, *State and Market*, London: Printer Publisher, Ltd., 1994, p. 97.

2. 调节机制

其一是汇率调节机制。金本位下，一国货币的汇率基础是铸币平价，并以此为中心，在黄金输出点和黄金输入点之间上下波动。其二为国际收支自动调节机制，即大卫·休谟的物价-金币流动机制。休谟认为，在各国汇率比价以铸币平价为基础的前提下，一国的国际收支逆差会导致汇率的变动，这一变动一旦超出黄金输出点将出现黄金的直接流出，引发该国黄金储备的减少和银行准备金的下降，导致国内货币发行量减少，物价下跌。下跌的物价使进口减少，出口增加，如此可缩减原有逆差，使国际收支得到改善。相反的过程则在其互逆的贸易顺差国出现。汇率与物价的自动调节实现了国际收支的重新平衡。其三是资本流动的调节作用，贸易盈余国出现金融市场利率下降，资金外流；贸易逆差国出现金融市场利率上升，国外资金流入。

3. 英镑作为实际世界货币的作用

凭借英国的第一经济大国地位，以及其在国际贸易、海运、保险和金融服务上的优势，国际结算中主要使用的还是英镑，而且英镑持有人可以随时向英格兰银行兑换黄金。这决定了英镑成为实际的世界货币，许多国家持有的国际储备不是黄金而是英镑。它们在伦敦开设账户，存款可以获得利息，而储备黄金则非但没有利息，还要交付保管费用。这样，英镑实际上替代黄金发挥了国际货币的功能。各国持有英镑，并将其作为储备资产存入伦敦的银行，这实际上是各国作为存款者把自己的一部分资产存入了英国。英国的银行吸纳了世界的存款，英国成为一个世界的借贷中心，加之英国一度是世界贸易的主要盈余国，这样，英国成为世界资金的集中地和世界信贷的主要发放者。英格兰银行可以通过调控贴现率来控制信贷规模，从而影响世界经济。

金本位制在理论上还被认为解决了国际货币体系的三大问题：其一，支付手段与清偿力的提供由英镑充当；其二，固定汇率决定机制和国际收支自动调节机制的有效运作；其三，向储备货币持有者提供信心。无论是黄金抑或英镑，其稳定的币值在相当长的一段时间内都不曾受到质疑，而经济强大的英国充当最后贷款人的角色的事实免除了人们使用英镑的后顾之忧。这种货币制度为当时资本主义世界的贸易和投资创造了稳定的环境，免除了由于汇率频繁变化导致的贸易与投资收益的不确定性，有利于贸易者与投资者的经营。

金本位制也存在着一定的问题。一是经济增长与货币供应的问题，即如果黄金供应的增长与经济增长不同步，则有可能造成紧缩或通胀。二是调节带来的问题。所谓的休谟自动调节机制往往需要以国际收支赤字国的紧缩和盈余国的通胀为代价。然而，调节的成本正如吉尔平曾评论的那样："…统治者宁愿冒货币增值和紧缩的风险，而不愿让货币贬值和通货膨胀。贫困的国家和某些国家中贫困的阶级，因失业率提高和福利的减少而付出调整的代价。"[①] 由于金本位制体现的是市场优先的要求，很少顾及社会公平，货币增值与紧缩正好反映了这种倾向。富国和富人阶级不愿让其用货币保有和储备的财富由于通胀而贬值。

金本位制下，货币的供应是以黄金为基础。如果经济增长的速度高于黄金供应的增加，必然导致货币增值，如果不改变这种状况，经济增长就会受到抑制，就业率就得不到增长；如果黄金供应超过经济增长速度则导致通胀，为了避免货币的贬值，人为抑制货币供应，也会导致失业的增加。一国的黄金供应渠道来自两个方面：一是黄金产量的增长，二是对外贸易。对外贸易的顺差与逆差意味着黄金供应的增减。发达国家，特别是英国既是黄金生产大国（主要来自澳大利亚和加拿大的淘金热），也是对外贸易的顺差国，它从海外特别是它的海外殖民地如印度获得了大量的贸易顺差，但英镑基本保持着稳定。其主要的方式如下：一是英国进行对外投资；二是政府受到 1844 年银行法的限制，不得任意扩大货币的供应；三是受到中央银行的贴现率的限制，英格兰

---

① 罗伯特·吉尔平，《国际关系的政治经济学》，杨宇光等译，经济科学出版社，1989 年，第 147 页。

银行不断提高贴现限制了流动性的大幅扩张[①]。稳定或增值的货币对英国来说，虽然抑制了就业的增加和福利的改善，但对外投资相对低的成本和稳定的货币化的财富保证了富人的利益，另外，出口不会因为价格的提高而受阻。但对穷国来说，贸易逆差与黄金的外流导致价格下降，收入减少，生产下降；廉价的原料和农产品出口也有利于工业化大国生产成本的降低。另外，穷国为了解决国际收支平衡，有时需要通过借贷来弥补赤字，但借贷过程中，本国的经济主权往往受到限制，债权国有时对债务国的经济财政政策做限制，迫使其做痛苦的调整。

　　因此，国际金本位制在其实际运作或调节机制中非常有利于富有者的利益。这反映了权力等级性和利益分配不均的政治本质，金本位下的国际收支调节是对社会底层和不发达国家福利的漠视。发达国家和富有阶级更有能力来操纵这一货币制度，实现其经济收益，而不发达国家和工人阶级主要承担了调节成本。金本位制为发达国家的贸易与投资创造了稳定的环境，有利于发达国家从不发达国家获得廉价的初级产品，压制不发达国家的民族经济；有利于通过贸易盈余国进行对外投资，从而形成与扩大资本主义的世界分工。英国是这种体制中最大受益国和控制者，英镑成为世界货币，英国成为世界主要的信贷供应国。世界金融中心在伦敦，伦敦金融区决定着世界范围的信贷，控制着世界资本流向。英国还是货币危机发生前后最后贷款人角色的实际承担者，就连国际金本位制的规则本身，也都是以英国经济发展的背景和利益为参照制定的。所以，有的学者认为，19 世纪英国主导的世界秩序其中的一方面就是"金本位"[②]，这是非常精辟的。

---

　　①　英格兰银行不断提高贴现见 J. F. 佩克，《国际经济关系》，卢明华、程亦赤译，贵州人民出版社，1990 年，第 174 页。

　　②　S. Strange, *Market and State*, p. 100. 这一说法最早来自波拉尼，他曾说，19 世纪的文明依赖于均势、金本位制、自由国家和自我管理的市场，而 19 世纪是英国的世界。见 Karl Polanyi, *The Great Transformation*, Ma. Boston: 1957, p. 3, pp. 29 - 30.

二、金本位制下的国际信贷

19世纪后期国际信贷主要来自欧洲工业化国家如英法等国（见表4-1）。这些国家由于资本主义工业化发展较早，有较多的资本积累，有能力进行资本海外输出。由于英镑具有世界货币地位，而英国是最早的工业化国家，而且曾是世界最大的出口国，有充足的资本进行海外输出，也由于英国银行体系相对独立，服务完善，经营经验丰富，吸引了其他国家的投资者把资金放入英国银行进行借贷，因此，英国是当时最大的国际借贷国和金融市场，在一定程度上控制着世界资本的流向。其他欧洲大国如法国、德国在19世纪后期，也逐步扩大了对外投资，但其规模不如英国。当时的国际信贷不同于第二次世界大战后的国际信贷，国际市场上的主要信贷者是商业金融机构，没有二战后广泛存在的政府信贷、国际机构的信贷，所以，欧洲银行的上层人士成为国际信贷的重要决策人物。这种金融体制使当时的国际信贷主要按市场规则进行，以利润与安全性为信贷依据。但是，这种信贷并不是不受政府控制的，西方国家政府通过各种手段对商业银行的信贷施加着影响。因此，这样的金融结构有助于西方大国实现其经济与政治目标：一是促进资本积累与国际分工，二是服务国家的经济与战略目标。

表4-1 1870—1914年金本位时期主要投资国对外投资存量占世界总量的百分比[①]

	英国	法国	德国	荷兰	美国	总量（百万美元）
1870年	62.9	31.6		6.3		7 900
1885年	55.7	23.6	13.6	7.1		14 000
1900年	55.1	21.9	20.3	4.6	2.1	23 700
1914年	44.0	19.9	12.8	2.6	7.8	45 450

这一时期欧洲大国的海外投资表现为这样的特点：一是债券融

[①] 摘自赫尔德等，《全球大变革》，杨雪冬等译，社会科学文献出版社，2001年，第268页。

资为主；二是融资主要投向基础设施建设与农矿产品的开发①；三是在借贷关系中，债权人和金融机构承担的金融风险较小。

这一时期的国际融资以债券形式的间接投资为主，虽然也有少量的直接投资，但与前者的规模相比，特别是与二战后相比，规模很小。这种债券式的融资基本是通过金融市场进行的，由个人投资认购债券，债券以政府债券形式出售。政府债券对债权人来说存在着相对的安全性，因为债务人是主权债务人，它有一定的国家资产作为偿还的保证，但这同时也为债权人在债务人债务违约时控制债务国的主权提供了条件。

融资主要投向基础设施和农矿业，一则与当时整个世界卷入现代化进程，纷纷工业化有关，二则与发达国家通过铁路等基础设施运输原料和农副产品有关。当时不仅一些新兴的工业化国家如美国、加拿大、澳大利亚等通过海外借贷形式进行基础设施如铁路建设开发，就是一些较为落后的殖民地与半殖民地国家如埃及、土耳其、中国等也在进行这样的基础建设。由于这类国家都是后起的国家，缺乏相应的资金，向发达资本主义国家借贷资金成为必然。同时，发达国家的资本参与这一进程可以获得比国内投资更高的利润，这促进了资本的积累。更重要的是这种融资有利于其国内生产。当时的国际资本主义生产仍然是基于国内的生产，而且这种生产在当时发达国家已经出现了高度集中的垄断形式。所以，原料的获取与供应是保护国内生产的重要条件，低廉的原料也有利于产品提高国际竞争力，促进资本积累。投资于原料产业在于获取稳定的原料来源，投资基础设施有助于输出这些原料。原料和农牧业的投资是保证原料控制和国际分工的重要环节，是为了保护国内生产及其竞争能力的需要。如阿根廷地处温带地区，是牛肉与小麦的生产国，对于依赖农产品进口的英国降低生活成本十分重要，这成为英国在阿根廷大量投资的重要原因，对维护英国在当时的国内生产是相当有利的。当时作为世界最大的海外投资国，英国向初级产品出

---

①　有关论断见：J. F. 佩克《国际经济关系》，第 146、149 页；赫尔德等，《全球大变革》，杨雪冬等译，社会科学文献出版社，2001 年，第 270 页。

口国流出的资金主要用于基础设施，其中 1/3 用于铁路建设。

欧洲大国海外信贷有时直接为国内的生产服务。英国的对外融资主要是债券形式，有时也采用商业汇票的形式。这实际是与商品交易联系在一起的，以此来控制别国的经济运行，避免了不受约束的贷款导致贷款人的风险。法国也是如此，通过融资换取商业订单扩大了出口，如法国对巴尔干地区和土耳其的借贷就是以贷款换订单形式进行的，这是典型的促进出口的借贷。

当时也有一些国家的海外借贷与有关国家弥补财政赤字有关，如法国、德国的海外借贷，但与投入基础建设方面的资本相比还是较小的。基础设施的融资还有助于一些大国对殖民地和半殖民地经济的控制。如阿根廷铁路的 3/4 在当时被英国所控制，这是阿根廷成为英国半殖民地的重要体现。一些不能偿债的不发达国家的财政权、海关权被西方借贷国所控制，一些具有重要战略地位的国家后来甚至直接被西方国家所管理，经济财政政策受到外部控制。埃及就是一个典型的例子。由于埃及无力偿还借贷，最初由外国债权人管理财政，最终发展到在 1883 年由英国人实际统治埃及，直到1923 年埃及才获得名义上的独立。19 世纪后期，中国、土耳其、希腊等国也有由于无力清偿外国债务，或对外借款的外国担保，致使海关与财政主权被西方人把持的经历。熟悉世界近代史的人，对当时的许多不发达国家由于对外借贷而丧失政治、经济主权的事例不会感到陌生。

然而，在当时的债券发行过程中，西方发达国家和金融机构往往享有一定的特权，通过一定的方式来规避风险。英国政府为避免资本市场对国内经济的冲击，规定国内银行体系与海外银行体系分离，使得英国经济在一定程度上可以免受对外贷款风险的影响。英国银行在发行债券时，往往不承担风险，一旦借款人违约，债券变得一文不值时，倒霉的是那些受债券收益诱惑的小投资者。因此，在这种形式下，借贷的风险主要是由小投资者承担。

所以，总体来说，当时的资本主义大国海外融资服务于资本的积累，服务于资本民族垄断条件下资本主义的生产，服务于资本对世界的控制。虽然当时欧洲大国投资于新兴工业国的基础设施，对这些新兴国家的开发有一定的促进作用，但当时的欧洲大国还是非常忌惮因海外投资而培育经济上的竞争对手的。当时海外放贷集中于基础设施和农矿产业而不是投向工业生产领域，就是担心工业领域的借贷会导致未来的竞争对手的出现。如 1909 年法国拒绝了美国钢铁公司在法国的筹资，原因是法国担心之后来自美国的钢铁工业的竞争压力。

虽然当时的国际融资基本上是通过金融市场的商业运行模式进行，但并不意味着政府没有介入。以英国为例，1844 年后英格兰银行承担了中央银行的角色，英格兰银行可以通过最后借贷人的作用来控制其他商业银行的信贷。一般而言，英国各个商业银行的某种借贷如果受到英格兰银行的反对，往往会自觉地限制借贷，因为如果商业银行的借贷不听从英格兰银行的指示，一旦出现借贷风险，英格兰银行这个最后借贷者就会通过不作为来导致商业银行的破产。英格兰银行曾经使一个名叫格尼·澳佛兰的商业银行破产，破产的原因是这家银行借贷不慎重。英格兰银行在最后的关头没有发挥最后借贷者的作用借贷资金给这家银行，而听凭这家银行破产。伦敦金融区内的各家银行受到很大震动，由此英格兰银行在伦敦金融区内的权威得到了加强。从此之后，只要英格兰银行表示反对，其他银行就会接受暗示，老实地约束借贷。[1] 这实质上是一种变相的控制方式：面对市场风险的投资者必须听从政府的暗示，否则让市场来惩罚"不听话"者。这一做法后来成为 19 世纪英国政府控制金融市场的重要手段之一。

英格兰银行还可以通过贴现率影响其他商业银行的信贷规模。英格兰银行有时还会为了使贴现率有效，有意使货币供应相对不足，迫使股票市场从英格兰银行借贷，从而影响股票市场的融资能力。[2]

正是因为政府能通过各种手段影响与控制商业借贷，这就为商

---

[1]　Ibid. , S. Strange, *Market and State* , p. 98.

[2]　J. F. 佩克，《国际经济关系——1850 年以来国际经济体系的演变》，卢明华、程亦赤译，贵州人民出版社，1990 年，第 186 页。

业信贷服务于政府的战略目的提供了条件，上述提到的发达国家利用金融借贷违约形成了对一些不发达国家的殖民控制就是一种形式。另外，资本主义大国的竞争战略也影响着金融市场。

英国是当时政府干预资本市场最不公开的国家，但英国的国际借贷仍然受到政府的影响。1903年英国政府收回对君士坦丁堡-波斯湾铁路的支持，英国银行就被迫撤回投资；1902年《英日同盟条约》刚签订，日本政府就在英国资本市场发行债券进行筹资；1906年英俄协约后，英国对俄国的投资远远超过了以前。英国的投资主要投向英国的殖民地和势力范围以及新兴的市场如美国，这对英国控制海外殖民地有着重要的作用。英国政府对银行投资的控制与上述英格兰银行控制商业银行一样，往往采用一种默示的形式，让市场风险来教训不听话的投资者。政府一方面告诫银行，政府对银行投资风险是不负责任的，迫使银行在借贷时更加慎重，另一方面也告诫借款国，如果违约英国政府可能要干预，为银行提供保护。这种做法实际对本国银行的对外投资既是一种约束，也是一种保护。英国政府可以依据战略的需要为借贷提供一定的安全担保，如果金融机构放贷不符合政府的战略需要，就无法在债务违约时得到保护。当然英国政府对英国投资者的保护有时也是十分直接的，布尔战争就是一个较典型的事例。布尔战争的原因是英国居民与英属殖民地居民在南非投资进行钻石与黄金的开采，导致与当地居民的冲突，尽管英国政府声称后来出兵进行战争是因为它的居民受到德国的威胁，但保护投资者的利益是其中最重要的一个原因。英国与法国也曾因一些国家不能偿债而派海军上门逼债（如对委内瑞拉、土耳其）。这种政府的保护是使投资者的投资服务于国家战略需要的一种重要方式。

法国、德国政府对金融机构的放贷有时是直接干预，直接地服务于国家的战略目标的。法国、德国政府经常直接要求银行对友好盟国的项目提供贷款，法国政府有时还通过一些税收来引导银行的投资。1886年法俄结盟后，俄国成功地在法国债券市场上进行筹资，此后法国一直是俄国最大的借贷国。由于俄国担心日本在中国的扩张影响其利益，它的盟国法国1901年就拒绝了日本的信贷要求。1870年德法战争后，德国政府一直禁止法国在德国投资，而且德国的盟国奥匈帝国也禁止法国在其领土上投资，而法国也经常阻挠德国向其金融机构的融资要求。

19世纪后期的金融市场主要受当时主要的欧洲大国把持，服务于这些国家的经济与战略的目标。它为当时的资本主义控制世界经济与政治，为资本主义列强的国际性竞争提供了条件。在海外融资获得巨大经济与政治利益的同时，欧洲大国把自己金融借贷风险降到最低程度。

三、金本位制瓦解的原因分析

金本位制的瓦解既有金本位自身的内在原因，也有外在的政治与社会原因。最终，政治与社会原因使得金本位制无法适应社会发展的需要，这导致各大国抛弃了这一货币制度。

导致金本位制瓦解的自身原因包括如下几点。

1. 随着各国经济的发展，国际贸易数量猛增，世界货币需求量飞速上升，而黄金产量的有限增长却成为限制经济发展的重要环节。严格以金产量为基础发行货币的制度开始越来越不适应经济飞速增长的需要。

2. 国际收支自动调节机制并未如理论说明那样发挥功效。一方面，国家间存在着大量的资本流动，一国经常账户下的逆差可以通过资本账户的顺差协调，这阻止了黄金的外流。经济学家特里芬将之表述为："资本流动的巨大规模资助掩盖了往来账户中的不均衡——因而成为永久性的而不是纠正性的。"[1] 另一方面，生产与贸易会对价格变动做出反应，使得价格下跌将使出口总值增长的前提无法实现。原因很简单：贸易的顺差国（主要是发达国家）倾向于保持顺差的优势，总是人为地限制国内市场的开放度，阻碍价格机制在两个市场间均衡作用的正常发挥。这样流入的黄金变成了被冻结的财富，原有贸易条件不会发生改变，国内商品价格也不会上

---

[1]　罗伯特·特里芬，《黄金与美元危机——自由汇兑的未来》，陈尚霖、雷达译，商务印书馆，2000年，第25页。

涨，调节的负担就完全落在了逆差国（落后国）身上。实际上，金本位制所描述的那种自动调节国际收支和促进各国经济发展的功能在现实中大打折扣，并且在发达国家和不发达国家之间，它实际上具有一种拉大贫富差距的反向效果。

3. 在 19 世纪最后 25 年间由于各国普遍实行金本位，世界对黄金的需要上升，导致了黄金价格的暴涨，并且这种对黄金需求的增加导致了金本位国家的货币价格（汇率）上升，这有利于银本位国家的出口，却造成金本位国家的物价、工资实际下降，失业上升。这在当时已经不能为社会所容忍。

4. 英国作为世界货币的发行国，其地位是以过去超群的经济实力和巨大的贸易盈余来保证的，但是在 19 世纪末到 20 世纪初，英国的这种经济实力与贸易盈余已经不复存在。这种状况导致英镑作为国际货币存在潜在的危机，即导致了金本位制下以英镑作为国际主要结算单位与储备手段的信心问题。

总体上讲，国际金本位制作为前福利国家时代的货币制度，其首要目标始终是货币稳定，但各国也须以牺牲国内福利为代价。该体系同以后任何一种货币体系相比，政府对社会公平的责任都是最少的。但是，资本主义发展与变化以及各国经济发展的不平衡，使得金本位不再被需要，这成为这一体制瓦解的根本社会原因。

首先，福利国家从 19 世纪末开始在西方国家中兴起，需要政府干预经济，促使经济繁荣以保障社会福利，缓解社会阶级冲突。另外，第二次工业革命以及工业重组（兼并）过程带来的经济规模增大导致了各国的经济增长速度超过了黄金增长速度，金本位下通货供应不足制约了经济的增长，妨碍了扩大就业。随着资本主义大国 19 世纪末开始的福利国家的建立，财政政策的扩张使得原来以黄金为基础的货币制度不适应新的政治需要。

其三，国际收支的自动调节已经不适应福利国家出现的新形势，因为自动调节在一个民主普遍发展而人民的福利要求不断增大的国家中是不能接受的。政治现实要求放弃政府原来不干预市场的做法，通过政府措施来阻止金本位制自动调节的负面影响，通过不断扩大出口，扩大政府开支来带动经济，保障社会福利。盈余国为了不使自己受自动调节的影响，必须以扩大对外投资来规避调节带来的负面影响。

最后，工业化的进一步发展和福利国家的兴起带来的经济民族主义引发了资本主义大国的帝国主义殖民争夺，这种争夺导致了国际性政治的紧张关系，加剧了各国的军备竞赛。政府的军事开支加大了对货币的需求，这是金本位有限制的货币供应所不能适应的。因此，政府利用国家权力增大货币供应，摆脱金本位的束缚的动力进一步加大。随着经济危机的冲击和战争的临近，一些国家货币需求量猛增，各国中央银行为保存黄金，竞相大量发行银行券替代货币供给，致使流通中的货币信用度严重下降，货币自由兑换原则遭到破坏。同时，政府早已无力顾及以往的承诺，为防止资金外逃、黄金外流采取了严格的黄金管制，黄金的自由输出输入也就此停止。这样，传统金本位制实际上已经不复存在。随着战争的爆发，各国骤然间变成一个个封闭的交战实体，不仅黄金被完全禁止出口，对外贸易也被终止，一些国家拒付外债。战争中美国成为世界最大的债权国，英国作为世界主要信贷者的角色被美国取代。

两次世界大战间隔期间是国际金融秩序失序时期。虽然第一次世界大战结束后，世界主要大国曾试图通过恢复金本位，如尝试具有金本位制特征的金汇兑本位制，但旧体制无法适应新的社会政治经济条件，在 20 世纪 30 年代的经济大萧条中，这种体制很快瓦解。因为在经济危机中，各国更需要通过国家的干预来解决民生问题，旧体制不适应国家这种需要。

1922 年热那亚会议通过的是一种不完全的金本位制——金汇兑本位制。这种金汇兑本位制是对重返传统金本位制的一种尝试，它旨在通过增加几国货币作为国际基础储备货币以提高清偿力手段，达到节约黄金、缓解原有的金产量不足的矛盾。金汇兑本位制同传统金本位制相比具有以下特点：（1）各国纸币代替黄金执行流通清算和支付手段的职能，而黄金只作为国际清算的最后手段；（2）一国货币可以与黄金直接挂钩或通过同另一国与黄金直接挂钩的货币实现间接挂钩以保持同黄金的固定比价；（3）间接挂钩国只能通过购买其挂钩国货币（即外汇）以获得黄金，并须在挂钩国存入定量的外汇和黄金作为维持汇率的平准基金。

　　1925 年国际金汇兑本位制正式建立起来，当时直接挂钩国只有美国、英国和法国三个国家。该体制在理论上力图尽可能减少对黄金的需求，以增加纸币供应量并使之具有货币的大部分功能，同时仍坚持以黄金作为发钞基础来维持货币市场的稳定。但事实上，危机并没有解决，金汇兑本位制的弊端也十分明显。

　　其一，黄金产量不足的固有矛盾依然存在。无论是直接或者间接挂钩，本质上都要以黄金作为基础发行。对整个货币体系而言，一边是相对固定的黄金产量，另一边则是经济高速增长下对货币需求量的猛烈增加，二者作用的结果只能导致纸币的发行脱离黄金的束缚。所以，意欲长期保持货币同黄金之间的固定比价和维持自由兑换根本是不可能的。而且，由于战争的侵袭和战后金融秩序的混乱，人们对任何一种以外汇形式保有的支付手段的信心都显得不足，挤兑黄金的危机始终存在。因此，金汇兑本位制在本质上并不稳定。

　　其二，金汇兑本位制下，由于一国需要让本国货币保持固定比价，并在所联系的国际货币发行国存放外汇储备，这就必然使得本国金融关系要依赖于发行国，从而实质上形成一种依附性货币制度。该制度虽在一定时期内有助于稳定，但却易于使货币危机具有连锁效应，即当某储备中心国发生货币流动的异常情况时，往往导致其依附国和其他几个中心国的货币关系同时产生反应，引发全面恐慌甚至挤兑风波。就像特里芬所言："它们（银根紧缩、货币贬值和贸易管制）至少部分地反映出，金汇兑本位制使世界金融体系的金融中心脆弱不堪，并通过金融中心将这种脆弱性传递给了整个世界货币体系。"[①]

　　其三，本质上，金汇兑本位制是一种力图修补传统金本位制并使之重新起效的体制，所以它继承了传统金本位制在实际运行中无法自动调节国际收支平衡的矛盾。在这一时期，由于发达国家工会组织的不断壮大，以及国内要求政治民主呼声的兴起，国内工资、

---

　　① 罗伯特·特里芬，《黄金与美元危机——自由汇兑的未来》，第 69 页。

物价和成本已经开始呈现刚性，这更阻挠了调节机制的适应性。另外，国际货币金融领域缺少一个领导者，多中心并存，竞相寻求政策自主，采取"以邻为壑"的政策，加之客观上在这一时期，国际资金流动的规模大大增加，速度也明显加快，各国之间的货币联系日趋紧密，相互间的敏感性提高，诸多因素都加剧了该体制的不稳定性。

　　1929 年到 1933 年世界性经济大危机的来临，最终宣布了金汇兑本位制的瓦解。"英镑区""美元区""法郎区"相继成立，各中心国之间的对抗不断升级，货币战也此起彼伏。除美国仍坚持金本位并能保持美元的相对稳定外，包括法国法郎、德国马克等在内的其他大国货币都在大幅度下跌。更严重的是，许多国家在放弃金本位之后，往往利用竞争性的货币贬值实行外汇倾销，一些国家为防止外汇倾销则只能加强外汇管制，甚至是进行出口管制。这是各国放弃金本位的约束后"以邻为壑"政策的大泛滥，必然进一步造成世界经济大混乱。在这种混乱的背后，隐含的却是经济民族主义的盛行，金本位体现的国际自由经济被经济民族主义所取代，特别是 1929 年的经济大萧条加剧了经济民族主义。这一切的根源在于，资本主义民族经济垄断的到来以及由此导致的大国经济与政治竞争打破了金本位制的物质和社会基础。第二次工业化带来的生产集中、福利国家、经济民族主义、资本主义大国的发展不平衡、殖民争夺和帝国主义战争使建立在固定黄金产量基础的货币制度变得落后于时代。多货币中心实质是帝国主义竞争在国际金融市场上竞争的体现。

第二节　布雷顿森林体系下的国际金融

　　第二次世界大战结束时，美国建立的国际金融秩序——布雷顿森林体系——是美国意志、美国经济体制的国际体现，是"新政"体制的国际体现，是"嵌入式自由主义"的典型体现。这是资本主义世界吸取了金本位优缺点和战前世界政治经济大动荡的教训的产物，但同时也为美国带来了巨大的利益和权力，使美国成为国际金融体制的管理者和世界的信贷控制者，为美国战后领导世界资本主义体制，对抗苏联以及国际共产主义运动提供了条件。

一、布雷顿森林体系下的货币制度

1. 战后国际货币体系的建立

二战结束时，资本主义世界面临着这样的问题：（1）如何吸取两次世界大战之间的教训，通过重建国际金融秩序，防止各国通过民族主义的政策，破坏国际经济秩序；（2）如何实现各国经济的增长和民众福利的改善。

二战结束后各国百废待兴，恢复经济、促进民众福利改善成为战后各国优先考虑的目标。但当时世界普遍相信，市场并不能自动实现经济增长和福利改善，国家经济的干预是保障这一目标不可缺乏的条件，"……没有哪个国家准备单方面地将他们的国内政策目标和政策手段完全服从于维持国际收支平衡的需要，它们也不会放弃将汇率调整和汇率、贸易控制作为调节收支平衡的可选择的手段的做法"①。因此，如何妥善处理好国内经济自主同国际秩序稳定的关系成为重建过程中的核心问题。如何把这两个目标协调起来，建立一种既能体现国际稳定又能照顾国内福利要求的制度是重建战后国际经济秩序的关键。战胜国在胜利前夕就着手筹划这一制度。

早在 1943 年 4 月，英美就从自身利益出发，分别为战后的国际货币体系提出各自的方案。美国的"怀特计划"，是由美国财政部次长怀特提出的一套建立在存款原则基础上的国际稳定基金方案。该方案建议设立一个 50 亿美元的国际货币稳定基金，由各会员国用黄金、本国货币和政府债券缴纳，认缴份额取决于各国的黄金外汇储备、国民收入和国际收支差额等因素。基金组织在认缴基础上发行一种名为"尤尼他"（Unita）的国际货币，它可以兑换黄金，也可以在会员国之间相互转移。各国要规定本国货币与"尤尼他"之间的法定平价，平价确定后，非经基金组织高达 4/5 多数表决票同

---

① 罗伯特·特里芬，《黄金与美元危机——自由汇兑的未来》，第 17 页。

意，不得任意变动。基金的任务主要是稳定汇率，并为会员国提供短期信贷以解决国际收支不平衡问题，但各成员获得这种信贷是有条件的，并且信贷量是与其份额相联系的，或者说，这种信贷是有条件的和有限的。[①] 该方案的原则明显有利于美国。首先，基金的控制权取决于各国提供的份额大小，在出现国际收支不平衡时，虽然计划提出债权国与债务国都必须调整，鉴于收支逆差的国家获得基金提款权是有限的，其国内经济政策不得不进行调整。尽管计划提出，顺差国"应该考虑基金的意见"进行调整，但鉴于美国根据存款份额能控制基金的决策，这赋予了美国一定的免于调整特权。这一特权对于美国的经济自主权有着重要意义，因为美国可以避免由于国际收支的不平衡产生的调整，由此避开这种调整对国内经济繁荣与就业带来的负面影响。另外，同其他国家相比，美国当时拥有巨大的竞争优势，必然成为战后重建过程中商品、资金、技术等的主要供给国，一个稳定的汇率制度有利于美国的对外贸易与投资。美国坚持存款原则和国际流动性仍以黄金为基础，既可以限制他国采取不负责任的国内信贷扩张政策破坏国际稳定，也可以使美国避免承担过多的责任、成本和债务风险，并同时凭借其独一无二的黄金储备达到控制国际货币体系的目的。所以，这一计划给逆差国和债务国设立了重大的限制，而对像美国这样的顺差国和债权国则施加较小的约束，赋予了更多的特权。

同样，英国也从自身利益出发，由其财政顾问、著名经济学家凯恩斯制定出"凯恩斯计划"。"凯恩斯计划"是一个以透支原则为基础的"国际清算同盟"方案，它主张减低黄金在国际结算中的作用而采取更灵活的国际储备货币制度，即发行一定量的国际货币"班柯"（Bancor）作为清算单位，最初为 260 亿美元，它不需要各国用黄金或现款来认缴，而是分配给各成员，并且其总量今后随着世界经济的需要可以扩大与缩减，以抵制世界有效需求中的通货紧缩和通货膨胀趋势；"班柯"不得换取黄金，但会员国的货币直接

---

① "怀特计划"有关内容详见《英镑美元外交》，第 101—112 页。

同"班柯"联系，并允许会员国在一定的条件下自行调整汇率；各国在上述清算机构中开设往来账户，通过"班柯"存款账户的转账来清算各国官方的债权债务，在出现国际收支逆差的情况下可以通过自动透支来解决不平衡问题，而且这种透支的额度可达其他各国提款权的总和，另外，如果清算后一国的借贷余额超过一定比例，无论顺差国还是逆差国均须对国际收支的不平衡采取措施进行调整，包括顺差国采取自动限制出口的措施。"凯恩斯计划"还为国际收支逆差国保留了更大的经济自主权，如清算同盟不得干预成员的国内政策以保证成员国可以采取扩张性的政策而不受约束。[①]"凯恩斯计划"对于处于国际收支逆差和身负重大债务的英国来说，意味着减轻经济紧缩与调整的外部压力，获得更多的外部资源，保留了更大的经济自主权和较小的维持国际稳定的责任，还可以避免"怀特计划"中谁出资最大，谁主宰国际货币体系的状态。

"怀特计划"和"凯恩斯计划"之间共同之处就是，防止各国外汇管制和不受约束地调整汇率，[②]为此都设计出了一些措施缓解国际收支不平衡时带来的调整痛苦问题。但是，两者相较，"怀特计划"对汇率稳定性的要求要比"国际清算同盟"更高，"凯恩斯计划"中汇率的调整是有条件的，但不需要"清算同盟"的同意。这个条件是有关国家面临持续性赤字，且本币调整幅度不超过5%，而"怀特计划"则要求汇率调整由基金高达4/5的表决票同意。在逆差国解决不平衡的措施上，"怀特计划"更多地是要求逆差国内部紧缩调整，但辅之以一定条件和一定数量的短期信贷，逆差国没有多大的自主权；"凯恩斯计划"则赋予逆差国更多的资源、手段和自主权。这种差异反映了美英两国当时所处的不同的经济地位和不同的利益诉求。对于最大的债权和贸易顺差国美国来说，"怀特计划"更大程度地保障了其海外资产的安全、出口收入和国内生产就业。对于已经是债务国和贸易逆差国的英国来说，"凯恩斯计划"赋予了自己更多的自主权和资源与手段来缓解调整

---

① "凯恩斯计划"同样详见上述《英镑美元外交》，第101—112页。
② 《英镑美元外交》，第116—117页。

的痛苦，以利于国内的生产、出口与就业。

经过一年多的激烈辩论和讨价还价，由于美国的政治经济与军事实力远远超过英国，1944 年 7 月，终于出台了以"怀特计划"为基础的战后国际货币体系方案，它包括《国际货币基金协定》和《国际货币开发银行协定》两个部分内容构成的《布雷顿森林协定》。协定涉及货币的主要内容如下。

（1）建立国际货币管理机构：建立了第一个正式的国际货币机构——国际货币基金组织来管理基金，负责实施国际货币基金协定的内容，以维护一个稳定的国际货币制度正常运行。

（2）国际储备体系：建立以黄金为基础、美元为最主要储备货币的体系，这一体系一般被称为黄金-美元本位制（也有人称之为美元的金汇兑本位制）。它的具体规定为：美元同黄金挂钩，保持 1 盎司兑换 35 美元的固定比价，各国可随时按此比价用美元向美国政府兑换黄金。其他国家货币同美元挂钩，通过美元实现与黄金的间接挂钩。这确定了美元的国际货币地位，同时意味着美国拥有了国际货币的"铸币特权"。

（3）汇率机制：由于储备货币是建立在黄金基础上的，这一货币体系的汇率是固定汇率制，但有一定的弹性，即各国汇率，一般只能在平价上下 10% 的幅度内波动，超出的范围，各国政府有义务进行干预。一国国际收支发生"根本性不平衡"时进行超过法定范围的汇率变动必须得到国际货币基金组织的批准，但同时基金组织也规定成员由于国内政治与社会政策的原因进行汇率调整时基金组织不能反对，这为国家预留了一定的干预汇率的权力。所以，这一汇率调节机制既避免了传统金本位固定汇率的呆板和僵硬，又防止了浮动汇率下平价频繁、剧烈波动所带来的动荡与混乱，是一种有弹性同时又比较稳定的汇率制度。由于"根本性不平衡"的概念比较含糊，事实上对汇率波动的管理十分困难，这有利于基金组织的自由裁量，实质是控制这一组织的美国的自由裁量。

（4）建立稳定基金帮助国际收支逆差国平衡收支：各成员国根据自己经济实力按份额建立稳定基金（最初为 50 亿美元），各国根据其缴纳的份额分配其在基金组织中的权力；成员国在国际收支出现逆差时可以根据其缴纳份额的多少由基金组织向其提供一定数量的短期贷款来平衡收支。由于这种短期借贷是有限的，而且超过一定的借贷数额需要基金组织的审议和批准（即有条件性），因此，这并不免除逆差国内部经济调整的义务，只是帮助逆差国缓解经济调整的痛苦。这种安排既延续了金本位制自动调节的功能，同时又提供了一定的救济手段帮助逆差国进行过渡。但由于贷款的条件性以及美国在基金中所占份额较大，这使得美国通过多边国际货币机构获得了一种额外的金融权力。

（5）削弱了各成员国的外汇管理权。各国取消外汇管制，政府一般不能干预经常性项目的自由兑换，这有利于市场经济国家的自由贸易；但各国保留了对资本项目是否开放的决定权，这为国家保留了一项重要的金融自主管理权。

（6）各国有权对一些"稀缺货币"采取临时性的限兑措施，或限制进口该国的商品与劳务。这实质上是一种为保障国际收支逆差国基本经济福利而要求顺差国进行调整的规定，但是否是稀缺货币则由基金组织决定。

新的国际货币制度第一个特点是金汇兑本位，在这种货币制度下，其他国家货币一般与美国这个实行金本位制的货币保持固定的比价，并在后者存放外汇或黄金作为平准基金，从而间接实行了金本位制。因此，它有类似于金本位制的自动调节机制，但这一制度与金本位制度存在着重要区别。实行金汇兑本位制的国家，对货币只规定法定含金量，禁止金币的铸造和流通，国内实行纸币流通，纸币不能与黄金兑换，而只能兑换外汇，外汇可以在国外兑换黄金。由于流通中的货币是不能与黄金保持兑换的纸币，黄金在国内已不能发挥自发地调节货币流通的作用，这保留了国家通过货币发行控制经济的自主权。然而，实行金汇兑本位制度的国家，其货币与某大国货币保持固定比价，其对外贸易和金融政策又必然受到与之相联系国家的货币政策的影响与控制。美元金汇兑本位制赋予了美国特权，美元作为国际货币具有国际价值尺度、支付、储藏等功能。美国无疑具有按国内需要操纵美元的价值高低、流动性多少，以及外国储藏财产安全性的权力，而且由于外国把外汇存于美国，美国获得了一笔低息存款。

布雷顿森林体系的第二个特点是它一定程度上在国际市场调节的基础上容纳了国内经济自主，体现了战后国际经济秩序的"嵌入式自由主义"特征，即多边国际协调与管理保证国际经济秩序，但兼顾了国家为保障其经济福利所拥有的经济干预权。固定汇率、各国取消外汇管制以及金汇兑制为贸易自由创造了良好的货币环境，限制了战前各资本主义大国滥用货币政策的经济民族主义做法，有利于整个世界经济秩序的稳定。同时通过允许各国保留有限的和可控制的汇率调整权，特别是国内政治社会原因下的汇率变动权，允许国家保留资本项目的管理权，提供短期信贷帮助逆差国进行资金融通，以"稀缺条款"要求顺差国进行调整等内容，这一制度为国家提供了合法干预的制度空间和救济手段。[①]

这种制度安排对债权国和贸易竞争力强的国家相对有利，特别有利于二战后初期最大的资本主义国家——美国。固定的汇率、逆差国内部调整的要求对于美国的生产厂商的出口和美国对外借贷的安全性都是一种保障。更重要的是这一货币制度维持了资本主义世界市场稳定，减弱了国家干预在国际经济产生的负外部效应，这对于二战后约束各国的经济民族主义和保护主义有着积极作用。同时，虽然这一制度为国家的干预提供了一定的制度空间，为逆差国提供了一定的救济手段，但是，这一切都是以是否符合美国的政治、经济与战略利益为前提的，因为基金组织的决策管理模式（份额与投票机制）为美国提供了一个以多边制度控制救济的渠道。虽然，这一制度也规定了顺差国在一定条件下进行调整的义务，但美国从一开始就没有打算执行，这一制度的设计者怀特在美国国会上就说，美国"对稀缺美元不承担任何道义责任"，不接受美国对此失调负有单方面的责任，[②]而且制度也保证了美国能摆脱这种调整，

---

① John Ruggie, "International Regimes, Transactions, and Change: Embedded Liberalism in the Postwar Economic Order", in *International Organization*, V36 (1982 Spring), p. 395.

② 《英镑美元外交》，第 161 页。

因为稀缺货币的判断由基金组织决定。

二战后国际货币制度是美国领导下协调各国货币政策的体制。它旨在管理与约束战前各国经济民族主义的政策，避免二战前混乱的国际金融秩序，为世界经济提供一个良好的基础环境，以利于各国经济的发展。

2. 布雷顿森林体系从运行到结束

布雷顿森林会议确定的二战后国际货币制度并没有在二战结束时就得到有效实施。直到 1958 年这一制度才真正开始实施。这一制度在战后初期得不到实施的重要原因是欧洲国家无法完成固定汇率的任务，无法做到取消外汇管制的承诺。这背后有着深刻的政治与社会的原因。

欧洲各大国在二战中遭受了巨大的战争创伤，战后经济一片萧条，亟待经济重建与恢复，以走出危机，抵制苏联体制的吸引。保障就业是其重要的经济与政治任务，而扩张性的经济政策是经济恢复与就业的重要保证。由于战争的原因，欧洲资本主义大国国内资源大体耗尽，几乎没有美元来支付经济恢复所需的进口，迫切需要外部的重建资金和资源。如果平衡国际收支，稳定汇率，必然导致严重的经济紧缩与经济问题，这在政治上是难以为选民接受的，特别是在资本主义受到重创，人民普遍对资本主义带有怀疑，对苏联体制抱有好感的情况下。为了重建经济和巩固资本主义制度，保障充分就业成为战后西欧资本主义大国实现政治与社会稳定、抵制苏联式社会主义的重要手段。因此，这一时期如果实施布雷顿森林体系没有国内政治基础。

另外，随着二战结束和冷战的开始，美国需要西欧重建来应对所谓的"共产主义威胁"，无法在经济上强迫西欧国家承担稳定汇率、取消外汇管制义务。如果西欧陷入经济的萧条和政治的动荡，不仅影响资本主义与社会主义的制度竞争，也影响美国的领导权；同时，西欧经济衰败还影响美国的出口。[①] 因此，在国际政治与经

---

① J. F. 佩克，《国际经济关系——1850 年以来国际经济体系的演变》，卢明华、程亦赤译，贵州人民出版社，1990 年，第 282—283 页。

济上，这一时期也缺乏实施布雷顿森林体系的基础。

因此，面对战后初期欧洲的经济萧条和世界性"美元荒"，1947 年美国一些政治人物在对欧洲进行考察之后，决定冻结布雷顿森林体系的实施，而由美国单独对欧洲实施大规模的援助计划——马歇尔计划。在 1952 年马歇尔计划结束后，美国又通过共同安全法援助西欧。这些援助目的在于帮助西欧重建经济，巩固资本主义基础，加强国防实力，应对所谓的"共产主义挑战"。

所以，从 1946 年至 1958 年整个布雷顿体系处于一种"休眠"的状态。西欧等国仍然保持着外汇管制，汇率不时下降，没有遵循布雷顿森林协定的要求，而美国出于政治目的不仅容忍这些国家的这些做法，而且通过不断地输入援助来给这些国家输血，稳定其金融秩序。唯一一次例外是 1956 年。这一年由于埃及收回苏伊士运河，英法进行武装干涉导致大量资金抽逃，美国威胁如果英法不撤军，美国将冻结援助。然而这种输血也逐步为美元作为国际储备货币埋下了隐患。这一时期，美国的输血是以国际收支的逆差为代价的，美国的国际收支从 1950 年就出现了赤字，并以短期借贷来弥补这种赤字，而且随着美国自身开支的不断扩大，美元已经逐步脱离了黄金基础。朝鲜战争和海外军事干预、与苏联军备竞赛、援助盟国、海外驻军、国内社会开支已经使得美国的支出开始逐步超出了收入。这为后来人们对美元信心的动摇埋下了祸根。

但这并不表明美国在这种状态下没有获益，像美国一些学者标榜的是一种"慷慨的帝国主义"。战后初期，美国通过援助维持了它的出口，保证了国内就业。马歇尔计划的援助对美国的出口起到了促进作用，阻止了美国自 1927 年以来出现的出口下降。[①] 美元作为国际储备货币产生的"铸币税"也为美国带来了额外收益，特别是不断高估的美元产生的铸币收益就更大了。1 盎司兑换 35 美元的比价是 1934 年确定的，但 1945 年美元的实际购买力与 1943 年时相比已经下降，所以该比价中的美元定值本身就偏高。加之战后美国

① J. F. 佩克，《国际经济关系——1850 年以来国际经济体系的演变》，卢明华、程亦赤译，贵州人民出版社，1990 年，第 283 页。

扩张性的财政和货币政策使物价持续上涨，美元实际价值进一步被高估。另外，大量的外汇购买美国国债使得美国获得了一笔不少的低息存款，在政治上加强了美国对资本主义其他大国的领导权和欧洲国家资本主义制度的巩固，军事上为其领导的军事同盟提供了物质基础，战略上保证了遏制苏联影响的效果。

从 1958 年起布雷顿森林协定开始正式实施，但其实践运行参照的三个标准——充分而不过量的储备货币、信心和有效的调整——却没有预想的那么好，与设计者的初衷有不小距离。

从 20 世纪 50 年代后半期起，美元作为国际储备货币的流动性开始发生了逆转，由"美元不足"变成"美元过剩"。过去由于美元不足，各国都乐于持有美元，因为利息的原因持有成本高于黄金。但随着各国持有的美元大增，而美国国际收支逆差逐步增加，其信心受到怀疑，美元对黄金的兑换要求开始上升；美国黄金储备减少，债务的增加，使美元信心进一步下降。1960 年美国的对外短期债务首次超过了其黄金储备额，爆发了抛售美元、抢购黄金的危机。之后，美元危机不断发生，并引发大量的金融投机，美元信心不断下降。造成该状态主要有以下几个原因。

一是所谓的"特里芬困境"。美元作为世界货币必须保持价值稳定，不能轻易贬值，否则引发信心危机，而坚挺的美元使美国出口处于不利的地位，国际收支赤字状况难以改变。不断扩大的美国国际收支的逆差必然导致美元信心的不足。

二是美国经济自身的竞争能力的下降。整个 20 世纪 60 年代美国劳动生产率指数年均上升率仅有 3.1%，而同期欧共体则为 6%，日本为 11%，这导致了美国产品竞争能力的下降和美国海外市场的下降，对于国际收支的赤字的扩大有着重要的作用。

三是美国不断扩大的开支加剧了美国债务。海外驻军、越南战争、与苏联军备竞赛、海外援助与干预以及国内的巨大社会开支加剧了美国的支出，这些支出相当部分只能依靠债务来维持，但债务越来越超出美国拥有的黄金。1967 年美国的外债已经达到其黄金储备的 3 倍，政府负债达到其黄金储备的 1.5 倍。[①]

在调整机制上，国际收支的顺差国都不愿接受自动调整机制，怕影响国内经济和出口，因此，往往把盈余收入放在国外以免影响国内经济，特别是存入欧洲美元市场以取得较高收益。而国际收入逆差国一般也不按自动调节机制来调整紧缩，而是通过国际借贷来调整，特别是发达国家有能力通过国际借贷的方式进行调整，这种借贷相当一部分并不是通过 IMF，而是通过国际资本市场，特别是欧洲美元市场来进行的；而发展中国家由于其借贷能力有限，特别是在国际资本市场的借贷能力有限，除了从 IMF 获得救济外，有时必须进行国内调整。因此，IMF 在帮助各国纠正逆差的过程中，实际的作用相当有限。造成这种局面的原因主要有如下几个方面。

① 资源有限。IMF 大部分资金并不是国际可接受的通用货币，因为各国缴存的基金份额只有 20％是美元与黄金，其余是本国货币，因此资源有限。虽然 IMF 通过基金总量不断增容，通过发行特别提款权来补充，通过向一些国家借贷来救急（如通过 1962 年 10 月由十国财政部长组成的"十国集团"制定的"借款总安排"来补充资金），或通过有关国家间相互贷款来缓解（如通过 1962 年美国与"十国集团"中央银行之间签订的"互惠信贷协定"来稳定汇率），但仍无法满足需要。

② IMF 的贷款本身的辅助性特征。IMF 短期贷款就如上述所说从一开始就被规定为一种短期救济性贷款，目的是帮助有关国家缓解调整中的痛苦，并不是以贷款来免除有关国家的调整义务。因此，IMF 的贷款超过一定的国家份额比例就有条件性，而且贷款越大，条件越苛刻，许多国家由于国内政治社会原因无法满足这些条件。发达国家往往从国际资本市场借贷来融资，而发展中国家则难以做到，处境尴尬。

在布雷顿森林体制下，美元信心的动摇直接影响美国作为国际铸币国的利益和特权。为此，美国在 20 世纪 60 年代采取了种种措

---

① J. F. 佩克，《国际经济关系——1850 年以来国际经济体系的演变》，卢明华、程亦赤译，贵州人民出版社，1990 年，第 346 页。

施试图来解决这一问题。其中包括：① 在1961年12月七国协议之上建立"黄金总库"，旨在稳定黄金价格；② 劝说有关国家不要向美国兑换黄金；③ 1968年实行美元黄金兑换的两轨制，即美国只对外国政府承兑官价的美元换黄金，私人市场的兑换以市场价格进行；④ 压迫一些对美贸易主要的顺差国如德国货币升值。

可以说，这些措施都是以其他国家的利益为代价的，而美国在其中付出很小，基本没有减少其庞大的开支。但这些做法成效不彰，而且美元的信心进一步下跌。比如法国不理美国的劝告，带头把其外汇储备全部兑换成黄金。1970—1971年美国两次要求有关国家（主要是当时的联邦德国和日本）升值货币，都没有成功。1971年石油价格的大幅上涨使美国经常性项目出现较大赤字，短期债务超过500亿美元，黄金储备进一步下降，美元信心进一步下跌，不得不进行美元贬值。1971年尼克松出台"新经济政策"，停止美元同黄金之间的自由兑换，对进口增收10％的附加税，实施国内工资与物价管制，欲以此达到迫使联邦德国和日本等实行本币对美元升值，帮助改善美国国际收支的目的。这一举措立刻引发了世界金融市场的全面混乱，各国黄金和外汇市场纷纷关闭。更重要的是，这一举措在本质上动摇了布雷顿森林体系的根基。

1971年12月，美国与西欧、日本之间相互妥协勉强达成《史密森协定》，其中规定：美元对黄金贬值和其他包括日元、德国马克、瑞士法郎、法国法郎、英镑和意大利里拉等在内的主要国家货币对美元升值，同时，将各国货币对美元汇率波动的幅度上调为金平价上下2.25％的范围。《史密森协定》使美元处境有所改善，美元同其他主要货币的比价相对符合市场供求关系，有利于缓解危机。但是，《史密森协定》无法从根本上解决以固定汇率制和美元为中心支撑下的布雷顿森林体系的内在矛盾和不稳定性，以及国内优先与国际稳定的矛盾。从1972年新一轮投机风潮袭击英镑，迫使英国政府于6月宣布放弃中心汇率，采取有管理的浮动制开始，直至1973年3月，各主要国家几乎都已经实行浮动制，布雷顿森林体系事实上宣告结束。

布雷顿森林体制的结束除"特里芬困境"这样的经济原因外，

更多的是政治原因，包括以下几方面。

① 美国为了国际霸权在军事上耗费了大量资源。海外驻军是其重要的支出，由于政治原因，美国无法削减这些开支。比如自布雷顿森林体系运作以来，美国的三任行政当局（艾森豪威尔、肯尼迪和林登·约翰逊）都数次试图以减少美国在欧洲的驻军来削减美国的收支赤字，由于担心此举会影响美国对盟国的政治领导，导致严重的战略问题而没有实现；美国采取要求盟国补偿的方式来为美国分摊军事开支，但这些要求由于盟国不愿影响其国内经济增长与福利而得不到满足。[①] 越南战争的升级也是美国收支赤字的重要方面，美国的海外军事开支从 1965 年的 21.22 亿猛增到 1970 年的 33.77 亿。[②]

② 对苏冷战和军备竞赛。20 世纪 60 年代开始美国对苏战略从依靠核武器的大规模报复战略演变到灵活反应战略，从发展核武器报复苏联可能的进攻演变到既发展核武器，同时也发展常规武器全面灵活地对抗苏联，客观上把与苏联的军备竞赛升级了，大量资源用于军事目的，影响了当时美国经济的发展，但有助于其他资本主义大国在经济上加强对美国的竞争力，争夺市场。

③ 美国国内的福利开支。约翰逊总统实施所谓的"伟大社会"工程导致政府财政赤字问题越演越烈。这种以赤字经济为代价的工程旨在解决美国长期的民权、贫富分化等社会问题，也是凯恩斯主义经济哲学在美国最突出的表现。这是美国运用金融权力实现社会公平与福利目标的典型表现，但也滥用了金融权力，造成了大量的政府亏空。由于美元是国际货币，这不可避免地产生了国际影响。

④ 美国资本的外流。当时的欧洲美元市场的形成以及美国公司的海外投资加剧了美国资本的外流。美国的政治体制与经济体制无法控制这种资本外流。

所以，就国际政治而言，美国不愿放弃对其盟国的领导权、美苏争霸是布雷顿森林体系瓦解的重要政治的原因。就国内政治而

---

① 有关内容详见，弗朗西斯·加文，《黄金、美元与权力》，严荣译，社会科学文献出版社，2011 年。

② 同上，第 266 页。

言，美国无法通过国内开支收缩和阻止资本的外流来达到减小开支。这是美国的选票政治和商业集团控制美国政治的结果。当然，其他资本主义大国不愿牺牲国内的经济福利来迁就美国也是重要的政治原因。

二、布雷顿森林体制下的国际金融

二战后国际金融出现了新的不同以往的气象，其表现为：一是国际组织作为信贷者的出现，二是政府作为信贷者的出现，三是不受政府控制的欧洲美元市场的出现。但这种新气象没有改变西方资本和政府控制国际金融市场的本质。

布雷顿森林协议建立的国际复兴开发银行（世界银行［WB］）开创了国际组织作为信贷者的新现象。这一银行最初专门是帮助有关国家进行战后重建的，后来成为向发展中国家提供发展援助的国际组织。这一组织还可以通过某种方式促进私人、国家或其他国际组织向有关国家进行发展投资。由于这一组织的资本构成是由各国根据经济实力大小共同出资的，美国是战后世界最大的经济体，必然在其中占据了重要地位。这一组织的决策权、决策程序与国际货币基金组织一样受各国出资比例的影响，因此美国在这一组织中发挥着极其重要的作用，在一定程度上可以说控制着这一机构。另外，各大洲在战后也成立了类似于世界银行的地区性发展银行，如欧洲复兴开发银行、亚洲开发银行、美洲开发银行，这些机构的资本构成与决策方式大体与世界银行一致。由于战后美国的特殊经济地位，美国在这些机构中都有着重要的决定权。

这些国际性的信贷机构在二战后世界经济的重建与恢复上是起了一定作用的。西欧战后重建之初，世界银行相当一部分贷款流入西欧，只是在马歇尔计划实施后，世界银行的贷款才转向了一些发展中国家。在战后初期，世界银行对发展中国家的援助过程，深受冷战影响。由于苏联、东欧和一些非欧洲的社会主义国家没有加入世界银行，世界银行当时的贷款主要流向了非社会主义的发展中国家，一些地区性国际信贷机构当时的贷款大体也是如此。这在很大程度上使这些国际性信贷机构当时成了美国与苏联争夺第三世界的重要工具。

政府信贷是二战时发展起来的，战后得到进一步的发展，并且基本是外交战略的工具，成为巩固和拉拢盟友，打击敌手、扩大政治影响的直接手段。由于冷战的爆发，二战后美国与苏联通过政府信贷来巩固彼此的阵营，扩大资本主义与社会主义制度在国际的影响。"马歇尔计划"和"道奇计划"是美国最重要的援助西欧和日本的政府援助计划，这些计划其中一部分还是赠款。同样，当时的苏联政府也对东欧和其他一些社会主义国家进行政府信贷。除了对其各自的盟国进行政府信贷援助外，美苏还对一些"中间地带"的国家进行援助，美国通过其"第四点计划"向一些所谓遭受"共产主义威胁"的发展中国家进行援助，以此来遏制社会主义影响的扩大。苏联也向一些获得民族解放胜利的国家进行援助。可以说战后的政府信贷援助主要受政治影响最大，纯粹的经济考虑并不多，基本上成了冷战的工具。如美国在战后的主要援助对象主要集中在位于冷战前沿的反共国家和地区，即与社会主义国家接壤的国家和地区或者是内部发生社会制度之争的内战国家与地区，越是与社会主义阵营较量剧烈的国家和地区得到的援助越多。体现冷战特色的另一种表现是运用金援来拉拢盟友，比如埃及革命成功后，相当一段时间受苏联影响，得到苏联的援助较多，但埃及在第三次中东战争与苏联关系疏远后，美国向埃及提供了大量的援助。

二战后国际金融另一个新现象是欧洲美元市场的出现。它后来演变为一种跨国的较少受政府控制的资本市场，是二战后乃至今天在国际金融中发挥重要作用的资本力量。欧洲美元市场是一个经营境外货币的金融市场，最早产生于20世纪50年代。当时欧洲开始汇集越来越多的美元（也被称为欧洲美元），欧洲国家的银行机构利用这些美元形成了一个不受政府金融法规管理的国际资本市场。后来这种国际资本市场从美元扩展到其他强势货币，从欧洲发展到其他地区，形成了一个世界性的跨国资本市场。

最初的欧洲美元市场形成于朝鲜战争时期。美国当时冻结了中国在美国国内的资金，致使苏联和东欧国家因担心面临同样遭遇而将大量原来存放于美国的美元转移到了英国银行。当时，出于国内经济重建和振兴银行业的考虑，英国政府允许伦敦各大商业银行进行美元存贷业务，并不受英国政府的银行法规的管理，但必须与本国金融分割开来，欧洲美元市场由此形成。此后，在一系列因素的促进下，欧洲美元市场模式在西欧各国发展起来，以后这种模式在欧洲以外国家和地区也发展起来。而且随着美元的信心问题的产生，欧洲美元市场上的金融机构为了避免损失，开始经营其他强势货币如马克、日元等，这一市场的货币不再仅限于美元。虽然有时习惯上仍称这一市场为欧洲美元市场（也有称欧洲货币市场），但其意义已经发生了变化。促成战后欧洲美元市场发展的原因既有经济的，也有政治的。

从经济上来说，欧洲美元市场较高的收益是其发展的重要原因。由于欧洲美元市场是一种境外货币市场，不受国家的金融法规的限制，没有储备金和利息限制，经营成本低，存贷款收益高于一般国内的资本市场，逐利的驱使下不仅各国金融机构经营这种业务，而且一些国家、跨国企业也纷纷把资金放入这一市场。特别是美元泛滥后，贬值和通胀的压力，使许多资金利用这一市场来保值或投机。以后，浮动汇率制实现后加剧了这一市场的保值或投机功能。

在另一方面，欧洲美元市场有较高的安全性，由于不受银行法规的管理，可以避开一些政治或税收的风险。某些持有美元的美国和其他国家的银行、公司等为了避免它们的"账外资产"被公开暴露出来，引起外汇管理当局和税务当局的追查，更愿意把资金存放在西欧的各家银行。上世纪70年代，石油价格两次上涨，致使许多石油输出国组织（OPEC）成员国手中积累起大量的收支盈余，为追求安全与利润，这笔巨额"石油美元"资金纷纷涌向了这一市场。其中的安全担忧就是担心美国对OPEC成员在美资产进行冻结，因为美国曾扬言对OPEC提升石油价格破坏美国经济稳定的行为进行报复。

另外，美国政府在大萧条后为防范金融风险对国内商业银行实施严格限制的措施（美国1933年银行法的有关条例），如存款准备金、利率上限、限制混业经营和跨地经营等，也不利于一些美国金融机构吸纳外国资金。"把存款人和借款人都吸引到欧洲美元市场上来的关键因素，过去是现在仍然是欧洲美元市场上存款利率与贷款利率之间的利差比美国市场的小。"[①] 除此之外，美国为了减少其国际收支逆差，出台了利息税防止美国金融对外融资。这约束了美国银行的发展潜力和同欧洲银行的竞争能力，美国银行纷纷将现有的美元借贷业务转移到欧洲美元市场上，并在西欧设立分支结构，极大地刺激了该市场的发展。

欧洲货币市场从最初为贸易提供短期融资，逐步发展到向有关国家提供发展资金，并为有关国家的国际收支平衡提供融资渠道。由于发达国家的融资能力较强，因此欧洲货币市场在实质上更多的是一个为发达国家融资的市场，尽管它在市场准入方面并没有任何明确的限制。

欧洲美元市场的出现和发展实质上打破了传统金融市场的国界限制，将各地区金融中心有机联系在了一起，成为较少受政府管理的跨国资本市场。大萧条以来资本主义国家节制和管理资本的努力通过这个市场逐步消解了。资本在这一市场中不受约束的运行导致的市场的内在弊端也充分暴露出来，大量的投机行为也从中产生出来。20 世纪 60 年代和 70 年代一些金融危机都与这一市场有关。

三、第二次世界大战后国际金融制度产生的政治经济影响

布雷顿森林体系确立的国际金融制度确定了各国在世界经济中的权力。美国成为世界铸币国、世界最大的信贷者，是国际货币体制最主要的管理者。这种金融权力为美国在二战后支配世界经济与政治必然提供了巨大的便利，同时也为美国利用这一体制来为自己的政治经济利益服务提供了条件。

第一，美国利用美元的特殊地位和二战后最大的信贷者的条件维持与巩固资本主义世界秩序，恢复资本主义在一些国家的活力，为防止一些国家出现类似于苏联的政治经济体制提供一定的经济保

---

① 转引自姜波克，《国际金融新编》（第三版），复旦大学出版社，2003 年第 7 版，第 205 页。

障。美国实施了援助欧洲的"马歇尔计划"和远东的"道奇计划"，将美元源源不断地送到这两个地区以帮助西欧与日本进行战后重建。西欧和日本经济在美国的支持下健康快速地恢复，这对巩固世界资本主义体系起到关键性作用，也加强与巩固了美国在资本主义阵营的领导权。

第二，美国还利用二战后金融体系争夺对发展中国家的主导权。美国二战后通过"第四点计划"和其他海外援助措施为一些发展中国家提供援助，这为这些国家稳定政局，打击国内的激进民族主义势力，防止出现脱离资本主义阵营的变革发挥了巨大作用，也为这些国家在政治上跟从于美国创造了条件。可以说，二战后的国际金融体系是美争夺第三世界的重要工具，为美国控制发展中国家提供了手段。

第三，二战后的国际金融制度为美国遏制社会主义国家提供了支持。美国在二战后曾经邀请包括苏联在内的社会主义国家加入国际货币基金组织与世界银行，希望通过一定的经济诱惑来促使这些国家的经济体制发生变化。在苏联等社会主义国家拒绝加入这一体制后，这些国家在国际金融市场上的融资就变得十分困难。美国在二战后的政府援助也不可能向这类国家提供。这大大减少了这些国家为了发展获得外部资源的机会。欧洲货币市场可以根据市场的原则向这类国家提供贷款，但成本较高。可以说，由于美国控制着国际信贷的流向，在冷战中，社会主义国家较少能从国际金融市场获得经济发展的资金，这对世界范围内两种制度的竞争有着一定的影响。

第四，美国利用这一体系进行军事扩张。这一体系使美国通过滥发钞票在海外建立庞大的军事基地，有能力在二战后进行两次大规模战争——朝鲜战争与越南战争，与苏联进行军备竞赛。

第五，二战后的国际货币金融体系特点为美国有效地保护本国的经济利益，解决国内的经济社会问题创造了条件。二战后美国对西欧与日本战后重建的援助，一方面解决了国内的剩余资本的出路，另一方面通过援助给美国的商品，特别是资本品的出口提供了市场，这对美国在战后初期解决就业问题有相当大的帮助。美国利用这一制度刺激经济，提高国内福利，如大搞"伟大社会"工程，这对于拉动美国经济增长，增加就业岗位，解决社会问题提供了条件。在二战后相当长的一段时间内，坚挺的美元为美国跨国公司的海外扩张节约了资金，也对美国相对廉价地获得国外经济资源有着积极作用。

可以说，美国在二战后金融体系中的领导地位给予美国控制世界的经济手段，为其国内的经济增长和就业创造了条件。同时它无须担心自己的国际储备数量，无须担心这些紧缩负担会落到本国居民身上。

但是不能不看到，这一货币金融制度对美国也存在着不利的一面，这就是所谓"特里芬困境"所揭示的问题。美元的国际货币地位必然导致美国的贸易出口以逆差为代价，加剧了美国的国际收支的逆差，但美国在解决这一困境时，往往要求其盟国以牺牲自己利益为代价协助美国来稳定美元，以保证美元的地位。因此，上世纪60年代法国总统戴高乐批评美国通过贬值的美元为自己政治经济服务是一种"例外的特权"。

二战后，国际金融体系中受益最大的国家是西欧和日本。美国扶植西欧及日本恢复重建，因为西欧和日本的复兴同美国利益息息相关，在这一时期，美国承受了许多国际金融体系的不平衡关系，例如它暂时放弃了布雷顿森林体系提出的可兑换目标，并向这些国家提供了大量的援助。可以说，日本和欧洲经济的快速复兴，离不开美国在金融上的支持。但同时，在上世纪60年代这些盟国也为美国的国际收支的逆差和美元的地位做出了一定的牺牲，虽然它们对此怨声载道。这反映出西方资本主义大国吸取了战前的教训，在共同的意识形态对手面前，以及在共同的经济利益撮合下，具有共同维持资本主义世界体系的需要，以使美国继续为世界资本主义体系提供"安全保护"。[1]

---

① 这也是斯特兰奇所说的"安全结构"对世界经济的影响，即向世界经济提供安全保障国家可以影响世界经济，获得被提供保护的国家的安全租金。有关内容见 Susan Strange, *Market and State*, pp. 45 - 46.

从最根本上讲，布雷顿森林体系下的国际金融为二战后世界资本主义的巩固与发展提供了巨大支持，为遏制社会主义阵营提供了手段；为美国的世界霸权提供了金融权力，也为美国利用这种权力服务其国内的政治经济利益提供了条件。在资本主义世界经济体系内的国家，不同程度地受惠于这一制度，不同程度地获得了发展资源。

第三节　后布雷顿森林体系的国际金融

一、牙买加协议后的国际货币体系

二战后的国际货币制度的变革是在世界经济遭遇二战后最大的经济危机，美国遭遇二战后最大的霸权挫折条件下发生的。在这种条件下，美国的实力已经无力维持布雷顿森林体系。1969 年美国首次出现经常项目的赤字，到了 1971 年由于经济衰退美国出现了巨额赤字。在这种条件下，美国在经济上无力通过经常账户上的盈余来平衡资本流出和政府海外支出的亏空。通货膨胀、生产力下降、高估的美元，以及与西欧与日本贸易关系的恶化，使得美国很难维持美元兑黄金的价格。[①] 1973 年由于"石油冲击"，世界经济进入二战后最严重的衰退期，进入"滞胀"，美国受影响尤甚，而且经常项目的逆差进一步加重，改变美元黄金本位势在必行。而稍早时期，大量的海外美元在欧洲货币市场的投机使得有关国家无力应对，纷纷实行浮动汇率，同时也加剧了对美国的抱怨。

与此同时，美国在越战的失利，引发了国内的更大的反战浪潮，加之苏联力量的上升，以及第三世界在世界政治中的力量兴起，美国在国际政治中已经无法维持过去的绝对主导局面。而且，包括其盟国在内的大量持有美元的国家如法国、德国和日本等国越来越对美国的安全政策不满。经济实力的下降和政治衰落迫使美国

---

① 弗朗西斯·加文，《黄金、美元与权力》，严荣译，社会科学文献出版社，2011年，第 239—240 页。

进行变革，战略上通过收缩来缓解过度扩张带来的实力不济，通过均势来保证美国的地位，同时希望盟国更多地承担责任；经济上同样希望甩掉束缚自身的结构性包袱，抛弃黄金与美元的承诺，通过美元贬值和弹性汇率来促进美国的出口和经济增长以维持其霸权地位。这种经济上的做法也是让其盟国分担责任的一种形式。

1971 年美国宣布放弃美元兑换黄金，并在当年召开的十国集团会议上（即"史密森协定"）宣布美元兑黄金贬值。到了 1973 年美国再次宣布美元贬值，而此时西方主要的经济大国如加拿大、意大利、瑞士、日本、英国等宣布了实行浮动汇率。此时，布雷顿森林体系的基本要素如金汇兑本位、固定汇率已经不复存在，二战后的货币制度进行变革已经成为既定事实，这使得 1971 年十国集团会议保持"稳定但可调整的汇兑平价体系"的希望破灭。1976 年国际货币基金组织的"国际货币制度临时委员会"在牙买加首都金斯顿召开会议，会上达成了著名的"牙买加协议"。同年 4 月通过了《国际货币基金组织协定第二次修正案》，其中对国际货币体系做出了新的规定，新体系形成。"牙买加协议"后的国际货币体系呈现如下特点。

第一，国际储备多元化。黄金不再是主要的储备手段，国家间不以黄金来清偿债务，但黄金仍可以以一定比例存在于一国的储备构成中。美元亦不再是国际储备货币的唯一形式，一些强势货币如日元、（后来的）欧元等在世界储备中的比例有所增加，但美元仍是主导储备，所以有人把这一货币制度称为"纸美元本位"。

国际储备多元化一定程度上降低了美元的绝对特权地位，缓解了"特里芬困境"给国际货币制度带来的问题，但必须承认美元虽不再具有在布雷顿森林体系中的独一无二的地位，但它依旧是国际主导货币，其作用仍强于其他任何货币。因此，美国仍保持着一定的确定国际币值、操纵流通性的特权。另外，一些成为国际储备国的国家在一定程度上也具有了这种权力，但这种权力与美国相比份额很小。

黄金同美元完全脱钩，不作为国际债务的清偿手段，完全消除了美国发行美元的硬约束。纸本位的美元使美国有可能更自主地操纵美元价值，进行债务清偿，促进对外贸易，促进经济增长，其他主要货币国也可以根据国内需要自主决定货币政策。但不以黄金为基础的多元储备还带来了另一个问题，即主要储备货币之间的汇率稳定的问题。各储备发行国都可以自主地操纵币值和流通性，如何协调大国间货币政策，防止"以邻为壑"的货币政策就非常重要。

第二，汇率安排趋向于自由化，多样化，浮动汇率与固定汇率并存。"牙买加协议"后世界各国采取多种不同形式的汇率制度，既有趋近于固定但可调整的固定汇率制或爬行钉住制，也有浮动的各种形式的"弹性汇率制"，如有管理的浮动等。总体上，牙买加体系中的汇率制度呈现两大趋势：第一个是主要大国之间货币的汇率是浮动的；第二个趋势则是发展中国家大多数采用钉住某单一硬通货的钉住汇率制。

浮动汇率制是国际货币体系发生根本性变化的最重要标志。它让美国摆脱了过去美元汇率变动的困难，有利于美国的出口和经济增长。汇率制度的转变是汇率市场化的重要表现，浮动汇率制下，各主要货币储备国可以根据市场的供求变化自动进行调整，逆差国和顺差国都要及时地适应市场的变化，不像固定汇率那样，逆差国进行调整，顺差国可以利用资本输出的方法来规避调整。这种改变对当时处于逆差国的美国相当有利，可以使顺差国自动服从市场的变化，而不必让美国迫使其货币升值。但这种设想在以后的实践中证明并不一定有效，一些国家仍可以通过干预外汇市场防止汇率的变动。另外，完全市场化的汇率机制在存在着大量国际"热钱"的情况下为以后的金融危机埋下了伏笔。汇率的过频、过大的变化不利于国际贸易与投资，反而助长了投机。所以，"牙买加协议"中强调要"恢复稳定的但可调整的平价制度"，并不是没有道理的。

第三，国际收支不平衡的调节机制。浮动汇率制本身就可以自动实现国际收支均衡，另外还有一些其他手段和渠道来辅助，如：（1）通过利率工具引导资金流入或流出以达到改善的目的；（2）利用国内政策工具，通过改变总需求和总供给实现调节（主要针对根本性失衡）；（3）通过金融市场或其他渠道（包括国际组织和一些国家）融资；（4）加强国际协调，促使顺差国同逆差国共同承担调节义务以恢复平衡。这些辅助手段基本上是布雷顿森林体制下已经存在的调节手段。

"牙买加协议"确定的浮动汇率制当时是为了适应美国的需要，因为它当时希望其他顺差国承担调整的成本，但正如上述所说，这一设想是否有效还存在着问题。另外，辅助手段中的第一和第二项都对经济有一定的负面影响，第三项国际融资中一是仍存在着 IMF 资金是否够用的问题，二是存在着金融市场融资成本过大的问题。最后，国际协调中有关国家并不一定愿意放弃自身的利益。

"牙买加协议"主要是为了解决当时国际货币的突出问题，即美元的信心问题。但解决的方式是以有利于美国的方式进行的，为美国卸下了重大包袱，并且让一些顺差国承担更大的责任。虽然其盟国也获得了一定的铸币权，但相对于美国微不足道。在国际贸易、国际主要商品的计价、国际储备中，美元仍是最重要的国际货币，美国仍然享有巨大的金融权力。

同布雷顿森林体系相比，在国际储备货币的适度性、信心和国际收支调节制度上，新的货币制度并没有解决实质性的问题，使国际货币制度处于不稳定状态，也在一定程度上影响世界经济的稳定运行。这种制度对发达的储备发行国和一般的国家，特别是发展中国家来说带来的风险是不同的。

在以美元为主的国际货币的适度性上，美元泛滥和美元短缺问题交替出现。如上世纪 80 年代初美国采取高利率政策，大量美元回流，整个世界经济处于紧缩状态；在之后的 1985 年又是美元的贬值。2008 年金融危机后美国采取大规模的刺激和"量化宽松"政策，美元泛滥，整个世界处于通胀状态，但 2014 年美元又开始回流。虽然美元经常性地变化，但总体上其作为国际主要储备是处于一种增长发行的状态，其表现就是美国不断上升的债务。美国的债务与其长期以来一直储蓄率不高、政府支出过大有着密切关系。造成美国过大的政府支出的原因如下：（1）美国军备增长和海外战争与干预有关；（2）美国国内政治导致税收下降，一旦面临经济低迷政府就通过扩张性的货币政策刺激经济；（3）与经济全球化导致的税收难征的问题有关；（4）最后就是"特里芬困境"带来的影响。

　　美元流动性的变化无常导致整个世界，特别是发展中国家的经济受制于这种不稳定，由此酝酿成金融危机和风险。如上世纪90年代东南亚一些国家的金融危机在一定程度上与这种变化有关。泰国等一些国家是钉住美元的，美元走强必然带来泰铢走强，出口竞争力减弱，经常性项目出现逆差。这给国际炒家进行投机带来了机会，最后导致金融危机。

　　新的货币制度没有解决信心问题。新货币制度中各种国际储备的过量必然导致信心问题，尤其是美元的信心问题。特别是在新的制度下，由于储备货币的发行缺乏统一的标准，汇率是重要的体现外汇储藏价值的标准，美元汇率大幅波动的历史已经使世界对美元的信心产生了一种难以确定的状态。美元的坚挺使美元储备升值，美元的疲弱导致美元储备贬值，而美国往往根据其国内的经济需要实施其货币政策，其他储备货币也存在着这样的状态。经常性主要储备的汇率大幅变动会导致持有外汇财产的国家面临着财产损失的不确定性。尤其是在经济全球化条件下，大量外债或外资存在，非储备发行国必须保证大体等同于外债或外资的外汇储备来应对可能的金融风险，这样，这些国家不但要承受外汇财产损失的风险，还要承受着巨大的外汇储备成本。这些巨额的外汇储备本可以用于国内的经济发展，产生更好的经济收益，而目前只能购买低息的美国国债。从总体的趋势来看，美元过度增发带来的信心问题在与时俱增。由于各国持有大量美元，这些美元在美国境外对美国物价没有较大的影响。而且美国似乎绑架了世界，使得许多国家处于非常尴尬的境地：持有美元担心损失，兑换美元也担心损失。

　　新货币制度下的调整问题也存在着巨大问题。发达的储备发行国有较多资源来调整国际收支，如可以通过利率的变动来影响资本流向，或者通过金融市场借贷来弥补收支不足，它们还可以通过彼此的政策协调来解决，但不会受国际收支调整的影响而产生紧缩。但对其他国家，特别是发展中国家来说，收支逆差很可能导致国内紧缩甚至是经济受制于债权国，上世纪80年代发展中国家的债务危机产生的结果就是这样，2010年欧洲一些国家爆发的债务危机也是这样。而且这些国家调整的资源也受到限制，有些国家货币大幅贬值导致资本抽逃，国际借贷受到严格的条件限制，没有能力参与国际协议，只能是在贷款的基础上实施紧缩，经济陷入衰退。因此，越是不发达的国家在这一制度下，融资手段相对越少。

　　在新的制度下，国际组织的融资更多地让位于金融市场的融资。[①] 这样国际组织的流动性不足在一定程度被市场化的资本补充了，但国际组织如世界银行和 IMF 在这种市场化的融资中仍经常扮演一个重要保证者的角色，对金融市场的借贷起到一定的风险预警的作用。这就使其中的融资受政治因素的影响依然很大，发达国家通过 IMF 和世界银行操纵借贷的可能性依然存在。市场化的融资使有关国家的融资成本远高于来自国际组织的借贷，因为这种市场化的融资利息远高于来自 IMF 和世界银行的贷款。这种市场化的融资更使有关国家无法摆脱国内经济紧缩的压力，因为代表债权人的西方大国经常对债务国施加压力，要求其进行紧缩以保证债务的及时偿付。所以，在新的制度下，越是不发达国家遭遇国际收支逆差时调整的成本越高。

　　因此，"牙买加协议"后的国际货币制度给世界经济带来了巨大的不稳定性。美元作为最主要通货的币值不稳定和主要国际货币之间汇率经常大幅的变化给国际贸易和投资带来了巨大的不确定性，而且引发了大量国际金融投机，而投机又进一步加剧了这种不稳定。在这种不稳定的货币环境中发展中国家较发达国家承受着更大的风险，而且承受巨大的经济、社会与政治的成本。为了防范可能的金融风险必须大量持有外汇，否则一旦不慎往往就会陷入金融危机，由于手段有限，受制于人，带来的紧缩对社会与政治的稳定都会产生巨大的负面作用，而大量持有外汇是在浪费或者说低效地使用这些宝贵的外汇资源。发达国家，特别是美国，由于美元的储备货币的作用，可以从各国美元储备中获得相对低息的大量贷款（卖出国债）进行它们所希望的政治、经济活动，可以随意地调整美元的价值获得铸币收益，国际收支调整可以不以牺牲国内经济与

---

　　① 　Benjamin J. Cohen，"Balance-of-payments Financing：Evolution of a Regime"，*International Organization*，V. 36，No. 2 (1982 Spring)，pp. 457 - 458.

社会的福利为代价。

在纸美元本位下，由于没有贵金属作为基础，其信心从根本上来自储备发行国的经济、政治和军事实力。经济实力保证了储备发行国向持币者提供高质量的商品与服务。政治实力是储备发行国保证国内社会与政治稳定的政治基础，以此来促进经济发展，使得货币发行与经济增长相对平衡。军事实力是保障这种货币秩序的最后强制力。从今天看来，美国仍是世界第一超级大国，不论在经济、政治和军事上都具有超群的实力。美元作为世界主要储备的局面在可预计的相当长时间难以改变，但美国向世界提供高质量商品与服务的竞争能力在下降。因此，美国主导的国际货币体制还可能在较长时间内存在下去，但这个时间长短与美国不断滥用铸币权力，不断增发钞票的做法成反比。

目前，为了改善自己的处境，一些新兴国家已经开始做出了尝试，希望在互利共赢的基础上，建立某种补充性安排。2014 年 7月，金砖国家（中、俄、印、巴西、南非）在巴西签署了《关于建立金砖国家应急储备安排的条约》，决定建立金砖国家应急储备基金（各国政府批准后生效）。应急储备安排将补充和强化自己的全球金融安全网。应急储备安排初始承诺互换规模为 1 000 亿美元，中国出资 410 亿美元，巴西、印度和俄罗斯各 180 亿美元，南非 50亿美元。该安排是在有关金砖国家出现国际收支困难时，其他成员国向其提供流动性支持、帮助纾困的集体承诺。应急储备安排的建立并不意味着国际储备的直接转移，只有在有关国家提出申请，并满足一定条件时，其他成员国才通过货币互换提供资金。为保障出资方资金安全，金砖国家应急储备安排要求大部分出资与国际货币基金组织贷款安排挂钩。但考虑到紧急情况下互换资金的快速拨付，应急储备安排允许资金流入国在无国际货币基金组织借款规划情况下，从该应急储备安排中融资最高可达其在该安排下最大借款额度的 30%。这一协议的意义在于，这是新兴市场经济体为应对共同的全球挑战、突破地域限制并创建自己集体金融安全网的重大尝试，将使新兴市场经济体在已有的由发达国家控制的国际金融体系中为自己增加新的金融安全保障，联合应对外部冲击，有关国家今后在面对金融危机时，将有更多的自主性选择。这可以减少西方的政治与经济干扰，也将在金砖国家和全球的金融稳定上发挥重要作用。但这个拟建的应急基金只是一个补充，它还不能替代现在的国际货币体系的安排。

二、当今国际金融的新特征

"牙买加协议"后的国际金融延续了二战后国际金融的发展，信贷者构成仍然呈现国际金融组织[①]、国家和欧洲货币市场并存的格局。然而，国际金融市场也出现了新的特点，这种特点是：(1) 国际金融市场一体化与开放；(2) 新兴力量作为信贷者进入国际金融市场。

1. 国际金融市场的一体化与开放

国际金融市场一体化是指各国或地区在金融市场、金融业务、金融政策等方面相互依赖、联系和影响而逐步成为一个整体的趋势。国际金融一体化既是一种状态，又是一种过程。这一过程是与国家对金融市场的开放和放松管制分不开的。下面从三个方面来分析国际金融市场的一体化和开放。

(1) 金融市场全球化

金融市场全球化包括两个方面：一是欧洲（美元）货币市场发展形成的跨国金融市场；二是各国国内金融市场开放形成的内外贯通的金融市场。

上世纪 50 年代出现的欧洲美元市场自 70 年代以后有了巨大的发展。一是来自"石油美元"的巨额资金流入，使这一市场的资金规模有了巨大发展，业务范围从过去主要以贸易融资为主，变化为有关国家的经济增长和稳定货币融资。二是欧洲货币市场的范围不断扩展，从 1968 年新加坡成为亚洲第一个开设这一市场的欧洲外国家，逐步发展到全球五大洲众多国家，特别是 1981 年美国批准在境内开设，标志着欧洲货币市场最主要的限制区域被打破。世界贸易

---

① 上世纪 70 年代中期以后，国际货币基金组织也部分地参与了金融借贷，向金融市场发放非稳定货币的货款。

组织成立后服务贸易协定的生效，加快了欧洲货币市场的发展进程，一个跨国的较少受政府干预的全球金融网络形成，实现了全球24小时离岸金融市场的运行，成为全球金融一体化的重要体现。这一市场为巨额跨国资本提供了一个较高收益的获利渠道，也为许多国家、跨国公司和政府担保的机构提供了另类的融资渠道。同时，由于这一市场的融资金额较大，融资形式往往采用的是辛迪加银团形式，又形成了这一市场融资机构的跨国化。

欧洲货币市场的形成与发展与国家放松对金融市场的管制有着密切的关系。这一市场最初就是在政府允许下建立的，其后的发展离不开政府的放松管制，当然银行业的竞争也是促使政府放松管制的外部压力。政府对金融市场的放松管制，通过这一离岸市场开始打破了各国金融市场相互分割的格局。

国内金融市场的开放是金融市场全球化的另一重大体现。二战之后资本的跨国流动一直是国家对金融控制的重要方面，即使在布雷顿森林体系内，资本项目也没有列入开放之列。但自上世纪70年代开始，主要西方国家开始放松对国内金融市场的管制，允许资本的自由跨国流动。通过对外开放银行，允许外国银行在国内开设分支，开放包括证券业在内的国内各类融资市场，国家对国外资本，特别是短期资本打开了大门。相对于易受关税和非关税壁垒制约的贸易自由化进程而言，资本的自由流动几乎成为最不受国家管制的领域。这样二战结束后国家对资本项目的管制逐步开放。国内金融市场与国际金融市场之间的阻隔打通了，两个市场连成了一体。

金融市场的全球化为资本的国际自由流动开辟了更为便捷之路。它为全球各地的投资者和资金需求者提供了大量种类不同的金融工具和统一开放的大市场，为投资和融资创造了越来越有利的条件。而且，由于科学技术的突飞猛进，尤其是电子网络科技的日新月异和卫星通信技术的发展，分布于世界各地的金融中心已经真正实现了无国界与无时滞的资金流动。这是金融适应全球化生产的重要表现。

然而，伴随金融全球化，巨量的国际游资成为国际金融市场中资本的重要组成，国际资金流动的速度和规模越来越超出实物经济增长的规模，国际金融市场开始渐渐脱离国际商品与劳务市场。国际货币体制的不稳定和变化、浮动汇率的出现、各国通胀率和经济增长的差异，促使游资为套利、套汇目的频繁流动，又加剧了资金特别是短期资金的跨国流动，这为国际金融秩序的不稳定创造了条件，带来许多无法控制的高风险。这些风险包括：

① 由于浮动汇率以及各国利率的差异，各种套利和投机的资金在不受限制的边界流动很可能影响有关国家货币的稳定，引发货币危机；

② 大量的剩余资本和银行间的竞争使得国际金融市场出现了过度借贷的现象，利率的市场化、借贷的短期化以及汇率的频繁波动性等因素使得借贷成本和风险很高，极易产生债务危机，特别是发展中国家的债务危机；[①]

③ 由于国家管制的放松，银行等金融机构受到的限制越来越少，因信用危机和道德风险引发金融危机的可能性很大，因此一旦出现还贷困难就很容易引发挤兑危机和清偿危机，导致银行危机；

④ 金融市场全球化使得各金融中心间、各国金融机构间、不同金融市场间的联系异常紧密，如金融机构相互间常常通过互购对方债券的方式分担风险，因此，这种网络状的借贷关系和混业经营使得金融机构信心危机传播十分容易（即危机的发生往往具有"多米诺骨牌"效应），形成世界性的金融危机。

（2）金融业务创新和"影子银行"出现

金融一体化另一个重要体现就是各国的金融业务出现了新的变化，各金融机构业务已经与传统业务有了很大的不同，已经在传统的业务基础创新出新的业务。金融产品的创新成为普遍现象。

从20世纪六七十年代以来，西方主要以银行为主的金融机构为了应对国家的监管和所谓"脱媒型"信用危机，即存款机构的资金流失、信用收缩、赢利下降、银行倒闭，以及汇率的浮动和通货膨胀带来的风险，在传统的业务基础上创造出许多过去没有的新工

---

① 过度借贷现象见《让全球化造福全球》，第197—201页。

具、新服务，这使得传统的金融机构的业务发生了巨大变化，新的创新业务金额逐步地占据金融机构的业务主体，而传统的服务于实体经济的金融业务却退居其次。截至 2007 年底，传统金融产品总值约为 70 万亿美元，1999 年至 2007 年间，其年均增长为 5.9%，而衍生产品名义合约额超过了 165 万亿美元，其年均增长为 21.7%。伴随这种金融创新产品的出现是所谓的"影子银行系统"（The Shadow Banking System）的出现。

　　金融产品创新主要表现为基础金融产品创新和金融衍生品的出现。金融基础产品创新主要是指商业银行在传统的基础产品中创造出来的一些新的金融产品与工具，如创造可变利率的债权债务工具（可变利率存款单、可变利率抵押契约、可变利率贷款等）；金融衍生品（derivatives）是指金融机构开发出的依赖于基础资产（underlyings）价值变动的合约（contracts），它包括利率和货币的互换、期权、期货、远期等。衍生品是把传统商业银行存贷业务同证券市场投资业务相结合，在金融产品的流动性和收益性之间创造出的多种新类型。这其实是银行业进行的变相证券化的业务运作。最初这些新业务的开展是为了应对浮动汇率和通货膨胀而进行的保值，或是为了加强基础金融工具的流动性，帮助原有金融中介机构规避法律限制，打破原有金融管制，但后来逐步发展成为投机行为，为套利、套汇行为提供了重要条件。这些业务的不断发展给各金融机构，特别是商业银行带来了巨大的信用风险。

　　创新的金融产品运作造成了一种"影子银行系统"。"影子银行"实质是把传统的银行信贷关系演变为隐藏在证券化中的信贷关系，由于其巨大的杠杆作用，金融机构通过证券化的运作把信用进行了无限扩张。这种信贷关系看上去像传统银行，但仅是行使传统银行的功能而没有传统银行的组织机构，即类似一个"影子银行"体系存在。"影子银行"这种低成本和收益的信贷扩张在激烈的市场竞争条件下，逐步发展成全球的现象，并具有平民化的特征，各国金融机构纷纷介入这一系统，许多国家的一般百姓也成为这一系统的参与者。

　　"影子银行"有几个基本特征：第一，资金来源受市场流动性影响较大；第二，其负债不是存款，不受针对存款金融机构的政策的严格监管；第三，受监管较少，杠杆率较高。虽然它具有和商业银行类似的融资贷款中介功能，却游离于货币当局的传统货币政策监管之外。

金融产品的创新与"影子银行"的出现，使资本越来越脱离国家的监管，也使金融机构传统的风险保障措施失去了作用，是资本不受节制的重要表现。虽然它可以为金融机构带来巨大的利润，但内在的风险也极高。在金融机构业务联系日益密切，各类金融市场彼此关联的条件下，极可能导致金融危机。2008 年的美国"次贷危机"就是这种创新与"影子银行系统"造成的。

金融产品的创新和"影子银行"都游离于实体经济之外，并且可能产生极高的收益率，利润的追求促使金融机构把更多的精力与财力放入这一领域，这使得金融机构的中介作用越来越背离了它的原初功能——促进生产和贸易，造成金融业的虚假与非理性繁荣；另一方面，它的高风险性和易导致金融危机的特征，给实体经济带来了巨大的潜在威胁。

金融产品的创新由于与汇率、利率以及许多初级产品如小麦、石油等有着密切的联系，由此产生的投机加剧了汇率和利率的波动、初级产品价格的动荡，对世界货币体系和重要的初级产品价格的稳定造成了很大的负面影响，助推了世界经济的动荡。

（3）金融政策的趋同

自 20 世纪 70 年代以来，金融一体化的另一个特征就是趋同，其表现就是开放与放松管制。各国竞相在金融领域实行市场自由化的改革，这些改革的主要内容包括：① 取消或放宽各类金融机构经营的业务领域的限制，允许各类金融机构之间的业务交叉，甚至允许各类金融机构进行融合，组成混业经营的金融联合体；② 取消各类金融存贷款利率的限制，实行利率市场化；③ 打破商业银行等金融机构的区域经营限制，允许自行设立分支机构；④ 开放包括国内证券市场在内的金融市场，允许外国银行在本国自由建立分支机构，放宽外国银行的业务经营范围的管制，取消外国居民在本国金融市场融资的限制，等等。这些措施彻底打破了大萧条以来西方各国对金融的管制，不仅放松了国内金融机构的经营限制，而且对外开放了国内的金融市场。这些措施后来在许多发展中国家也逐步得到实施。

这种变革首先从世界最古老的金融中心——伦敦城开始。1986年英国开始了所谓的金融"大爆炸"（Big Bang）式改革，这一改革后来影响了整个世界的旧金融监管体系，引发了全球金融自由化浪潮。

此后世界许多国家或效法英国或迫于国际压力开始放松了对金融体系的管制。法国在二战后经历了银行国有化运动，但20世纪80年代后开始了银行私有化和银行重组，拉开了法国金融自由化的序幕。在俄罗斯，银行体系是市场化改革发展最为迅速的领域，其商业银行体系的创建，则成为转轨经济的龙头。同为转轨经济国家，中东欧各国的金融自由化自20世纪80年代末开始进行了10多年，特别是波兰和匈牙利金融体系的自由化改革，受到了西方国家的主流观点的高度评价。

1997年的一场亚洲金融危机曾使韩国金融自由化受挫，但韩国并没有从此告别金融自由化进程。依靠政府的大力推动而形成金融中心的模式——"新加坡模式"，金融危机之后同样在亚洲国家没有停步。

拉美一些国家是在"债务危机"后迫于"华盛顿共识"压力进行了金融领域的改革开放。智利是拉美国家中主动放松金融管制的典型，1986年智利新的银行法出台，虽然对过去的自由放任进行了一定限制，但总体上仍然强调开放和竞争。

20世纪90年代一些重要的资本主义大国也开始了金融自由化进程。1998年日本政府直接参照英国的样本进行金融自由化改革，其核心是通过放松金融管制，促进金融自由化。经过修改的《外汇管理法》和《日本银行法》的主要内容是放宽外汇交易限制，外汇交易的场所并不局限于特许银行，甚至连超级市场也可以从事货币兑换。日本金融业正式走向自由竞争。

美国在20世纪90年代也进行了放松管制的自由化重大改革，具有划时代意义的《金融服务现代化法案》于1999年11月通过。

从此，美国正式告别 1933 年银行法对金融系统的管制，进入一个全新的金融体系自由时代。

金融市场的开放、业务的创新以及国家的开放与放松管制政策是互为促进的。国家的管理放松带来了市场的全球化，促进了金融业务的创新和竞争的加剧，这一切反过来又促进国家进一步放松管制。如欧洲美元市场在国家的放松管制下发展，这促使美国逐步放开对银行业的管制，加速了市场全球化的进程；市场全球化的发展，又促使美国在竞争的压力下进一步放松管制。从 20 世纪 60 年代以后美国政府逐步放松对 1933 年银行法的实施，直到 1999 年制定完全开放的新银行法的过程就充分地体现了这一点。

金融政策的开放与放松管制导致了许多国家出现金融危机，因此，西方国家开放的进程有所回缩，金融政策管制有所回潮。英国金融开放后，金融危机不断，如 1988 年英国的国际贸易与信贷银行几乎破产，1995 年英国的老字号巴林银行由于新加坡分行因期货投机遭受损失而陷入破产边缘，后被荷兰银行收购。这些危机体现了政府放松银行金融活动监管带来的弊病。因此，1997 年布莱尔上台后承诺要改革金融监管体制，防范金融业日益增加的系统风险，确保金融业对经济的良性作用。2000 年英国新的金融法——《2000 年金融服务和市场法》出台，标志着英国的金融政策改革有所变化。2001 年 11 月，新金融法的细则出台，12 月 1 日起，新的金融法及其细则全面落实，英国又成为世界上第一个在开放条件下金融政策有所转向的国家。英国这次改革的主要内容是：一是加强金融监管机构独立性，使之不受政府更迭的影响；二是实行货币与金融的分类管理，中央银行只负责货币稳定，金融监管机构只负责金融市场稳定；三是加强金融活动的监管范围与力度，按风险分类，无论是银行、保险公司、住房基金还是证券公司，同类活动服从同类的法律与监督，这在一定程度上对金融创新产品和"影子银行"有所监管。

随着一些国家先后发生重大金融危机，如 2007 年法国兴业银行案和 2008 年美国次贷危机，主要的发达国家也开始重新加强了监管，特别是对创新业务与"影子银行系统"的监管，针对金融业的混业经营状态把过去的分业管理重新归于统一管理，并从过去的功能管理向目标管理转变，通过把投资银行纳入商业银行来减少风险；另外，针对金融机构过去对消费者兜售金融产业时的欺诈加强了对消费者的保护。2010年美国出台的被称为继1933年金融法后的最严厉金融法——《多德-弗兰克法》正是这种监管的体现。

　　这种政策的变化在危机以后的欧洲金融政策中都有所体现。在泛欧金融监管改革法案中，欧盟也设立了一个主要由成员国央行行长组成的欧洲系统性风险委员会（ESRB），负责监测欧盟金融市场上可能出现的宏观风险，及时发出预警，并在必要情况下建议采取措施。实际上泛欧金融监管新政的核心，在于负责宏观审慎性监督的欧洲系统风险管理委员会的设立。该委员会重要职责包括控制欧盟信贷的总体水平，抑制泡沫出现，确保欧盟作为一个整体更好地应对未来的金融危机。但所有这些新的管理措施都只是加强了过去没有或较少监管领域的监管，并没有根本改变金融全球化格局，也没有取消创新产品，只是要求各种金融机构规范竞争，加强风险管理。即便如此，这也在一定程度上反映了金融市场开放后社会的不安和质疑情绪。

　　国际金融市场的开放和一体化是资本力量挣脱国家束缚的产物与结果。这其中原因之一是资本力量不满福利国家"高收支、高税收和高福利"的政策，它们通过资金的国际流动来规避福利国家的管理。而在资本的压力下国家采取了纵容的政策，逐步放松对金融的管制，以求留住资本，促进经济发展。资本利用这一点迫使一个个国家开放金融市场，资本力量在市场中无节制的横冲直撞使得金融市场的风险剧增，整个国际金融市场像一个"大赌场"，频繁的金融危机就是这一"赌场"的恶果。

　　2. 新兴国家作为信贷者进入国际金融市场

　　长期以来，国际金融市场的信贷者一直是西方发达国家。但自上世纪70年代以来，新兴国家逐步以信贷者的角色进入这一市场，特别是进入21世纪以来这种趋势在加强，新兴国家作为一种相对独立的信贷者开始对国际金融市场发生影响，改变了过去西方国家完全主宰国际金融信贷市场的局面。

首先以信贷者角度进入国际金融市场的是一些石油输出国组织成员国家，由于这些国家从石油出口中获取了巨额的"石油美元"，它们有能力把获得的"石油美元"作为贷款投入国际金融市场。这些巨额的"石油美元"除相当一部分作为存款进入欧洲货币市场外，还有一部分以独立于西方金融机构的贷款进入国际金融市场。以沙特阿拉伯为例，除较早建立了3 000亿美元的主权投资基金对外投资外，沙特的金融机构和企业也加入对外投资的行列。沙特对外投资的一部分用以购买西方国家的债券，如美国政府的债券，一部分用以向国际组织投资，如向IMF和世界银行投资，一部分用以购买西方发达国家的大型企业和金融机构的股票，如IBM、通用汽车、摩根担保信托公司、巴黎国民银行等，还有一部分用以对一些发展中国家进行援助贷款，如对巴西、刚果、埃及的短期贷款以及较长期限（一般是从12年到20年）的贷款。① 但由于政治原因，沙特对外投资并没有摆脱西方国家的影响，没有形成一种独立的信贷力量影响国际经济与政治，而是更多地支持了西方的经济。虽然如此，沙特的对外投资一定程度改善了沙特的国际地位，比如对IMF和世界银行的投资为沙特赢得了这些机构独立董事的职位，也在一定程度上加强了对西方国家的政治经济影响力，通过向一些发展中国家发放贷款，沙特促进了南南合作，增进了在阿拉伯世界和发展中国家的影响力。另外，科威特早在1953年就建立了700亿美元的主权投资基金。随着石油收入的增加，科威特的部分石油收入作为对外投资的资金进行海外投资。这笔资金大部分投向了发达国家和国际组织，也有一部分流向了发展中国家，根据1983年的统计，科威特对外援助资金流向最多的国家是阿拉伯国家，占其对外援助的一半，1/3流向了亚洲国家，18%流向了非洲国家，在海湾国家的对外援助中处于首位。这对增进阿拉伯国家的团结和共同发展起了一定的作用。除此之外，许多产油国积极利用

---

① 有关沙特对外投资见韩建伟，《20世纪七八十年代沙特阿拉伯对外投资状况分析》，《胜利油田党校学报》，2005年，第6期。

石油收入对外积极投资，如文莱在 1983 年建立了 300 亿美元的主权投资基金。

进入 21 世纪以来，一些新兴国家如中国、俄罗斯开始以新的信贷力量进入国际金融市场。这些国家不仅积极加大了对外援助，而且作为投资者积极在国际市场寻找投资机会，如俄罗斯在 2004 年设立 300 亿美元的主权投资基金（稳定基金），中国在 2007 年设立了 3 000 亿美元的主权投资基金（中国汇金投资公司）。除此之外，新兴国家还尝试建立独立的金融国际组织来促进世界的经济发展，特别是发展中国家的经济发展。

新兴国家的资金，如同石油美元一样，部分购买了西方国家的债券特别是美国的国债，部分购买了西方国家的企业与金融机构的股份，投资国际金融组织，对一些发展中国家进行援助。在援助发展中国家方面，一些新兴国家如中国随着其经济发展，不断加大援助力度，努力通过援助促进广大发展中国家共同发展。2006 年 11 月，中国在中非论坛北京峰会上提出的非务实合作的 8 项政策措施之一就是建立中非发展基金（China-Africa Development Fund），这一基金是为支持中国企业开展对非合作、开拓非洲市场而设立的专项资金。2007 年 6 月中非发展基金正式开业，这是目前中国最大的私募股权基金和第一支专注于对非投资的股权投资基金。这一基金已由中国政府正式批准成立，首期 10 亿美元资金由国家开发银行出资，最终达到 50 亿美元。另外，2010 年至 2012 年，中国对外援助金额为 893.4 亿元人民币，包括无偿援助、无息贷款和优惠贷款三种方式，这些援助绝大部分（80％以上）流向了发展中国家，而且投入的领域都是与经济建设、民生与发展相关的领域。这说明，像中国这样的新兴国家通过投资方式促进发展中国家的社会与经济的发展（见图 4 - 1、4 - 2）①。

---

① 有关图表和数据来自《中国的对外援助（2014）》白皮书，见新华网：http：//news. xinhuanet. com/politics/2014－07/10/c_1111546676. htm。

中高收入国家，12.3%

其他，5.4%

中低收入国家，21.2%

其他低收入国家，9.0%

最不发达国家，52.1%

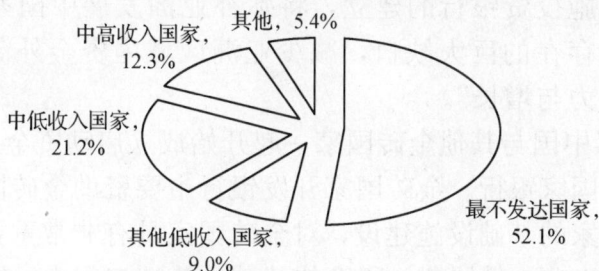

图 4-1　2010—2012 年中国对外援助资金分布（按受援国收入水平划分）

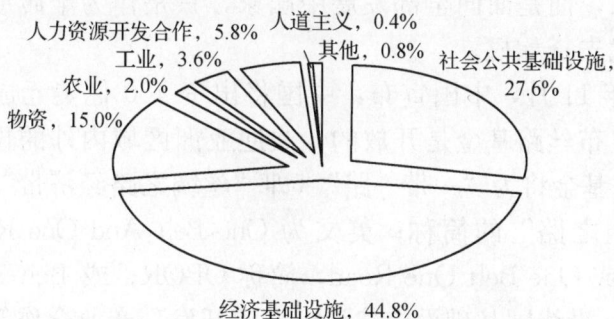

人力资源开发合作，5.8%　人道主义，0.4%

工业，3.6%　其他，0.8%

农业，2.0%　社会公共基础设施，27.6%

物资，15.0%

经济基础设施，44.8%

图 4-2　2010—2012 年中国对外援助资金分布（按援助投入领域划分）

最为重要的是近年来新兴国家开始尝试建立独立于西方的金融机构来促进自己的发展。中国 2010 年 11 月在杜尚别召开的上海合作组织成员国第九次总理会议上，建议上合组织深化财金合作，研究成立上海合作组织开发银行，探讨共同出资、共同受益的新方式，扩大本币结算合作，促进区域经贸往来。

2013 年，中国倡议筹建亚洲基础设施投资银行（Asian Infrastructure Investment Bank，AIIB），愿向包括东盟国家在内的本地区发展中国家的基础设施建设提供资金支持。2014 年，包括中国、印度、新加坡等在内 21 个首批意向创始成员国的财长和授权代表在北京签约，共同决定成立亚洲基础设施投资银行，截至 2016 年 1 月开业时已有 57 个国家成员国，这些国家包括了来自西欧的众多发达国家。亚洲基础设施投资银行一方面能继续推动国际货币基金组织和世界银行的进一步改革，另一方面也能补充当前亚洲开发银行（ADB）在亚太地区的投融资与国际援助职能。

亚洲基础设施投资银行的建立，将弥补亚洲发展中国家在基础设施投资领域存在的巨大缺口，减少亚洲区域内资金外流，投资于亚洲的"活力与增长"。

2014年中国与其他金砖国家一起开始成立启动资金为1 000亿美元的金砖国家银行。金砖国家开发银行主要资助金砖国家以及其他发展中国家的基础设施建设，对金砖国家具有非常重要的战略意义。巴西、南非、俄罗斯、印度的基础设施缺口很大，在国家财政力所不逮时，需要共同的资金合作。金砖国家开发银行不只面向5个金砖国家，而是面向全部发展中国家，只是作为金砖成员国，可能会获得优先贷款权。

2014年11月，中国宣布，中国将出资400亿美元成立丝路基金，并且宣布丝路基金是开放的，欢迎亚洲区域内外的投资者积极参与。丝路基金将为"一带一路"（即"丝绸之路经济带"和"21世纪海上丝绸之路"的简称；英文为One Belt And One Road，简称OBAOR；或One Belt One Road，简称OBOR；或Belt And Road，简称BAR）沿线国基础设施建设、资源开发、产业合作等有关项目提供投融资支持。

一些发展中国家，特别是新兴国家出现于国际信贷市场，尤其是尝试建立独立的金融机构，其政治经济意义在于：国际金融领域内发达国家主宰的局面开始松动，通过国际信贷而拥有金融的权力出现了多元化的趋向。发达国家通过国际金融市场提供援助，除了商业利益考虑外，经常附带政治条件，干预受援国内政，不尊重受援国的经济发展道路和模式。而发展中国家作为国际信贷者的出现，特别是尝试建立自己多边的金融机构，有助于缓解这一局面。比如中国的对外援助，往往坚持不附带任何政治条件，不干涉受援国内政，充分尊重受援国自主选择发展道路和模式的权利；其援助的基本原则是相互尊重、平等相待、重信守诺、互利共赢。这与西方国家以信贷为政治工具形成对比，使发展中国家在寻求信贷援助渠道过程中有了新的选择，也可以促进发展中国家的经济与政治合作。

但必须看到包括新兴国家在内的发展中国家在国际金融领域的

能力依然有限，发达国家操控国际资金流向的能力依然强大。整个国际金融市场资金大部分流向发达国家的总趋势没有变化，这使得已经富裕的发达国家能够获得更多的发展资源，而更需要发展资金的发展中国家在国际金融市场上获得的资源依然极其有限，无法与发达国家相比，甚至发展中国家大部分的外汇资金也流向了发达国家，这也是造成发展中国家发展缺乏资源的重要原因之一。因此，从国际金融来看，这种不符合经济发展要求的不公正、不合理现象没有大的改观，新兴国家建立的信贷机构也只能是一种补充，不能替代现存的国际金融结构。

三、金融危机与全球金融治理

上世纪 70 年代以来的国际金融体系产生的政治结果主要有：频繁发生金融危机，造成整个世界经济动荡与不稳定；跨国资本对世界的控制与掠夺加强，整个世界屈从于国际资本的逻辑。面对这一状况，为了稳定国际金融秩序，在全球层面改革金融治理成为当务之急。

1. 频繁发生的国际金融危机

全球金融市场的开放和一体化发展迅猛，当资金的跨国流动具有了一种不受约束的自由权力时，"疯狂的金钱"把整个金融市场变成了"疯狂的赌场"。"每一个方面的不确定性都导致了其他方面的不确定性和不稳定，而且把他们联系在一起的共同因素就是国际金融体系。"[1] 这个"赌场"产生的恶果就是金融危机频发。

（1）主权国家债务危机

自上世纪 80 年代以来，不断发生的主权国家债务危机是国际金融的一大特色，不仅造成流通性中断的威胁，而且导致整个国际金融结构和世界经济产生大动荡。

自上世纪 80 年代以来，人们记忆深刻的主权国家债务危机有：80 年代中期的发展中国家债务危机和 2010 年前后出现的欧洲有关

---

① 苏珊·斯特兰奇，《疯狂的金钱》，杨雪冬译，中国社会科学出版社，2000 年，第 5 页。

国家的债务危机，除此之外，还发生过本世纪前 10 年的墨西哥、阿根廷等国的债务危机。这些债务危机不仅导致有关国家债务重组发生困难，引发国家的经济运行停滞，而且造成国际金融市场资金周转的中断，威胁国际金融秩序的稳定。下面，以上世纪 80 年代的发展中国家债务危机和欧洲国家的债务危机为例来说明主权国家债务危机的原因与结果。

上世纪 70 年代开始，包括一些发展中国家在内的许多国家利用欧洲货币市场吸纳的回流美元寻求出路的机会，大举向国际商业银行借债，来弥补国内资金的匮乏。然而，当偿还期限到来而一些发展中国家举借的巨额外债无力偿还时，一场由债务导致的金融危机便悄然而至了。这是因为债务人无力偿债危机会直接导致商业银行等金融机构流通性的中断和信心的减弱，从而引发金融危机。发展中国家出现这种债务除了自身的原因外，国际金融体系本身难辞其咎。

在上世纪 70 年代，由于石油美元的回流，国际金融市场资金（特别是欧洲货币市场）的供应充足，迫切需要为资本寻求出路，加上其他的因素，这些都促成了国际资本的盲目借贷，甚至是引诱性借贷：其一，上世纪 70 年代美元贬值导致世界性通货膨胀，客观上使得实际利率较低，借款成本较低，有助刺激资金需求；其二，《牙买加协议》要求"扩大发展中国家的资金融通，改善发展中国家的贷款条件"，这成为引发国际借款制度的催化剂；其三，当时美欧等国经济已经开始滑入"滞胀"怪圈，西方的金融机构都竭力寻求投资机会，把资金投放到这些发展趋势较好的新兴工业化的发展中国家以追逐较高回报，这是当时借贷最大的动力。

借款本身是经济增长的良方，借款可以为一国获得外部资金供给，增加投入，带动经济增长。经济增长的成果是否保持关键是以后能否偿还债务，但国际经济后来的发展出现了发展中国家无法预料的结果。

上世纪 80 年代初由于美国实行高利率政策，美元汇率的上升导致债务不断增加。而且由于一些债务国（尤其是拉美国家）实行同美元相挂钩的汇率政策，这些国家货币一直处于价值高估的状态，国内出口商品的竞争力下降，外汇收入减小。同时，美国的这一政策导致世界流通性紧张，金融市场利率上升。这样，当原有的大量长期贷款期限将至时，债务国不得不依靠金融市场的新贷款来还旧账，而且这种新贷款本身就是短期贷款，在利息不断上升的条件下，造成还债压力更为巨大，债务数量日积月累，最后出现无力还贷的情况。

除此之外，国际市场的其他变化也加剧了发展中国家的债务危机。国际市场的不确定性使得许多发展中国家无法实现出口创收。如墨西哥政府曾在 1980 年到 1982 年制定了一项耗资 300 亿美元的、以石油工业为中心、全面促进工业化的三年经济发展规划，该计划预期第二次原油上涨将意味着油价持续走高，谁知上世纪 80 年代初油价大幅下跌，墨西哥因而损失惨重，被国际清算银行列为重债国。其他如委内瑞拉、印度尼西亚和埃及等国也都有相似的经历。这是市场调节的滞后性和盲目性的必然结果。由于发展中国家发展水平较低，适应市场变化的能力较弱，很容易陷入市场波动的陷阱，导致债务危机。当然也必须承认，也有一些发展中国家实行的发展战略存在着一定问题，导致无法偿还债务。

2009 年出现的部分欧洲国家的债务危机的起因除了自身原因外也与国际经济环境有着密切的关系。欧盟出现债务危机的希腊、西班牙、意大利和葡萄牙等国，在加入欧元区时，借入了高盛公司通过"影子银行系统"经金融创新包装的外汇债务，以规避欧元区国家债务不得超过 GDP3‰的上限。2007 年出现的金融危机使得像希腊这样的国家经济受到巨大冲击，旅游业收入下降，而国内由于"选票民主"带来的高福利居高不下，欧元的不断贬值使得债务又得到进一步加重。可以说，国际金融机构的借贷"热情"、国际经济环境的变化以及国内高福利最终导致了欧盟四国债务危机的爆发。

尽管债务国应当对债务危机承担一部分责任，但是，国际金融机构也无法逃脱干系。为了追求高风险性和高收益性，有关金融机构盲目借贷甚至是鼓动一些国家举债，无视一些债务国内其实早已有所显露的种种危机迹象，并任由小疾养成了大患。而与此相伴的是，浮动汇率及国际经济的变化导致了这些债务国无法应对危机。所以，主权债务危机是国际金融机构追逐利润，无节制地借贷，而有关债务国无力控制世界市场的变化所导致的结果。

虽然，欠债国不会像19世纪那样，公开地丧失国家的主权，甚至受到债权国的军事逼债威胁，但当今的债务危机使有关债务国的经济出现了重大倒退，并丧失了本国经济政策的自主权，以另一种形式失去财政与货币自主权。债权国通过债务重组计划，迫使这些债务国实行紧缩、提高税收和利率以及私有化的政策，如上世纪80年代发达国家应对发展中国家债务危机开出的经济处方（华盛顿共识）就是典型的案例。按照1989年最后解决债务危机的"布雷迪计划"（Brady Plan）的要求，在"自愿的"、市场导向的基础上，债权国对原有的债务采取各种形式的减免，而债务国的偿债战略是债务资本化，由债务国政府发行美元债券（Brady Bonds），然后将其与国际商业银行持有的美元贷款交换，国际商业银行将换回的美元债券在市场上出售给投资者以收回贷款，投资者在债务国购买等值的债券或直接投资取得当地企业的股权。但"布雷迪计划"是有条件的，就是"国内经济秩序得到整顿"后才能得到债务减免，这种"整顿"换一种说法就是按"华盛顿共识"的要求办事，即完全的私有化、完全的市场化和自由贸易。债务资本化使得外来资本可以控制债务国的经济，特别是一些重要的产业，因为投资者希望的是债务国为其带来可观利润的优质资产，"靓女先嫁"是必然的要求。这样，有关国家的经济主权和优质资产受到外部控制，被迫屈从于新自由主义的经济政策的要求。欧盟有关债务国家在接受国际救助时大体也处于这样的境遇：紧缩财政，减少社会开支，提高利率。这种外来的经济处方一般都使债务国陷入了巨大的经济衰退，国内优质资产被贱卖。

（2）国际商业银行[①]危机

银行是一种资产负债率相当高的商业机构，同一般企业大概只

---

① 这里指的是一般意义上的国际性商业银行和跨国银行，并主要涉及在混业经营背景下兼营传统商业银行存贷业务和投资银行业务的现代银行。

有 20％—50％ 的负债率相比，银行的负债大多超过 90％。高负债率意味着银行业本身存在着内在的高风险性。银行是金融市场最活跃的主体，它不仅影响整个金融市场，而且影响整个经济体系。因此，当银行不顾一切地寻求高投资回报率时，带来的结果可能是忧喜参半的。它既会带来投资热情的高涨和整个市场的繁荣，也会导致盲目投机，埋下经济危机的种子。所以，信用具有"骗子与预言家"的双重性。①

上世纪 70 年代以来，随着信息技术的发展、金融一体化，各种金融机构间竞争白热化，传统商业银行同投资银行之间再度回归早期的混业经营，即使当时实行分业经营的美国和日本等国，政府对商业银行大量介入投资和证券业务的情况也充耳不闻。而且由于各种金融业务的创新，政府没有进行有效和及时的监管，金融创新产品带来的巨大利润又触发了更大的投机，随着整个银行市场体系的日益庞大，经营领域、地域以及业务品种的不断扩展，管理的难度越来越大，风险越来越大，潜在的危机也在酝酿。而且，浮动汇率制的出现增加了危机的风险。一旦某个债务无法偿还，就必然导致银行的信用危机与破产，特别是如果银行体系十分庞大，就必然对实体经济产生极大的冲击。就像金德尔伯格所说的："管理不善的银行在问题暴露之前是难以发现的。同样，要发现欺诈就更难了。繁荣时期监管的松懈播下了危机的种子，而走向衰退时，危机就会爆发。"②

早在 20 世纪 70 年代，银行信用危机案在一些发达国家就不断发生。1973 年 11 月美国圣地亚哥国民银行倒闭，1974 年富兰克林国民银行倒闭，同年 6 月联邦德国赫斯塔特（Herstatt）银行倒闭。之后又有一些银行由于过度借贷和过分投机而发生信用危机。这些危机的出现在一定程度上也与银行业务的跨国性和浮动汇率制的产生有关。跨国经营造成一国政府无法对商业银行进行监控，浮动汇

---

① 《马克思恩格斯选集》（第 2 卷），第 521 页。

② 查理斯·P. 金德尔伯格，《经济过热、经济恐慌及经济崩溃：金融危机史》，朱隽、叶翔译，北京大学出版社，2000 年，第 203 页。

率制造成投机泛滥。

20 世纪 80 年代以来，由于西方发达国家对金融管制的放开，包括银行在内的各金融机构间（其实也包括其他信托机构、储贷机构和投资银行等）愈发激烈的竞争迫使它们不断创造或引进各种金融创新产品应对竞争。金融一体化的进程不断地加速，银行业盲目借贷产生的风险也在增大。在渡过了不算太平的 80 年代以后，90 年代初开始，全球金融业便一次次深陷更为严重的银行危机了。

20 世纪 90 年代的银行危机几乎侵袭了所有发达国家，仅 1990 年和 1991 年，就有超过 650 家银行倒闭。在整个 90 年代，以 1995 年巴林银行的倒闭和日本银行危机震动最大。英属巴林银行是一家有着 300 多年历史的巨型银行，其业绩直到 1994 年时仍表现不俗。然而在 1995 年，只因新加坡分行一名年仅 28 岁的交易员在金融期货交易上的一次越权炒作，瞬间导致其损失了 10 亿美元，并最终迫使整家银行宣告破产。

1985 年，美国压迫日元升值，日本产业资本由此从物质生产领域流向资本市场，导致泡沫经济泛滥。在泡沫经济膨胀时代，企业以证券和地产作抵押从银行获得现金，再到资本市场和一些不动产市场上炒作，但当泡沫经济膨胀到顶开始破灭时，资产价格的下降速度，大大高于企业债务的清偿速度，以房地产等资产为担保的银行贷款大部分成为难以收回的不良债权，因而使许多金融机构陷入经营困境。以四大证券公司之一的山一证券、十大城市银行之一的北海道拓殖银行为代表的一批大的金融机构相继破产，而且日本银行在政府指导下经过不断重组，规模巨大，连带性很强，这导致日本出现了严重的金融危机。银行为改善自身财务状况和防止新的不良债权增加，对外贷款越发谨慎，银行的借贷所引起的信贷危机使企业筹集资金困难，从而降低了投资支出。而资产价格的大幅度下跌减少了人们的财富，增加了对未来的不确定性，加之其他一些原因打击了居民的消费意愿，日本经济出现了十多年的"低迷"时期。

20 世纪 90 年代的银行危机虽然使各国注意到加强监管的重要性，但各西方大国都没有实质性地对金融业加强监管，放松管制仍然是各国金融管理政策的主流。进入 21 世纪后，经过几年的相对沉静后，银行危机再度卷土重来，如2007年的法国兴业银行案，而且规模更大，美国的次贷危机就是典型。

次贷危机（subprime lending crisis）是指一场发生在美国，因次级抵押贷款机构破产、投资基金被迫关闭、股市剧烈震荡引起的金融市场危机，它致使全球主要金融市场隐约出现流动性不足危机。美国"次贷危机"是从2006年春季开始逐步显现的，2007年8月席卷美国、欧盟和日本等世界主要金融市场。这次次贷危机导致世界几乎所有银行与金融机构，其中包括最有影响的银行与金融机制如汇丰、花旗、瑞士银行、巴黎银行、大通摩根、摩根士坦斯利、雷曼、美林证券、野村证券等出现不同程度的损失，甚至一些企业由于卷入次贷危机也损失惨重，如沃尔玛和家得宝等数十家公司因次贷危机蒙受巨大损失。整个西方金融市场流动性缺乏，一些重要的银行和金融机构面临破产、清算和被兼并，如美国第二大次级抵押贷款公司——新世纪金融（New Century Financial Corp）在2007年4月2日宣布申请破产保护，裁减54％的员工，美国第五大投资银行贝尔斯登（Bear Stearns）被大通摩根银行收购。这次次贷危机还造成全球资本市场低迷，股市价格重挫，经济滞胀，失业率上升。

银行危机带来的结果是：整个国际流通性中断，由于银行资产负债严重失衡，呆账负担过重而使资本运营呆滞而破产倒闭，这对需要从金融机构融资的实体经济造成巨大冲击，引发大面积的失业和社会动荡。因为银行业危机之后带来的救助往往是以社会公众财富减少为代价，而且广大无辜者的福利受到危机的重大影响，社会冲突在所难免，如美国"占领华尔街运动"就是这种冲突的体现；特别是由于国际银行联合借贷的做法相当普遍，形成银行危机的传导性，冲击整个国际经济，甚至产生国际经济与政治的动荡，1929—1933年的大萧条最初就是银行危机导致，它后来带来的世界性浩劫就是一个历史的案例，虽然，今天的银行危机导致的国际经济危机还没有重蹈历史的覆辙，但历史的教训不能忘记。2010年后一些国家失业严重，最后出现政治动荡，甚至引发某个地区如中东地区的动荡和极端主义猖獗，不能不说与2007年金融危机有着某种联系。经济危机导致大量青年失业，导致极端宗教势力的吸引力大增，整个地区陷入宗教派别的冲突。另外，金融创新产品的证券化运作特点以及高收益率，极易导致投机赌博心理和相关社会风气的产生。这种社会风气是毒化社会环境，导致社会不公平的重要因素。最后，银行危机往往是与主权债务危机联系在一起的，为银行解套往往如前面所述会损害到有关债务的经济主权。

（3）不断发生的货币危机

货币危机概念有狭义、广义之分。狭义的货币危机与特定的汇率制度（通常是固定汇率制）相对应，其含义是，实行固定汇率制的国家，在非常被动的情况下（如在经济基本面恶化的情况下，或者在遭遇强大的投机攻击的情况下），对本国的汇率制度进行调整，转而实行浮动汇率制，而由市场决定的汇率水平远远高于原先所刻意维护的水平（即官方汇率），这种汇率变动的影响难以控制，难以容忍，这一现象就是货币危机。广义的货币危机泛指汇率的变动幅度超出了一国可承受的范围这一现象。尽管西方主要经济大国货币都已经实行了浮动汇率制，但世界上许多国家汇率制度实际是一种变相的固定汇率制（钉住汇率制）。

20世纪90年代以来国际货币危机频频发生，先后肆虐于西欧（1992—1993年汇率机制危机）、墨西哥（1994—1995）、东亚（1997—1998）、俄罗斯（1998）、巴西（1999）、土耳其（2001）、阿根廷（2001—2002）、越南（2008）等国家或地区。大多数遭受危机侵袭的国家几乎走过了同样的道路，最后尝到了同样的苦果。这一历程可概括为：固定汇率——快速增长——币值高估——财政赤字不断增加、国际收支持续恶化——货币贬值、金融危机、经济危机直至社会危机——全面衰退——被迫做休克性调整，最后接踵而来的是一个十分痛苦和漫长的恢复期。这些货币危机都与国际货币体系以及国际金融市场的开放和一体化有关。

① 稳定汇率与国际资本大规模、自由流动的矛盾

当今国际金融市场一体化与开放造成国际资本大规模、自由快速地流动，这本身就存在着内在危机性。在当前国际巨量"热钱"存在的条件下，国家只要国际收支有任何较大的变动就必然成为投

机"热钱"套利的目标，从而引发汇率的异常变化。如长期锁定某一主要货币国家，可能由于各种原因导致本币币值高估，竞争力降低。经常项目顺差持续减少，甚至出现巨额逆差，不仅会导致国外投资者撤资行为，更会导致投机者的"做空"行为，从而导致货币危机。即使一些国家拥有一定的储备，有时也经不住巨量汇兑，导致货币危机。

② 盲目逐利过度借贷的银行体系和有关国家巨额的外债

在自由开放的条件下，银行间的竞争使得银行为了利润不顾安全盲目借贷，积极向一些国家兜售借贷。这些负债国家一旦遇到国际经济的变化，极易出现清偿危机，引发货币危机。如东亚金融危机爆发前的5—10年，马来西亚、印度尼西亚、菲律宾和泰国信贷市场的年增长率均在20%—30%之间，远远超过了工商业的增长速度，也超过了储蓄的增长，许多举债来自国际银行体系的盲目借贷。

③ 开放过快的金融市场

一些拉美、东亚、东欧等新兴市场国家过快开放金融市场，尤其是过早取消对资本的控制，是导致货币危机发生的主要原因之一。金融市场开放会引发大规模资本流入，特别是短期非生产性的资本流入，容易导致实际汇率升值，极易扭曲国内经济，而当国际或国内经济出现风吹草动时，则会在短期内引起大规模资本外逃，导致货币急剧贬值，由此不可避免地爆发货币危机。

④ 危机跨国传导作用

由于资本跨国流动的便利化，一国发生货币风潮极易引起邻近国家的金融市场发生动荡，惊惶而失去理智的投资者往往将资金从所有类似市场撤出，这在新兴市场尤为明显。泰国之于东亚，俄罗斯之于东欧，墨西哥、巴西之于拉美等反复印证了这一"多米诺骨牌效应"。这是因为：一方面，投资者担心其他投资者会抛售证券，如果不捷足先登必将最终殃及自己；另一方面，如果投资者在一国资产（如俄罗斯债券）上出现亏空，他们会通过在其他新兴市场出售类似的资产（比如说巴西债券）以弥补整个资产的亏损。这种单个投资者理性的行为在整体上会造成一种非理性的结果，形成货币危机。

⑤ 国际货币基金组织负面引导

国际货币基金组织（IMF）的存在造成或至少是加剧了货币危机。鼓励向发展中国家借贷、推动发展中国家开放金融市场都有 IMF 的"功劳"，如 20 世纪 80 年代末到 90 年代初，包括 IMF 在内的一系列机构推销"华盛顿共识"，向遭受债务危机、等待救援的国家硬性推销"财政紧缩、私有化、自由市场和自由贸易"三大政策建议。包括约瑟夫·斯蒂格利茨、杰弗里·萨克斯等著名经济学家在内的一些人士认为：IMF 的"华盛顿共识"造成的问题比解决的多，该组织迫使受危机打击的国家提高利率，从而加深了衰退，使情况变得更加严重。由此导致一些国家的经济崩溃和社会动荡。"华盛顿共识"倡导的是一个"各国政府被跨国公司和金融集团的决定压倒"的经济全球化进程。

当然，货币危机也与有关国家自身问题有关，如财政赤字过大、社会不稳定和经济竞争力不强。

货币危机往往给有关国家（特别是发展中国家）带来这样的一些结果：一是有关国家的经济在资本外逃下陷入衰退；二是国内资产大幅贬值，很可能受到来自外部资本的掠夺式的购买；三是为了获得融资稳定货币有时不得不接受贷款者的条件，如财政紧缩、社会开支锐减、利率提升，这导致经济不振，失业严重；四是国家宏观经济政策受制于国际资本，如通过浮动汇率、通货膨胀目标制来防止货币危机再次发生，这两者都与失业有着密切的联系；五是整个国家政治动荡，政府国家更迭；六是由于民生福利的消减，社会民主发生重大倒退。

2. 改革全球金融治理

国际金融市场的一体化与开放是经济全球化的主要特征之一，但在整个全球层面上缺乏一个有效的治理管理全球金融市场。现存的国际金融治理立足于国家间的金融市场，它是通过民族国家对国内金融市场而实施的治理，但这种治理由于目前跨国资本的冲击和国家管制的放松已经不适应需要。资本的跨国自由流动处于实际不受监控的状态。金融市场带来的危机严重影响世界经济秩序的稳定。面对不断发生的危机，在全球层面建立新的治理越来越成为人们的共识。东亚危机之后，"经济学界和许多国家政府领导人更加关心国际金融和国际资本（国际投资流动）的调控问题，但是大家的意见分歧很大"①。当今，这种分歧仍然存在。以下将分别对各种治理方案进行评介。

（1）依赖市场型的金融改革

这种观点认为，尽管金融全球化和资本的跨国流动已成为一个重要的特征，但实际上，真正意义上的资金跨国流动完全不受限制可能从未实现过。因为按理论分析的必然结果，在不受限制的金融市场中各国和各地区利率（储蓄率）水平应当趋于一致。正是由于金融市场开放的不充分才导致地区间利差如此之大，诱使巨额资本超乎控制的跨国"窜流"。而资本的瞬息万变反过来使得各国的利率变动和相互差异更加难以捉摸。所以，主张市场自动调节的人士认为："完全开放和不加协调的国际金融体系是处理国际金融流动所导致的问题的唯一切合实际的方法。"② 即政府应该完全放开金融管制，不为金融市场提供任何保证，让市场成为唯一能避免产生"道德风险"的调控手段。他们认为，在金融市场上，贷款者与借款者如果相信，政府或其他金融监管机构（如国际货币基金组织）对其不当的投机（甚至投资）行为承担最后贷款人责任，那么他们将会倾向于更加不负责任的、非理性的狂热投机和轻率行为。

总之，持这一观点的人士相信：取消政府干预，市场会把一切都处理好，虽然这可能必须经历一个艰难的过程。但是，就像吉尔平指出的那样，"虽然这个结论是正确的，可是从来没有人尝试过这种方法，也没有做过任何实证研究以支持这种大胆的政策试验"③。因为金融内在的社会影响性使得任何政府都不敢放弃对金融的管理。就资本本身而言，它也需要政府的支持，它不需要的只是政府妨碍它自由地追逐利润。因此，这种观点不具有现实的基础。

---

① 罗伯特·吉尔平，《全球政治经济学——解读国际经济秩序》，第 298 页。
② 同上，第 229 页。
③ 同上，第 301 页。

（2）加强监管与国际协调的改革

针对 20 世纪 70 年代以后频繁发生的金融危机，主张加强监管的呼声不断加强，但由于国际金融全球化的特点，各国需要相互配合，加强国际协调。从 20 世纪 70 年代中期开始，国际清算银行巴塞尔委员会一直致力于就加强监管进行国际合作，并做出一系列决议，但最后都效果不彰。在 2007 年金融危机之后，整个世界再一次加强了对全球金融必要性的认识，为此，开始了新一轮金融监管的国际合作努力，试图通过 20 国集团（G20）、金融稳定理事会（FSB）和巴塞尔委员会建立起新的全球金融治理的框架。

2008 年之后 G20 历次峰会为加强国际金融监管和国际合作提出了新的标准框架、行动方案和原则，确定了重点监管的领域，提出了改革时间表，引入了国际同行评估以监督各国实施监管改革的框架，特别关注大银行的监管和退出清算机制，批准了加强银行资本与流动性监管的《巴塞尔协议Ⅲ》，提出了把"影子银行"纳入监管范围、金融创新产品透明交易和降低风险的方针。在原来西方七国金融稳定论坛基础上扩充的金融稳定理事会成为全球金融治理的政策咨询评估机构，负责提出监管改革政策和其他政策方案，并监督国际金融体系发展，评估各成员国实施国际金融监管标准的有效性等。在 2007 年金融危机后，巴塞尔委员会补充修改了银行业监管改革的细则，为各国的金融监管和国际合作提供了指南，试图改革过去国际监管存在的漏洞。

巴塞尔委员会是 1974 年由十国集团中央银行行长倡议建立的，其成员包括十国集团中央银行和银行监管部门的代表。自成立以来，巴塞尔委员会制定了一系列重要的银行监管规定，如 1983 年的《银行国外机构的监管原则》（又称《巴塞尔协定》，Basel Concordat）和 1988 年的《巴塞尔资本协议》（Basel Accord）。这些规定虽不具法律约束力，但十国集团监管部门一致同意在规定时间内在十国集团实施。后来许多非十国集团国家也自愿地遵守了巴塞尔协定和资本协议，特别是那些国际金融参与度高的国家。1997 年，《有效银行监管的核心原则》问世是巴塞尔委员会历史上又一项重大事件。《核心原则》由巴塞尔委员会与一些非十国集团国家联合起草，得到世界各国监管机构的普遍赞同，并已构成国际社会普遍认可的银行监管国际标准。至此，虽然巴塞尔委员会事实上已成为银行监管国际标准的制定者，但是在 2007 年之前，巴塞尔委员会制定的监管标准往往不适应形势发展或得不到有效实施。

赫斯塔特银行和富兰克林银行倒闭的第二年，即 1975 年 9 月，为了规范欧洲货币市场和防止投机与冒险，巴塞尔委员会推出协议，其核心内容就是针对国际性银行监管主体缺位的现实，突出强调了两点：① 任何银行的国外机构都不能逃避监管；② 母国和东道国应共同承担职责。1983 年 5 月，经修改后的《巴塞尔协议》推出，对前一个协议进行了具体化和明细化，比如明确了母国和东道国的监管责任和监督权力，分行、子行和合资银行的清偿能力、流动性、外汇活动及其头寸各由哪方负责等，由此体现"监督必须充分"的监管原则。但两个巴塞尔协议没有实质性差异，总体思路都是"股权原则为主，市场原则为辅，母国综合监督为主，东道国个别监督为辅"。两者对清偿能力等监管内容都只提出了抽象的监管原则和职责分配，未能提出具体可行的监管标准。各国对国际银行业的监管都是各自为战，自成体系，充分监管的原则也就无从体现。

针对 20 世纪 80 年代发展中国家的债务危机产生的问题，1988 年巴塞尔委员出台《统一资本衡量和资本标准的国际协议》（简称为《巴塞尔协议 I》）。这个协议主要有三大特点：一是确立了全球统一的银行风险管理标准；二是突出强调了资本充足率标准的意义。通过强调资本充足率，促使全球银行经营从注重规模转向注重资本、资产质量等因素；三是受 20 世纪 70 年代发展中国家债务危机的影响，强调国家风险对银行信用风险的重要作用，明确规定不同国家的授信风险权重比例的差异。但这一协议的实际效果相当有限，难以解决国际金融市场出现的诸多新情况、新问题。

后来在经历东亚金融危机后，巴塞尔委员会对 1988 年协议进行过多次修改，《巴塞尔协议 II》于 2007 年决定在全球范围内实施。新协议将风险扩大到信用风险、市场风险、操作风险和利率风险，并提出"三个支柱"（最低资本规定、监管当局的监督检查和市场纪律），要求资本监管更为准确地反映银行经营的风险状况，进一步提高金融体系的安全性和稳健性。但这一协议还没有得到落实就发生了更大的由次贷危机引发的全球金融危机。

金融危机后，2010 年 9 月巴塞尔银行监管委员会宣布出台《巴塞尔协议 III》。这一协议的核心内容在于提高了全球银行业的最低资本监管标准。它相比以前的两个版本，监管要求和监管标准进一步提高，按照资本监管和流动性监管并重、资本数量和质量同步提高、提高资本充足率与确定杠杆率底线的总体要求，建立流动性风险量化监管标准，降低商业银行对短期流动性的依赖，提高中长期内银行解决资产负债期限错配的能力，这一新规体现了微观审慎监管与宏观审慎监管有机结合的监管新思维。这一协议加强了金融领域的宏观与微观的监管，强调了金融领域的国际合作。但是否能充分解决商业银行经营模式的根本缺陷，阻止金融危机的再次爆发还存在着巨大的疑问，原因有以下几点。

① 新的监管规则没有触及危机的根源。西方银行业暴露出的资本和流动性问题只是表象，本质在于资本的逐利与贪婪以及这种逐利的制度问题。西方银行机构在经营模式上设计了日益复杂的组织体系和业务结构进行过度借贷，这不仅导致银行过度承担风险，而且扩大了风险的传染性。彻底解决该问题必须借助于强有力的结构化监管措施来节制金融资本的贪婪，包括：建立防火墙安排，降低银行体系对资本市场的依赖性；严格限制商业银行过度借贷，降低金融机构之间的相互关联性等。但即便在危机中遭受了重创，欧美国家依然奉行"有效市场假说"并且不愿意损害本国金融体系的竞争力，因而不会触及这些根本性缺陷，只能寄希望于提高资本和流动性监管标准等事后成本机制改革来推动金融机构审慎经营，显然不可能实现改革的目标。

② 量化监管标准偏离了改革的预期目标。资本和流动性监管标准改革过程中，由于初始改革方案对发达经济体的负面影响较大，迫于政治和业界的压力，少数发达国家强烈要求巴塞尔委员会不断下调改革的底线，有关各方进行了激烈的讨价还价，最终监管标准很大程度上是博弈与妥协的结果，"短板法则"在改革过程中发挥

了相当大的作用，导致最终方案一定程度上偏离了 G20 领导人确定的改革目标。如 G20 认为金融危机中出事的是金融市场，而影子银行在金融市场中扮演了重要的角色，但影子银行的监管在《巴塞尔协议Ⅲ》中没有充分得到体现。量化标准与实质性监管还存在着一定的差距，事实上 2000 年以后美国许多银行的存款准备金率已经达到新规所要求的水平，但仍出现问题，这说明量化标准并不能解决改革预期要求。

③ 重在组织架构和技术层面调整，轻视监管能力建设。国际金融危机的教训反复证明，金融监管有效性并不取决于"谁监管"，而是取决于"如何监管"。但是，从美国、英国和欧盟公布的金融监管改革法案来看，金融监管改革的重点过于关注金融监管组织架构的调整，而不是通过强化监管能力建设来解决危机暴露出的根本性问题，仅从组织架构和技术层面调整金融监管不可能阻止金融危机的卷土重来。如在大银行的监管问题上，如何提高监管能力，避免大银行"大到不能倒"问题是目前还没有解决的问题；如何监管金融创造产品也是一个没有解决的问题，仅靠公开市场信息、统一交易平台并不能解决问题。

（3）货币体系的改革尝试与要求

世界经济需要一个世界性的货币，在经济全球化下尤为需要。但目前的世界货币体系仍然是国家化，即以美元为中心的国际货币作为国际储备货币。这一体制目前对美国有着巨大的益处。一是目前美元不以黄金为基础，一定程度摆脱了黄金的束缚，为美国自由变化汇率提供了条件，有利于美国必要时刺激经济；二是美国发行的大量美元作为国际储备为外国持有，这些在美国境外的美元对美国的通胀影响并不是很大；三是各国持有的美元中的相当部分用来购买美国的债券，这对于美国平衡收支起到了很好的作用，而且成本低廉；四是美国可以用增发的美元作为权力工具在国际政治上发挥作用。因此，美国积极维持美元的地位有利于其政治经济利益，但巨量的美元却是世界经济潜在的不稳定因素。国际金融市场巨额的美元需要保值增值，成为诱发过度借贷和投机的原因之一，而且变化的美元汇率导致了有关国家的债务增减，通胀率的高低，这成为国际金融危机的重要成因之一。因此，要改革美元储备体系是稳定国际金融秩序的需要，但这种改革如果影响美元的主要国际货币的地位则必将损害美国的利益，受到美国的极力反对。例如，如果一国或几国的货币成为主要国际储备，使美元的地位处于相对次要地位，各国就不需要持有大量的美元储备，美国就无法通过债券融资获得廉价的资金，无法低成本地为财政赤字提供资金。为了使外国购买美元计价的债券，美国或许就不得不提高利率，这对美国在经济上是不利的。另外，如果美元不作为世界最主要的货币，海外美元大量回流美国，美国的通货膨胀率就会破坏性地攀升，这对美国经济会产生灾难性的结果。这样，对美国而言，必须保持美元的国际地位。

但保持其国际地位就必须让人们对美元具有一定的信心，这就既需要美国有一定的节制，保持美元的稳定，也需要其他经济大国分担责任，将经济大国的货币作为补充性的国际储备。目前美国只允许其他经济大国的货币作为补充性国际储备出现，并不允许其威胁美元的国际地位，不允许真正的国际储备相对均衡的多元化。这就给国际货币体系的彻底改革带来了巨大的政治障碍。

美国目前的行为常常破坏这一体制的稳定三标准。经常过度的美元流通性和人们对美元日益下降的信心成为国际货币稳定的巨大隐患。20世纪70年代以后的金融危机与目前的储备体系有着重大联系。美元作为国际主要储备体系，它的价值变化不定是引发金融不稳定的重要因素，造成了其他国家经济的不断波动，而且造成国际贸易的不便利性。为了应对美元的不稳定，许多国家采取浮动汇率制、通货膨胀目标制和有条件的外来融资的调节等措施，这使得一些国家经济福利受到严重的损害，因此越来越多的国家希望找到一个方案来避开这种货币体系带来的危害。建立区域性的货币稳定基金，建立多元的替代性储备货币，甚至更激进的世界统一货币是目前世界提出的应对方案。

区域货币稳定基金是1997年东亚金融危机之后日本提出的方案。当时日本提议建立亚洲货币基金，这一基金为陷入危机的有关国家提供融资。但由于美国和IMF担心这一方案会影响其在这一地区的影响力，阻止了这一方案的实施。这一方案在 2000 年却以另一种形式重新启动。

2000 年东盟十国与中日韩三国签署《清迈倡议》（Chiang Mai Initiative），就建立共同外汇储备基金达成协议，相关国家决定建立双边货币互换网络，以便在有关国家出现短期资金困难时进行援助，防范金融危机的发生。《清迈倡议》主要包括两个部分：首先，扩大了东盟互换协议（ASA）的数量与金额；其次，建立了中日韩与东盟国家（10＋3）的双边互换协议。即通过这些双边货币互换机制，形成一个共同外汇储备基金，通过本币和美元互换为有关危机国家提供资金支持。之后，东亚"10＋3"货币互换机制取得了重要的进展。截止到 2008 年，"10＋3"各国之间已签订 16 个货币互换双边协议，涉及 800 多亿美元的外汇储备。2009 之后，东盟与中日韩三国都承诺发展这一倡议，使双方互换协议多边化，扩大外汇储备库至 2 400 亿美元，逐步降低与 IMF 贷款挂钩安排。《清迈倡议》是亚洲货币金融合作所取得的最为重要的制度性成果，它对于防范金融危机，推动进一步的区域货币合作具有深远的意义。

然而，由于经济与政治的原因，自 2000 年《清迈倡议》正式启动至今，没有任何一个成员国启用过互换基金，即便在 2007 年发生的金融危机中，遭受严重冲击的韩国在危难之际还是避开现有的《清迈倡议》而寻求与中国签订新的双边救助协议。这表明《清迈倡议》作为亚洲唯一的准制度化的区域金融合作机制，还存在着经济与政治的障碍。基金额度不足，监控实体缺失，以及与目前国际货币基金组织 80％ 的挂钩安排（美国的作用），等等，都成为《清迈倡议》有效实施的障碍。如果《清迈倡议》多边化协议（CMIM）得到有效实施，东亚有关国家可以通过自己的合作防范金融风险，甚至可以向亚洲货币体系发展，而不必受制于美国和 IMF。但东亚区域稳定基金安排有一定的特殊条件，东亚各国持有大量外汇储备，而且储蓄率较高，这是其他一些地区并不具有的，具有其他地区的不可复制性。

建立替代性的多元储备货币是一些国家力图规避现存国际货币体系带来的风险的一种方式，人民币国际化就是这种努力。中国是世界第二大经济体、世界第一货物贸易大国，拥有世界最大的外汇储备，在目前的国际货币体制下，不仅在贸易上，而且在外汇资产安全性都遭受巨大风险，这影响着国家的经济安全。中国提出人民币国际化，逐步使人民币成为国际储备之一，这是规避目前国际货币体系带来的风险的最现实方式。但目前，人民币国际化以及未来成为国际储备货币都有很长的路要走，在政治、经济上还缺乏比较坚实的基础，只能循序渐进。

从理论上讲，消除目前国际货币体制不稳定的最彻底的方法是在世界流通一种非某个民族国家的货币。为此有人提出一种类似于当年的"凯恩斯计划"的设想，建立一个类似"班柯"的全球货币。这一全球货币以有关成员国共同的担保作为信用基础，各国每年拿出特定的数量货币存入全球储备基金，同时，全球储备基金向各成员国发行等额的全球货币作为储备由各国中央银行持有。全球储备基金根据世界经济的增长情况而增减，全球货币每年的发行额与储备的增加额相联系。各成员在遇到紧急情况时可以用其得到的全球货币储备来稳定本币，刺激经济，也可以用以清算贸易赤字。各国货币与全球货币的汇率或以固定汇率，或以浮动汇率，或以一定时期（如之前的三年）的汇率的平均值为标准。在最后一种汇率情况下，应对兑换施加限制，如只有在严格界定的危机条件下才能进行兑换，以防止中央银行利用市场利率与官方利率之间的差异。[①]这一方案几乎就是当年以"透支原则"为基础的"凯恩斯计划"的翻版，它对苦于国际流通性缺乏和国际收支经常处于赤字的发展中国家无疑是非常有利的。

但这一方案在政治经济上却损害了美国的利益，甚至其他一些其货币作为国际储备货币的经济大国的利益。同时，这一方案还存在技术上的巨大障碍。任何一种货币都需要某一特定机构来发行，但没有哪个国际机构有能力对该种货币的币值和供应量做出决策，因为没有人能收集有关世界经济发展对货币需求量的所有信息。另外，在经济上也众口难调，处于不同境遇的国家对货币与财政政策

---

① 《让全球化造福全球》，第236—240页。

的要求是不同的。经济低迷的国家要求宽松的货币政策，而经济过热的国家要求则是紧缩的货币政策，如何协调各个国家的经济要求也是一个非常困难的政治过程。在目前的世界政治条件，没有这种世界民主基础。因此，有人希望借助欧盟的货币一体化的经验来建立世界统一货币[1]，但欧盟的经验在世界范围内不具可复制性和可接受性。欧盟国家的文化、政治和经济都具有一定的近似度，整个世界范围内各国的经济、政治以及文化的差异远比欧盟复杂得多，不存在欧盟那样建立统一货币的基础。从欧盟的实践来看，各国都不愿完全放弃货币和财政的自主权。许多国家违反预算赤字的规定，来保障国家的经济增长和福利，但大国往往不受惩罚。欧盟任何货币政策都受到来自不同国家的批评，因为不同经济增长速度的国家对货币政策有着不同的要求，而实际上货币政策受制于德国这样的经济强国。这样，弱小国家在欧盟体制内只能是受外部约束，更多地丧失国家增进福利的能力。人们从希腊在债务危机中受到的待遇和国内的巨大政治反对中就可以体会到这种体系对弱国、穷国意味着什么。

----

① 《让全球化造福全球》，第 279 页。

第五章 经济发展的政治经济学

　　经济发展是实现内部政治稳定、社会和谐、自由公平的必要条件，是对外实现民族独立、国家自主、主权平等的必要前提。尤其是在民族国家这种形式下，经济不发达是政府合法性的最大问题所在。资产阶级革命把平等与自由的观念传播到整个世界，把民族国家作为新的国家载体带给了世界。各国和各国的人民越来越不能接受个人之间或国家之间的贫富不平等现象，追求富裕成为全世界的普遍要求，经济不发达是一个现代民族和现代民族国家体系不受接受的政治经济结果。因此，每一个国家都在为实现民族的富裕而努力，特别是不发达国家，在经历了贫困带来的内忧外患之后，谋求经济发展的愿望尤为迫切。

　　然而，在追求经济发展的过程中，有的国家是幸运的，获得了经济的成功，但更多的是不幸的国家，仍遭受着不发达的煎熬。它们苦于不得经济发展之道，窘于经济上的捉襟见肘，内不能富民兴邦，外不能独立自主。究竟是什么原因使得它们处于不发达的窘境？对此，不同的理论有着不同的解释。有人把穷国的不发达归咎于穷国领导者的无能与平庸，有人把不发达归咎于外部的国际环境，但是，当今人们几乎普遍都把穷国不发达的根本原因归咎于"人祸"，而不是"天命"。"生死有命，富贵在天"的宿命论解释已经在科学发达的今天为人们所抛弃。为此，有人指出经济发展之道在于市场，有人指出经济发展在于国家。为什么不发达正是本章所要阐述的第一个主题。在这一主题下，本章探讨的问题有：不发达的原因是什么？它是由政治还是经济因素导致的，或者是两者兼有？它是由内部的还是外部的原因导致的，或者是两者兼有？

　　本章探讨的第二个问题是：不发达国家发展之道是什么？有普适的发展之道吗？当代的经济全球化能为发展中国家的发展提供可能吗？这一问题与本章探讨的第一个问题有着密切的关系，只有找对原因才能找到发展之道。因此，不同的不发达原因的理论往往提出相应的发展战略。一些不发达理论把一些国家的历史经验作为一种普适的方案加以推广，它们都有经验教条之嫌，但也应该承认，一些国家的成功经验对后起的发展中国家存在着一定的借鉴参考意义。正确的发展之道既要借鉴参考成功的发展经验，又要避免盲目不加区别地生搬硬套。同时，也必须看到，一国的发展既有内在的因素，也有外在的条件，特别是在资本主义世界经济体系成为各国发展的外部结构的条件下，否认外部的结构因素和否认内部的特殊性都不是正确的探索发展之道方式。最后，还应该看到一些国家过去的成功经验也不一定适用于现在和将来的发展。所以，怎样探索发展之道，如何正确地认识其他国家和自己过去成功经验，如何评价内部因素和外部因素在发展中的作用，是本章探讨的第二个问题。

　　经济发展的国际政治经济后果是什么是本章的第三个主题。不同的意识形态的学者曾对经济发展产生的国际政治经济后果得出截然不同的结论。一些现实主义者认为，落后国家的经济发展意味着国际上原来的战略格局将打破，战争与冲突将使世界回归到一个新的实力平衡的状态。一些自由主义者认为，落后国家的经济发展意味着国家间相互依存加强，意味着和平与和谐。一些激进主义者认为，发达国家的经济发展是建立在对不发达国家的剥削基础上的，不发达国家要摆脱经济的依附，就必须变革国际经济秩序或变革资本主义的国际政治经济秩序，这种变革可能意味着世界革命和国际的冲突。经济发展是否绝对地带来国际和平或冲突是一个实践的问题，它不应是一个绝对宿命的答案。对经济发展的政治经济后果的分析不仅对世界而且对当今中国特别具有重要意义。

　　经济学家曾经对经济发展做过大量的研究，由此专门发展出一门经济学分支——发展经济学。但是，自上世纪 80 年代以后，发展问题已经由新自由主义主导，市场化是新自由主义经济学最大的发展药方，发展经济学已经退出了一些西方大学的经济学教程。但新自由主义经济学家较少地从政治经济的角度对经济发展的政治原因、政治环境、政治后果进行深入的分析。与新自由主义经济学不同的是，国际政治经济学更多地从政治原因、政治环境和政治结果来探讨的发展问题。当然，对经济发展的政治经济学研究离不开经济因素的分析，但从政治经济学角度来说，经济制度及其变化更离不开既定政治因素的作用。因此，国际政治经济学探讨发展问题往往是建立在政治与经济互动作用的基础上。

第一节　不发达的特征及其原因分析

一、经济增长与经济发展的差异

什么是经济发展，它与经济增长的关系是什么？这两个概念经常被人混用的，但实质并不相同（本书许多地方也存在着这种混用）。虽然在平常这种混用关系不大，但探讨发展时，不弄清这些问题就很难解释什么是不发达，不发达国家的特征是什么，也就很难进一步分析不发达的政治经济原因。

经济增长（economic growth）与经济发展（economic development）从发展经济学的角度上看，是不同的概念，有着本质的区别。经济增长一般是指一个国家的产品与劳务数量的增加，或按人口平均的实际产出的增加，通常以国民生产总值（GNP）、国内生产总值（GDP）或国民收入（National Income）来衡量，或以它们的人均数值来衡量。[①] 根据美国经济学家查尔斯·金德尔伯格的定义，经济发展是指社会物质福利的改善，尤其是对那些收入最低的人来说的物质福利的改善，它包括这样一些内容：（1）贫困人口的根除，以及与此相关联的文盲、疾病和过早死亡的减少；（2）投入与产出构成的改善，如生产的基础结构从农业转向工业活动，由此带来的生产性就业普及于劳动适龄人口而不是少数具有特权的人

---

① 陶文达主编，《发展经济学》，四川人民出版社，1992年，第14页。

口；（3）相应地，社会经济和其他方面的决策由广大社会公众参与，不是由少数特权阶层决定，从而增进广大公众的福利。①

从这两者的定义来看，经济发展比经济增长有着更深刻的内涵。经济发展不仅仅是经济数量的增长，而且还包括了经济质量、产出方式、经济结构和经济体制，甚至是政治与社会体制方面的某些改变。金德尔伯格曾对经济增长与经济发展内涵做过这样的比较，正如在人类身上一样，增长主要是强调身高和体重（或者说国民生产总值），而发展强调是机能上——素质协调的改变，例如学习能力（或者说经济上的适应能力）。二者区别在于：（1）经济增长指的是更多的产出，而经济发展则既包括更多的产出，同时还包括产品生产和分配所依赖的技术和体制安排上的变革；（2）经济增长包括由于扩大投资而获得的增产，以及由于更高的生产效率，即单位投入所生产的产品的增加，经济发展的含义则不止这些，它还包括产出结构的改变，以及各部门间投入分布的改变。②

实质上，经济发展是指经济增长方式、经济生产组织方式、经济结构和分配形式上的变化，既有数量增长的要求，又有质量上和体制上的要求，更强调的是一种社会全面发展和进步的指标。这样，经济发展内涵包括如下几个方面：

（1）在经济产出和技术水平提高的基础上，人民的福利水平，特别是社会低收入阶层的福利水平的提升；社会大多数人的贫困以及由此相关的文盲现象、疾病大幅减少，人口的平均寿命得到较大的提高；

（2）国家的基础产业结构从传统产业转向了现代产业，如从过去的农业转向工业，国家的财政收入主要来自现代的产业；从事现代基础产业工作的人口不局限于少数特权阶层，而是适应于广泛的适龄人口；

（3）经济与社会政策的决策不是由少数特权阶层做出的，而是

---

① 查尔斯·金德尔伯格、布鲁斯·赫里克，《经济发展》，张欣等译，上海译文出版社，1986 年，第 3 页。

② 同上，第 5—6 页。

由广大的社会公众共同参与的，这些政策因此不只是惠及少数特权者，而是惠及广大的公众。

经济增长不一定促进经济发展，相反，经济发展则一定是经济增长。在现实的世界中，经济增长在各国普遍可以实现，各国可以不同程度地实现经济产出的增加，或者生产技术的一定程度的改进。但是，许多国家的经济增长不能减少社会的贫困人口，不能带来人口的文化素质的提高，各种疾病发病率并没有因为经济增长而有所降低，人口的平均寿命也没有因此延长，国家的经济结构仍主要以传统产业为主，财政收入依赖于传统产业的税收，人口的就业主要集中于传统产业，现代产业为少数人所独占，人民对社会与经济的决策没有发言权，社会与经济的政策带来的好处只由少数人阶层所独享。这种现象一般被称为"没有发展的增长"。更糟的是，有些国家随着经济产出的增长，上述经济发展指标非但没有改善，甚至还有所恶化，即社会贫富两极分化加剧，文盲率上升，人口的健康程度和平均寿命下降，从事现代产业的就业人口降低，国家的政治参与度倒退，经济成果越来越为少数人口享有。这种现象被一些经济学家称为"贫困化增长"。因此，经济发展要求的是一种摆脱"没有发展的增长"和"贫困化增长"的经济增长，它体现的是经济与社会的协调发展。而目前世界上，大部分国家的经济增长恰恰就是一种"没有发展的增长"或"贫困化增长"，正因为如此，它们才属于不发达国家。

二、不发达的特征

全球发展中国家目前大约有 140 个左右，其国土面积和人口数占世界陆地面积和总人口的 70％以上，它们的发展状况处于极不平衡的状态，自身条件和发展水平千差万别。目前，发展中国家成员基本上可分为三大类：第一大类是最不发达国家和地区，截止至2015 年，联合国认定这样的国家有 44 个，其中非洲占 31 个，亚洲占 9 个，大洋洲 3 个，拉美 1 个；第二大类是年人均国民生产总值高于 300 美元但低于 1 000 美元的国家，如玻利维亚、喀麦隆、加纳、肯尼亚、摩洛哥、尼加拉瓜、尼日利亚、巴基斯坦、菲律宾、塞内加尔、斯里兰卡和津巴布韦等；第三大类是"其他发展中国家成员"，即不属于上述第一、二类的发展中国家成员。虽然这种分类存在着一定的问题，但可以说明，发展中国家中有的发展程度相对较高，接近或部分达到了工业化文明水平，有的则处于最不发达的状态，还处于刚刚摆脱或处于原始文明的状态，更多的国家是处于农业文明向工业文明的过渡阶段。不发达国家就是与发达国家相比没有现代化的国家，是"贫困国家"和"贫穷国家"。出于外交礼节或对"贫穷国家"的尊重，一般在正式场合，用"发展中国家""第三世界国家""欠发达国家"，而不用"不发达国家"来称呼"贫困国家"或"贫穷国家"。这些国家有什么样的特征呢？金德尔伯格曾经对不发达特征做过如下描述。

第一，不发达国家是农业国，而不是工业国。大部分人口属于农业人口，国民收入的相当大的比例来自农业，工业工人大多是自营劳动，不具备雄厚的物质资本和人力资本，并且由于种族、伦理、宗教信仰而相互分裂。

第二，不发达国家人民处于普遍的贫困之中。这样，没有较高的储蓄率以及由此产生的生产性投资资本，或者人民的储蓄与生产性投资没有太多的联系，缺乏良好的金融机构把储蓄与生产性投资联系起来。

第三，从对外贸易来看，不发达国家的出口产品单一（一般为需求弹性不大的初级产品或低级工业制成品），出口生产为外国资本所控制，政府在这一方面的收入受国际市场价格的波动而不稳定。

第四，不发达国家国际收支处于逆差状态。这些国家的工业处于初步发展阶段，大部分工业制成品依赖于进口，而且对这种进口的需求高于收入的增长，这种收支的不平衡随着经济的发展、人口的增长和农业的停滞变得越来越严重。

第五，不发达国家乡村地区相对闭塞，大多数人民贫困落后，教育水准低下，这与政府的专制有着密切的联系。政府不是通过民主选举而产生的，而是通过武装力量暗中支持的军官集团或政客来统治国家。人民的经济与社会改革愿望不能得到充分的表达。同时，富裕国家人民展现出来的生活方式已经在贫困国家人民中传播，希望实现富裕的愿望与实现这种愿望的能力之间所形成的紧张关系，使得政治动荡与专制政府交替出现。[1]

联合国经济开发特别基金的负责人也曾经对发展中国家的特征做过描述。他说发展中国家有这样一些特点：贫穷的城市里有乞丐，村民只能在乡间谋求简单的生活；工厂不多，动力与电力供应不足；公路与铁路设施落后，服务低劣，交通极不方便；缺医少药，高等学术机构也很少；多数人民属文盲；少数人不顾群众的死活，居住在金银岛上，过着奢侈的生活；金融银行制度不健全，只能通过高利贷者获得小量贷款；对外出口的几乎都是些原料、矿砂、水果或土物产品，间或也包括一些奢侈的手工艺品，而这些出口品的原料的采集或耕种，却往往操纵在外国公司的手中。[2]

有些学者除了对上述不发达国家的经济与社会现象进行归纳外，还提出不发达国家存在着普遍的腐败，没有法治，迷信猖獗，等等。总之，发展经济学家归纳出来的不发达国家的特点是，从经济、政治、法律、教育、科技、人的素质和领导者的能力等社会的一切方面与发达国家相比都是落后的，是一种社会的落后，而不仅仅是经济的落后，经济落后只是社会落后的一个表象。目前随着世界经济的发展，上世纪许多经济学家概括的发展中国家的落后特征可能有些变化，如农业经济的比重有所下降，工业化有所发展，但是与已经进入后工业化的发达国家相比，它们仍然处于落后状态，一些基本的落后状况没有大的改变。这些落后的状态概括起来有以下几个方面。

1. 经济上

（1）不发达国家仍然是以农业经济、原料产业或初级加工工业为主（主要为发达国家淘汰的加工工业和高污染的工业如服装、制鞋、拆船业等），经济上呈现出二元结构，现代工业或高科技产业在国家的经济比例中所占的成分很低，而传统的产业或农业处于国

---

① 金德尔伯格、赫里克，《经济发展》第8—9页。
② 转引自上述陶文达，《发展经济学》，第3—4页。

家经济的主导地位，这与发达国家现代产业占国家经济的主体，而传统产业在国家经济中的比例呈下降趋势正好相反。

（2）不发达国家劳动生产率和经济增长速度相对缓慢，经济增长主要是粗放式的增长，而不是以技术改善为主的增长。

（3）国家财政收入主要来自传统的产业，而不是现代产业；传统产业的就业人口占全国的就业人口的比例很大，贫困人口占全国人口的比例很大。

（4）生产性投资相对不足，国内投资渠道狭窄，市场秩序相对混乱，经济适应能力相对较差。

（5）人均收入低，国内社会贫富两极分化严重。

（6）外贸出口主要是以农产品、原料和初级工业品为主，品种单一，附加值较低，出口收入受国际市场的价格波动影响较大，出口产业主要以外国企业或外资企业为主，国际收支逆差较为严重，国家的外汇储备较少；进口品主要为投资型工业设备和附加值较高的工业制成品，而且国家的经济增长依赖于这些产品的进口，国家的支付能力较差。

（7）金融体制不完善，为经济增长提供金融支持的能力弱，抵御外来金融风险的能力差。

（8）缺乏现代化生产、经营与管理的人才或缺乏使用这些人才的有效机制；国家经济中研发能力较弱，专利与发明很少，主要依赖外来的技术转让。

（9）国家的基础设施较差，交通、通信都不发达。

（10）各种产业之间缺乏协调，主要是以向外提供一些低技术的加工产业为主，缺乏高端的技术产业作为国内经济的带动性产业。

总之，不发达国家的经济从经济结构、劳动力素质、经济的适应能力、金融体制、市场的完善性、人口的消费能力、外贸创汇能力到抵御国际金融风险能力都处于落后状态，而且缺乏资金、技术、人才和信息，人均收入低，贫富分化严重，经济对外依赖程度较高。这种依赖是单向性的，易受外部的冲击，影响外部经济的能力十分弱。

2. 政治上

（1）不发达国家的民主化程度不高，尽管有选举，但选举并不能保证社会公众有较高的实际政治参与度。

（2）腐败程度较高，政府官员以及各种社会公职人员普遍存在着贪污、受贿的现象。

（3）国家的法治程度较低，普遍缺乏法治意识与精神，滥用权力的现象相当严重，政府的管理能力较弱，"无法可依、有法不依、违法不纠"的现象比比皆是。

（4）社会成员的地位不是主要来自能力，而来自血缘、身份、出生和关系，社会缺乏基本的程序与实质公正。

总之，不发达国家政治动荡或潜在动荡的可能性较大，政治上缺乏稳定的政治和法律基础。

3. 文化教育上

（1）社会文盲率较高，国家的教育事业不发达，现存的教育机构效率很低，缺乏合格的师资，不能较好地培养经济发展所需的高素质人才，国家的人才浪费与流失现象较为严重。

（2）整个社会迷信严重，科学技术知识不能得到普及。

总之，不发达国家教育与科技落后，不能为国家和社会的发展提供支持。

4. 社会其他指标上

（1）人口出生率高，人口庞大，但人口平均寿命相对较低，婴儿出生死亡率较高。

（2）医疗卫生事业不发达，各种疾病发病率较高。

（3）人口普遍缺乏现代化的意识，缺乏艰苦奋斗、诚实劳动的精神和公益意识，整个社会普遍存在着浪费和奢侈的风气，追求外来高档消费品和文化。

（4）环境污染严重，生态处于恶化的状态。

（5）社会犯罪率相对较高。

总之，不发达国家的人口及其素质都处于不佳状态，社会环境与生态环境都比较恶劣。

这里需要说明的是，并不是所有发展中国家都符合上述所有指标，而是发展中国家更多地符合上述经济、政治、科技教育和社会指标。越是最不发达的国家越是较多地符合这些描述，它们在整个社会的各种发展指标上都处于落后状态，而且改善程度不明显，而相对比较发达的发展中国家（或第三类发展中国家）则在许多指标上更接近于发达国家的水平。因此，以上区分不发达的指标不是绝对的，而是相对的，它更是一种参照指标，以比较不发达的状况。

三、不发达原因的政治经济分析

不发达国家的落后根源在哪里？这是所有追求摆脱不发达的人首先希望探究的东西，只有发现了落后的根源才有可能找到发展的途径。然而，对不发达根源的探究直到现在仍然是见仁见智，学者们和政治家对此争论不休，莫衷一是。下面将对一些学者对不发达根源的解释做一定的介绍，然后再对他们的观点进行一定的分析。学者们对不发达国家的不发达所做的解释一般可以分为两类，第一类是内部因素论，即不发达国家之所以不发达是因为不发达国家自身原因所致，如政府的无能与腐败；第二类是外部因素论，即把不发达国家的不发达原因归咎于外部的经济环境，如结构主义理论和依附论。

1．内部原因论

在对不发达国家的贫穷根源的探究中，把不发达国家的不发达原因归咎于不发达国家自身的主要是发达国家的自由主义经济学家。这些经济学家用西方主流的经济学理论来分析不发达国家的经济状况，他们认为，在一个外在客观的市场中，只要市场的参与者能够按照市场的逻辑行事，也就是说，市场的参与者按照理性即成本/效率最大化的原则行事，就可以获得市场的回报，获得最大的财富增长。这种经济学理论从经验中得出，市场逻辑是财富增长的逻辑，由此，这些自由主义经济学家得出结论，不发达国家的贫穷落后是由于不发达国家没有充分地利用市场，或者说，国内的政治经济和社会的原因使它们没有在国内建立健全的市场，对外则封闭市场，因而造成了不发达。这种观点从 20 世纪 40 年代以来一直存在，到了 80 年代以后，这种观点成为西方解释不发达国家贫穷落后的主流观点。

自由主义经济学家认为，建立在专业化分工和自由贸易基础上的世界经济，可以促进各国的经济增长，使商品、资本和技术的流动总是按照效率原则进行，这样，在国际市场中，由于发展中国家的所谓"后发优势"，发达国家的资金、技术总会不断地流向不发达国家。只要不发达国家参与到国际市场之中，就可以从中获得资金、技术和所需的商品。更重要的是，贸易可以带来整个经济结构与素质的提高，改变经济的增长方式，促进国民观念的转变。

根据比较优势理论，只要发展中国家专业化生产自己的比较优势产品，并通过国际市场进行交换，就不仅可以提高本国的经济福利，优化本国的资源配置，而且可以提升本国的经济福利。参与国际市场的分工与交换，还可以克服本国市场相对狭小的不足，扩大生产的规模，提高资源的有效使用率，从国外获得廉价的原料或中间产品，从而可以降低生产成本，这些都有利于阻止收益递减，促进经济增长。这就是所谓的贸易的静态利益（近期利益），或者说，对外贸易具有所谓的"经济增长的发动机"的作用。这些学说的作者在分析了 19 世纪贸易的性质后提出，国际贸易不仅有资源最佳配置的作用，而且还具有一种把发达国家的经济增长传导到后进国家的作用，即发达国家的经济迅速增长可以引发对发展中国家初级产品的大量需求，从而带动发展中国家的经济增长。据自由主义经济学家分析，贸易可以对宏观经济产生五个方面的累积作用：收入效应（即收入增加可以转化为国民收入总量的增加）、资本积累（收入的提高可以用于投资，从而提高本国资本的积累）、资本的国内替代率（资本品价格随贸易的增长而相对于消费品价格有所下降，投资成本的下降可以促使国内的投资替代）、收入分配倾向于效率（收入分配向效率高出口产业转移，可以提高资本积累与储蓄率）、要素加权效应（出口增长可以看成要素增长的加权平均）。这五个方面的作用不断累积可以促进经济的发展。此外，根据西方主流的自由贸易理论，贸易还会带来长期的动态利益（发展利益），如贸易可以刺激国内的生产技术的创新与改良，提高劳动生产率，通过进口产生新的需要，刺激和引导经济增长点，促进储蓄，加速资本积累，引入新的管理模式，带来社会的竞争意识，传入新的现代观念，等等。这些都是有利于经济发展的因素。

自由主义经济学家认为，贸易的进行可以使得各种要素的收入国际差距缩小，使得贫富国家之间的贫富鸿沟得以拉平。斯托尔珀-萨缪尔逊定理认为，随着分工与贸易的不断进行，要素价格趋向均等化，这使得落后国家的要素拥有者与发达国家的要素拥有者收趋于相同。这些经济学家认为，资金与技术总是倾向于向不发达国家流动，发展中国家具有后发优势，因为资金总是流向回报率高的地区，发展中国家由于土地、劳动和生产的其他成本低，有着吸引资本的巨大优势。有些经济学家还认为，国际贸易有利于新技术的获得。根据新增长理论（内增长理论），发达国家的经济增长主要来自技术进步，而技术进步来自两个方面：第一，主动性研究开发创新；第二，被动式实践摸索，或者称为"干中学"（Learning by Doing）。国际贸易可以带来技术的外溢扩散以及外部市场竞争刺激带来的技术进步，不论是外溢扩散还是竞争刺激，都可能促使贸易参加者通过"干中学"和加强研发而掌握先进技术，从而提高技术水平，促进经济的增长。[①]

所以，在自由主义经济学家看来，市场已经为不发达国家提供了发展的机遇与条件，正是由于不发达国家的内部原因才使得这些国家没有充分利用这种发展的条件和机遇，处于贫穷的状态。这样，有的经济学家开始将眼光转到发展中国家内部，借助发展经济学对发展中国家内部政治经济状况的研究成果，去寻找发展中国家不能利用市场的原因。如有的学者认为，不发达国家维持温饱的农业在国民经济中的比例过大，技术教育不足，储蓄倾向低下，财政制度薄弱，政府的政策效率低下是造成不发达的原因；有的认为，一些不发达国家缺乏足够的雨量，没有发达的中等教育系统和灵活的政府。但多数自由主义经济学家的共同之处是认为，不发达国家

---

① 这里主要参照了张二震、马野青《国际贸易学》，南京大学出版社，1998年，第358—362页。

的贫穷主要在于这些国家政府无能，没有很好地变革其社会和政治制度以适应不断变化的价格与国际市场。[①] 这样，自由主义经济学家们实质上开始探讨发展中国家的内部社会政治文化对不发达的影响，把不发达原因与发展中国家内部的社会政治文化联系起来。

经济学家查尔斯·金德尔伯格的观点在这一方面就颇具代表性。他曾指出，经济发展是与社会变迁相联系的，社会文化条件如个人和社会环境、家庭结构、阶级结构、种族与民族差别、宗教、乡村差别、社会单位的规模、取得成就的欲望、制度文化、传统主义都在影响着经济的发展。

按照金德尔伯格的分析，一个有利经济发展的社会文化应该包括如下几个方面。

（1）有利于经济发展的社会环境：个人在社会中的作用取决于个人的能力，而不是家庭、宗教、等级和收入；个人之间的义务趋于通过契约来维持；社会较少存在裙带作风、等级观念、奴隶主义、排外意识和对少数民族的歧视等，这些现象浪费了人才，削弱了社会的生产能力。

（2）有利于经济发展的家庭结构：鼓励人们流动、储蓄、冒险以及为增加收入而更多工作的意愿，如果原始的和限制性较大的家庭形式和充满限制性社会环境共存，则会严重束缚经济的发展。

（3）有利于经济发展的阶级结构：社会地位不受制于职业，并且职业流动较少受到限制，或人们不以尊敬处境较好的人为最大美德；如果相反，就很难在社会大众中培养起通过个人努力以改变社会地位的观念。一个拥有中产阶级的开放社会是经济发展的重要条件。

（4）有利于经济发展的种族与民族关系：社会不太注重种族与民族差别，因为注重民族与种族差异，强调身份而不是能力，往往会妨碍语言交流与交往，这不利于教育与科技的国际转移，因而也不利于经济的发展。

（5）有利于经济发展的宗教因素：好的宗教具有促进经济发展

---

① 吉尔平，《国际关系的政治经济学》，经济科学出版社，1989年，第299页。

的因素，如新教中的通过努力工作和储蓄而带来的天定得救感，提供了精神满足的源泉，同时刺激了发展；不利于经济发展的宗教的戒律使人沉湎于人性的净化和工作进程而不关注工作产出，有时确实削弱了增产的潜力，这不利于引导经济发展。

（6）城乡交流对经济发展也有着重要影响。如果乡村与世隔绝，会趋于稳定化，形成固定的社会生活和社会价值，不利于像现代城市一样，形成广泛的人与人、人与物的交流，不利于增加理性、能力意识与契约精神，不利于塑造专业性，不利于瓦解家庭、阶级、宗教和种族上的习惯、障碍与禁忌，不利于为社会生活带来流动性和可塑性，不利于教育的发展、妇女地位的提高和人口出生率的降低。因此，城市的集中与城乡差别的缩小对经济发展的速度和性质具有影响。

（7）社会单位规模与经济发展有着重要的关联。社会单位规模的扩大有利于一个大市场的建立，这对经济的发展有着重要作用，但同时它是以一定程度的社会凝聚力为前提的，在一个健康的社会，基本单位规模扩大的同时，不会破坏它与较小单位（乡村、教区和地区）的联系。

（8）经济发展需要整个国家的人民有一种健康心理，有一种取得成就的欲望，这是经济发展所必需的。

（9）经济发展还需要一种适宜的制度文化。经济发展需要政府提供法律、诚实、和平和低税率，甚至智力和技术引进等方面的支持。政府应当努力营造人们依法、诚信的习惯，从而塑造法治的环境；政府应培育藏富于民的传统，引导人们不断学习的习惯，培养人们对新技术的好奇心。如果一个社会组织中存在着一些传统的旧制度文化如腐败文化，经常在经济生产、分配和消费的习惯中体现出来而不利于经济发展，就必须加以剔除才能促进经济发展。同时，超前的制度文化也对经济发展也不利。

（10）一个社会文化中的保守状况也对经济发展不利。传统主义盛行的社会往往压制流动、创新、变化。以稳定来压制发展是传统主义的一个典型，它不利于发展，因为"所有的'人民革命'都试图创造一个可以允许发展发生的气氛，而且是一种甚至在永久基础上可以使动乱和变化（'革命'）替代以往的传统价值观念的气氛"[①]。

从金德尔伯格等人的观点可得出一个结论：不发达国家正是在上述社会文化等方面没能发生变革，传统社会文化中的落后因素阻碍了它们适应市场的需要，妨碍了经济发展。这种结论基本上反映了自由主义经济学者的逻辑，即不发达国家之所以不发达，在于它们没有改造内部的文化，使得国内市场不完善、经济效率低下和社会僵化。这些学者强调，由于政治腐败、寄生性社会结构和官僚结构，这些国家未在教育、农业和其他作为经济发展前提的部门进行适当投资，束缚了自身的发展。[②] 在他们看来，发展中国家社会内部存在问题，特别是领导者能力较差，造成其社会政治体制不能适应国际市场的变化，或者没有融合到世界市场之中，这使它们不能把握国际市场为其提供的发展机遇。或者通俗地说，是它们在内部没有能塑造出经济发展的软件，即使通过国际市场，它们可以获得资金、技术与市场，也不能得到发展。这些经济学家往往以一些新兴工业化国家和地区（如亚洲四小龙）经济发展成功的事例来说明，政府用合理政策充分利用市场，健全国内的市场是经济成功发展的关键。总之，不发达国家的不发达是咎由自取，责任完全在其自身，在于自身缺乏效率，是其政府的不合理政策妨碍了国内完善的市场建立，使自己割裂于世界市场之外，因而不能享受市场带来的发展。

这种观点是一种典型的"市场决定论"，它们往往预设了一个外在客观的市场，很好地利用这一市场是经济发展成功的关键。就是说，外在的客观市场对不发达国家具有"用则灵"的功效，遵循外在客观的市场规则是带来经济发展的灵丹妙药，国内社会政治制度和文化应该围绕着适应市场规则来变革。它们没有考虑现实的市场是一种人为化的市场，特别是它们注重的国际市场是一种人为化的市场。它们否认国际市场制度存在的对发展中国家发展的限制、

---

① 金德尔伯格、赫里克，《经济发展》，第28—45页。
② 吉尔平，《国际关系的政治经济学》，第300页。

国际生产关系对发展中国家的制约因素，更没有考虑外部的市场对发展中国家社会文化、政治制度的塑造作用。

应该承认，一些发展中国家社会经济体制的落后有其自身的原因，但完全把不发达归咎于发展中国家自身也是有失公允的。以拉美一些国家为例，这些国家市场经济的建立也是相对较早的，虽然这些国家的经济结构单一化与国内原因有关，但是不能不看到外部影响的作用。它们的比较优势产业和经济结构是由外部资本创造的，它们的工业化努力往往受到外部资本的阻挠，它们旨在解决国内贫富分化的社会变革又往往受到外部势力的干涉与镇压。在20世纪80年代后，拉美国家按"华盛顿共识"（Washington Consensus）的处方进行私有化，完全市场化的经济改革出现了诸多的问题，不断出现的金融危机也给这类国家带来了巨大的发展困扰。这说明，完全按国际市场的要求进行的变革不一定能解决发展中国家的发展问题。再以一些成功的新兴工业化国家与地区为例，尽管这些国家在二战后的经济发展有其自身努力的原因，但是不能不看到，这些国家和地区的经济发展符合冷战的需要，适应了西方防止所谓"共产主义渗透"的战略考虑。这些国家与地区大都处于冷战的前沿，西方集团需要这些国家与地区的经济发展来抵御所谓的"共产主义诱惑"，防止社会主义革命，因此提供给它们市场、资本和技术上相对优惠的发展条件。因此，尽管应该承认，不发达国家的不发达在相当程度上有其自身的原因，但是，否认外部因素对这些国家的不发达应负的责任也是不客观的，认为发展中国家能否发展取决于是否适应外部市场也是存在着局限性的。

2. 外部原因论

外部原因论正好与上述的内部因素形成了对立，主要是把不发达国家的不发达原因归咎于外部的世界经济，而不是不发达国家本身。外部原因论也被称为"不发达理论"，20世纪50—70年代西方和一些发展中国家的左翼学者用以解释众多前西方殖民地国家在民族在独立之后，仍处于落后或经济上依附于前宗主国现象。这些解释的实质性内容是：国际资本主义经济井然有序地运转，使不发达国家经济畸形和得不到发展，这是世界市场经济正常运转固有的特征，世界市场体系的性质是富国控制着世界经济，通过不平等交换富国从不发达国家中获得了大量的经济盈余，因此，这种世界市场经济体制是有损于不发达国家的，外部的世界市场体系要对不发达国家的贫穷负责。[①]

不发达理论分为两个阶段，第一阶段是所谓的结构主义的不发达理论。它主要以拉格纳·纳克斯（Ragnar Nurkse）、冈纳·缪尔达尔（Gunner Myrdal）、汉斯·辛格（Hans Singer）、劳尔·普列维什（Raul Prebisch）等人的理论为代表。这些学者的理论一般认为，由于中心与外围的世界经济结构带来的国际分工的结构使不发达国家不能从国际贸易中获得发展，发展中国家的贸易条件处于长期的恶化状态，不平等交换给不发达国家带来的结果更多的是负面的，因此，他们要求改革国际市场中对不发达国家的限制性因素，如交换价格，并认为不发达国家以进口替代迅速工业化是解决不发达的重要发展战略。不发达理论的第二阶段是所谓的"依附理论"，其主要代表是以拉美学者为主的一些左翼学者，如多斯·桑托斯（Dos Santos）、安德烈·冈德·弗兰克（Andre Gunder Frank）、鲁伊·马里尼（R. M. Marini）、萨米尔·阿明（Samir Amin）、卡多佐（Fernando H. Cardoso）、法莱托（C. Furtado）等人，他们在上世纪 60 年代末到 70 年代提出了更为激烈的理论。尽管这些学者的观点各有特点，但他们一致认为，发达资本主义的中心国家推行的帝国主义经济殖民政策和非正式的政治殖民政策导致不发达国家的经济与政治的依附，造成了不发达国家的不发达；发达资本主义国家把不发达国家作为其经济发展的经济资源供应场所和政治统治的对象，把这些不发达国家的经济发展限制在一定的范围之内，使之在经济上受剥削，政治上受控制，只要这种国际政治经济统治结构不消除，不发达国家就不可能摆脱这种政治经济的依附状态，就永远不可能有真正的发展，即使是经济有所发展，也是一种联系性的依附发展。因此，一些依附理论家提出了激进的社会革命战略作为不发达国家实现经济发展的战略，如民族和民主革命、割断与国际资本主义体系

---

① 吉尔平，《国际关系的政治经济学》，第 306 页。

的一切联系等。

　　不发达理论在 20 世纪 70 年代取得的最大成果就是推动了发展中国家争取变革国际经济秩序的运动，在联合国等国际组织通过的一些重要文件中，写入了发展中国家基本经济权利的条款，并且使发达国家承诺对国际经济秩序进行一定的修改。但是，到了 20 世纪 80 年代，在西方国家的政治经济变革、发展中国家的债务危机以及苏联东欧集团瓦解等一些因素作用下，不发达理论，特别是依附理论，逐步地失去了过去的吸引力，变得越来越边缘化，而且由不发达理论推动的建立国际经济新秩序的努力也越来越失去动力。尽管如此，不发达理论提出的关于不发达原因的一些解释仍具有一定的意义，这里有必要进行一定的介绍与评述。

　　(1) 结构主义理论

　　结构主义理论是一些拉美学者从拉美国家在经历了多年的独立之后，长期处于资本主义世界经济体系中却仍没有实现经济发展的事实中，反思国际经济体制内在的结构与属性后，提出的不同于自由主义发展理论的经济发展理论。这一理论最突出地体现在 1964 年联合国拉美经济委员会的《为发展而采取的贸易政策》报告。尽管一些结构主义经济学家也发表过不少结构主义的论著，但没有这一报告阐述的观点这么引人注目，正是这一报告奠定了结构主义的国际声誉。

　　这些拉美学者从国际贸易着手分析不发达国家的贫穷原因。他们认为，19 世纪，贸易的确发挥了经济增长的发动机作用，但是到了 20 世纪，贸易不能再发挥这样的作用，原因在于国际市场的不完善导致了发达国家往往可以从国际贸易中获得越来越大的正面效益，而不发达国家尽管也从中获得一些好处，但总体上却承受着没有发展的负面效益。结构主义者指出，经济发展和生产率提高的关键是技术的进步，而长期形成的中心与外围分工导致的国际交换，使得发展中国家向中心的发达国家提供农产品、矿产品和初级加工品，这些产品弹性相对较低，这一方面产品的技术的发展反而造成发展中国家在国际贸易中饱受无法增收之苦，贸易条件得不到有效改善，因此，无法获得自由主义贸易理论所说的技术发展带来的增长动力。

按照自由主义的贸易理论，出口增长可以带来收入的提高和资本积累的增加，并且国际竞争可以带来技术的进步，从而可以带动整个经济素质的提升和就业的增长，进而有可能实现经济的发展。但是，结构主义者认为，发展中国家由于出口产品的结构性原因，出口收入不高，不能产生累积的收入效应与资本积累效应，加之教育和科技的落后，发展中国家的技术主要是靠引进，并且这些引进主要局限于向中心发达国家提供出口的原料与商品的产业上，这样，对于发展中国家来说，贸易没有产生所谓的技术扩散效用；由于没有技术的扩散，其他产业也不可能得到发展，因而无法吸纳就业工人。即使自身的技术得到发展，由于经济结构单一，技术发展带来的增长反而会造成一种"增产不增收"的恶性循环，即技术发展造成了收入降低，收入降低导致技术创造的乏力。因此，由于经济结构上的原因，发展中国家无法从国际贸易中获得资金积累，实现工业化。这样，由于出口产业的实际收入不高，并且由于不发达国家没有强大的工会，无法阻止实际收入下降的趋势，由于社会的贫困人口无法减少，储蓄率的低下和资金不足的状况也无法得到改善。再者，国际收支长期不能得到改善也使不发达国家难以支付工业化所需的生产设备和技术的进口费用，工业化进程缺乏后继支持。最后，由于公众对发达国家消费模式的仿效，不发达国家进口发达国家的消费品，使得本来就很少的国家出口收入没有得到有效的利用，严重缺乏发展资金却没有把稀缺的外汇用于国家的工业化。结构主义者认为，发达国家的经济结构正好相反，工业产品的出口不但可以得到较高的收入，出口的竞争产生的技术进步还可以提高劳动生产率，而且可以向其他产业扩散，吸收被高劳动生产率替代的失业工人；劳动生产率的提高也不会导致出口收入下降，因为垄断公司可以维护产品的价格，强大的工会可以维持工人的实际工资，使之不下降，发达的教育与科技实力可以得到不断增加的国际收入的支撑，这样就形成了一种良性循环。所以，发达国家可以从国际贸易中获得贸易带来的静态与动态利益，从而促使经济不断地发展。

由此，结构主义认为导致不发达国家长期得不到发展的根本原因在于不合理的国际交换。由于历史上发达国家制造的国际分工已经形成了一种固定的交换格局，在这种交换格局下，不发达国家贸易条件长期恶化，不能从国际贸易获得发展机会。后来一些学者还指出，发达国家在农产品和初级工业品如纺织品上的贸易壁垒以及一些新贸易保护主义倾向（如强调劳工标准、环保标准以及强化各种技术标准）也是阻止不发达国家从贸易中获得发展机会的重要原因（可以参见第三章《国际贸易的政治经济学》相关内容）。因此，结构主义者认为，要改变发展中国家落后的经济面貌，就要改变不合理的国际交换，提高发展中国家出口产品的价格，改善不发达国家的贸易条件。为此，他们建议组织初级产品的国际卡特尔，建立保护不发达国家出口产品的稳定计划，用自主生产来代替从发达国家进口工业品，鼓励外国资本在制造业投资，建立不发达国家的共同市场，减小对发达国家的依赖。

结构主义的观点尽管与过去相比其影响力有所下降，但是，它在发展中国家仍然具有一定的市场。即使在生产全球化的条件下，结构主义者也认为，这种跨国生产的模式并没有改变中心与外围的结构，这种结构仍使得发展中国家的发展受到制约。如20世纪80年代后期，辛格等人对发展中国家与发达国家中贸易条件恶化的问题做了进一步的研究，他们发现不但发展中国家的初级产品贸易条件恶化，且制成品的贸易条件恶化也远甚于发达国家。辛格等人将此归咎于发展中国家普遍存在的债务负担，认为是发展中国家的债务导致发展中国家在外部的压力下只能从事出口导向性的增长，由于技术的落后，这些发展中国家大多接受发达国家的产业转移，从事低技术工业品的生产出口，众多的发展中国家在这一领域的竞争使它们无法获得大量的出口收入，形成一种发展的恶性循环。

结构主义的一个最大成就是引发了发展中国家争取改革不公正国际经济秩序的运动。这一运动声势尽管现在已经大大不如以前，但是，发展中国家要求参与国际经济规则制定的努力现在仍没有消失。

（2）依附理论

依附理论是在结构主义成效不佳的条件下提出的一个比结构主义更激进的发展理论和相应地更为激进的发展战略。这一理论也是在马克思主义政治经济学基础上结合战后国际经济特点提出的一个具有革命性色彩的理论。

依附理论认为，在战后的资本主义发展阶段，资本主义的世界体系已经不允许出现马克思曾经预想的那种情况，资本主义世界性的扩张可以带来不发达国家资本主义工业化的发展。马克思曾在不同的场合写道，资本主义在不发达地区的扩张尽管是野蛮的，但是从客观上是有利于世界资本主义发展的，而从历史发展的进程来看，这是通向社会主义的必要途径，因为不发达国家引入资本主义的同时，也引发了资本主义生产关系的矛盾，发达国家向不发达国家展示自己发展的未来；资本主义向落后地区输出资本是资本主义缓解危机的一种方式，随着资本主义向落后地区的扩展，落后地区呈现资本主义化，这样，资本主义缓解危机的手段越来越少，最后必然导致资本主义的世界危机，使历史向着更高的阶段发展。① 而依附论者认为，资本主义发达的中心扩张方式已经和二战前的资本主义扩张方式有所不同，而且发挥的作用也有所不同。二战后资本主义的中心是以控制不发达国家的政治经济，防止不发达国家工业化和独立发展为特点的，通过维持不发达地区的落后来保证自己的繁荣。依附理论家们往往利用保罗·巴兰所分析的战后资本主义世界性的作用作为自己观点的出发点。巴兰认为：发达国家把发展中国家作为自己的重要原料供应场所，作为投资和利润的来源地，它们反对这些"资源国"的工业化和新兴加工工业的兴起，不论这些国家的性质如何，只要它们寻求减少外国对其经济的统治，并且制定独立发展的计划，就会遭到发达国家的反对；发达资本主义对发展中国家的援助和支持，并不是真正为了当地的经济发展，而是通过对当地人民生活的缓慢改善来减轻当地要求工业化的压力，削弱经济和社会发展运动；但是这种"收买"并不能达到改善当地人民生活的作用，因为这些援助与救济会被迅速增长的人口、当地政府的腐败、不发达国家统治者对资源的滥用以及外国投资者抽回的利

---

① 马克思的这些观点体现在马克思的《不列颠在印度的统治》《不列颠在印度统治的未来结果》《共产党宣言》和《资本论》前言中。

润抵消；为了维持对发展中国家的经济剥削，西方列强在当地扶持反对真正经济发展与社会进步的力量，并与这些反动力量结成联盟，向他们提供经济、政治和军事的援助，以使他们不被当地的人民运动赶下台；在二战后的帝国主义条件下，尽管西方列强给予了一些落后国家政治上"独立"的地位，但是这种政治上"独立"的地位并没有改变他们在经济与政治上附庸与从属于西方列强的地位。总之，保罗·巴兰的这种二战后帝国主义政治经济学理论认为，二战后资本主义通过维护不发达国家的落后来保证自己的发展和世界统治，唯有不发达国家实现民主民族的社会主义革命才能实现真正的发展。[①] 保罗·巴兰的理论对后来的依附理论具有启示作用，后来依附理论家的观点都是对巴兰观点的引申与发展。

依附理论比之结构主义理论更进了一步，它认为不发达国家的落后不仅仅是国际交换条件的问题，在国际交换不公的背后，隐藏着更重要的资本主义生产关系深层次的原因。虽然依附理论中各种观点有所不同，但都全面地继承了保罗·巴兰的观点，强调西方发达国家造成了不发达国家的落后，以此来维持自己的资本主义繁荣，发达国家有意地促使着不发达国家在经济依附于自己，政治上从属于自己，文化上认同于自己，由此来阻挠不发达国家的发展。依附理论按照马克思主义政治经济学的观点提出，资本主义的运动规律和经济生活中的矛盾，使发达国家必然要向不发达国家扩张，以解决国内的消费不足和利润率下降的矛盾，因此，它们必须以控制和剥削不发达国家为条件，解决自己的社会与经济矛盾，这形成了世界范围内中心对外围的等级统治结构。但依附论者认为，二战后的这种世界等级统治已经与以往不同，是以经济殖民主义和非正式控制替代了传统的政治行政殖民主义。在经济上，依附论认为，跨国公司替代了过去的金融寡头和殖民政府，成为发达资本主义国家对不发达国家进行统治与剥削的工具。通过贸易与投资机制，发达国家的大公司从不发达国家榨取了大量经济盈余，使发展中国家

---

① 保罗·巴兰，《增长的政治经济学》，蔡中兴、杨宇光译，商务印书馆，2000 年，第 96—99 页。

经济发展乏力。比如弗兰克就认为，作为一个整体的世界，资本主义经济内在的发展动力必在其中发生作用，第三世界国家在资本主义世界经济中的地位犹如资本主义国家内部工人的地位一样，发达国家的"发达"必然要以不发达国家的"贫困化"为代价，这是维持资本主义世界经济运行的必要条件。[①] 在政治上，西方发达国家为了维持对不发达国家的剥削，需要在不发达国家扶持政治上可靠的统治者，以防止不发达国家发生社会革命，这些统治者往往由当地的农业集团、军队和外国公司的买办组成，它们从这种经济依附关系中获得了既得利益，因而与外国跨国资本结成了封建主义-资本主义的联盟，共同防止不发达国家出现旨在实现真正独立的民族民主革命，并且这些统治在国际舞台上追随西方国家的外交政策，成为西方国家的政治走狗。如多斯·桑托斯认为：在资本主义世界经济体系中，资本主义支配着一切，不发达国家的国内结构也是由这一体系决定的，是世界依附关系延伸的产物。尽管各个不发达国家的内部结构存在着特殊性，但都有着共性，即国际资本与国内反动势力相互勾结，形成特定的联盟进而维持着不发达的状况。[②] 为了维持这种经济上的依附关系，外国资本在不发达国家传播文化帝国主义，它一方面培养发展中国家对西方商品的依恋，由此引导人们去模仿西方的生活方式，追求外来的奢侈消费品，抑制了国内产品的消费，导致了人才的外流；另一方面，在政治上重塑发展中国家的文化认同，贬低发展中国家的文化传统，造成人们对西方霸权的崇拜和奴性，从而丧失对西方经济与政治支配的抵制心理。因此，依附理论不仅把不发达国家经济落后归因于资本主义世界经济体系，而且把不发达国家内部的政治和文化的落后归因于这种经济依附带来的政治与文化的结果。

[①] A. G. Frank, *Capitalism and Underdevelopment in Latin America*：*History Study of Chile and Brazil*, N. Y. Monthly Review Press，1967.

[②] Dos Santos, "Structure of Dependence", *American Economic Review*，V. 60 (May 1970)，No. 2, pp. 231—36. 多斯·桑托斯与以前的"依附论者"所不同的是，他认为依附不仅源于世界资本主义经济的因素，而且国内因素受制于国际因素也是形成依附的一个重要方面。

但在上世纪 70 年代初，以费尔南多·卡多佐为代表的一部分依附理论家，面对 60—70 年代西方跨国公司对一些新兴工业化国家的投资，特别是东亚奇迹的出现，提出了所谓的"与依附相联系的发展"（associated-dependent development）的理论。他们认为，不发达国家的落后已经不再是单纯的世界经济结构的问题，而是世界经济结构与发展中国家内部社会结构与发展战略共同造成的问题。

卡多佐认为，某些发展中国家在特定的历史结构下，可以存在依附与发展共存的现象。这一历史结构是指发展中国家中威权政府、跨国资本与新兴中产阶级（与跨国资本相联系的民族工业资本）形成相互配合的政治经济结构。在这种政治经济结构中，威权政府保证国家的社会稳定并提供政治保障，执行国家资本主义的现代化发展战略是国内政治经济发展的基本条件；投资于这些发展中国家的跨国公司希望这些国家出现一定的经济发展和中产阶级，以保证其产品的销售和生产得到延续与扩大是外部带来的客观发展动力；当地现代民族资本通过与跨国生产的联系，合营与承接跨国公司的低端生产环节，也得到一定的发展空间，形成了民族资本与外国资本的共生结构。在这种政治结构下，一些发展中国家出现了依附下的发展。这种"与依附相联系的发展"或依附性的发展并不是自主的发展，它使得这些发展中国家经济发展缺乏自主技术控制和金融机制，受制于跨国资本和国际市场，并且分配上出现了严重两极分化。[1] 持类似观点的依附理论学者还有埃文斯（Peter Evans），他也强调，依附与发展可以共生，外围国家如果存在一种本土资本、国际资本和国家资本之间合伙的联盟，则是依附性发展的重要条件。[2] 这样的依附理论在一定程度上认识到跨国生产带来的机会及其对发展中国家发展的促进作用，把依附论从排斥世界市场和跨国资本演化到利用的阶段。

---

[1] Fernando Henrique Cardoso, "Associated-Dependent Development: Theoretical and Practical Implications", in Alfred Stephen ed. *Authoritarian Brazil*, *Origins*, *Policies*, *and Future*, Yale University Press, 1973, p. 142 - 178.

[2] Peter Evans, *Dependent Development*: *The Alliance of Multinational*, *State*, *and Local Capital in Brazil*. Princeton University Press, 1979.

　　但有的依附论者则认为，依附性发展对不发达国家的发展没有益处，反而有害。因为这种经济增长具有这样一些特点：

　　① 过度依赖价格经常波动的原料出口，造成国内经济不稳定；

　　② 国民收入分配不合理，造成社会显贵贪求外国奢侈品，广大群众的真正需求被忽视，从而加剧了社会的不平等，加强了西方的控制；

　　③ 跨国公司在制造业的投资和依附性工业化，形成了生产成本很高的分厂经济，破坏了当地的创业精神，把这个国家作为外国资本向国内汇回高额利润的摇钱树；

　　④ 外国资本控制了当地关键工业部门，并在资本市场上排挤当地的企业；

　　⑤ 引进了不适用的技术，即资本密集型技术而不是劳动密集型技术；

　　⑥ 在中心地区高技术与外国地区低技术之间进行国际分工；

　　⑦ 阻碍了以国内技术和当地企业管理方法为基础的自主或自立的发展；

　　⑧ 扭曲了当地的劳动市场，因为跨国公司支付比当地的雇主更高的工资，从而造成浪费和失业增加；

　　⑨ 对外国资本的依赖往往促进了当地独裁政府的建立，因为这种政府与外国公司合作，向外国公司提供它们需要的政治稳定。①

　　在这些依附性发展的批评者眼中，西方国家的跨国公司剥削的对象是有所区别的，那些受到跨国公司重视的不发达国家和地区是具有剥削潜力和迅速带来利润回报的国家与地区，这些国家和地区具备了一定的投资的政治经济基础，具有一定的发展条件，而那些最不发达的国家和地区因为不具备这些条件而不迅速带来利润，但两者都没有像工业化国家那样建立独立的现代经济体系，真正地发展起来，都没有改变它们在世界经济体系中的地位。

　　有的马克思主义学者从经济全球化的现实出发认为，从当今全球生产分工变化的现实来看，发展中国家即使加入全球分工，实现

---

　　① 吉尔平，《国际关系的政治经济学》，第319—320页。

了一定程度的工业化也仍然无法实现发展，因为当今的国际分工已经不是工业与农业的分工，而是信息业主导下的全球分工。在这种分工下，工业的分工，尤如历史上工业化时代农业从属于工业一样，从属于信息业。在现在发达国家的跨国资本主导信息业的条件下，所有工业都是服务业，即使发展中国家建立了自己的工业体系，在全球分工体系中仍然处于依附状态，某种程度的工业化并不代表着发展。因此，在目前的经济全球化条件下，发展中国家依然处于追赶西方发达国家的进程中，发展仍是一种幻想。①

在依附理论家看来，正是这种经济、政治和文化上的依附，造成了不发达国家的不发达，这种不发达的根本在于资本主义的性质，在于资本主义的国际生产关系。因此，他们提出了激进的"与世界市场脱钩"发展战略，即通过民族民主革命推翻帝国主义在当地的傀儡，切断本地与西方资本主义的经济联系，实现经济的民族化；通过自力更生来实现民族经济的工业化，在国内实现经济平等与社会公正。他们这种发展战略比起结构主义的发展战略更为激进，因为他们批评结构主义的"进口替代"战略仍然有依赖西方国家之嫌，有利于西方国家的控制。他们的发展战略是彻底的民族化、自力更生和社会主义革命。

不发达外因论把不发达的原因主要归咎于外部的资本主义体系，这其中尽管有些不足之处，但是，它们的这些分析并不是完全没有事实依据的。特别是来自拉美的这些学者提出的观点是与拉美国家的经历密切联系的。拉美国家在过去受西方国家的经济控制，受外国势力支持的军人独裁政权的高压统治，西方消费文化的渗透、经济贫困、社会不平等长期存在，而且每一次要求民主和公正的社会变革都在内外势力破坏下夭折。正是这种现实才产生这种激进思想的社会土壤。所以，不发达理论提出的观点并不是不符合客观现实。正是因为这种客观现实，在拉美产生了古巴革命，产生过阿连德政府、尼加拉瓜桑蒂诺民族解放政权，后来又产生了乌

---

① Michael Hardt and Antonio Negri, *Empire*. Harvard University Press，2000，pp. 3 - 21；part 3，pp. 282 - 284.

哥·查维斯、卢拉等这样一些具有左翼平民主义色彩的国家领导人。因此，西方主导国际经济秩序的确是导致一些国家落后的原因之一。但是，也不能不看到，这些国家之所以穷困，与这些国家内部经济社会的原因也有一定的关联，不发达理论过度强调了外部因素的结构性作用，而没有充分挖掘内部的能动作用，没有充分认识到资本主义世界经济体系为发展中国家可能带来的机遇（除依附性发展观外）。历史上也存在着一些不发达的国家如美国、德国和日本从相对落后的国家成为发达国家的先例，因此，外部因素论存在着过度消极的结构主义决定论的倾向。

第二节　探讨发展之道

实现发展是广大发展中国家的迫切要求，自第二次世界大战结束后，发展中国家一直要求国际社会关注发展中国家的发展，一些国际组织和众多的经济学家一直在探索发展中国家的发展战略。

早在 1944 年布雷顿森林会议期间，印度和一些欠发达国家就要求把不发达国家的经济发展作为二战后世界经济的目标之一。到了 20 世纪 50—60 年代，发展中国家要求国际社会从机制上关注发展中国家的发展问题。1955 年的万隆会议在公报中也强调了"亚非区域的经济发展的迫切性"。1964 年第二届不结盟国家首脑会议通过的《和平和国际合作》中，强调"所有国家都有责任为迅速建立一种新的和公正的经济秩序贡献力量"。以后的历次不结盟国家首脑会议公报中，都要提及国际贫富差距和改变国际经济机制以有利于发展中国家经济发展的问题。发展中国家要求改变国际经济机制促进自己经济发展的最大组织就是"七十七国家集团"。这一组织自 20 世纪 60 年代建立后，一直致力于改革国际经济机制，其最大成果就是在 1974 年推动联合国贸易与发展大会通过《关于建立国际经济新秩序的宣言》《行动纲领》和《各国经济权利与义务宪章》等重要的文件，从国际法的角度，确定了发展中国家的贫困不是应该存在的现象，国际社会有义务帮助不发达国家实现经济发展。

在二战后，一些国际组织如世界银行也在探索帮助发展中国家进行经济发展的战略。从 20 世纪 40 年代至 60 年代，世界银行根据一些持结构主义观点的发展经济学家的观点，把发展中国家有效利用资源和获得外部资金援助作为发展中国家经济发展的主要战略，当时这些发展经济学家认为，资本积累不足是发展中国家发展中的关键性问题①。后来，世界银行通过总结二战后日本和德国的发展经验以及基于发展中国家尽管采取了一些发展政策和接受了大规模的援助，发展效果仍然不佳的事实，认为加强人力资本开发是发展中国家在发展过程中应当重视的问题。到了 70 年代，随着新自由主义的经济学开始影响整个世界，世界银行把优化政策环境作为发展中国家发展的关键问题，认为这是影响投资水平和生产率的重要问题，要求发展中国家采纳贸易自由化政策和减少政府对市场的不当干预。从 20 世纪 80 年代末起，世界银行开始把发展中国家的宏观经济调整作为发展中国家发展的重要议题，希望发展中国家从宏观经济体制上建立市场导向的体制，致力于消除通货膨胀和宏观经济的不稳定以促进经济的发展。到了 90 年代中期，世界银行在一些自由主义经济学家的建议下，要求发展中国家对社会进行改造（如反对腐败），认为只有对社会进行改造才能巩固市场体制，最终解决经济发展的根本性问题。②

战后在促进发展中国家经济发展或如何工业化的问题上实际经历了两个阶段。第一个阶段主要是一些发展经济学家和多数发展中国家实施国家主导的发展战略，它是以"国家主导"和"进口替代"为主要特点，时间大体上是从二战结束后开始，持续到上世纪 80 年代中期基本结束。第二阶段的主导战略是自由主义经济学家倡导的并且被大多数发展中国家实施的发展战略，它以"市场主导"

---

①　这反映了哈多德-杜马尔模式（Harrod-Domar Model）、刘易斯模式（Lewis Model）和两代差距模式（Two-gap Model）的观点。他们认为影响发展中国家经济增长和发展的不只是投资规模的大小，还有必须用来购买进口的原料、中间产品和机器设备的外汇储备的多少，因此，他们提出国内储备的不足须用国外资本的流入来填补。

②　John Williamson, "What Should the World Bank Think About the Washington Consensus", *The World Bank Research Observer*, Vol. 15, no., 2 (August 2000), p. 261.

和"出口导向"为主导特征，时间大体从上世纪60年代末开始，在80年代开始盛行，一直延续到现在。这一变化过程基本上与二战后民族解放运动的涨落和苏联体制国际影响的兴衰有着密切的联系。二战后初期至60年代末，由于民族解放运动的高涨和苏联体制国际影响力的持续增长，国家主导和"进口替代"成为发展中国家选择发展战略的重要因素，另外，战后西方经济学中，凯恩斯主义的流行也是一个重要因素，因为凯恩斯主义强调国家的干预作用，这在一定程度上也影响了当时致力于经济发展的发展经济学。但随着战后民族解放运动的结束，发展中国家在国家经济建设中遇到了一些困难，加之苏联体制国际影响力的下降，特别是在80年代盛行的新自由主义经济学影响下，一些发展中国家寻求改革，加之发达国家的诱导和迫使，"市场自主"和"出口导向"的战略逐步成为发展中国家发展战略的主流。这两种发展战略的代表性国家是：实施"进口替代"的主要是以拉美和多数采纳苏联体制的发展中国家为代表；实施"出口导向"的国家以亚洲一些新兴工业化国家和地区为代表，如所谓的亚洲"四小龙"。

下面介绍一下这两种发展战略的特点和问题。

一、"进口替代"战略及其变种

"进口替代"战略主要是根据不发达理论而提出的，是一种建立在自力更生基础上的发展战略。尽管这一战略今天在学术界已经被视为过时的战略，但是作为一种曾经为一些发展中国家尝试过的发展战略仍需要进一步总结。"进口替代"战略分为两种：一是结构主义理论倡导的相对温和的"进口替代"战略，二是依附理论家倡导的较为激进的"进口替代"战略。

结构主义所倡导的"进口替代"战略是一种不完全割断与外部经济联系的自给自足的发展战略。它希望通过进口外部的一些工业设备、原料和中间产品来生产本国过去从外国进口的工业制成产品，同时通过关税逐步减少工业制成品的进口，从而实现工业化，但同时不中断本国传统的出口产品。这种温和的发展战略是在不要求在国内实行社会主义，工业化可以在国际资本主义经济体系中得到实现的前提下进行的。但是，这种温和的"进口替代"战略在实践中遇到了一系列困难。这些困难包括：由于发展中国家市场相对狭小，因而进口替代产业效益不佳，高关税等保护措施造成了国内的工业部门缺乏竞争，缺乏竞争还导致技术获得的"干中学"效应没有得到体现，加之国内的垄断，国内的工业部门缺少技术进步的动力；另外，由于进口生产设备、技术和原料等原因以及出口产业的结构性原因，国际收支赤字导致债务庞大，这又影响了进一步替代能力的发挥。这些使得"进口替代"战略的效果并不理想。鉴于这些原因，后来一些奉行和倡导"进口替代"战略的国家和经济学家提出进行必要的国际援助，建立发展中国家共同市场，建立原料出口国的卡特尔，改革国际经济秩序等方案。

提供国际援助是基于这样一种事实：由于发展中国家缺乏资本积累，国际大规模的援助可以缓解资本的不足，解决进口设备、技术和原料资金缺乏的问题。但是，大规模援助后来导致了一些实行这一战略的发展中国家的债务危机。债务危机在一定程度上是因为一些发展中国家在引入外部资金后没有有效地使用，没有让这些资金带来偿还能力。没有实行偿付能力的原因有多种：教育科技的落后、人力资本的不发达、进口替代本身局限、传统的出口收益差、外部的金融变故，如美国的高利率，西方发达国家在援助问题上设立的限制条件，等等。可以说，内部与外部的政治经济原因妨碍了国际援助的进行。

发展中国家希望通过地区经济主义来解决国内市场狭小的问题，想以地区经济合作和联盟的作用来加强专业分工，扩大市场规模，提高工业化的效率。但由于一些政治上的原因和产业结构相同的原因，发展中国家在执行地区经济主义方针中，遇到了一些重大困难，如内部的政治经济相互竞争阻碍了内部的分工，这大大地抵消了发展中国家解决市场狭小的努力，无法提高工业化的效率与水平。

为了改善不发达国家出口的贸易条件，包括奉行"进口替代"战略在内的不发达国家的原料出口国曾组织过各种原料生产的国际卡特尔。但是，这种卡特尔除"石油输出国组织"取得较大成功外，绝大多数没有实现预期的理想。一则是这些组织的成员国相互竞争，因为这些国家大多出口结构单一，需要出口来换取国内经济急需的外汇；二则发达国家开发替代产品能力的加强和技术的进步导致需求降低。这两者是导致国际原料出口国卡特尔后来效果不佳的主要原因。

发展中国家，特别是奉行过"进口替代"战略的发展中国家，在其经济发展的过程中，越来越感到国际市场经济体制对它们发展的限制，这使得它们越来越要求变革现行的国际市场经济体制，从国际经济体制上解决它们的发展问题，因此提出了变革国际经济秩序的要求。这些变革国际经济体制的要求大体上可以包括这样一些方面：

（1）各国有权选择符合自己国情的社会制度、经济模式和发展道路；

（2）有权对本国的资源及开发进行有效的控制；

（3）有权参与国际经济事务的决策，在重大的国际组织中增加不发达国家的发言权；

（4）发达国家应尊重和照顾发展中国家的国家利益与需要，增加对发展中国家的援助，在提供援助时不附加任何政治条件，降低技术转移的限制和费用，改善不发达国家的贸易条件，给予发展中国家产品进入发达国家更多的照顾与优惠，减少对不发达国家产品的进口限制，减轻发展中国家的债务负担；

（5）不发达国家有权对在其国内经营的跨国公司加强控制。

但是，这些改革国际经济秩序的要求实质上没有取得多大的进展，原因是：发达国家集体抵制，认为这些要求是与市场经济的原则相违背的；发展中国家不团结，这影响了它们改变国际经济秩序的能力；苏联与东欧集团瓦解，发展中国家失去了要求发达国家进行让步的砝码。

虽然温和的"进口替代"战略在一些发展中国家也取得了一定的发展成就，但由于遇到了各种内外部困难，其整体效果并不像预期的那样明显。到了 20 世纪 80 年代，在内外因素的影响下，绝大部分奉行这一战略的发展中国家都已改弦更张，开始采纳"出口导向"的发展战略。

依附理论倡导的"进口替代"战略比之结构主义倡导的"进口替代"战略则激进得多。这一战略认为，发展中国家的工业化在资本主义的国际经济体制中不可能实现，而且在国内的资本主义体制条件下也不可能实现，因为在资本主义体制下必然发生国内外经济联系。因此，依附论倡导的"进口替代"对内完全是一种社会主义中央经济制度化，主要通过国内的积累和技术开发来实现工业化，达到国内的自给自足，对外尽量少与资本主义世界市场发生联系，或者主要与社会主义国家发生经济联系。但是，这一激进的战略基本上是失败的。除了结构主义的"进口替代"战略出现的国内市场狭小、技术进步的动力不足、效率低下等原因外，它还完全割断了与外部的经济联系，也割断了外部资金、技术、市场和管理的供应，市场的计划性压抑了市场应有的效率作用，这对于一个原来就落后的国家来说等于减少了外部和内部的发展资源。不发达国家本身的贫穷，教育、科技和管理的落后，使其缺乏巨大的资本积累和技术开发能力，或者说，不发达国家本身就缺乏发展的资源。在这种条件下完全依赖自己的发展成本极大，资源缺乏。这种社会主义中央计划体制往往不但自我封闭，而且又受外部封锁，更进一步减少了发展的外部资源供应。这样，尽管采取这一战略的国家在一些方面取得一些成就，初步建立了完整的工业体系，但在整体上这种发展战略效果欠佳，特别是与一些实施"出口导向"的国家相比，在人民的生活水平改善上和整体的发展效率上还存在着一定的差距，受到国际市场的瓶颈制约较大。因此，一些发展中国家开始寻求改革之路。

二、"出口导向"战略及其变种

"出口导向"战略原是指通过增加出口来带动本国的工业化和经济的持续发展。它的内容包括：积极扩大自己具有比较优势的产品出口，通过出口来扩大本国的比较优势产业的规模和技术水平，实现贸易带来的各种积极效应，同时，通过出口获得的收入来增加工业设备与技术的进口，实现国内经济的结构和出口产品的升级，从最初的初级产品出口发展到工业设备的出口，最终逐步实现工业化。[①] 这种战略与自由贸易理论基本是吻合的，强调在比较优势基础上进行国际分工，通过贸易出口产业不断升级来带动工业化水平，促进现代化程度的提高。亚洲一些新兴工业化国家和地区如新加坡、韩国以及中国的台湾和香港据被视为利用这一模式得到发展的成功范例。采取"出口导向"战略的国家一般对自己的比较优势的产业最初也实行相对的保护主义的政策，通过一系列措施限制外部对本国出口产业和其他一些产业的冲击，但这种保护比之"进口替代"战略实施的保护力度要小得多，而且另一个不同之处是采纳这一战略的国家往往用种种鼓励出口政策来增加进口，特别是一些制造业设备以及加工业的原料与中间产品的进口。

在 20 世纪 70—80 年代，由于日本和一些亚洲新兴工业化国家的经济发展速度和效率大大超过实行"进口替代"战略的国家，而许多实施"进口替代"战略的国家遭遇了重大经济困难，特别是债务危机，"出口导向"战略逐步被一些经济学家和国际组织视为发展中国家应该采取的正确发展战略。他们认为这一战略符合市场规律，与自由贸易理论所推导的市场带来的贸易利益是一致的。一些信仰市场至上的经济学家在总结这些国家的经济发展奇迹后认为，这种做法对所有国家都有效，亚洲实行"出口导向"战略国家的成功是市场法则的胜利，这些国家的政府顺应了市场法则的要求，采取了不干预的政策，发挥了个人的积极性，通过市场来确定国家的产业政策和宏观经济政策，并向世界开放市场，因此，没有出现一些实行"进口替代"战略的国家所出现的债务危机、通货膨胀和过重的保护带来的效率低下等问题。因此，在 20 世纪 80 年代中后期，世界银行和一些经济学家把亚洲国家"出口导向"的战略看成自由市场带来发展的成功典范，把原来意义上的"出口导向"战略发展成一种完全自由贸易的发展战略向发展中国家推销。它们对发展中国家经济发展的告诫是：实行自由贸易和减少国家对经济的干预是

---

① 张二震、马野青，《国际贸易学》（第二版），南京大学出版社，2003 年，第349 页。

唯一可行的战略。促使这一告诫后来成为发展中国家普遍采纳的发展战略的原因有，发展中国家的债务危机、苏联-东欧集团的瓦解与前社会主义国家的经济转型。

20世纪80年代，一些发展中国家（主要是曾经实行过"进口替代"战略的国家）出现了严重的债务危机。这时，一些国际组织（如国际货币基金组织）和经济学家借鉴亚洲一些国家经济成功的经验认为，解决这些国家债务危机的根本之道在于这些国家严格按市场的法则办事，认为这些国家除了改变原来的宏观经济政策外，还应该在经济结构上进行重大调整，采取以出口为导向的经济增长方式，减少国家在经济生活中的干预作用，政府部门的职能应该进行变革。一些西方的经济学家甚至向一些拉美国家兜售完全市场自由调节式的激进经济变革方案，如美国哈佛大学的萨克斯（John Sachs）向拉美国家兜售的"休克疗法"就是其中最典型的一个。

而这一时期也是苏联东欧国家发生变革和一些社会主义国家进行经济转轨的时期，由于苏东国家的经济转轨被看成非市场经济的失败，自由市场的发展战略是发展中国家唯一可行的发展战略一时成为西方国家和一些国际组织共同的看法。西方国家与国际货币基金组织、世界银行在1990年对拉美国家（后来扩大到所有经济转型国家）的经济发展战略达成共识。这一对发展中国家经济发展的政策要求被称为"华盛顿共识"。

"华盛顿共识"，作为"出口导向"战略的变种，在对发展中国家对外经济发展战略上虽然沿袭了传统的"出口导向"战略，但是在国内经济上完全强调市场的自由，不像原来实施"出口导向"战略的一些亚洲国家那样重视政府的作用。"华盛顿共识"是一个在"出口导向"战略基础上进一步强调全面自由市场化的经济发展战略或经济结构改革方案。"华盛顿共识"的主要内容可以用"私有化、自由贸易、完全市场自由调节"来概括。它主要包括这样一些内容：严格的财政纪律；公共支出的重新调整（主要向既有高经济回报领域又有改善收入潜力的领域如初级健康保障、初级教育和基础设施倾斜）、税制改革（降低边际税率，扩大税源基础）、利率自由化、竞争性汇率、贸易自由化、外来直接投资自由化、私有化、放松政府对经济的管制、保障财产权。[①]

正是在"华盛顿共识"的基础上，许多发展中国家在西方国家和一些国际组织的要求和压力下，进行了国内经济结构的大调整。国内经济政策普遍向自由市场接轨，私有化，开放资本、外汇和商品市场，国家放松对经济的干预，普遍实行以防犯通货膨胀为主的货币、财政政策，减少社会福利，加速以出口为导向的经济结构调整，有些拉美国家为了适应市场的需要，甚至实行国家货币美元化。"华盛顿共识"是与当时西方倡导的自由放任思想潮流相一致的，这一潮流认为只有市场才是所有发展中国家经济发展的最有效的灵丹妙药，只有政府服从于市场内在的法则，各国才能控制经济的"制高点"。[②] 但是从 20 世纪 90 年代末起，由于东亚金融危机和拉美国家不断出现的经济危机，人们对以"华盛顿共识"为基础的发展战略提出了越来越多的质疑。

质疑之一，利率自由化（以及金融自由化）不利于发展中国家把有效的资源配置于出口产业，因为出口产业与某些产业（房地产）相比不是最具利润的产业；质疑之二，竞争性汇率具有矛盾性，为了吸收外来投资必须保证汇率的固定（许多国家货币是盯住美元的），而促进出口需要汇率具有弹性，这又不利于吸引外来投资；质疑之三，贸易自由化导致国际收支的失衡；质疑之四，私有化导致两极分化，国家失去对经济命脉的控制；质疑之五，政府放松对经济的管制导致国家不能有效地培植竞争力和建立一定的抵御外来风险的缓冲机制。2002 年底和 2003 年初，阿根廷的经济危机促使一些人士对西方视为最好的发展战略方案的"华盛顿共识"进行更严厉批评。批评者以采用"华盛顿共识"的拉美国家经济发展停滞不前，而没有完全采纳"华盛顿共识"的中国和越南经济发展速度较快为事实，指责这一方案的设计者不顾国情地把西方国家的

---

① John Williamson, "What Should the World Bank Think About the Washington Consensus", *The World Bank Research Observer*, Vol. 15, no. 2 (August 2000), p. 253.

② 这一观点最集中地体现在丹尼尔·耶金和约瑟夫·斯坦尼斯罗的《制高点：重建现代世界的政府与市场之争》（段宏等译，外文出版社，2000 年）中，该书曾受到西方市场至上主义者的热烈赞扬。

模式向一些发展中国家推广，是一种蹩脚的经验主义。质疑者强
调，解除管制、私有化和自由化并不是经济增长的充分必要条件，
提高生产效率还必须将激励机制与社会成本协调一致。[①] 就连"华
盛顿共识"的制造者约翰·威廉逊在 2000 年初也不得不承认，"华
盛顿共识"只是适用于上世纪 90 年代初的拉美一些国家，这种方
案具有地理和历史上的具体性，不能不考虑时间和地点而随意
应用。[②]

"出口导向"战略是基于东亚一些国家成功的经验的，这些经
验后来成为"华盛顿共识"的依据，但是，经济学家们对东亚一
些国家的经济发展成功经验有不同的总结。像克鲁格曼、萨克斯、
斯蒂格利茨等经济学家以及一些东亚国家的学者认为，亚洲一些
国家的经济发展奇迹主要不是市场的作用，而是政府的作用。[③] 有
的甚至认为，东亚国家的经济发展不能简单化地归为国家或市场
的作用，如萨克斯曾说，东亚一些国家的经济发展并不存在完全
统一的模式，有的国家和地区如日本、韩国、中国台湾则政府的
作用比较大一些，而另一些国家与地区如中国香港和新加坡则是
市场作用大一些，但即使如此，他也承认，这是政府审时度势的
作用。[④] 这些主张政府作用论的人士一般认为，亚洲一些国家的经
济发展的关键是政府通过规划，鼓励私人企业在某些重要经济部门
进行发展与扩张，政府通过各种政策措施进行引导，并促使这些企
业面对国际市场进行竞争，在竞争中国家对它们实施一定的保护，
给予一定的优惠和各种扶持，如优惠信贷、财政支持、国内市场的
保护等，或者像有人所说的那样，由政府引导生产要素向一些出口

---

① 达尼·罗德里克，《关于经济改革的改革》，《世界报》2004 年 1 月 6 日，转引自
《参考消息》，2004 年 1 月 25 日第 8 版。

② John Williamson, "What Should the World Bank Think About the Washington
Consensus", *The World Bank Research Observer*, Vol. 15, no., 2 (August 2000),
p. 254 - 255.

③ 应该指出这些经济学家中有人是对这一模式持批评态度的，如克鲁格曼。

④ S. Radelet and J. Sachs, "The East Asian Financial Crisis: Diagnosis, Remedies,
Prospects", *Brookings Papers on Economic Activity*, 1: 1998, Brookings Institution,
Washington D. C., pp. 28 - 29.

产业集中，从而促进本国的出口，并由此带动本国经济的逐步发展。①

　　但是，在 20 世纪 90 年代末的金融危机中，西方国家一些人士批评了过去被视为政府带动经济发展典范的一些东亚国家的政府，这些批评认为：政府挑选某一产业作为出口产业时往往任人唯亲、暗箱操作，违反了市场的"公平""效率"与"竞争"的原则；而且，受到政府照顾的一些银行或企业不顾市场风险盲目放贷与扩张，最终形成了经济泡沫，引发了金融危机。因此，一些西方国家和国际组织要求东亚国家进行政治体制革新。反过来，亚洲一些国家为自己的政府作用进行辩护。它们认为，金融危机是国际金融投机者的投机和美国政府不负责地对一些不成熟的金融产品开放市场所致。因此，它们中的一些国家要求西方国家不要利用它们的困难要求它们接受不受约束的市场体制和进一步开放市场，强调应该对国际短期资本有所节制。从这些批评与反批评中，可以看出政府作用在东亚国家经济发展过程中是起过重要作用的。

　　鉴于此，东亚经验是否是成功的？它的成功是由于市场的作用还是国家的作用？在这些问题上人们的看法存在着分歧，而"华盛顿共识"把东亚经验片面化，绝对化，扩大化。片面化在于，它否定了政府的干预作用，绝对化在于强调了市场的作用，扩大化在于把东亚的经验不分地点时间地普适化。其实，对"华盛顿共识"形成的战略的质疑在相当大程度上是对西方国家一些经济学家片面强调市场作用的批评。② 从上面的分析可以看出，"华盛顿共识"宣扬的战略与原来亚洲一些国家的发展战略是有一定的区别的。前者是

---

　　① 吉尔平，《全球政治经济学》，上海世纪出版集团，2003 年，第 349—352 页。

　　② 在东亚金融危机前后一些经济学家就曾提出过这种批评，见 Paul Krugman，"The Myth of Asia's Miracle"，*Foreign Affairs*，November/December 1994，pp. 62 - 78；Stephen Radelet and John Sachs，"The East Asian Financial Crisis：Diagnosis，Remedies，Prospects"，*Brookings Papers on Economic Activity*，1：1998，Brookings Institution，Washington D. C.，pp. 28 - 29. 对于亚洲一些国家经济发展是否完全取决于出口市场，也存在着争议，对这种争议的总结见罗伯特吉尔平，《全球政治经济学》，杨宇光、杨炯译，上海世纪出版集团，2003 年，第 349—352 页。

一种绝对的市场化战略，后者是在政府主导下的"出口导向"战略。两者不能混为一谈。即使像"华盛顿共识"所总结的那样，东亚经验在于市场化，但面对不同的历史条件，也必须对"出口导向"战略进行辩证的分析。

三、发展中国家发展战略选择与全球发展治理

1. 发展战略的评价

发展中国家处于不发达的状况缘于它们没有实现现代化，处于世界经济等级体系的边缘。而现代世界的现代化是以发达国家为标准的，而且这一标准随着发达国家从工业化进入后工业化不断变化。发展中国家的追赶不仅要实现工业化，而且还要实现后工业化，因此，这一发展过程是相当漫长的。目前发展中国家的目标仅限于实现工业化，这样，即使实现了工业化，仍然是发展中国家，仍然处于追赶的过程中。

发展中国家在实现工业化的过程中，首先要克服两大问题，一是内部的旧生产方式产生的羁绊，二是世界经济结构带来的障碍。

不发达国家只是在资本主义进入以后才开始了工业化的过程，它们过去本身的社会体制并不具备发展工业化的条件，或者说这些社会本身离达到实现工业化的条件还有相当长的时间。一般而言，发展中国家在启动工业化进程之前，处于封建或半封建社会的状态，甚至是比封建社会还要落后的社会状态之中。它们自身的条件对工业化的发展并不是十分有利的。不发达国家之所以不发达，最大的原因就是在于它们缺乏强大的现代化发展因素。这些旧生产方式带来的因素不仅存在于统治者中，也存在于民众之中。这样，国家社会内部阻碍现代化发展的势力相对强大，封建性因素或更落后的东西成为国内现代化发展的巨大障碍（这在上面分析产生不发达的社会文化环境时已谈到过）。因此，它们的工业化过程显得十分艰难。正是这些因素使发展中国家处于不发达状态，使发展中国家难以进行自主的现代化发展。而且封建因素还束缚了人们的冒险、创新能力，用身份、出身和血缘等观念限制了人的能力的发挥，不

能形成现代发达的教育和科技，造成了人的落后、保守和封闭。这些都是发展中国家发展社会化大工业的内部障碍。这些国家要发展现代化首先必须进一步扫除封建势力，进行反封建的革命。但发展中国家如果仅靠内部的发展来实现现代化将经历一个漫长的过程，国内强大的落后因素使得发展中国家必须借助外部资源来破坏原来的社会结构，加速现代化。

就外部因素来说，资本主义的世界体系是要打破各国的封建封闭状态，让资本可以自由流通，获得更大的利润，这是由资本主义的内在性质决定的。因此，世界资本主义体系不允许封建封闭性的经济来阻碍国际范围内的资本自由，它要用廉价的商品，甚至是炮舰来打开一个个封闭的市场。根据马克思的观点，外来的资本主义进入落后民族具有双重作用，一是破坏使命，二是重建使命。[1] 但是，从列宁开始到后来的依附论者都认为，资本主义进入垄断阶段，它就不希望落后民族彻底工业化，它要从落后民族中获得大量的利润来缓解国内的社会矛盾，这时发达资本主义往往只需要落后民族为其提供垄断利润。[2] 因此，发达国家要求不发达国家的发展过程呈现出一种依附性特点。正因为如此，所有不发达理论都认为，落后国家进行现代化的进程又受到了外部世界经济结构的限制。这种限制正如不发达理论所阐述的那样：中心与外围的分工导致发展中国家无法从世界市场获得工业化发展需要的积累和技术进步的动力，新兴的工业受到市场狭小和外部竞争的巨大挤压，难以获得发展的空间，跨国公司从发展中国家获得大量的经济盈余，发展中国家难以从国际市场获得资金、技术和销售市场……所以，尽管有人认为，不发达理论已经过时，还是有学者认为，即使在当今全球化条件下，整个国际市场体制对发展中国家的发展也是不利

---

① 马克思、恩格斯，《马克思恩格斯选集》（第 1 卷），中共中央马列编译局译，人民出版社，1995 年，第 768 页。

② Seers, Dudley eds., *Dependency Theory*, London: Frances Printer, Ltd., 1981, pp. 29 - 50.

的，存在着巨大的外部制约。[①]

　　然而，在这种内外不利的条件下，发展中国家究竟选择怎样的发展战略相对合适？"进口替代"战略与"出口导向"战略比较，从历史经验来看，后者对发展中国家的发展相对更好一些。因为"进口替代"战略要求相对或完全割断与资本主义世界市场的联系，也就失去了通过学习效应带来的发展机遇，发展的成本相对较高，发展的速度相对较慢。这对于已经落后的不发达国家而言只能是拉大在发展水平上与发达国家的差距。"出口导向"的战略依托于世界资本主义的市场来发展，可以通过与资本主义国际市场的联系获得一些外部资源，如获得一些发展中国家发展急需的资金、技术、市场和管理经验，而"进口替代"战略从外部市场获得的发展资源则相对少得多，特别是中央计划体制的国家，从外部获得发展资源的机会就更小。更重要的是"进口替代"不符合世界资本主义体系的要求，与国际资本存在着较大的竞争性，而"出口导向"尽管也存在着外部资本主义的限制，但与资本主义世界经济关系相对冲突性较小。因此，"进口替代"战略比起"出口导向"战略来，其发展的外部环境要差得多。这就是为什么实行"出口导向"战略的国家比实行"进口替代"战略的国家发展要好得多。另外，"出口导向"战略由于与外部市场的联系，顺应了国际市场的要求，如果国内政策得当，则有利于经济适应能力的加强，经济结构的线性提升，有利于国家逐步积累发展的资源，实现跨越式发展。而"进口替代"战略虽然通过国家的强大干预弱化了外部的竞争压力，但由于发展中国家本身的条件，内部竞争或是低水平，或是抑制了国内竞争，国家的经济适应能力无法增强，发展的速度较慢。因此，从不发达国家自身条件来说，要想以较快速度进行发展，早日摆脱落后的面貌，只有融入国际市场，充分利用内外两个市场和两种资源，这更

　　① 西方学术界一些左翼学者近年来仍借助"依附理论"来分析第三世界国家为何成为世界市场的牺牲品，从多角度解释了为什么第三世界即使加入市场，但在现存的对第三世界不利的世界市场中也不能获得发展的可能，有关论文见 Kema Irgbe，"Globaliation and The Development of Underdevelopment of The Third World"，*Journal of Third World Studies*，Spring 2005，pp. 41 - 67.

符合社会化大生产的要求。

尽管从历史经验来看，相对于"进口替代"战略，"出口导向"发展战略更具有相对优势，在一些国家取得过成效，但"出口导向"战略本身也存在着一些局限性。经济学家曾分析过"出口导向"战略本身具有的四个方面的局限性：（1）发展中国家发展出口产业除了本身受资源、技术、资金和人力等条件的限制外，还受到发达国家的同业竞争压力，这使得发展中国家建立出口产业非常困难，或者建立后效率很难预料；（2）发展中国家的出口产业面对的是国际市场，经济发展受国际市场影响很大，而且发展中国家具有比较优势的产业往往是敏感性的劳动密集型产业（如纺织品和其他初级加工业产品），西方国家对此类产品往往保护性很强，这对发展中国家经济的稳定增长不利；（3）出口导向是以国家对出口产业进行鼓励与扶持为基础的，这不可避免地导致国内出口产业发展较快，其他产业和农业发展滞后的情况，加剧了内部的二元经济结构；（4）有些国家的出口部门是外国资本引入的结果，其扩张有时并没有产生联系效应从而促进发展中国家的现代化。[①] 可以说，依附性是"出口导向"战略最大的缺点，它是否能带来真正意义上的经济发展取决于国家内部的其他政策和历史条件。

走"出口导向"之路是发展中国家由于自身的发展水平低下，"两弊相较取其轻"下的选择。走封闭发展道路发展更为缓慢，获得的发展资源更小；走开放发展则无法摆脱由国际市场带来的限制，只能是一种依附性发展，必然面临着作为市场强者的发达国家种种竞争压力，在国际分配中只能获得发达国家留下的少量经济利益。这从中国企业过去为西方国家加工产品的利润分成中就可以看出。一双"耐克"鞋，中国加工企业只能获得几美元甚至更少的加工费，而西方销售商和设计商则获得几十美元的收入。然而，这也是不发达国家不得不走的发展道路。因此，邓小平曾经委婉地说过：封闭落后不能发展社会主义，要允许外来投资者赚钱，现在总

---

① 这种总结见张二震、马野青，《国际贸易学》（第二版），南京大学出版社，2003年，第350—351页。

是要吃亏的，只要长期有利就干。[①] 如何尽快地从依附性发展中走出来，进入自主性发展，这需要发展中国家长期的努力。在一个资本主义发达国家主宰的国际经济体系中，落后的发展中国家只能融入外部市场，走开放式发展的道路，尽管在这种环境中遭受种种的限制和困难，但这是发展中国家在发展过程中不得不经历的痛苦。

由于一些历史环境因素，亚洲一些国家通过"出口导向"战略获得了一些发展，但目前奉行"出口导向"战略的发展中国家在国际市场上面临的困难要比过去大得多。如果考察采用"出口导向"战略取得一定成就的亚洲一些国家或地区的历史环境与自身特点，可以发现，亚洲这些国家和地区采用"出口导向"战略时具有众多优势条件：（1）当时大部分发展中国家并没有采纳这一战略，这为采纳这一战略的国家提供了相对有利的外部条件，因为这种外部条件减少了采纳这一战略国家之间的竞争；（2）这些国家采取"出口导向"战略时世界处于冷战之中，而且一些国家处于"冷战"前线，美国需要利用扶持这些国家的经济发展来保证资本主义的"吸引力"，因此相对"宽容"地对待这些国家的保护性措施，并且提供了一定的发展资源；（3）少数国家（地区）采用这一战略，产生的出口冲击对发达国家来说并不严重。但是，在目前的条件下，各国都以"出口导向"为发展战略，面临的困难与过去相比则大得多。首先，众多发展中国家由于彼此之间经济相似，它们在国际市场上的竞争就产生了经济学上所说的市场的"合成谬误"（fallacy of composition）[②]。众多的发展中国家发展水平相近，出口结构差异不大，彼此之间的竞争将大大降低出口收入，减少工业化需要的资本积累，同时众多经济结构相同的国家采取相同的出口战略会对发达国家形成巨大市场冲击和就业压力，加剧发达国家的保护主义，比如近年来一些发达国家对来自发展中国家（特别对一些经济规模较

---

① 《邓小平文选》，第3卷，人民出版社，第223—224、266、290页。

② 这种合成谬误是指，市场参与者如果认为从事某一行业最具利润，便纷纷参与，结果是参与者最后都不会从中获利。这一概念见：Paul Samuelson and Williams Nordhause，*Economics*（12th ed.），N. Y.：McGaw-Hill，1985，pp. 7-12.

大的发展中国家如中国）的劳动密集型出口产品采取的各种限制就是一个例子。其次，发展中国家作为国际加工基地，由于加工技术条件较低，容易遇到能源与原材料的供应瓶颈，这为其发展的可持续性增加了额外的制约。① 另外，发展中国家吸引外资竞争的措施会降低它们与西方国家讨价还价的地位。最后，冷战的结束使发达国家像过去那样扶持某些国家经济的政治动因消失。所以说，"出口导向"的战略使得目前发展中国家面临的困难比之过去要大得多。它是否能取得过去那样成效，有待于历史的不断验证。但在历史的验证之前，必须记住一个逻辑上的悖论（在经济学上叫作市场的合成谬误）：每个发展中国家都以"出口导向"作为其发展战略，彼此的竞争将会使其效用和收益大大下降，并且会引发发达国家的贸易保护主义。

马克思曾经说过，"工业较发达的国家向工业较不发达的国家所显示的，只是未来的景象"，在日趋成熟的世界资本主义经济体系下，这种线性式发展的模式使得不发达民族在发展的过程中更可能如马克思所说的，"不仅苦于资本主义生产的发展，而且苦于资本主义生产的不发展"② 境遇。发达国家向发展中国家展示了经济发展的方向，但是不发达国家在资本主义世界经济体系中，其发展过程面临着双重的发展限制。正是因为不发达，发展中国家自身缺乏独立自主发展的条件和资源，苦于自身的不发达，在"进口替代"过程中成本高昂，速度缓慢；正是因为要走现代化之路，必须在"出口导向"战略中忍受依附带来的艰难，苦于现代化的发展过程中经历的痛苦。因此，中国俗语说"贫贱夫妻百事哀"，同样，"穷困国家发展难"。不论"替代进口"还是"出口导向"都面临种种困难。尽管如此，"出口导向"战略是"两弊相较取其轻"的选

---

① 世界银行曾谈到中国经济增长的主动力是出品和投资，而内部消费不足，由此带来了资源的瓶颈和对外贸易顺差的大幅增长，并建议中国政府进行一定的宏观经济调整以减少经济增长的风险，见 http://www.worldbank.org.cn/Chinese/content/China06-11cn.pdf。这说明，像中国这样大规模的经济体完全采用出口导向的战略是存在长期风险的。

② 《马克思恩格斯选集》第2卷，人民出版社，1995年，第100页。

择，它为发展中国家提供了相对较好的条件。在当今世界经济体系中，对所有国家的发展来说，是"先下手为强，后下手遭殃"，后发展国家在国际市场中所谓的"后发优势"（获得技术、资金和市场的可能）会被更多的制约所吞没，会被市场先占者设立的种种限制所抵消，只能从强者那里分得"残羹剩炙"，必须忍受这一过程中的依附。但是脱离这一市场，发展的差距会更大，因为发展中国家本身缺乏发展的资源，内部存在巨大的发展障碍。这就是发展中国家根据自身状况在当今国际市场体制中选择发展战略所面临的无奈。因此，促进发展中国家的发展除了要发展中国家自身努力外，还必须改变外部条件，为发展提供相应的外部支持。

2. 外部环境与全球发展治理

既然走外向型发展道路是一条相对好的发展道路，那么只有建立一个良好的全球经济治理才能为发展中国家的发展提供一个良好的外部发展环境。然而，目前的全球治理状况并不能满足这一要求，而且反过来对发展中国家的发展形成了一定的限制。

不发达国家处于从农业文明或更原始的文明向工业文明的过渡阶段，因此，要实现发展，改变二元经济结构，就必须实现工业化。根据刘易斯的"结构变动理论"，城市现代工业通过无限的劳动供应和低工资，获得较大利润与积累，进而扩大再生产规模，进一步吸纳城市工业的就业人口，从而逐步实现一元经济。但这必须有两个条件：一是保证农业生产率的提高；二是随着农业生产率的提高产生农产品剩余为工业化提供低成本劳动。因此，农业问题是发展中国家实现发展的前提。但是，在当今的全球新自由主义主导的经济环境下，有时这一最基本的条件都无法实现。

土地改革是发展中国家解决农业问题的基础，也是解决发展中国家大量穷困人口问题的条件。然而，发展中国家的土地改革目前经常受到来自外部世界的反对。在上世纪80年代新自由主义主导世界经济后，一些发达国家以保护财产权为由反对发展中国家的土地改革。① 例如在津巴布韦，1980 年独立之际，其 70% 以上的农田掌握在占总人口不到 1% 的白人后裔手里，广大黑人只能拥挤在少量贫瘠的土地上艰难生存，或在白人农场做工维持生计。津巴布韦政府独立初期采取了温和的土地政策，在"有偿"和"自愿买卖"的原则下，由前宗主国英国出资，津政府出面从白人农场主手中购买土地，分配给无地的黑人。但在 1989 年，英国以津巴布韦政府使用资金缺乏透明度为由，停止向津提供土改资金，导致津的土改政策逐渐趋于强硬。1996 年，津政府制定第二阶段土改计划，规定在 5 年时间内征用白人占有的 500 万公顷土地，分配给 11 万个无地家庭。农业是津巴布韦的支柱产业，津巴布韦一度被称为非洲的面包篮子。土改政策触动了英裔白人利益，不仅遭到国内的既得利益反对，而且外部势力从中阻挠，英国联合欧洲国家和美国对津实行制裁，这给农业也带来巨大冲击。新分到土地的农民缺乏技术和资金，大量土地因不能及时耕种或管理不善而荒芜，农业连年歉收，经济出现严重危机。由发达国家主导的世界银行也支持"市场基础"的土改，联合国粮农组织（FAO）在这一问题则处于边缘化状态。因此，要促进发展中国家发展，国际组织应积极促进有关发展中国家的土地改革。

发展中国家农业以中小规模为主，要解决农业问题必须提高中小规模农业的效率。从上世纪 60 年代后期开始，在"绿色革命"推动下，亚洲和拉美一些国家，在洛克菲勒基金会和福特基金会资助下的非政府国际农业研究组织帮助下，根据自身不同的条件，曾通过改良品种，扩大使用化肥、农药和提高灌溉水平，大大地提高了农业产量。但目前，在新自由主义的氛围下，发展中国家的农业发展却受到了抑制，其主要原因在于：作为农业研发的公共部门获得的投资大大减少；主要由少数大跨国农业企业主导了农业研发的私有化，其研发成果主要限于商业化利益；愈加严格的作物品种的知

---

① Albert Berry, "What Type of Global Governance Would Best Lower World Poverty and Inequality? ", in Jennifer Clapp and Rorden Wilkinson ed. , *Global Governance*, *Poverty and Inequality*, Routledge, 2010, p. 51.

识产物保护限制了技术扩散；全球市场发展有利于现代大农业而非中小农业。比如过去在促进发展中国家农业发展中有重要影响的世界银行下属的国际农业研究咨询小组（Consultative Group on International Agriculture Research，CGIAR）由于经费问题和功能的转化，作用发生了变化。[①] 要促进发展中国家中小规模农业的发展，有关国际组织应重新审视其作用，加强对发展中国家农业的支持。

工业化是发展中国家实现发展的重要目标。由于工业的落后，发展中国家存在的多是中小企业。这些企业对当地的工业化发展和就业有着重要的促进作用。然而，发展中国家的小微企业目前面临着资金、技术和竞争的多重困难。目前发展中国家对小微企业的资金支持都是来自本国，缺乏国际组织的支持，国际组织在帮助发展中国家中小企业获得资金上没有什么创新，一些国际组织只是在发展中国家对小微企业的资助带来了功效后才提供帮助。在技术上，国际社会在这一方面没有什么制度安排帮助发展中国家中小企业获得与发展技术，只有少许非政府组织在这一方面有一些建设性的作用，如"适当技术国际"（Appropriate Technology International，ATI）致力于为发展中国家提供一些好的适当技术，"可持续发展基金"（Fundación para el Desarrollo Sostenible，FUNDES）为发展中国家进行了一些有用的应用研究。在这一方面国际组织应当为跨国信息流动提供信息平台，并且要发挥积极的作用来促进这一方面的扶持体系的建立，支持有关的技术研究、训练和扩散等。但是在目前的国际经济秩序下，发展中国家在技术获取方面的最大障碍是知识产权的问题，专利制度阻碍了发达国家向发展中国家转让技术。另外，一些发达国家向发展中国家转移的技术并不适用于这些国家，它们的引入不是降低了 GDP 的增长就是由于技术的非劳动密集型而减少了就业。一些合适的技术，如发达国家淘汰的技术则不能转让，这往往涉及环境问题或就业问题（或两者的结合）。国际组织如世界银行等一些有影响的组织虽然认识到发达国家向发展中

---

① *Ibid*，p. 52.

国家转让合适技术的重要性，但它们在这一方面没有发挥什么积极作用。① 因此，要促进发展中国家工业化的发展，国际组织在这一方面还有大量工作要做。

发展中国家由于国内资本匮乏，外来直接投资是促进其发展的重要因素。目前外来投资主要集中在"新兴经济体"这样的发展中国家以及发展中国家的自然资源领域，而大部分发展中国家，特别是最不发达的国家缺乏外来的投资。新兴经济体由于与发达国家的技术差距相对较小，在政府的作用下，外来直接投资对这类发展中国家的确积极作用较大，但更多的发展中国家并不具备这样的条件；投资于发展中国家自然资源的资本则往往与所谓的"自然资源诅咒"相联系。如非洲大陆是一个自然资源丰富的大陆，一些国家盛产石油、铜、钻石等自然资源，外部世界对自由资源的巨大需求引来外来资本的开采。然而，自然资源的开发带来的财富由于没有合理的均衡分配机制，导致了内部武装冲突不断，人民流离失所。以塞拉利昂为例，20 世纪 90 年代，政府与反政府武装为争夺钻石战争不息，造成了 7.5 万人死亡，2 万人伤残，近 200 万人逃亡，大量儿童被迫加入战争行列。客观上说，发达国家虽然近几十年对发展中国家的投资有所增多，但伴随这些投资而来的是对发展中国家开放短期金融市场和实行自由贸易的要求。由于发展中国家的经济实力和应对金融风险的能力较弱，投机性资本反而造成一些发展中国家受到国际金融危机带来的巨大伤害。在目前全球治理结构上，国际组织的作用是缺失的，一方面没有正式的制度来规范外来的投资，以约束自然资源开发带来的负面作用，如"自然资源诅咒"；另一方面，一些国际组织，特别是国际货币基金组织，却在积极推动发展中国家开放短期金融市场和实行贸易自由化。要促进发展中国家的发展应当改善国际组织在这一方面的作用，促进外来直接投资向制造业倾斜，向更为不发达国家倾斜，同时在开发发展中国家自然资源的过程中，避免开发过程中当地在经济与政治上的动荡与冲突。另外，在国际金融体制中，应停止不负责任地引诱和

---

① *Ibid*, pp. 53—56.

迫使发展中国家不顾自身条件的开放短期金融市场，在引导国际金融市场向发展中国家融资的过程中，减少市场化融资，更多地强调国际组织和国家的融资作用。

自由贸易是目前 WTO 体制竭力推动的方向。自由贸易对许多发展中国家来说，从静态利益上看的确可以产生收益，如有效分配和利用资源，促进短期经济增长，等等，但从动态机制上看，不加区别的自由贸易不能促进发展中国家长期的发展，特别是不能促进最不发达国家的能力建设。不发达国家的中小规模的农业和工业在国际市场上都不具备竞争力，它们在国际贸易体制中需要根据自己的条件，在贸易开放上有自由裁量权，能决定哪些领域开放，哪些领域不能开放。但目前 WTO 的"一揽子协议"的做法剥夺了这一自由裁量权，而且在 WTO 实际实施过程中，发展中经济体所受限制往往超过发达国家。在货物贸易中，WTO 仍然是倾向于资本密集型和技术密集型产品的自由化，[①] 发展中经济体在这一领域没有优势可言，而在发展中经济体具有比较优势的领域如纺织品、鞋和一些初级加工制造业上，受到来自发达国家的有形或无形的关税与非关税壁垒限制。如纺织品贸易经过十年过渡期后，发达国家仍然经常通过救济措施限制来自发展中国家的出口；农产品贸易中，发达国家用在国内生产中享有大量贴补的产品与发展中国家进行竞争。如西非国家的棉花在国际市场遭遇得到大量补贴的美国棉花的竞争。即使是 WTO 给予发展中经济体专门的特殊优惠有时也被发达国家西方巧妙地拿走了。以普惠制的"原产地规则"为例，发展中成员出口到发达国家的服装除成品生产本地化外，原料也必须有一定比例的本地生产才能享有服装出口到发达国家的优惠。假设一些发展中成员不产棉花，或生产棉花的成本相对较高，得到的优惠就会大打折扣。在服务贸易领域，发展中国家具有优势的非技术性的服务贸易如建筑与船运并没有开放，而且在多哈回合谈判中，发

---

① 有关分析见，Hans-Jurgen Engelbrecht and Christopher Pearce，"The GATT/WTO Has Promoted Trade，But Only in Capital-intensive Commodities!"，*Applied Economics*，No. 39（2007），pp. 1573 - 1581.

达国家仍然抵制非技术性服务贸易的自由化。知识产权领域，发达国家过高、过宽的保护限制使得发展中成员付出过高的发展成本，发达国家拿走了发展中经济体过多的生产利润。因此，要促进发展中国家的发展，在国际贸易制度上必须让发展的目标处于优先地位，让发展中国家的产品更为便利地进入国际市场，同时要允许发展中国家根据自身的条件实施一定的保护措施。

让发展中国家的众多人口更快地摆脱贫困，增加积累是促进发展的重要问题。目前发展中国家的众多人口由于经济的不发达面临着失业，而发达国家由于人口的减少和劳动力的不足也面临着生产成本过多的状况，但在整个世界范围内，劳动力流动是一个限制最严的领域。发达国家对来自发展中国家的劳动力采取"选优限劣"的政策，一方面吸纳发展中国家的高技能人才，一方面限制发展中国家非技术劳动力的流入。这不仅造成发展中国家众多人口的贫困化和技术人才的流失，另一方面也造成发达国家普通劳动力的短缺，形成发达国家与发展中国家发展过程中的两极分化。以拉美为例，2005 年一年拉美海外工作的劳动力汇回国内的汇款就达到了420 亿美元，墨西哥 2005 年一年在外工作的劳动力产生的汇款达到了 190 亿美元，超过了其石油收入。如果在国际制度上能允许适度的、有管理的劳动力国际有序流动，不仅能让一些发展中国家的贫困人口摆脱贫困，由此产生的侨汇有利于发展中国家增加积累，而且也可以为发达国家提供相对低廉的劳动力，减少资本的外流，这是一个双赢的局面。然而对资本的跨国自由流动与劳动力跨国流动的限制是目前全球经济体制的主要特征。这一切的症结主要在于发达国家目前的移民政策，它们担心外来的人口影响国内的安全和福利。历史上，发达国家的发展得益于人口的自由迁徙，但在国际范围内这种自由迁徙却受到相当大的限制。这不能不对整个世界各国的均衡发展产生负面影响。因此，在全球经济治理领域建立有序适度的非技术劳动力国际流动机制对发展中国家的发展具有积极的作用。

在《不列颠在印度统治的未来结果》中，马克思曾对发展做过这样的分析："一个社会即使探索到了本身运动的自然规律，……

它还是既不能跳过也不能用法令取消自然的发展阶段。但是它能缩短和减轻分娩的痛苦"①。良好的全球经济治理是发展中国家缩短发展时间、减少发展痛苦的一个重要的外部因素，但目前在全球经济治理结构中，由于发达国家占主导地位，整个全球经济治理结构并不利于发展中国家。在当今新自由主义的国际经济体制下，发展中国家被要求尊重财产权，走自由市场、自由贸易的道路，但经济落后的发展中国家却无法获得更多的发展机会，获得较多的发展资源，无法在自由竞争的国际市场上与发达国家进行同水平的竞争，反而在这种市场体制下受到种种限制，遭受其巨大的负面影响。发展中国家如果走开放型发展道路就需要国际经济体制给予它们更多发展的机遇、资源、优惠和照顾，这从任何伦理角度上来看都是合理的（有关伦理分析见第六章第三节中的"分配正义"）。因此，只有在全球经济治理结构上进行必要的改革，才能为发展中国家提供良好的外部环境，才能促进发展中国家更好地走开放型发展道路。

第三节　发展的国际政治经济后果

　　发展中国家的发展会对国际关系产生怎样的影响？这一问题具有十分重要的现实意义。它关系到发展中国家的发展环境，关系到人们对发展的态度，特别关系到像中国这样一个人口和地理大国经济发展的国际意义。对这一问题的回答也是众说纷纭，有的观点认为，贫困是动荡的根源，只有消除贫困，才能消除动荡的根源，因此，发展是和平的基础。有的观点认为，发展会带来各国对经济资源更大程度的竞争，在无政府的国际政治结构下，各国都为了自己的福利增长而竞争，各国都为了自己的安全而争斗，由于发展的结果会带来国际权力结构的变化，"安全的困境"和各国在无政府结构下为自己的福利而进行的竞争必然导致冲突，因此，后进国家的经济发展带来的可能是国际冲突。

　　后发展国家的经济发展是给国际关系带来和平还是冲突，各种

---

① 《马克思恩格斯选集》（第2卷），1995年，第101页。

意识形态的国际政治理论有着不同的解释。不同的解释都以国际关系史中的一些历史事例作为自己的证明，但是，这些历史的证明是否具有永久性，很难在历史的发展中得到进一步证明，因为社会科学不像自然科学那样可以重复，很难成为自然科学这样实证性的"科学"的社会科学不可能有准确的预测性。这样，我们不能将任何一种关于发展必然导致冲突或是和平的观点作为经验性的教条。当然，这也不意味着历史的发展纯粹是盲目的，各国的发展是否导致国家的冲突和合作取决于人的实践。下面将介绍各种关于发展的国际观。

一、发展的冲突观

发展导致冲突，可以说从古希腊时代起就存在这种观点。修昔底德在其《伯罗奔尼撒战争史》一书中就谈到，雅典与斯巴达之间不可避免的战争的真正原因是，"雅典势力的增长和因而引起的斯巴达人的恐惧"①，斯巴达人担心发展起来的雅典控制整个地区，最后导致双方的战争。这就是典型的发展冲突观。

在国际政治经济学中，发展导致冲突既是一些保守的现实主义理论的观点，也是一些马克思主义理论的观点。这些观点一般认为，国际经济关系本质上是冲突的，后发展国家的发展必然与发达国家在经济利益分配上产生冲突，由此存在着现实与潜在的政治冲突。

现实主义是从国际政治的无政府结构出发的，认为国家在"无政府的国际结构"下只有依靠自身的努力来实现国家的安全与繁荣，在国际经济领域各国都要为了相对领先而努力。强国必须保持自己的国际领先地位，从而保证自己的安全与永久的繁荣；弱国为了自己的安全必须努力克服落后的差距，这样才能保证自己的安全并实现自己的繁荣。

吉尔平、克拉斯纳等人理论代表着现实主义的发展导致冲突的观点。他们的"霸权稳定论"就体现着这样的思想。他们在"霸权

---

① 修昔底德，《伯罗奔尼撒战争史》，谢德风译，商务印书馆，1985 年，第 19 页。

稳定论"中阐述了这样的观点：自由的国际经济秩序需要一个自由主义的霸权国家，只有信仰自由主义的霸权国家才有能力和意愿建立和维持一个自由开放的国际经济体制；但是在一个自由开放的国际经济体制下，存在着众多的"白搭车"的国家，这些国家不需要为维持自由开放的国际经济体制付出代价，而霸权国家为了维持开放自由的国际经济体制则要支付成本；这样，后进的国家可以利用自由市场带来的种种便利，利用后进国家所谓的"后发优势"获得更为迅速的发展；当后进国家的发展有可能超过霸权国家时，由于国际政治的无政府性的内在特性，霸权国为了自己的国际地位，为了自己的长久繁荣，往往不愿再维持自由开放的国际经济体制而转向经济保护主义，抵制后进国家的发展，因为后进的发展中国家的发展可以把经济实力转化为政治与军事的实力，这破坏了原来的国际实力对比，打破了原来国际格局下的霸权国的领导地位，必然导致后进的发展中国家与传统的霸权国发生政治与经济上的冲突。[①]按这种现实主义的观点，国际政治的无政府特性是导致发展的冲突性的根本原因，不论国家间的相互依存关系如何，不论现代武器的杀伤性如何，这种冲突的必然性都不会受到影响。吉尔平认为，国际关系的这种必然的发展冲突性是由国际政治"外在客观性"决定的，经历了人类历史的检验，两次世界大战前德国与日本的发展以及它们与英、法、美的冲突，第二次世界大战后苏联与美国的冲突，都是后进国家实力发展后与霸权国的冲突。[②] 面对相互依存的局面，现实主义者仍然强调，发展导致的安全困境仍是导致冲突的根源，这是国际政治的无政府结构造成的。沃尔兹就认为，第一次世界大战前的国际依存关系远远胜于今天，但依然出现了第一次世界大战这样的战争结果，全球化或者相互经济依存并不能保证和平，只要国际政治的无政府结构存在。[③]

---

① 霸权稳定论见《绪论》中的有关注释。

② Robert Gilpin, *War and Change in World Politics*, Cambridge University Press, 1981, chapter 6.

③ 肯尼思·沃尔兹，《国际政治理论》，胡少华、王红缨译，中国人民公安大学出版社，1992年，第167—192页。

而一些马克思主义的国际政治经济学理论如列宁的帝国主义理论和依附理论也是一种发展冲突论。这些观点是从资本主义生产的特征出发来分析冲突性的，资本主义生产方式必然导致不平衡发展的资本主义国家之间，以及发达资本主义大国与发展中国家之间为争夺积累产生冲突。

列宁的帝国主义理论阐述的是不平衡发展的资本主义国家的冲突理论。列宁在《帝国主义是资本主义的最高阶段》中认为，资本主义垄断生产的性质决定了资本主义必然向海外寻求市场和原料，由于资本主义国家之间的发展不平衡，后起的大国必然要打破现状，重新划分世界，由此必然导致后起的资本主义大国与老牌资本主义大国之间的帝国主义战争。

依附理论阐述是发达国家与发展中国家冲突的理论。依附理论以阶级分析观来分析世界经济体系，认为世界经济结构是一种中心与外围的结构，发达的中心通过剥削与统治不发达的外围来实现自己的繁荣，为此，发达的中心不希望不发达的外围进行自主的发展，因此，从经济上、政治上和文化上维护不发达国家和地区对发达中心的依附，维护国际等级式的生产关系；不发达国家要实现自主的发展就要摆脱依附，对内实现社会主义革命，对外切断与资本主义的联系，割断发达的中心对不发达国家进行剥削的渠道。因此，不发达国家的发展就是与发达的中心进行斗争与抗争的过程。由于依附理论把发达国家与发展中国家之间的经济关系视为一种国际的剥削与被剥削的关系，不发达国家要实现发展就要摆脱剥削，在这一过程中必然存在发展中国家与发达国家之间的经济与政治上的内在对立性。凡是在二战后追求摆脱依附自主发展的发展中国家无不与发达国家，特别是美国，存在严重的对立，这往往是这一理论佐证自己观点的事实。

与依附理论有着重要联系的结构主义理论在一定程度上也具有发展冲突的色彩。尽管结构主义理论不从阶级分析与阶级斗争的观点出发，但是，它也强调生产与交换的结构决定了发展中国家的不发达。因此，发展中国家强烈要求改变现存的不公正的国际经济秩序，为它们的发展提供制度上的便利，这也与发达国家存在着利益的冲突。因此，结构主义理论实质上也带有发展冲突的色彩。

发展的冲突观在当今世界最重要的体现就是所谓的"中国威胁论"。"中国威胁论"是建立在现实主义国际政治经济学基本假设基础上的。宣传"中国威胁论"的人士认为，中国的经济发展很可能使中国具有对当今国际政治经济秩序进行挑战的能力，最终导致中国改造这一秩序，建立有利于中国的国际政治经济新秩序，这对于目前国际秩序的主导国，特别是美国构成了挑战，双方之间由此必然产生冲突。早在1997年，随着中国的经济发展，一些人就开始宣扬这种论调。在《即将到来的美中冲突》一书中，作者理查德·伯恩斯（Richard Bernstein）和罗斯·芒罗（Ross Murnro）就持这样一种逻辑：中国经济的迅速增长，可以转化为政治与军事的实力，这对美国在亚洲和世界的霸权来说是一个难以对付的挑战，美国与中国之间不可避免地将在21世纪头几十年发生冲突，甚至是战争，因为中国要用其经济影响来控制亚洲，要实现台湾与中国大陆的统一，美国与中国的国家战略利益决定了双方冲突的必然性，不论中国的意识形态如何都不会改变这种趋势。[①] 现在这种论调随着中国的发展在西方世界影响也在增大，变成了流行的所谓"修昔底德陷阱"——后起新兴大国必然与守成大国发生冲突。

"中国威胁论"其他的表现形式就是所谓的经济竞争论。在一些国家中，普遍存在着一种观点：中国的经济快速增长，对其他国家来说，既是一种福利的威胁，又是一种制度的威胁，因为中国把投资机会、就业机会，或者把社会福利带走，中国的经济增长对世界的能源、环境甚至所有的资源构成竞争压力，中国的经济运行方式和企业制度会进一步影响其他国家原有的社会经济分配模式，而且随着中国经济的进一步发展，中国的政治社会制度会通过经济影响"传播"到整个世界。

"中国威胁论"带来的一个政治影响就是要遏制中国的经济发展。遏制中国的结果必然是冲突与对立。

---

① Richard Bernstein and Ross Murnro, *The Coming Conflict With China*, N. Y.: Random House, 1997.

二、发展的合作与和平论

发展带来国家间的合作与和平，在一些自由主义者中颇有市场，一些马克思主义者也持有这样的观点。前者是一些强调效率的自由主义经济学家，他们认为，市场经济给任何国家带来的都是发展机会，市场通过财富的扩散作用，把各国的生产要素拥有者的收入水平拉平，这样，国家和人民之间由于"均贫富"就消弭了经济冲突的动机。一些自由主义者从相互依存的经济关系来论证，人类通过战争是无法实现富裕的，只有相互合作才能带来共同的富裕。马克思本人认为，社会主义由于消灭了私有制，消灭了资本主义生产方式，为实现人的经济平等和共同富裕带来了可能，也为实现人的政治平等奠定了基础，这种经济发展是真正意义上的经济发展而不只是经济增长，这为人类带来了共同富裕，而且消灭了贫困，消灭了阶级，消灭了国家，因而也消灭了冲突的根源。

自由主义政治经济学根据亚当·斯密和大卫·李嘉图等人古典政治经济学的逻辑认为，任何国家，不论是发达还是不发达，不论处于何种发展水平，只要根据比较优势的法则，就都可以进行国际专业化分工，进行国际交换，都可以实现人民的富裕，而且在国际贸易过程中，只要各国出口自己生产要素充裕的产品，而进口自己生产要素缺乏的产品，就都可以带来各种要素拥有者在国际交换过程中的收入均等化（斯托尔珀-萨缪尔逊定律），相互的经济依存和共同的繁荣成为和平的基础。一些政治思想家如诺曼·安吉尔（Norman Angell）在其《伟大的幻想》（*Great Illusion*，1910）一书中，也表达过这样的思想：人类历史的发展已经达到不能用军事征服来实现国家繁荣的阶段，过去国家为了给扩大的人口与增长的工业寻找出路，为了本国人民能获得最好的条件，往往借助于领土扩张和对其他的国家施加政治权力，但这种生存竞争的法则已经随着人类历史的发展而失效了；现在一个民族的商业与工业的发展不再取决于政治疆界的扩大，一个民族的政治与经济的疆界不一定是一致的；军事权力从社会的角度和经济的角度来说是无效的，一个民族不可能通过武力来获得财富或与别国的贸易，不可能通过征服来使自己富裕起来，通过武力来强加自己的意志；总而言之，战争，即使对胜利者来说，也不可能实现民族希望实现的目标。[1]

历史上一些自由主义者的观点在今天的一些自由主义理论中得到重现。在新自由主义主导的发展理论中，市场化和开放是发展的唯一途径。在自由主义的眼中，和平是市场化和自由贸易的天然结果，自由贸易带来的是相互的依存、共同的繁荣和发展。因此，发展是和谐的，带来的必然是和平。

约瑟夫·奈和基欧汉的著作中就存在着类似的观点。在《权力与相互依存》一书中，奈和基欧汉认为，在相互依存的时代，动用军事权力对经济福利来说是一种不太适应的实现目标的手段……在绝大多数的情况下，动用军事力量代价高昂，其成效如何也难以预料，或者说，它无法解决经济依存产生的摩擦。[2] 这种观点在克劳斯·诺尔（Klaus Knorr）的《国家权力：国际关系的政治经济学》中也有所详细的表述[3]。基欧汉在其《霸权之后》一书中，运用博弈论论证了现存的国际体制可以为所有的国家带来发展机会，抛弃现存的国际体制带来的结果会更糟，尽管现存的国际体制还存在着种种的不足之处；国际体制为所有希望经济发展的国家带来了相对好的发展环境，合作是实现经济发展的唯一选择。[4] 实质上，现代国际政治的自由主义者强调了一个观点：相互依存为所有的国家带来了共同的利益，国际市场体制是实现共同利益的手段，国家间只有合作，才能实现福利的增长，抛弃合作对谁都不利，因为离开了合作，离开了国际体制，结果会更加不确定；只要国家是理性的，就必然会从这种"利弊比较之中"得出合作的结论。

自由主义者所拥有的最大的佐证是，二战后西方国家之间，特

① 见 http：//www. lib. byu. edu/～rdh/wwi/1914m/illusion. html。

② Richard Bernstein and Ross Murnro, *The Coming Conflict With China*, N. Y.：Random House，1997，p 29.

③ Klaus Knorr, *The Power of Nations*：*The Political Economy of International Relations*, Basic Books，1975.

④ Robert Keohane, *After Hegemony*, 1984，Conclusion.

别是欧共体国家之间，由于经济的相互依存加强，在二战后的发展中没有出现为福利争夺而导致的政治冲突，而是加强了彼此的政治联系，消融了历史宿怨。比如，日本是二战后发展起来的国家，而且战后日本的经济势力所涉及的范围远远超过了战前，但日本在战后的发展并没有像战前那样是通过武力来实现的，并没有为争夺经济资源与美国发生政治冲突，相反与美国的经济达到相当程度的融合。二战后德国的发展也是如此。德国二战后非但没有与美国发生冲突，而且还与美国保持了良好的政治关系，与西欧其他国家也保持了良好的政治关系，基本消除了与法国长期以来的历史纠葛。许多人把这种政治关系归于经济上相互依存的作用。一些新兴工业化国家与地区（如亚洲四小龙）二战后也没有出现与原来的国际经济霸主国的政治矛盾，相反却与之保持了良好的政治关系。自由主义者用这些事例说明，现实主义所强调的，不平衡的发展导致国家实力的变化，从而导致霸主国与后起的发展国之间的政治冲突并不是绝对的。

当代一些信仰马克思主义的国家对发展带来的和平与冲突的问题，也有着自己的见解。中国政府的观点就是一种发展促进和平的观点。中国政府认为，只要越来越多的国家，特别是发展中国家得到发展，成为世界政治舞台上的制衡力量，或者说国际社会呈多极化发展，世界和平的希望就有了保障；全球化促成了各国经济的相互依存，发达国家与发展中国家的经济发展彼此相互依赖，这有利于世界和平。并且中国政府认为，通过人类的努力，可以在国际范围内，通过多极化和经济的相互依存，形成相互制衡，促进共同利益和世界和平。江泽民在中共十六大报告中认为，"世界多极化和全球化趋势的发展，给世界的和平与发展带来了机遇和有利条件"，并提出，"积极促进经济全球化朝着有利于实现共同繁荣的方向发展，趋利避害，使各国特别是发展中国家都从中受益"，"经济上应相互促进，共同发展，而不应造成贫富悬殊"，强调要在国际上实现"发展模式的多样化"，"在竞争中取长补短，在求同存异中共同发展"。① 邓小平早在 20 世纪 80 年代就提出，中国如果实现小康，对世界和平和国际稳定的作用肯定会更加显著；发达国家的继续发展，离不开发展中国家，"南方得不到适当的发展，北方商品和资本的出路就有限得很，如果南方继续贫困下去，北方就没有出路"。②

随着越来越多的发展中国家融入世界市场，各国的经济依存越来越深入，国家之间的经济发展越来越需要彼此合作，这是否会带来发展促进合作与和平的结果，是一个有待人类实践的现实课题。

三、关于发展与和平关系的思考：兼论"中国威胁论"

发展是带来和平，还是导致冲突是关系到人类前途与命运的大命题。回答这一个问题首先要从国内社会的类比来看。贫困毫无疑问是一切社会动荡与冲突的原因之一，任何一个经济相对平等的社会都是相对和谐、稳定的。目前在世界上，经济相对平等的国家如北欧部分国家都是社会稳定、内部冲突较小的国家。从历史上来看，凡是贫富分化严重的社会都是社会不稳定的国家。今天许多发达的国家，在其资本主义发展早期，由于贫富分化严重，社会存在着严重的阶级冲突，而在它们进入福利国家阶段后，整个社会的阶级冲突大为减少。这都说明，经济平等是一个社会稳定与和平的重要因素，决不会出现贫富分化减少而社会冲突加剧的情况。

就整个世界而言，问题则复杂得多。在世界范围内，没有一个世界政府像民族国家政府一样来承担促进公平的功能，许多发达国家是通过国际市场体制获得大量的经济盈余来保证国内福利与稳定。这样，如果后起国家的发展改变这一格局，必然由利益冲突而产生政治冲突，历史上资本主义大国之间的帝国主义战争是如此，一些发展中国家进行民族革命寻求自主发展时与资本主义国家的冲突也是如此。这一切都源自于资本主义的生产方式。在资本主义世

---

① 《中国共产党第十六次全国代表大会文件汇编》，人民出版社，2002 年，第 45—47 页。

② 《邓小平文选》（第 3 卷），第 105—106 页。

界经济体系中，发达国家往往是通过在这一体制中占据中心地位来获得较大份额的积累来保障其繁荣与内部稳定，一旦民族国家间不平衡的发展打破这一原有的利益分配格局或一些发展中国家希望摆脱这种国际生产关系，冲突就是必然的。要打破这一发展带来的诅咒，就必须从根本上改造资本主义的世界经济体系和生产方式，但这是长期的历史目标，目前还不可能实现。目前一些发展中国家的发展是否会带来冲突，这必须从发展中国家的能力与世界经济的结构性变化带来的政治作用来分析。

首先，目前大部分发展中国家并不具备改造目前世界经济结构的能力，它们的发展不过是消除穷困，提高发展水平，并不能与发达国家形成经济竞争的格局，而且发展中国家摆脱贫困的发展对发达国家的长远发展是有利的，不会减损富裕国家和富裕阶层的利益。这是因为，发展中国家的发展扩大了整个世界的消费市场，也为发达国家的资本提供了出路，这与国内经济一样，缩小贫富分化，才能扩大消费，拉动经济的增长，带来双赢的局面。如果富裕国家和富裕阶层为其长远的利益考虑，为发展中国家的发展提供有利的外部环境、一定的制度空间和一定的外部援助，以发展中国家的发展促进自身的发展，则可以为世界共同发展提供基础，这是一个双赢的发展，不会产生所谓的发展的冲突。

其次，大部分发展中国家即使发展，也无能力挑战发达国家在整个世界的政治权力格局，因为绝大部分发展中国家与发达国家的发展差距巨大。而更现实的情形是，发达国家利用优势的实力控制发展中国家。因此，就大部分发展中国家而言，它们的发展也不构成对发达国家在世界舞台上的权力挑战。

最后，现在发展中国家的发展走的是开放式的发展道路，它们越来越融入世界市场，很少有国家走封闭发展的道路。这样，过去那种割断与资本主义世界市场的联系，摆脱资本主义世界经济体系的发展战略所形成的对资本主义世界市场的威胁已经不再存在，走依附性发展道路的发展中国家大部分构不成对资本主义世界体系的威胁。

因此，目前绝大多数发展中国家的发展并不对发达国家形成经济与政治的挑战。目前谈论最多的发展冲突论涉及像中国这样的发展中国家发展后是否构成对世界秩序的挑战，即是否存在中国发展的威胁。"中国威胁论"来自现实主义思维。但是从历史唯物主义的角度来看，现实主义的思维忽视了一个最基本的东西：经济对政治的作用，即世界性生产组织方式的变化对国际政治的影响。

当今的经济全球化已经与第二次世界大战结束时世界经济的状况有重大的区别，这使得深深地融入世界经济的大国之间的关系发生了重大变化。二战结束时，国际经济的状况是生产立足于国家疆界之内，生产要素主要是在民族国家内进行配置，产品生产的全过程主要是在国家疆域内完成。[①] "这种国际经济的模式通过商品、资本和贵金属的流动连接着各国经济……它的主要关注是交换"[②]。在这种立足于国内的生产组织方式产生的国际经济模式下，产品生产的全过程基本在国内，国内生产的成品对外出口，海外市场的扩大带来的乘数效应意味着国内生产和就业的增长，并且影响着国内社会的稳定。对一个工业化的国家来说，贸易及其顺差对国家有着特别重大的意义，这种意义不仅体现在国力的增加上，还体现在国内社会的稳定上。经济上的相对收益既是增进国家安全的重要实力保障，同时也是国内再生产延续的基础，还是国家获得更多资源以促进国内福利与合法性的保证。因此，国家在彼此的经济交往中力争保持相对收益——出口顺差。然而，在这种国内生产组织形式下的国际经济是一种"零和"状态：一国的出口增长、市场扩张、就业提升意味另一国的出口下降、市场萎缩、失业增加。这种经济的结构性作用加剧了结构现实主义强调的国际政治无政府结构的作用：防止一个大国的实力绝对超群，或者防止后起国家的发展，既是安全的需要，也是本国经济社会发展的需要。因为经济竞争从来不是纯粹经济的，政治和军事的实力往往是决定经济竞争的重要外在的

---

① 有关二战前国际生产状态的分析见戴维·赫尔德等，《全球大变革》，杨雪冬等译，社会科学文献出版社，2000年，第330—334页。

② Robert W. Cox, *Production, Power, and World Order*, New York: Columbia University Press, 1987, p. 244.

条件，同时经济竞争的胜出也是政治与军事实力的物质保障，以及国内社会和谐发展的基础。

第二次世界大战以后，整个世界生产组织方式逐步发生了深刻的变化，以跨国生产组织方式为特征的新型世界性生产方式开始发展，[①] 特别是冷战结束后，这种变化呈加速发展的趋势[②]。它的特征就是资本在世界范围内按各国的比较优势进行生产要素的配置，形成以跨国资本为主导的跨国生产链，产品的生产全过程不在一国完成，而是在不同国家共同完成。这种世界性生产的组织方式不同于过去以国内生产组织为主要特征的国际分工，必然给世界政治与国际关系带来新的影响，给传统的无政府国际政治结构的作用带来了冲击。

跨国生产形成的全球生产链把越来越多的国家连接起来，每一个国家成了产品部件的生产车间，把国内生产与跨国生产连成一体，形成"你中有我，我中有你"的相互糅合的状态。而且跨国生产组织方式带来了国家及其企业的社会化行为，挑战着传统的国内生产的组织方式。如果国家不融入跨国生产过程则将面临经济增长、社会稳定的重大问题，跨国生产的模式因而促使各国为吸引外来投资而相互竞争[③]。如果企业不融入跨国生产就面临着巨大的竞争压力，面临市场淘汰的危险。[④] 由此，跨国生产的方式带来的社会化行为，使得国家与企业的跨国联系与融合日益加强，共同开发着世界市场，国家间经济交往越来越呈现出一种"非零和"性。过去立足于国内的生产是一国海外市场的扩大带来本国的经济增长，以及他国生产与

---

① 具有马克思主义倾向的跨国生产研究先驱斯蒂芬·海默曾对美国促进跨国公司海外扩张及其原因做出很好的分析，见 Stephen Hymer, "The Multinational Corporation and the Law of Uneven Development", in Jagdish Bhagwati ed., *Economics and World Order*, New York: Macmillan, 1974, pp. 113 – 135.

② 有关描述见杰弗里·弗里登，《20世纪全球资本主义的兴衰》，杨宇光等译，上海人民出版社2009年，第383—386页。

③ 约翰·斯托普福德、苏珊·斯特兰奇，《竞争的公司竞争的国家》，查立友、郑惠群、李向红译，社会科学文献出版社，2003年，第2页。

④ 托马斯·弗里德曼在《世界是平的：21世纪简史》中，通过一些案例描述了公司面对全球化必须走出去的压力与动力。见托马斯·弗里德曼，《世界是平的：21世纪简史》，何帆等译，湖南人民出版社2006年，第11章《公司如何应对平坦化》，第345—370页。

出口的萎缩，彼此的经济关系存在着"零和"竞争性，而现在跨国生产组织方式是整个国际生产链上的企业利益共存，相关各国的经济利益具有正相关性。这种"一荣俱荣、一毁俱毁"的利益联系使世界经济对国家关系的结构性影响发生了变化，也对国际政治无政府结构产生的结构作用产生了重大影响（如果不是改造的话），它在一定程度上缓和了传统的国家间政治恶性安全竞争的特征，冲淡了过去国际政治的"安全困境"（有关内容参见第二章《跨国生产的政治经济学》第三节中的"跨国生产与国际和平与冲突"）。

这种跨国生产组织方式带来的国际政治的结构性变化在一些深入融入全球化生产的西方国家间表现得非常明显。由于深入地融入跨国生产过程，它们相互间的地缘政治竞争性受到跨国生产方式的极大制约，这从资本主义大国战后半个多世纪的彼此关系中得到了体现。欧洲经济共同体的建立，消除了长期以来德国与法国的地缘政治竞争。美国支持欧洲一体化的发展在很大程度上是由于美国的跨国公司在欧洲的广泛存在，因为美国不担心强大的欧洲经济会产生安全的政治效应，同样欧洲对美国也是如此。可以说，正是由于跨国生产方式在资本主义大国之间的作用，它们之间彼此的安全担忧与战争迹象现在很难看到。

虽然，中国与世界大国的经济联系目前还没有达到欧美国家那样的经济依存度，但它与世界经济的融合是历史上所有后起的发展大国与守成大国之间前所未有的。这种经济融合已经在相当大程度上消弭了中国与资本主义大国地缘政治竞争的经济基础以及挑战世界经济秩序的经济动因。

首先，中国的发展道路并不是一种帝国主义式的发展道路，而是一个融入式和平发展道路。中国的改革开放过程就是一个融入世界体系的过程。大量的西方资本在中国的发展过程中进入中国，促进了中国的发展，也收获了巨大的利益，更重要的是，中国在发展过程中与世界市场的联系是融合式的，已经形成了一种我中有你、你中有我的格局。这一状况可以从外部资本在中国的投资存量中体现出来。截止到 2014 年外来直接投资在中国的存量已达 10.852 93 万亿，占世界直接投资流入存量 246.264 554 5 万亿的 4% 左右，而

在中国的改革开放之初的 1980 年，中国当年外资流入存量只有
1.074 亿，占世界总额的 0.2％。如果不算通胀因素中国吸收的外资
增长了约 10 万倍。中国作为吸引外来投资的最大发展中国家与吸引
外资最多和最具跨国经济色彩的发达国家——美国相比，2014 年是
相差 4 倍左右，而 1980 年则相差 83 倍左右（见图 5-1、5-2 和表
5-1）。这些统计数字还没有算上非股权投资产生的对外经济联系，
如果算上这些因素中国与跨国生产的联系更大。由于发达国家是最
大的资本输出国，中国外来直接投资主要来自发达国家，因此，中
国已经与世界，特别是发达国家的经济利益深深地融合在一起了，
作为世界最大的"加工厂"，中国的经济结构中外来资本已经占据
了相当的比重，中国经济相当多的成分是与发达国家的结合在一起
的。另外，中国的对外贸易依存度截至 2014 年达到近 50％，在
2007 年最高时达 60％。这种贸易依存度在相当程度上也是西方资本
联系在一起的，外来企业或合资企业在中国对外贸易中比重相当
大，因此，中国经济实力的壮大是与西方资本紧密地相互联系的，
是一种合作性的发展。在这种条件下，中国的发展利益与发达国家
的经济利益紧密联系着的，它的经济已经没有与发达国家进行"零
和"竞争的基础，也没有了挑战世界秩序构成的经济动因。

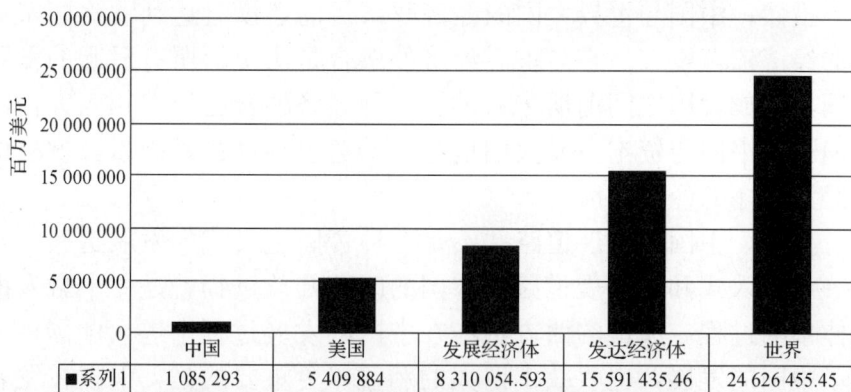

■系列1	中国	美国	发展经济体	发达经济体	世界
	1 085 293	5 409 884	8 310 054.593	15 591 435.46	24 626 455.45

图 5-1　2014 年直接投资流入存量统计①

---

① 图 5-1、5-2 及表 5-1 数据来自联合国贸易与发展会议数据库，见 http://
unctadstat. unctad. org/wds/TableViewer/tableView. aspx.

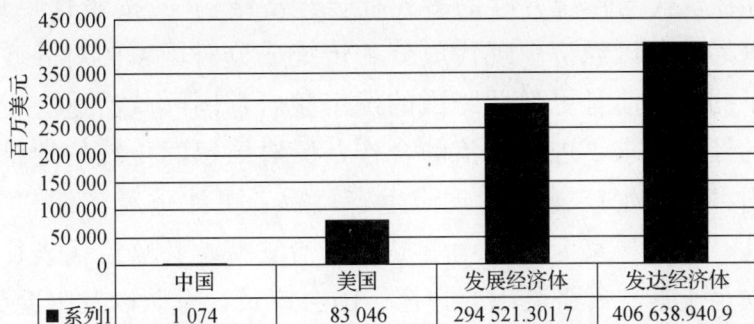

图 5-2　1980 年直接投入流入存量统计

表 5-1　中美及发展经济体、发达经济体接受世界直接投资状况（1980、2014）

1980 年流入存量（百万美元）		2014 年流入存量（百万美元）	
中国	1074	占世界总量 0.2%	中国	1 085 293	占世界总量 4%
美国	83 046	占世界总量 11.8%	美国	5 409 884	占世界总量 22%
发展经济体	294 521.3	占世界总量 42.0%	发展经济体	8 310 054.6	占世界总量 34%
发达经济体	406 638.94	占世界总量 58.0%	发达经济体	15 591 435	占世界总量 63%
世界	701 160.24		世界	24 626 455	

　　目前，"中国威胁论"与"不平衡与综合发展"的规律有关。"不平衡与综合发展"规律是由俄国十月革命的领袖之一托洛茨基（Leon Trotsky）针对俄国 19 世纪末 20 世纪初的发展现状和革命起源提出的，他认为，当时俄国资本主义的发展是不平衡的，既有现代性的经济成分，也是有相对落后的经济成分，这种社会结构构成了"独特的历史过程中不同阶段的综合……（一种）古老与当代形式的混合物"[1]。一些当代西方马克思主义学者认为这一规律普遍适用于整个世界经济和各国经济，世界经济和各国经济发展存在着不平衡性，世界经济存在着现代与传统并存的多元经济结构，每个国

---

　　[1]　Leon Trotsky，*The History of the Russian Revolution*，translated by Max Eastman，London：Pluto. 1977，pp. 26 - 27.

家都存在现代与传统并存的多元社会经济结构。[①] 按照这一规律，当代世界和各国经济中现代成分和传统成分对国家的对外政治要求是不同的。前者更强调跨国的经济整合，国际政治适应于跨国生产的经济需求，进行政治的合作，反对国家间传统的地缘政治竞争损害跨国生产需要的政治生态；后者更注重经济的"零和"竞争性，要求国家为这种竞争提供政治支持，其政治代表往往是国内立足于这些经济基础的官僚、国会议员、军队以及工会势力。它们往往以强调地缘政治的冲突性来抵制跨国生产，维护既得利益。由于西方国家的"选举民主"特性，政治家往往会利用这种势力获得政治权力，或者转嫁国内社会矛盾，或协调内部利益冲突。因此，在这种跨国经济并未完全消融民族经济时，建立在传统的国内生产组织方式基础上的国际政治结构——竞争的地缘政治及其相应的文化——作为历史的产物，依然不时地发挥着作用，在一些国家关系中有时甚至起着重要的作用。这就带来了"不平衡与综合发展"规律在国际政治上的效应，跨国经济带来的结构性作用和传统的安全结构性作用在不同的国家间呈现出不同的效果，呈现出一种综合影响的效应。发达西方大国关系中合作作用远远大于地缘政治结构性作用，这是因为它们之间的政治经济融合较为深入。而其他大国关系中则呈现出不一种不确定的效应，跨国合作作用和地缘竞争交织，此消彼长，这因为是它们之间的政治经济融合还没有达到发达国家间的水平。"中国威胁论"就是传统经济和传统国际政治文化的产物。

　　以美国和日本这两个对中国发展最为担忧的国家为例，同样，"不平衡与综合发展"规律在这两个国家也有所体现。2012 年和

---

　　① 有关的论述见 Alex Callinicos and Justin Rosenberg, "Uneven and Combined Development", in Alexander Anievas, ed. *Marxism and World Politics*, London: Routledge, 2010, pp. 149 - 182, 其中 Callinicos 的论述最为典型；又见 "Capitalism, Uneven and Combined Development, Transhistoric", in *Marxism and World Politics*, *ibid*, pp. 181 - 196.

2013 年，美国接受对外直接投资分别是 1 610 亿和 1 880 亿（美元，下同），这两年美国的国内生产总值大约分别是 16.2 万亿和 16.8 万亿，增加值是 6 000 亿左右；外来直接投资对美国当年 GDP 增长的贡献率大体是 31%。[①] 日本的情况比较复杂，它接受外来投资的数量不大，不在世界前 20 位之列，但它对外直接投资却名列世界前列。2012 年和 2013 年日本对外直接投资分别是 1 360 亿和 1 230 亿，都处于世界第二位。而且美国、日本在这两年都处于对外直接投资的前两位，美国第一，日本第二。[②] 这说明日本更多的是跨国生产组织者。虽然这种数据不太精确，没有反映非股权投资带来的贡献率，但可以说明民族经济仍在两国占相当大的比例。这表明，"不平衡与综合发展"规律使得美日经济都处于一种混合多元成分并存的状态。跨国经济并没有完全消融民族经济，民族经济在两国经济中都占有不同的比例，它成为"中国威胁论"的国内经济基础。

　　"不平衡与综合发展"规律使得跨国生产方式在整个世界还呈现着一种不平衡性，其表现在：发达国家与发展中国家融入跨国生产的进程不平衡。发达国家融入跨国生产发展在程度上远高于发展中国家，而且彼此之间的融合程度很高，并且是跨国生产的主导国（见图5-3、图5-4及相关统计）。图 5-5、图 5-6 显示：虽然这一统计不包括非股权投资，但发达国家在直接投资中流入和流出的存量和在世界直接投资总存量（流入与流出）中的占比远高于发展中国家，这说明它们融入跨国生产的程度高，而且是彼此融合较高，特别是 G7 国家之间；发达国家直接投资流出存量及其在世界总量中比例大说明它们长期以来一直是跨国生产的组织者。

---

　　① 这些统计数据分别来自美国经济统计局、中国国家统计局和联合国贸易和发展会议的《2014 年世界投资报告》。美国经济分析局网站数据获取见 http：//www. bea. gov/iTable/iTable. cfm? ReqID＝51&step＝1♯reqid＝51&step＝51&isuri＝1&5114＝a&5102＝1；中国国家统计局网站数据获取见，http：//data. stats. gov. cn/easyquery. htm? cn＝C01，《2014 年世界投资报告》（中文版）第 4 页。

　　② 《2014 年世界投资报告》（中文版），第 5 页。

这样在西方国家间，政治与军事联盟关系与这种经济上的融合有着正相关性。它们之间生产的跨国化成为这种政治军事联盟关系的经济基础，在巩固与加强了它们之间的经济联系的同时，也整合了它们间的政治关系。它们之间已经形成了较高的政治经济融合，有着共同的认同感，因而传统国际政治安全结构的作用很小，而跨国经济带来的结构性作用则很大。而发展中国家则不同，它们在跨国生产中，流出存量在世界总量中的比例只有20%左右，流入存量只有34%，远低于发达国家的78%和63%。由于资本和技术的弱势，发展中国家主要是跨国生产的接受者。而转型国家这个数字则更小，2%和3%。这样，发达国家的大国与非发达国家大国之间，跨国经济的结构作用远不如发达国家之间，因此，它们政治融合度不高，国际政治的传统结构影响较大。

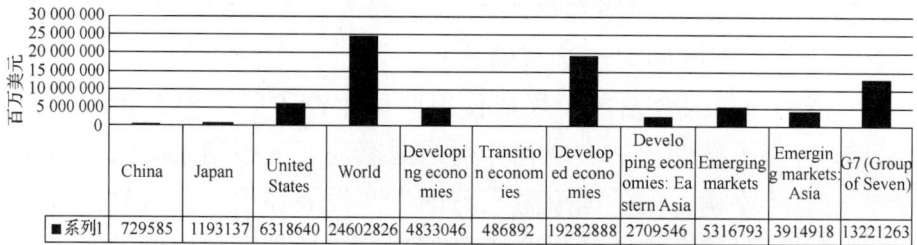

	China	Japan	United States	World	Developing economies	Transition economies	Developed economies	Developing economies: Eastern Asia	Emerging markets	Emerging markets: Asia	G7 (Group of Seven)
■系列1	729585	1193137	6318640	24602826	4833046	486892	19282888	2709546	5316793	3914918	13221263

图5-3　2014年对外直接投资流出存量统计及比例[①]

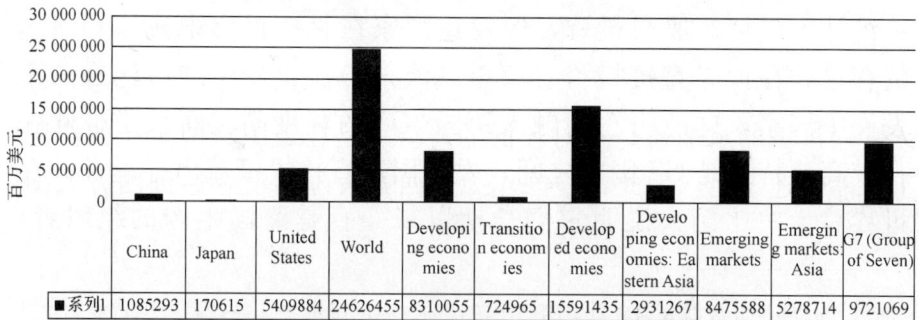

	China	Japan	United States	World	Developing economies	Transition economies	Developed economies	Developing economies: Eastern Asia	Emerging markets	Emerging markets: Asia	G7 (Group of Seven)
■系列1	1085293	170615	5409884	24626455	8310055	724965	15591435	2931267	8475588	5278714	9721069

图5-4　2014年对外直接投资流入存量统计及比例

---

① 图5-3、5-4、5-5、5-6依据联合国贸发会议数据库数据绘制，数据见 http://unctadstat.unctad.org/wds/TableViewer/tableView.aspx.

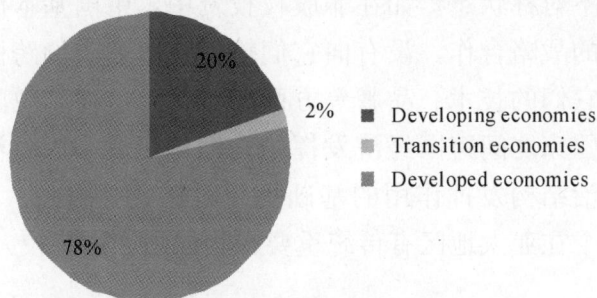

图 5‑5　2014 年各类经济体对外直接投资流出存量占比

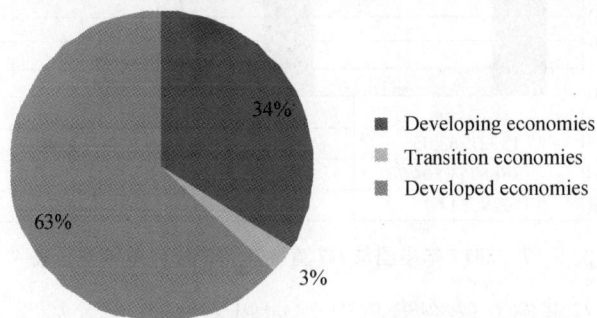

图 5‑6　2014 年各类经济体对外直接投资流入存量占比

中国为世界上吸引外来直接投资最多的发展中国家，但与最发达的西方七国相比，直接投资流入存量没有达到它们的平均水平（图 5‑7），特别是流出存量大大落后于 G7 平均值。这说明中国融入跨国经济的水平还是相对较低的，特别是在组织跨国生产的作用上，能力还不足。因此，中国作为非西方大国还没有达到西方大国间经济利益整合的程度，而且更多地是单方面接受跨国投资，没有达到一种相互的利益对称互补状况，我中有你的成分较多，你中有我的成分不大，还属于一种依赖西方资本和技术的状态。中美日之间，截至 2013 年中国对日本、美国的投资存量大致只有 71 亿和 590 亿；1997—2014 年中国实际使用美日直接投资总和是 242 亿和

451亿左右①。更主要的是，中国仍是发展中国家，跨国生产中还与这两国处于不对称状态。如在非股权投资中，中国基本没有与美日大跨国公司的战略合作，没有向它们输出技术之类的跨国经营，更多地是接受它们的技术、品牌等方面的输入。这样，中国与美日之间缺乏发达国家之间跨国经济发挥结构性作用的牢固经济基础，传统的国际政治结构发挥作用的基础仍相对较大。因此，"中国威胁论"在这两个在亚太地区有传统重要影响的国家中有较大市场。

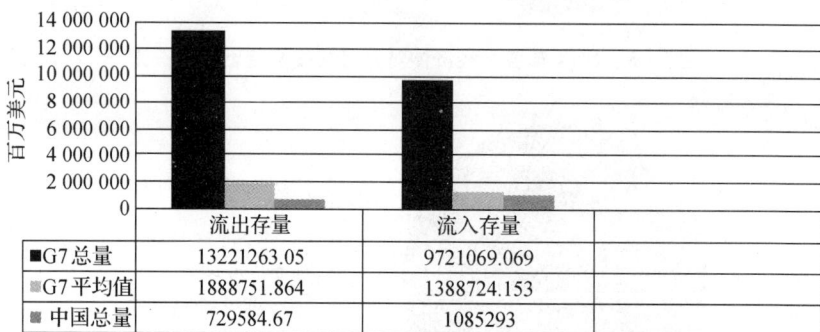

	流出存量	流入存量	
■G7总量	13221263.05	9721069.069	
■G7平均值	1888751.864	1388724.153	
■中国总量	729584.67	1085293	

图 5－7　2014 年中国与 G7 直接投资流出流入存量比较②

既然"不平衡与综合发展"规律没有消弭西方与非西方之间传统的国际政治的结构性影响，那么传统国际政治所特有的强权政治、权力竞争的作用就成为它们之间关系的重要内容。一方面"强者能够做他们有权所能做的一切，弱者只能忍受他们必须忍受的一切"③的逻辑作用于发达国家对发展中国家，"以强凌弱，以大压小"产生的强权战争仍然时有发生。在跨国生产的条件下，跨国资本也需要西方国家撬开不发达国家的大门，为跨国生产链和市场的拓展提供政治经济便利。另一方面，地缘政治竞争的逻辑经

---

① 有关数据见中国国家统计局网站 http：//data. stats. gov. cn/adv. htm？m＝advquery&cn＝C01。因为缺乏美国和日本对华直接投资的存量数据，采用这样的总和与存量比较相对能说明一些趋势。

② 依据联合国贸发会议数据库数据绘制，数据见 http：//unctadstat. unctad. org/wds/TableViewer/tableView. aspx。

③ 修昔底德，《伯罗奔尼撒战争史》，谢德风译，商务印书馆，1985 年，第414页。

常作用于西方大国与非西方大国之间。它们之间安全的关注不时地冲击着跨国生产带来的积极效应，安全戒备带来的"修昔底德陷阱"使处于世界和亚太中心地位的美国对"中国威胁"更为敏感。

　　"不平衡与综合发展"规律还带来了世界政治过程的冲突性。跨国生产组织方式要求相应的政治跨国统一的进程，要求有相应的政治结构与其对应。马克思曾说过："资产阶级日甚一日地消灭生产资料、财产和人口的分散状态。它使人口密集起来，使生产资料集中起来，使财产聚集在少数人的手里。由此必然产生的结果就是政治的集中。各自独立的，几乎只有同盟关系的，各有不同利益、不同法律、不同政府、不同关税的各个地区，现在已经结合为一个拥有统一的政府、统一的法律、统一的民族阶级利益和统一的关税的统一的民族。"[1] 现在这一进程已经上升到全球范围，要求有一个全球的政体与治理、各国统一的对外经济政策和全球统一的民族。这一跨国上层政治结构（政治设施与意识形态）被一些西方马克思主义学者或称为"跨国国家机器"[2]，或称为"资本帝国"[3] 的全球治理结构以及相应的价值观，它要求所有国家的政治体制与意识形态适应于跨国生产方式的资本主义属性。这对于一些在跨国生产过程中政治整合度不高的非西方大国——中国来说，无疑是对其政治体制和社会价值的挑战。随着国力日益发展，中国越来越对其自身的政治体制产生自信，抵御外来的制度改造的能力也日益加强，中国道路由此在一些发展中国家中产生的学习效应也是产生所谓"中国威胁论"的原因。中国的发展并不会带来传统国际政治所谓的"安全威胁"，因为它的融入式发展方式和世界经济的重大结构性变

---

　　① 《马克思恩格斯选集》（第 1 卷），人民出版社，1995 年，第 227 页。

　　② 有关跨国国家的概念及分析详见威廉·I. 罗宾逊，《全球资本主义论》，高明秀译，北京，社会科学文献出版社，2009 年，第三章《跨国国家》，第 110—183 页。

　　③ 有关资本帝国分析见，Michael Hardt and Antonio Negri, *Empire*, Harvard University Press, 2000, pp. 3—21; part 3, pp. 219 - 325.

化使中国的经济发展失去了"零和"性特征，也使中国失去了政治
和军事扩张的经济基础。"不平衡与综合发展"规律带来的残留民
族性经济，往往不是经济的最现代化的成分，这些经济成分不论是
在世界范围内还是在包括中美日这样的大国经济中，往往都依附于
现代经济成分。"中国威胁论"是残存的民族经济成分和世界经济
中旧的生产组织方式的成分反映，只要推动经济全球化的发展，只
要中国坚持开放式发展道路，这种落后于时代发展的观点就将会越
来越失去经济基础。

第六章　建立公正的全球经济秩序

　　资本主义为世界带来市场体制，也把整个世界越来深入地纳入市场体制，但是市场体制不但使资本主义产生了熊彼特所说的"创造性毁灭的过程"①，也使卷入世界市场的国家处于一种"创造性毁灭的过程"之中。因为市场竞争与扩展不断地使国家的经济结构革命化，不断地破坏旧结构，创造新结构，同时迫使民族国家不断地变化形态以适应市场的要求，从自由国家发展到福利国家，再从福利国家发展到新自由主义国家。然而，在当今经济全球化条件下，面对全球市场带来的负面社会作用，功能衰退的民族国家能维持其合法性吗？

　　在这种"创造性毁灭的过程"中，国家面临最大的问题是进步与公平的两难。大工业革命产生进步与公平难题在国内以往是通过福利国家缓解的，但在国际范围内，福利国家体制曾经造成了国家之间"以邻为壑"的经济民族主义，经济民族主义是导致两次世界大战的重要原因。殖民掠夺、高关税、倾销、排他性经济集团等经济民族主义政策，造成了国家间经济与政治的对立和冲突。冷战结束后，世界经济政治经过美国的霸权，进入了新的结构变革的时代。民族国家的经济民族主义纳入"嵌入式自由主义"的国际协调与管理，暂时地协调了进步与公平的矛盾。然而，自上世纪60年代末以来，这种民族国家间的协调与管理又逐步受到侵蚀，逐步发展

---

　　① 约瑟夫·熊彼特，《资本主义、社会主义与民主》，吴良键译，商务印书馆，2000年，第147页。

的经济全球化把越来越多的国家卷入统一的全球市场，"特别是柏林墙垮塌后，各国结构、政策和实践处于适应新自由主义全球经济的过程中"①。

在这种状况下，一个最大的世界性问题就是公平。各国为了吸引资本纷纷地"逐底竞争"，使得国家正在"新自由主义化"。新自由主义化的国家最大的特点就是在效率与公平之间倾斜于效率，迫使国家的政策屈从于全球自由市场竞争的需要。这使得传统的民族国家解决公平的能力正在受到极大的侵蚀，正在失去合法性基础，带来了资本主义全球性的经济政治危机，其症状表现为：经济上频繁出现金融危机，世界性贫富分化日益加剧；政治上，"由于政府在服务公众和社会保护中的后退，公众已经对政治阶级的信誉和能力失去了信任……随着对政治家的能力和动机的怀疑和冷嘲热讽的加剧，人民对政治制度的忠诚变得越加值得怀疑"，这种倾向在不同国家不同程度地表现出来。由于这种倾向，目前在整个世界普遍存在着如何修补或建立政府能力，建立人民与政府权威之间的认同感的问题。② 这表明民族国家能力已经在衰退，国家已经无力单独解决效率与公平问题，只有通过国际合作才可能解决这一问题。

经济全球化带来的另一个重大问题是全球生态环境问题，如全球变暖、臭氧层的破坏、森林滥伐、水土流失、生物多样的渐失、海洋污染等各种破坏自然生态圈平衡的问题，这一切都是资本主义市场经济无节制世界性扩散带来的恶果。地球生态圈是人类赖以生存的更大自然结构，人类各种活动都发生在这个结构之中。面对这一生态的危机，单一民族国家由于屈从于市场已经既无力又无法应对与解决，必须树立一种人类命运共同体的意识，共同来解决人类面临的共同问题，通过全球治理来解决人类生存与发展问题。

---

① Robert W. Cox, *The Political Economy of a Plural World*, New York, Routledge, 2002, p. 85.

② *Ibid*, p. 103.

除外之外，经济全球化还带来其他全球性问题，如核扩散、传染病、难民等，但与社会公平与生态环境问题相比，它们的广泛性、基础性的作用不如前者。面对全球性问题，国家无力单独解决，需要合作，在世界范围内建立全球性的治理才能解决。

在目前的经济全球化过程中，区域经济一体化是一个重要的环节，也是区域治理的体现，在某种程度上代表着未来全球治理的方向。这种相对有限成员之间的一体化和国际治理能解决目前的全球性问题吗？未来的经济全球化要进一步健康发展，必须建立有效的全球经济治理。当今的全球治理的特征如何？它公平吗？

因此，本章聚焦于三个问题，第一是经济全球化下，国家地位、作用的弱化和下降与全球性问题；第二，区域经济一体化及其治理是否为未来的全球治理提供了良好的方案；第三，当今全球经济治理存在的问题在哪里。

第一节 国家的转型

1996 年英国著名的国际政治经济学者苏姗·斯特兰奇写了一本书名为《国家的退却》（*The Retreat of the State*），次年世界银行发表了《世界发展报告 1997》（*World development Report 1997*），两者都谈到一个主题——传统的国家作用已经变化，即二战全面干预性的政府已经或应该让位于全球经济的新发展，传统的国家作用已经不能适应新的形势。这一主题的确反映了一个新的现实与趋势，就是在经济全球化条件下，民族国家已经不像过去那样具有强大的社会防护作用，而更多地适应着全球市场的要求。这样，民族国家似乎又回到 19 世纪上半叶的自由主义国家的状态，所不同的是现在的国家顺应的是全球市场的要求。在这种条件下，作为民族的政治载体，民族国家要生存下去，要获得合法性的基础，它能做什么？面对全球化，国家怎样维护其合法性？

一、"偏平"的世界对民族国家的改造

《纽约时报》专栏作家托马斯·弗里德曼在世纪之交所写了一本畅销书——《世界是平的："凌志汽车"和"橄榄树"的视角》。书中就是一个主题：在经济全球化大潮下，面对全球的技术民主化、资本民主化和信息民主化，民族国家已经穿上了"金色紧身衣"，只有改变自己，顺应全球市场的要求，才能获得繁荣和发展；民族国家现在的榜样就是美国，只有以美国为榜样，才能繁荣与发展。虽然弗里德曼误用了"技术民主化、资本民主化和信息民主化"（应该是生产与服务的全球化、资本跨国化和信息获取的全球化），但其书却反映出当今经济全球化、美国化特色，道出了当今经济全球化的实质。

当今"偏平"的世界由于生产的全球化和金融的全球化，民族国家面临着巨大压力。这种压力使国家传统的防护社会能力受到了限制与约束，使民族国家具有的五大职责——安全、福利、发展、公平和自由——在经济全球化条件下已经无法协调了。这种压力来自何处？通过怎样的机制起作用？

这种压力来自被弗里德曼称为"电子族"的群体。这一群体被弗里德曼分为两类：一类是"短角牛"，另一类是"长角牛"。"短角牛"指那些专门在世界各地炒作股票、证券、现钞的大型互助养老基金、套头交易基金、保险公司、银行及个人投资者，或者说是跨国的金融资本代表。"长角牛"是那些在国外有着巨额投资，在世界各地建立生产基地，与当地工厂签订长期合同或合资生产组装其产品的大型跨国公司，如通用电气、通用汽车、IBM、英特尔、西门子这样的跨国生产资本的代表。随着上世纪 70 年代以来发展起来的经济全球化——生产的跨国化和金融的一体化，这些跨国资本已经在纽约、伦敦、巴黎等世界 25 个大都市构成了一种"超级市场"力量，有人统计，早在 1997 年全球这 25 个"超级市场"中以各种协会或公共账号名义控制的世界资产就已达 83%，几乎是全球资本

总量的一半。^①可以说，"电子族"已经形成了全球市场的跨国垄断资本力量。

由于近40年来世界各国积极吸引跨国生产落户于本国，由于各国在金融一体化过程中开放了本国的金融市场并放松了对其的管制，由于通信技术的迅速发展带来的便利，"电子族"利用全球不断开放的市场迫使国家按利润最大化的要求改造国家的能力极大地增强。因此，不断开放的全球市场是"电子族"迫使国家进行改造的内在机制。

跨国生产把国家的生产、就业和经济增长拴在了跨国生产链上，生产链上的任何环节的过高成本和不便利都将促使跨国公司重新选择生产场所，由此导致相关环节的国家失去经济增长的动力，面临外资的撤退或生产合同的终止、出口的下降、失业率的上升、政治的不稳定和政府的更迭。金融市场的全球化把国家的经济增长、货币的稳定和政治的稳定作为国内外资本流入和维持资金的先决条件。经济增长的下滑、币值的疲弱和政治的风吹草动都可能导致资本的迅速外流，由此带来有关国家的金融动荡、经济衰退和政局不稳。因此，全球不断开放的市场使得"电子族"有了结构性的权力，迫使民族国家按照资本的要求行事，为国家穿上全球统一订制的"紧身衣"。这种"紧身衣"包括："将拉动经济增长的主要部门私有化，保持低通货膨胀率和物价的稳定，削减国家官僚机构，尽可能保持国家预算平衡，如果预算没有盈余，逐步取消或降低进口关税，取消对外投资的限制，取消对进口的限额及国内垄断，增加进口，将国有企业及公共事业私有化，解除资本市场上的各种带限制的规章制度，自由兑换货币，将国家的工业、股票、证券市场直接向国外企业家和投资者开放，取消限制经济发展的规定，尽可能促进民主竞争，消除政府腐败，尽可能多地取消政府补贴和种酬金，将银行和电信系统向私人企业家和竞争者开放，允许公民从许

---

① 托马斯·弗里德曼，《世界是平的："凌志汽车"和"橄榄树"的视角》，赵绍棣、黄其祥译，东方出版社2006年，第75页。

多有竞争力的养老金、外国人经营的保险金或互助基金中自由选择保险。"① 穿上这种"紧身衣"后，民族国家的自主权力将大为缩减，职能将按跨国资本的要求进行重新"规范"，民族国家进行重新改造。这种国家的改造既有自动的改造如美国、英国，有外部经济压力下的改造，也有外来的军事占领下的改造。

美国是首先进行自我改造的大国之一。弗里德曼曾自豪地说，早在20世纪90年代中期美国就完成了大部分的改造工作，如缩小规模、私有化、联合、放松管制、重新规划、精简、重建等，以适应全球化市场的要求。他还说，如果其他国家要保留任何东西，如现有的生活水平，就必须进行调整，对照美国，模仿美国进行调整，虽然这种调整必然是非常痛苦的。② 的确，自上世纪最后20年代开始，世界上大部分国家都在经历着这种国家的改造，而且无法抗拒这种改造，外来经济压力，甚至是军事占领成为重要的改造方式。最新的经济方式的改造事例可以以希腊为样本。

2009年10月初，希腊债务危机开始爆发，在为了获得救助，希腊政府在外来的压力下，不断地进行财政改革（紧缩）、养老金改革（延迟退休年龄）、私有化改革、提高税收等。虽然在这一过程中，希腊的政客们通过公民投票、重组政府、威胁退出欧盟等手法，演出了种种新时代的希腊"政治戏剧"，但这些都无法改变国家改造的结局。希腊接受全球市场改造的"政治戏剧"其实并不新颖，西方多数"民主"国家都曾上演过，只是没有希腊这样情节跌宕起伏，高潮迭起。但只要知晓全球化"紧身衣"的观众都预料到最终的结局毫无悬念：不论左翼还是右翼政党上台所做的都一样：改造国家，适应经济全球化。希腊的"政治戏剧"只是一种在经济的压力下国家改造的样例。自冷战结束后，世界还存在着被军事改

① 托马斯·弗里德曼，《世界是平的："凌志汽车"和"橄榄树"的视角》，赵绍棣、黄其祥译，东方出版社2006年，第69页。

② 托马斯·弗里德曼，《世界是平的："凌志汽车"和"橄榄树"的视角》，赵绍棣、黄其祥译，东方出版社2006年，第238—239页。

造的国家，阿富汗、伊拉克、利比亚大体属于这种军事改造的典型。这种军事改造是以推翻旧的领导和国家体制，重新建立适应全球化秩序需要的体制为特征的。以伊拉克为例，萨达姆被推翻之后，在美国的占领下，伊拉克开始了国家的改造。看看美国给伊拉克制定的国家改造方案就可以弄清楚改造的方向。美国在伊拉克最高行政长官保罗·布雷默（Paul Bremer）2003 年 9 月公布的伊拉克经济制度方案是："公共企业全部私有化，外国在伊公司全部外资化，外资利润可以全部汇出，伊拉克银行可以全部由外资控制，外资公司全部国民待遇……撤除几乎所有贸易壁垒"；这些规定适用于除石油行业（因为石油收入用于偿付战争费用，并具有地缘政治的重要性）外的所有经济领域，如公共服务、媒体、制造业、服务业、运输业、金融业和建筑业；劳动力市场受到严格限制，禁止关键性产业的罢工，严格限制建立工会的权利；实施美国国内保守主义者长期鼓吹的"单一税"。[①]

其实，自上世纪末开始，随着经济全球化的迅速发展，世界性的改造国家的工程已经初见端倪。世界银行 1997 年发布的《世界发展报告 1997》中就建议缩减国家的职能以应对经济全球化：一是为了增强国家治理的有效性把国家的作用限于履行基本职能，二是让市场承担过去国家所承担的部分职能。这一报告把国家的职能分为最小职能、中能职能和积极职能三大块（见表 6 - 1），认为国家的基本作用在于履行最小职能，并且包括最小职能在内的国家职能也应借助于市场机制、自我管理和鼓励公民和社会的参与来共同实现。这一报告总的基调是，经济全球化已经使国家过去过多承担职能的状况不适应时代的要求，各国都要依据自身的条件对国家进行必要的改革。[②]

[①]　David Harvey, *The Brief History of Neoliberalism*, Oxford University Press, 2005, pp. 6.

[②]　*World Development Report 1997*, pp. 1 - 15.

表 6-1 国家功能分类①

	应对市场失败			改善公平
最小职能	纯粹提供公共商品： 国防 法律与秩序 财产权 宏观调控 公共卫生			保护穷人： 反穷困计划 疾病防治
中等职能	应对外部经济性： 基础教育 环境保护	管理垄断： 公共事业管理 反托拉斯政策	克服信息不对称： 保险（健康、生命、养老金） 金融监管 消费者保护	提供社会保障： 再分配养老金 家庭补贴 失业保险
积极职能	协调私人活动： 支持市场 多丛创新			再分配： 财产再分配

　　根据这一报告所确定的国家的职能，美国学者福山后来统计分析，当今世界各国政府的国家职能都在发生缩减，从过去广泛的积极职能向着最小职能方向收缩（即图 6-1 上的横坐标向左变化）。这意味着国家过去的社会公平、市场监管的职责在收缩，只关注国防、法律与秩序、财产权等更有限的职能；同时福山还认为，国家在缩减这些职能的同时，如能加强其国家的能力，即有效地履行剩下的有限职能的能力（图 6-2 的国家能力与职能体现在第一象限之内），则将有利于经济发展。② 这大体就是为什么国家目前只能沿着新自由主义国家模式发展，如果能有效地强化新自由主义国家的基本职能就是一个好的国家治理。然而，这都是以弱化国家传统的治理能力为代价的，特别是以弱化国家维护社会公平的职能为代价的。

---

　　① *World Development Report 1997*，p27.

　　② 弗兰西斯·福山，《国家构建：21 世纪的国家治理和世界秩序》，黄胜强、许铭原译，中国社会科学出版社 2007 年，第 10—15 页。

国家能力强弱

保险（健康、生命、养老金）

最小功能　　　　　　　　　中等功能　　　　　　　　　积极功能

国防　法律与秩序　财产权　宏观调控　公共卫生　反穷困计划　疾病防治　基础教育　环境保护　公共事业管理　反托拉斯政策　金融监管　消费者保护　家庭补贴　失业保险　再分配养老金　支持市场　多丛创新　财产再分配

国家职能范围

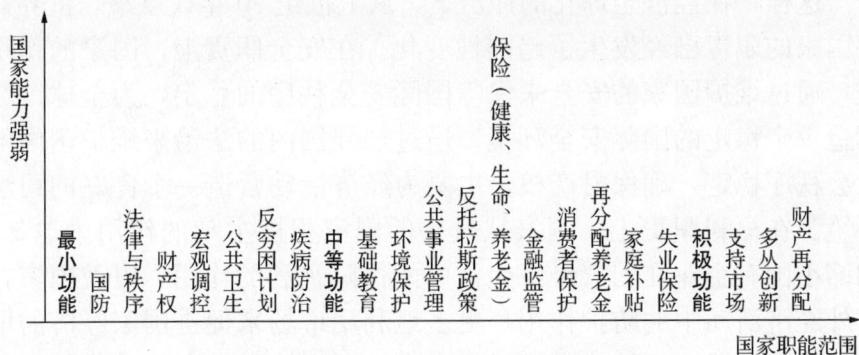

图 6-1　国家职能的范围

国家能力强弱

第一象限	第二象限
第三象限	第四象限

国家职能范围

图 6-2　国家职能象限

本书第一章曾谈到国家的职能，即国家要维护稳定，缓解冲突，消除危机，除基本的防灾、防治疾病外，应具备五个方面的职责——安全职责、福利职责、发展职责、公平职责和自由职责，这是民族国家认同和合法性的基础。然而，上世纪末以来的国家职能在经济全球化压力下发生了变化，实质上是收缩了，国家的主要职责放到了有限的安全职责，即维护安全和自由上，如上述的国防、法律与秩序、财产权，其他方面的职责则更多地依赖市场的自我调节，或鼓励公民自己通过市场来承担。比如公平问题，《世界发展报告 1997》要求国家只负责最穷困人口的贫困问题，而且鼓励社会来共同来解决这一问题；基础教育上强调国家并不是唯一的服务提供者，社会也是重要的服务提供者；社会保障上要求公民更多地利用保险市场来确保和提高保障水平。

这样，在经济全球化的冲击下，从上世纪 90 年代以来，世界许多国家的职责已经发生了趋同性变化。在安全职责上，国家的作用是，通过维护国家的安全来保障国际安全秩序的稳定，为全球市场营造一个稳定的国际安全环境；通过加强国内的法治来维护国内的社会秩序稳定，确保财产权，主要为经济活动营造一个良好的司法环境。在福利职责上，国家从过去的国家积极主动的作用中退却，如缩小国有企业在国家经济生活中的保障福利的作用，以及国家在对外经济活动中的防护作用，更多地利用市场来促进国家经济的增长、就业和民众福祉。在发展职责中，国家从过去主要的或唯一的科技、文化和教育的组织者和举办者的角色演化为鼓励其他社会角色通过市场机制来参与举办科技、文化和教育事业，国家只是履行发展职责的角色之一。在公平职责上，国家同样从过去主要的或唯一的履责者角色退却，把主要的职责集中于极少数极端穷困人口的脱困上，集中于少数重大疾病的防治上，让个人逐步承担起更大的责任，并且鼓励社会其他组织和市场机制来解决社会公平的问题。在自由职责上，强调把个人责任与自由联系起来，更多地强调市场机制为个人自由提供条件，更多地保障资本的自由。总之，在经济全球化的大潮下，国家的作用从过去的多方面、主导式、管制性的特征转向了有限性、适应式和放任性特征，更多地依赖市场机制，更多地强调个人责任，更多地推动竞争和开放。国家治理能力的这种变化意味着民族国家从过去的干预性国家向新自由主义国家转型。这也是经济全球化带来的国家作用的全球化趋同。

二、全球化带来的挑战

在经济全球化和国家作用的全球趋同过程中，不可避免地产生了巨大的社会问题。第一个问题就是社会不公平。1997 年美国放映了一部大片《泰坦尼克号》，当影片放到两个富翁乘客随船下沉时，美国观众一片欢呼。同样是 1997 年，美国和世界首富比尔·盖茨在《视窗 97》软件发布会上遭一位美国妇女用蛋糕砸脸。洛杉矶、新加坡等许多国际大都市的富人区布满了各种监控设备，宛如监狱。在这种现象背后是全球性的贫富分化不断扩大和社会公平问题的激化。

国际发展及救援的非政府组织乐施会（Oxfam）2015 年 1 月发布的报告预计，到 2016 年，占全球人口 1％的最富有人士将比其他所有人更富有，财富超过其余 99％的人的财富总和，财富占比将由 2014 年的 48％增至 50％以上。乐施会这一报告还预计，到 2016 年，1％的最富有人士的人均财富为 2 700 万美元。报告还提到，不计 1％的最富有者拥有的财富，2014 年剩下 52％的财富之中，46％的财富都由其中占比 20％的最富有人士所有，其他 80％的人只占有 5.5％的财富，人均财富为 3 851 美元。[①] 经合组织 2015 年 5 月公布的一份报告指出："在经合组织 34 个成员国中，最富有的 10％人口的收入是最贫穷的 10％人口收入的 9.6 倍。在上世纪 80 年代，这一数字还是 7.1 倍，在本世纪头十年则是 9.1 倍。"

衡量贫富差距的是基尼系数，该指数将国家按 0.00 至 0.50 的尺度划分，得分 0.50 的国家最不公平的。美国中央情报局 2013 年世界年鉴就使用基尼系数来衡量各国收入差距。世界最发达的，也是当今经济全球化积极推动者的典范国家——美国基尼系数为 0.450，十分接近极端不公平的水平，与喀麦隆、马达加斯加、卢旺达、乌干达、厄瓜多尔等国家处于同一水平。从数据看中国要远比美国公平，中国的基尼系数是 0.415。印度的基尼系数是 0.368，也远好于美国。印度数据是 2004 年的，但从那至今印度的贫富差距似乎没有显著变化。在上一世纪经历了三场革命的俄罗斯基尼系数是 0.422，也比美国公平。美国的贫富差距要比西非、北美、欧洲与亚洲几乎所有国家都更为严重，美国目前与拉美以及撒哈拉以南非洲国家处于同一阵营，而这些国家正在经历战乱与动乱。[②]

德国被视为社会较为公平的国家，但经合组织在 2015 年报告中也指出，过去几年，财富分配不平等程度在显著加大。有 40％的德国家庭没有从国家发展中受益；此外，10％的最富有德国人占据

---

① 《乐施会全球贫富差距报告：1％人群或将拥有全球过半财富》，见中新网，http://finance.chinanews.com/cj/2015/01 - 27/7009775.shtml。

② 《1 张图看懂世界之各国贫富差距》，见新浪网，http://finance.sina.com.cn/world/20130926/151616860285.shtml。

60％的家庭净资产；包括中产阶级的底层，例如技术工人，也处于社会财富金字塔的底层，而恰恰是这些被抛在后面的中产阶级，长期以来被视为德国经济的增长引擎。[①]

当今的经济全球化以及国家治理能力的转型与这种世界性的贫富分化加剧有着直接的关系。市场本身具有造成贫富分化的内在机制，而当今的经济全球化则加强了这种机制，削弱了国家的调节功能。

在当今的经济全球化时代，产品和服务不但可以在国内生产与销售，还可以在国外生产与销售，市场的扩大带来成本的降低和利润的增加，但这种利润更多分配给了跨国公司的企业主和高管，而不是参加生产过程的普通劳动者。这是因为资本可以全球流动，劳动者却不能，资本总可以在全球找到成本更低的地方进行生产。穿上"紧身衣"的国家无法或难以通过税收进行调节，也无法通过国内的劳动法规调节劳资之间的收入分配，保障劳动者实际收入大幅增加；而跨国资本在全球市场中有更多的自由选择权来迫使国家进行"逐底竞争"，实现利润的最大化和收入的最大化。这是形成世界性贫富分化的最根本的原因。

在贫富分化背后是世界性的生活和就业的保障问题。当今的经济全球化和国家的转型迫使劳动力自由市场化，国家把社会保障的责任推给了个人和市场机制。它要求个人不断提升能力以适应经济全球化和技术发展的变化，要求通过市场化的保险机制来保障个人的养老和疾病风险。这一方面加大了劳动者个人的生活成本，同时也增加了劳动者个人的风险。随着经济全球化的深入，技术变革和市场竞争带来的"创造性毁灭"给越来越多的个人带来不断增加的就业和生活的风险。为了保证自己在市场与技术变化的冲击下不被淘汰，个人需要不断学习来提升自己的技能以适应市场与技术的变化。不断地学习、不断接受新知识与技术所带来的成本更多地需要个人和家庭承担，因为新型的国家不断地压缩国家的税收与开支，难以承担不断变化市场与技术带来的再培训负担。按目前各国的实

---

① 《全球贫富差距已达最高"临界点"》，见中金网，http：//news. cnfol. com/guojicaijing/20150528/20849729. shtml。

践，国家只（部分）承担基础教育的职责，其他的教育与培训更多地交给了市场。市场化的职业培训与教育对众多需要再培训的劳动者来说无疑增加了生活的成本。劳动者除了应对市场与技术变革带来的风险外，在全球化条件下，还得自己对"失去劳动能力"期间（如生病与退休期间）的生活风险承担更大的责任。国家在转型后，要求个人更多地承担这一风险的费用。为了提高个人有效地应对这种风险的能力，越来越多的国家要求个人通过市场化保险机制来为自己"健康不测"和丧失劳动能力后的退休生活提供保障。然而，由于目前全球性金融市场的变革，"赌场化"的金融市场有时非但不能提供保障，反而造成巨大的隐患。以美国养老金市场为例，美国有一个市场化机制发达的养老市场，政府鼓励个人在各种市场化的养老基金中进行选择。各种养老基金通过在世界金融市场投资来保值增值，从而为个人投资者提供更多的养老资金回报。2007 年的金融危机，使许多养老基金的投资遭受重大损失。2008 年美国退休资产比 2007 年下降 22％，除联邦社保基金外（其主要持有非交易性美国政府证券），其他类型退休资产在 2008 年价值普遍下降。私营部门界定利益（DB）计划资产下降了 27％，州和地方政府雇员退休计划资产减少 27％，雇主举办界定供款（DC）计划资产下降了 22％，个人退休账户（IRAs）资产下跌 24％，退休计划以外的年金储备下降 15％。为了稳定美国养老保险体系，2008 年 9 月美国政府提供 850 亿美元的紧急援助，接管美国国际集团（AIG）。由于 AIG 为美国货币市场共同基金（其涉及 50％的美国养老金计划）投资提供保险，如果当时美国政府不接管，AIG 倒闭可能导致美国养老体系崩溃。① 然而，就在许多普通美国人为自己的养老金损失，为未来的生计而焦虑时，美国金融界的大佬们依然年薪不减，收入巨丰。所以，在目前的经济全球化下，国家作用的变化造成了世界性财富分配的不公平，风险承担的不公平。

　　经济全球化带来的另一个突出的问题是生态环境的恶化。生态

---

　　① 朱文生，《金融危机下美国养老金投资管理研究》，《中央学校学报》，2010 年，第 6 期，第 106 页。

平衡的打破、环境污染的加剧成为影响人类生存的巨大隐患。生态环境是地球上人类最大的物质结构，它构成人类生存发展的最大物质制约。地球生态具有自我的平衡性、平衡的相对稳定性，平衡的破坏具有不可修复性。生态平衡指生态系统内生物之间和生物与环境之间相互高度适应，种群结构和数量比例长久保持相对稳定，生产与消费和分解之间相互协调，系统能量和物质的输入与输出之间接近平衡。生态系统平衡是一种动态平衡，因为能量流动和物质循环仍在不间断地进行，生物个体也在不断地进行更新。现实中生态系统常受到外界的干扰，但干扰造成的损坏一般都可通过负反馈机制的自我调节作用而得到修复，维持系统的稳定与平衡。不过生态系统的调节能力是有一定限度的。当外界干扰压力很大，使系统的变化超出其自我调节能力限度即生态阈限（ecological threshold）时，系统的自我调节能力随之丧失。此时生态系统的相对稳定性遭到破坏，功能受阻，整个系统受到严重伤害乃至崩溃，此即生态平衡失调。生态平衡严重失调，从而威胁到人类的生存时，称为生态危机（ecological crisis）。地球局部甚至整个生物圈结构和功能的失调有可能是自然因素导致的，但目前更多地是人类盲目的生产和生活活动导致的。人为导致的生态平衡失调起初往往不易被人们觉察，有一定的发生和发展的过程，但危机一旦形成，几年、几十年甚至上百年都难以恢复，甚至无法修复，无法重新产生新的平衡，这导致环境质量下降，生态秩序紊乱，生命维持系统瓦解，从而危害人的健康，威胁人类生存和发展。因此，当它还处在潜伏状态时就应该提醒人们警觉起来。

自工业革命以来，尤其是 20 世纪的后 50 年全球环境遭到空前破坏和污染，相继出现"温室效应"、大气臭氧层破坏、酸雨污染、有毒化学物质扩散、人口爆炸、土壤侵蚀、森林锐减、陆地沙漠化扩大、水资源污染和短缺、生物多样性锐减等十大全球性环境问题。这些环境问题已直接威胁着全人类的生存和文明的持续发展，其带来的影响不仅会殃及一代、两代人，而且将影响几代甚至几十代人的生存和发展。

20 世纪后期的环境问题加剧与经济全球化有着密切的关联。经济全球化使得西方工业化国家加速把污染和耗能大的产业转移到发展中国家，而发展中国家为吸引资本，促进经济发展引进了大量的高污染、高耗能的加工业，这造成了温室气体排放、酸雨污染、水资源污染、有毒化学物质扩散等现象在发展中国家逐步增加，目前大大地超过了发达国家；为了保持低劳动成本，许多发展中国家人口不受节制地增长，造成了局部生态系统的巨大压力；现代化的生活和消费进一步加剧了环境污染和生态系统的失调；广泛的化肥使用造成了土壤侵蚀；工业的盲目发展造成森林锐减，陆地沙漠化扩大，生物多样化遭破坏……总之，资本主义发达国家曾经上演过的生态环境悲剧通过经济全球化在发展中国家复制。由于吸引外来投资的需要，许多国家特别是发展中国家无力与跨国资本进行讨价还价，从而在环境保护上采取了相当宽松的政策，甚至进行政策的"逐底竞争"；而跨国资本在全球化市场下具有更大的选择权，在利润和积累的驱使下，不是积极改善技术进行清洁生产，而是借助国家间环境政策的差异进行生产转移来降低生产的环境成本。这是目前世界性生态环境恶化的主要原因之一。

　　国家作用的变化也加剧了生态环境的恶化。在环境政策上，目前一些国际组织鼓励国家减弱政府责任，通过社会组织的力量或市场化机制来防控污染，如世界银行发布的《世界发展报告1997》鼓励国家通过"利用公众舆论的压力、更灵活性的管理、应用自我管理的机制、选择有效的市场导向的政策工具"[①] 来实施包括环境保护在内的国家的最基本的职能，这在实践上加剧了全球生态环境的恶化。

　　在许多国家特别是发展中国家，由于生活的贫困、环境意识的低下，社会没有有效地建立起环保的社会组织，一些环保分子甚至经常受到打压与排斥，公众无法形成有效的舆论压力，在政府追逐外来投资的条件下，生态环境的恶化是这些国家的常态。在保护环境的国家责任上倡导国家采取灵活的管理往往使许多发展中国家采取一种"先不顾环境发展起来再说，以后再进行环境保护"的政

---

①　*World Development Report 1997*，p. 4.

策。这种灵活管理的政策导向实质上是变相鼓励国家放弃相关的职责，因为发展中国家在发展与生态环境保护政策上选择范围有限，无力在有效的生态环境保护下发展经济，只有选择放任性的"灵活管理"政策。倡导自我管理的机制实质是让企业在生态环境保护中自我约束，这是在市场竞争条件下已经被历史证明无效的机制。市场竞争中谁在生态环境上自我约束，谁就会在市场竞争中处于劣势；谁在生产中破坏生态环境，谁就会在市场竞争中处于优势。这是市场机制必然的规律，这种规律根本无法形成一种生产者自我约束的生态环境保护机制。鼓励国家在生态环境保护上采取市场导向的政策也是无效的。这种政策大体上以一种"谁污染谁付费"或者进一步以"谁消费（由污染生产的产品）谁付费"的形式体现，实质是一种生态环境资源商品化的政策，其结果必然是发展中国家为生态环境这种商品付出更高的代价。目前跨国资本跨国生产场所的选择考虑的因素之一是成本，"谁污染谁付费"政策不利于发展中国家吸引外来的生产投资；相反许多发展中国家由于发展资源有限，为了吸引投资在环境政策上迫于压力往往是"逐底竞争"，通过降低生产过程中的环境保护要求来吸引投资。发展中国家与跨国公司之间不平等的关系决定了发展中国家无力针对跨国公司实施"谁污染谁付费"政策，只能由自己来承担生态环境恶化的代价。而"谁消费谁付费"的市场机制导致发展中国家生产与出口的产品价格提升，既不利于跨国资本的积累，也不利于发展中国家的经济增长。特别是目前世界上，发达国家是主要消费大国，处于买方的强势或垄断地位，它们不可能为世界性生态环境资源付出更高的费用，只会利用自己的强势地位迫使发展中国家承担生态环境恶化的结果。因此，在生态环境问题上采纳市场化导向的政策，在目前经济全球化状态下，由于发展中国家和发达国家所处的市场地位不同，只能由处于劣势地位的发展中国家承担全球生态环境恶化的代价。

"文明若是自发地发展，而不是在自觉地发展，则留给自己的是荒漠"。这是马克思在100多年前对突飞猛进的资本主义工业文明发出的忠告。资本主义经济全球化条件下，工业文明再一次迅速地发展，这种受市场支配的自发式发展带来的生态环境危机被一些马克思主义理论家认为是资本主义生产方式产生的另一类危机。这些马克思主义生态危机理论家认为，资本主义生产方式的危机不仅表现在资本主义生产过程中，而且也表现在生产与整个生态系统的互相作用中；前者导致了资本主义生产与消费的脱节，财富与公平的矛盾；后者导致了资本主义生产过程对整个生态环境造成破坏。生态危机理论认为，马克思与后来的马克思主义者都或多或少地忽略了扩张主义的资本主义生产将会耗尽自然资源，最终完全破坏地球生物圈的严重趋向。这些理论虽然强调了传统马克思主义者较少注意的资本主义生产与生态环境的问题，但其与马克思的基本观点是"一致"的，把生态危机归于资本主义的生产与私有制，归于马克思所强调的资本主义的社会化生产和私有制这个基本矛盾。因此，生态环境危机是资本主义全球化带来的人与自然关系的重大危机，它与资本主义全球化带来的人与人关系（不公平）的危机一起构成了当今资本主义全球化最根本的两大问题。

当然，经济全球化还带来了其他的全球性问题，如随着人员、商品、资本和技术的流动，各种犯罪、传染性疾病、恐怖活动、难民等都会给各国带来许多社会问题和危机。历史上，民族国家是解决市场带来的社会危机最重要的制度设施，然而，当今经济全球化导致了国家职能退化，使得单凭一国无法发挥消除危机、缓解冲突的功能，如何面对经济全球化带来的社会与生态危机，必须在国家层面之外，在区域层面和全球层面上寻找解决方案。

第二节　区域经济一体化与区域治理

区域经济一体化是当今世界政治经济的一个重要方面。它是主权国家通过政府间的协议建立的制度性安排，旨在减少甚至是消除对贸易和生产要素流动的种种限制，促进成员间的贸易和生产要素的跨国流动。[①] 它产生发展的动力是什么？另一方面，区域经济一

---

① 关于经济一体化的超越地理概念的阐述引自肖欢容的《地区主义：理论的历史演进》，北京广播学院出版社，2003年，第7—8页。

体化也是营造区域经济治理的重要平台，甚至是推动全球经济治理的前奏与准备。欧盟可以说是这一方面的重要范例，正在建立的跨太平洋伙伴关系（TPP）也具有这一特点。但现存区域治理能解决全球性问题吗？

一、区域经济一体化的形式和发展动力

目前的区域经济一体化不仅局限于地理上邻近的国家形成的各种经济贸易组织，一些经济贸易组织已经超越了"地理相邻"的传统，是在语言、货币、传统殖民地与宗主国的联系甚至是紧密政治关系基础上形成的，如美国和以色列自由协定、《洛美协定》以及法国与法语国家之间的一些经济安排。虽然目前各种区域经济一体化组织开放程度不同，但它们在贸易、经济要素流动的方面一般都超过了现有的国际经济制度规定的范围。目前各种区域性经济一体化组织与世界经济组织已经共同构成了国家间经济交往的网络，构建了当今经济全球化的独特概貌。

参与经济一体化是国家参与世界经济的重要表现，各国通过参加各种经济一体化组织来不同程度地与外部经济进行交往。有的国家成为各种经济贸易集团的参与者，成为多个国际经济组织的成员。如美国是北美自由贸易协定的成员，同时也与一些国家签订了双边自由贸易协定，并且还是亚太经合组织和 TPP 的成员。东南亚一些国家既是东盟的成员，同时也作为东盟成员与中国签订了一些农产品自由贸易的协定，同时，它们也是亚太经合组织和 TPP 的成员。由于这些不同经济贸易集团经济自由化程度的不同，有关国家通过这些组织程度不同地、差别性地实施着对外经济开放。

当代区域经济一体化在二战后主要是从西欧发展起来的。欧盟从 1951 年最初的欧洲煤钢联营起步，在 1957 年通过《罗马条约》建立了欧洲经济共同体和原子能共同体，1967 年三机构合并形成欧洲经济共同体，实现了区域间的关税同盟与共同的农业政策。在 20 世纪 80 年代欧共体开始了统一大市场计划，1993 年《马斯特里赫特条约》在欧共体通过后，欧共体更名为欧盟，并开始了经济、货币和政治联盟的一体化进程。从 1993 年起欧盟实施成员国之间的商

品、劳务、人员和资本的自由流动，各国社会政策的统一，之后逐步实行了统一的财政约束，并于 1999 年开始了统一货币的计划，2002 年欧元正式在欧盟 11 国内取代原来的各国货币，成为统一的货币。

其实西欧经济一体化进程建立之前，经济一体化组织在世界上就曾广泛建立过。两次世界大战之间的世界大萧条时期，欧美一些国家曾在其殖民地和势力范围为搞过类似的经济贸易集团，最著名的就是英国在其殖民地与势力范围（英联邦国家）内建立过"帝国特惠制"。这些贸易集团作为当时资本主义工业大国之间的政治经济竞争的产物有着非常浓厚的贸易壁垒特征。由于二战的破坏，特别是战后资本主义世界经济秩序的重建，这些组织有的被消解，有的虽然存在，但经济民族主义的特性受到了极大的削弱。二战后西欧重新开始其经济一体化的进程，既是西欧各工业化国家扩大市场的要求，也是特殊的地缘政治条件所致。但二战后西欧经济一体化的巨大成功为世界其他各国树立了一个范例，同时也给世界其他地区形成了巨大的竞争压力。在这种榜样与压力的作用下，自欧共体建立之后，世界范围内各种经济一体化组织纷纷出现，特别是从 20 世纪 80 年代末开始发展迅猛，而且在形式上和一体化程度上出现了诸多的发展与变化。

经济一体化既指国家间经济依存关系加强的过程，也是指一种状态。按照内部成员相互间经济联系的密切程度从低到高，它在形式上有以下几种。①

（1）特惠贸易协定。指成员国之间的贸易障碍比非成员国要低，少数有选择的商品可能没有贸易壁垒，实行自由贸易。这是经济一体化最松散的形式。《洛美协定》、中国和东盟之间的农产品自由贸易协定属于这种。

（2）自由贸易区。区内各成员相互取消一切关税和非关税壁垒，

---

① 　这里经济一体化形式参照了吉尔平的《全球政治经济学》，上海人民出版社，2001 年，第 397 页注释 4；张二震、马野青《国际贸易学》第二版，南京大学出版社，2003 年，第 321—322 页。

实行商品区内的商品自由流通，但各成员国仍保留独立的对区外国家的关税和其他贸易壁垒，成员国之间保留海关。美国、加拿大和墨西哥之间的《北美自由贸易协定》和1970年成立的欧洲自由贸易联盟等都属于此类。

（3）关税同盟。同盟内部各成员之间取消关税和非关税壁垒，对外实行统一的贸易政策、统一的关税与非关税壁垒，成员国之间不设海关。1967年到1993年的欧共体、2003年生效的由海湾六国建立的海湾关税联盟属于此类。

（4）共同市场。它在实施关税同盟的基础上，还包括了生产要素（资本、人员、劳务等）的自由流通。欧盟建立之前的欧洲共同体就大体属于这类。

（5）经济联盟。这是目前最高形式的经济一体化形式，它是指成员之间除了共同的关税政策和生产要素的自由流通外，还在宏观经济政策（货币和财政政策）和社会政策上（福利、劳工和社会保障）协调一致。1993年后的欧盟属于此类。

（6）政治经济的一体化。这种形式是指在经济联盟的基础上，在经济事务上实行超国家的决策，并在政治上也进行超国家的协调。目前欧盟部分地具有这一方面的功能。

目前世界上的经济一体化形式除了这六种形式之外，还有一些变种，如拟议中的TPP就是一种类似经济联盟的经济一体化形式，但生产要素中劳动力要素不能自由流动。

二战后，在存在着相对开放的国际经济制度条件下，为什么世界经济一体化得到如此大程度的发展，特别是上世纪最后10年内发展尤为突出？

市场地理扩张的本能是二战后区域经济一体化发展的根本原因，但造成市场扩张以区域经济一体化形式发展的内在原因与地缘政治因素有着密切的关系。市场经济条件下，追逐利润的资本使得市场具有本能的地理扩张性，冲破一个地理和政治疆界束缚实现利润最大化是市场竞争的必然结果。然而，在遭遇各种政治阻力的情况下，资本不得不采取变通的措施，在有条件的区域实现局部市场扩张或阶段性市场整合。区域经济一体化就是这种区域性或阶段性市场地理扩张的反映，因为经济一体化是通过减少生产与交易成本，以及生产要素自由流通产生的开放环境带来的贸易转移（Trade Diversion）[①]与贸易创造（Trade Creation）[②]的效应，为资本提供更大的市场和经济规模效应，以增加利润。

二战后影响市场地理扩张的第一个因素是二战后的国际经济体制。二战后国际经济体制的建立在一定程度上结束了二战前的世界市场分割的倾向。但这一制度只是一种"自由主义的妥协"，把市场开放与国家的干预作用进行了协调，并不是一个完全自由开放的国际经济体制。这种体制并不能满足资本不断扩张的本能需求，它存在着许多对资本、商品和服务的自由流动的限制。因此，二战后出于本能的需要，资本总要不断寻找机会来突破这一体制的束缚。区域经济一体化正是这种资本对国际制度挣脱的"先行试水"和"部分突破"，为国际制度今后的变革创造条件。例如1957年欧洲经济共同体的建立以及产生的关税同盟是西欧市场扩大的重大体现，但它在许多方面违背关贸总协定多边不歧视原则，而上世纪60年代初关贸总协定狄龙回合谈判给予了欧洲经济共同体不受总协定限制的例外，为区域化更自由的市场打开了国际制度的缺口，实质上也为以后区域性市场的自由化扩张提供了制度保障。正是利用了这种"规则例外"，资本部分地摆脱国际制度的羁绊。目前区域经济一体化导致的区域性自由市场在许多方面已经超过了WTO允许的制度框架，构成了当今经济全球化独特的面貌：WTO下的全球贸易制度和更加开放的区域经济一体化并存，后者不断地挑战前者，促进全球贸易制度经济不断演化。这一切都是市场内在地理扩张性要求所致，是资本本能的驱动结果。

二战后区域经济一体化的形成发展与福利国家体制有关，是资

---

①　贸易转移效应是指实施经济一体化（如关税同盟）之后，由于关税与非关税壁垒的减弱或消失，经济一体化组织的成员国把以前成员之外的贸易转移到成员国之间进行。

②　贸易创造效应是指成员国在经济一体化实施后，由于生产与交易成本降低，使国内成本高的产品为伙伴国成本低的产品所替代，产品原来由本国生产，现在从伙伴国进口，彼此之间建立新的贸易行为。

本与民族国家调和的产物。二战后世界各国普遍实行了国家对经济干预的政策，福利国家（或类似的经济干预体制）与世界性市场自由化既存在需求又存在矛盾；两者之间无法在全球范围进行调和时，可以通过区域一体化组织得到相对的调和。福利国家这一具有经济民族主义特征的体制一方面需要通过扩大市场规模、提高竞争能力、促进经济增长来满足国内的福利与就业要求，另一方面，也担心外面的市场对国内福利造成冲击，影响国内的经济增长与就业。虽然二战后的国际经济体制在国际范围内对福利国家与自由市场进行了调和，当资本冲破这种国际制度的框架，要求更广泛和深入的国际经济自由化时，福利国家仍对此具有本能的抵制性，担心过度的市场自由化打破国内的社会契约，导致社会危机。区域经济一体化正好在一定程度上缓解了福利国家的顾虑。这是因为区域经济一体化是一种有节制的国际经济自由化的过程，它是在较小地理范围内分阶段、分领域地循序渐进地推动市场的自由化，而不是一种广泛而全面的世界市场自由化。这种有一定地域范围的经济一体化有助于相关国家之间找到市场效率与社会公平的相对平衡；另外，这种有限国家参与可以缓解参与国众多带来的集体行动困难，为有关国家找出区域性的共同经济治理方案。这在一定程度上可以在民族国家与国际自由市场间实现某种折中，缓解民族国家对全球经济自由化发展的顾虑。

西欧地区是二战后区域经济一体化发展最早、最为成功的地区，它的区域一体化的发展比较典型地体现了资本本能的扩张冲动与民族国家保守性之间互动的特点。西欧地区是资本主义发源地，有着市场经济传统，同时，也是战后福利国家最为典型的地区。西欧的老牌工业化国家本身人口与市场规模不大，由于在二战后去殖民化运动过程中部分丧失了海外市场，市场狭小的局限性要求各国打破过去的市场封锁，建立共同的大市场促进要素流通，扩大经济规模，增加福利。但西欧国家由于福利国家所限，不可能全面地在世界范围内推动国际经济体制的全面自由化，因此，在本地区建立共同的市场是一种兼顾资本与社会利益的两全之举。因为，如果在国际更大范围内全面建立共同市场，可能面临发达程度更高的美国资本与技术竞争，还会面临来自不发达地区低廉劳动的竞争，导致巨大的经济与社会问题，而建立区域共同市场对福利国家产生的冲击不大，而且共同市场的建立辅有一定的补偿机制，有助于克服各国内部对经济一体化的社会阻力。当然，这一地区特殊的历史条件成为其发展区域经济一体化的有利的外在条件，如经济发展程度大体相近，具有共同的历史文化传统，过去战争带来共同的历史教训，等等，都是西欧这一福利国家最发达的地区得以率先进行区域经济一体化进程的有利因素。

如果认真考察一下二战后区域经济一体化的发展历史，可以发现：经济水平相对较高、资本主义发展相对成熟、发展水平相近的国家建立起来的区域经济组织一般一体化程度都相对较高，而经济发展程度不同的国家建立起来的区域经济组织一般一体化程度都相对较低。如欧盟是一体化程度最高的区域经济组织，而亚太地区的经济合作一体化程度不如欧盟。这种现象从一个侧面可以解释，自由市场与民族国家的互动在促进区域经济一体化过程中的重要性。经济发达说明市场地理扩张的要求更为强烈，发展程度相近说明自由市场带来的社会冲击较小，对民族国家内部凝聚力破坏度较小，有利于国家之间的协调，有助于建立高水平的一体化。从这个角度来说，民族国家及其相互之间政治经济的平衡发展在区域经济一体化进程中发挥着重要作用。

在经济全球化得到迅猛发展的 20 世纪末，国家的作用受到了极大的削弱，面对经济全球化带来的社会问题，国家难以单独应对，需要国际共同努力来应对。在全球制度框架下，由于国家众多，协调困难重重，区域性经济一体化不失为一种较为合适的区域方案。有些国家希望通过区域经济一体化既满足市场自由化的要求，又以此建立某种区域性经济治理结构，从而缓解经济自由化带来的社会动荡，同时绕开全球经济体制框架下众多国家协调的集体行动的困难。目前美国在亚太地区建立的 TPP 和正在与欧洲建立的 TIPP（跨大西洋贸易与投资伙伴协议）正体现着这种趋势。

最后，地缘政治也是影响区域经济一体化发展的重要因素，区域经济一体化是资本适应地缘政治需要的产物。地缘政治因素在区域经济一体化中，对内具有缓解成员之间的地缘政治竞争的特点，对外可以通过经济一体化提高成员在国际舞台上的发言权。这都对区域经济一体化产生着重要影响。

　　经济一体化对内部成员产生的地缘政治的作用，可以借鉴功能主义理论来说明。功能主义者认为，现代经济需要国家间的相互交往，技术的进步使得这种相互交往更加便利，但是政治上的国家分立，使得经济与社会的相互交往往往受到阻碍，不利于国家的经济增长。因此，如果国家间在一些不涉及政治的经济与社会领域内先进行一些功能性合作，则可以促进国家间的社会与经济福利。经过一段时间的合作，国家可以从中体会到合作的好处，并且逐步将合作扩大到其他领域，这种"外溢"的功能性合作是促进内部成员消弭彼此地缘政治竞争的重要途径。通过区域经济一体化来消弭内部地缘政治竞争有助于市场的扩张，欧共体就是一个比较典型的个案。两次世界大战给西欧国家带来的惨痛教训使得法德两国希望通过经济一体化消除地缘政治竞争给彼此长远发展带来的阻碍，这一政治的考虑使得西欧的经济一体化进程得以启动，使得西欧的市场地理成为可能。

　　同时，外部的地缘政治竞争也是影响区域经济一体化进程的重要因素。现实主义者曾对经济一体化的动力做过如下的解释：一体化是对外来竞争的反应。由于世界经济更加紧密地联系在一起，所以国家加强区域性合作，可以巩固它们的独立自主，提高它们在分配问题争端中的谈判地位，并且促进其他政治或经济目标的实现。或者说，日益扩大的区域一体化运动是对所谓的"安全困境"的一种反应，在"安全困境"下，每个区域化运动都想加强自己对其他地区讨价还价的能力。在此，现实主义者把经济一体化视为加强国家的竞争力、摆脱外来竞争压力、促进安全与福利目标的一种手段。[①] 西欧经济一体化进程在一定程度上体现出这种应对外部竞争的反应。二战后欧洲老牌大国的衰落，使得西欧这些国家希望团结起来，以一个声音说话，提高自己在美苏之间和整个世界上的发言

---

　　① 吉尔平，《全球政治经济学》，上海人民出版社，2003年，第391—393，378页。

权。冷战结束后，这种因素仍在地区经济一体化中发挥着一定的作用。在一些资本还没有完全融合的地区，国家之间的地缘政治的竞争因素仍然存在，甚至大国之间为争夺全球/区域经济秩序主导权还存在着竞争，区域经济一体化可以作为竞争的手段发挥作用。比较典型的个案是目前的亚太地区。在美国领导下亚太地区12国建立的 TPP 有一个明显的地缘政治目的，那就是争夺全球经济秩序主导权，削弱竞争对手的竞争力，具体表现为：防止中国从经济全球化中获得进一步收益，希望通过劳工、环保、金融等方面的条款引导国际分工和全球生产链进行再转移，削弱中国在全球经济竞争中的优势，进而延缓或阻滞中国发展的步伐，主导全球和亚太地区经济秩序的主导权。

因此，区域经济一体化从根本来说是资本扩张的需要，由于国内政治和国际政治的影响，资本在全球扩张的进程采取一种渐进的方式，通过局部的经济一体化来实现不同程度的市场地理扩张，并为未来的进一步扩张创造条件；同时这些不同形式和程度的经济一体化也反映了相关的区域性经济治理的结构，形成不同的经济治理区域格局。

二、区域经济一体化能解决全球性问题吗？

区域经济一体化能否在政治上促进国家的合作，解决经济全球化带来的公平与环境等社会问题？另外，经济一体化是否会演化成区域性排他性经济集团，造成国际和平与安全的紧张？这两个问题关乎区域经济一体化产生的政治结果。前者涉及民族国家内部的稳定与和谐，后者涉及国家间关系的和平与稳定。

经济全球化产生的最主要两个问题——公平与环境——是目前无法依靠单一国家力量解决的问题。在全球层次上，由于国家众多，特别是资本利用国家之间的协调困难重重，那么在区域层次上，国家之间能否相对容易地找到合适的解决方案（如区域性经济治理）来解决全球化带来的社会问题？对于这个问题在区域化研究学者中有着截然不同的观点。

持新区域主义的学者对此是持乐观主义的态度。新区域主义者认为，贸易和经济不能与社会的其他问题割裂开来，一体化还要包括在其他非经济问题，如公平、安全、文化和诸如移民问题上的政策协调，冷战之后的新现实使得区域一化体出现了越来越包括非经济领域问题的倾向。新区域主义者认为这是由以下原因造成的：（1）世界经济格局出现了围绕欧盟、北美自由贸易区和亚太的从两极到三极（或恐怕是多极的）的变化，伴随着这种格局的是新的权力分配和分工的出现；（2）美国霸权衰落和它对区域一体化持有更开放的态度；（3）民族国家实现了改造和相互依存，跨国化和全球化得到发展；（4）对多边贸易体制稳定性的担忧不断出现，贸易非关税壁垒重要性上升；（5）发展中国家和后共产主义国家对（新自由主义）经济发展和政治体制态度发生变化。这些原因导致了目前区域一化组织的发展带有下列特点：（1）带有政治因素的、深入的经济一体化；（2）多层次治理的建立；（3）国家内部的下放权力；（3）严格的国际法律框架；（4）多维度的合作。这种区域一体化组织发展旨在促进安全、发展、生态可持续性等，而不仅是经济全球主义的"世界价值"。支持这种区域主义的学者认为，新区域主义可以补充国家治理和全球治理，因为全球化带来了巨大的治理困难，需要一个多层次的全球性治理结构。然而，目前在全球层面上，"共同支撑全球治理的国际政府组织不仅数量不足，而且资源缺乏，有时这些机构各自的政策和理念也不协调"；在国家层面上，虽然民族国家"拥有处理全球问题的公共权威和可调动的必要资源"，但由于"问题的范围和潜在的解决方案是跨国的、区域性的和全球性的"，国家"缺乏愿景和意愿来赋权和解决全球问题"。因此，区域治理可以为这种"悖论"提供一个令人满意的解决方案，"只要区域一体化过程超越经济范畴，只要区域一体化获得来自'公民社会'的充分支持，区域一体化就有权力应对全球化的阴暗面，释放全球化的发展潜力"。① 然而，区域一体化要解决全球治理

---

① Ramesh Thakur and Luk Van Langenhove, "Enhancing Global Governance through Regional Integration", in Andrew F. Cooper et al. ed., *Regionalisation and Global Governance*, Routledge, 2008, pp. 16 - 42.

和国家治理的不足，就必须满足两个条件：（1）区域一体化产生的治理包括非经济领域，（2）获得"公民社会"的充分支持。这两个条件在目前的区域一体化产生的治理中能得到满足吗？

一些区域一体化研究的学者给出了否定的答案，认为新的区域一体化无法解决经济全球化带来的问题。以公平问题为例，有学者通过实证研究提出区域一体化并不能为工人提供"安全的天堂"。加拿大学者罗伯特·奥布赖恩（Robert O'Brien）通过对欧盟、北美和亚太的区域一体化组织的研究发现，这些区域一体化的"……效果，与全球化相似，导致了资本与劳动的相对权力平衡的变化，加大了公司的权利，而劳动的权利只有微小的变动"。奥布赖恩以两个指标——区域一体化协定中是否有劳工条款以及劳工条款与资本条款的比较——对劳工的权利进行了考察，有了如下发现。

在亚太地区，亚太经合组织由于一体化程度及制度化程度较低，劳工权利的条款就被规避了，劳工议题只是悄悄地放在人力资源管理的名下列入议题；虽然工会组织积极推动把劳工权利列为议题，但遭到大多数国家反对，他们只愿在培训或提高竞争力条件下谈劳工问题，把劳工问题视为只是与调动国家与公司竞争力有关的问题。同样，东南亚国家联盟（简称东盟）及其东盟＋3体制也是如此，只是把劳工问题作为促进国家与公司竞争力的人力资源发展的问题，而不涉及劳工权利的问题。各国都被鼓励找出与本国"文化相适合的道路"发展自己的人力资源，而不强求一致的劳工基本权利。

在北美地区，劳工权利的问题是通过事先规定由各国执行自己的标准来解决的。《北美自由贸易协定》（NAFTA）通过一个附加的《北美劳工合作协定》（NAALC）来规定劳工权利。在这个附加协定中，没有一个统一的劳工权利标准，只要求美、加、墨三国忠实地执行本国现有的法律；有关政府在劳工权利上受到"罚款"的范围受到严格限制，只涉及最低工资、童工、健康与保险等问题，劳工核心的权利如结社自由、集体谈判权、免于歧视等都不在这个协定的"硬法律"中，这些核心权利只是供讨论的主题，不作为可执行的主题。即使有可执行标准的问题，各国都不严格地执行规定。虽然在北美地区存在着一些跨国的工会活动，但其法律依据与实际的效果很苍白，与 NAFTA 规定的公司权利相比微不足道。NAFTA 第 11 章赋予了公司当国家的公共政策威胁公司利润时起诉国家的权利，这实质把国家影响公司利益的公共政策置于公司的合法否决权之下。在美洲的由巴西、阿根廷、巴拉圭和乌拉圭四国建立的南方共同市场（Common Market for the South or Mercosur）中，同样也存在着劳工权利被忽视，而资本的权利受重视的现象。最初这一组织的章程并没有涉及劳工权利的内容，后来在工会组织的抗议下建立了一个"劳工关系、就业和社会保障"工作组。但这个工作组只是一个劳工议题的论坛，只向有关成员国推荐一个劳工权利章程，如建议成员国批准"国际劳工组织"的基本章程；后来在这一组织的倡议下出台了一个《社会劳工宣言》，并建立了一个"社会劳工委员会"，虽然这在最低工资标准问题发挥了一些作用，但它们都是建议性的而不是强制性的。这与这一组织保障投资者自由的规章相比，实际上没有起到有效的保护作用。

　　欧盟是在区域一体化过程中劳工权利做得最好的区域。它的《社会宪章》以及建立的"欧洲工作委员会"（European Works Council）对保障劳工权利、建立劳资协商机制以及欧盟内部工人信息交流发挥了一定的作用。然而，即使如此，这一区域的劳工权利保障也存在许多问题。《社会宪章》规定劳工事务仍由各国管理，各国原来的劳工权利以及《宪章》所赋予的保障劳工权利的机制被内部严格的反通胀纪律、执行统一货币政策等对国家财政的要求以及各种促进经济自由化的措施等抵消了。这些要求与措施限制了国家利用公共部门和国家财政来创造就业机会，迫使国家转向了通过放松管理（灵活性用工）进行供给改造的战略，另外，自由化优先的做法破坏了国家对公共服务的提供，而且为了竞争力的提高，一些国家企业不再提供公共服务。欧盟逐步放松劳工管理还体现在，欧盟内部一些组织以一些全球性保障劳工权利协议属自愿性质为借口来规避企业的社会责任。如当欧盟一些官员谋求在全欧盟实施公司的社会责任（CSR，见第二章第二节中

"跨国生产的全球治理"的相关内容）时，欧洲工业家圆桌会议（ERT）和欧洲工业和雇主联盟（UNICE）两大企业组织都反对实施这一标准，认为国际上已存在联合国的全球倡议、经合组织行动指南（即《关于国际投资和多国企业的宣言》）等，这一标准没有实施的必要。因此，欧盟与北美自由贸易区一样，虽然存在着一些保障工人权利的协议，但整体上被促进劳动灵活性、严格的财政限制和减小公共服务等做法冲淡了。

　　与区域一体化中资本的自由流动与保护相比，在三大区域中，劳工移民受到不同程度的严格限制，劳工管理主要仍处于各国内部管理的范畴，劳工之间的跨国动员和联系由于各国劳工享有的权利不同而处于相对薄弱状态，区域内跨国劳工组织由于制度化程度很低，不能形成一个有效的区域性统一的政治影响。

　　这一研究表明，在整体上，"区域化并不是作为劳工的安全天堂……区域（化）加强了由全球化过程导致的竞争压力。由于区域一体化采用的形式，劳工的权利经常受到侵蚀，工人的生活处于风险之中；劳动作为商品是区域一体化工程的设计者的最终关注，但劳动作为政治行为者以及它的利益被边缘化和逐渐侵蚀了"[1]。

　　所以，目前的区域一体化并没有较好地解决社会公平问题，因为区域一体化是经济全球化的一个过程、一个阶段，它背后的驱动力量是资本。在区域经济一体化条件下，商品、资本的自由流通可能产生一个效应，即价格的趋同。但劳动作为商品，同样也符合这一规律。然而，在竞争的条件下，由于劳动无法做到卖方垄断（正如上述奥布赖恩所分析的那样，劳动的区域一体化无法制度化，工人处于碎片化不团结状态），作为非稀缺商品的劳动，价格下降是必然趋势。区域经济一体化为资本带来了一个更加自由的区域空间，在资本的主导下，区域的治理只能从属于资本，如同过去资本控制地区、控制国家一样，在区域自由流动的

---

[1] Robert O'Brien, "No Safe Havens: Iabour, Regional Integration and Globalization", in Andrew F. Cooper et al ed., *Regionalisation and Global Governance*, Routledge, 2008, pp. 142-156.

资本必然把区域的治理变成一个服务于区域资本的"公共事务委员会"。而且，在区域外的经济压力下，为了应对这种竞争，区域经济一体化只能以牺牲社会公平为代价。在这种条件下，被边缘化的劳动是不可能支持这样的区域一体化进程的。因此，至少在目前的区域一体化过程中，区域治理只得到代表资本的公民社会的支持，而较少得到代表工人的公民社会（工会）的广泛支持。劳工组织往往是反对区域自由化的主要力量。

同样，生态环境问题也是如此，区域一体化产生的治理无法解决生态环境的问题。生态环境是一个全球一体化的问题，而区域化治理无法应对这种全球性问题。从"规模政治"（politics of scale）的角度来说，两者不在一个政治规模上。生态环境问题是一个从地方到全球，再从全球到地方的相互反馈环路的自然环境系统，它具有全球联系的不可分割性，是一个需要全球规模的治理才能应对的问题。区域治理只涉及两个以上国家或一个区域的规模，单靠一个区域的生态环境治理是不能覆盖全球的生态环境系统的，只会割裂全球生态环境系统的治理规模，无助于问题的解决，必须通过全球的共同努力应对生态环境的问题。

因此，面对经济全球化带来的全球性社会公平与生态问题，区域治理从目前实践来看，无法应对，仍需要一个全球治理的方案。

区域经济一体化是否带来不同区域经济集团间的相互政治冲突，甚至战争？这是区域经济一体化必须关注的政治问题。历史上如上世纪 30 年代产生的排他性的贸易集团是导致第二次世界大战产生的重要原因之一，今天这种局面是否会重演？

当今的区域一体化的确存在着有关国家通过经济结盟来加强自己的实力，以对抗外来的竞争压力的因素。而且区域经济一体化的过程一般是大国通过政治领导来统一和协调，形成一种更加强大的经济势力范围，小国通过这种大国领导下的经济联盟来提高自身竞争力，抵御外来的竞争压力，并获得安全保障，求得福利的增长。而经济一体化带来的种种经济上的利益如贸易的创造与转移、规模经济等正是现实主义者认为的共同利益。但在目前的国际政治经济状态下，这不可能导致各大经济一体化集团之间的政治冲突甚至是战争。原因有如下几方面。

（1）世界范围内的经济全球化进程把各大经济集团的经济利益联系在一起，各区域经济集团内部的大国存在着广泛的深度经济依存。当今的经济全球化体现为生产的全球化与金融的一体化，它已经超越区域的范围，成为西方工业化大国之间的普遍现象。目前美国公司在欧盟有着大量的子公司，同样欧盟在美国也有着大量的直接投资，日本在美国有着大量的直接投资；许多欧美日公司之间相互有着重要的战略联盟关系，技术的互用、市场的共享成为其共同利益的基础；欧美日之间金融市场的互成一体，使它们相互利益融合（有关的分析见本书前面《当今跨国生产的形式与特征》与《当今国际金融的新特征》章节）。这种经济依存关系已经不是第二次世界大战前的资本主义大国之间仅靠贸易维系的经济联系的格局，当今经济中的"你中有我，我中有你"的状况改变了二战前各资本主义工业大国为国内生产与福利而争夺市场的世界经济格局。虽然，当今作为区域经济一体化领导者的西方大国之间还存在着一定的经济竞争，但深度的经济相互依存带来的它们之间的利益纽带，使它们之间失去了为争夺世界市场进行帝国主义战争的经济基础。

（2）二战后美国建立的军事同盟体系已经超越于区域经济一体化之上，成为各区域内的主要安全网络，使得各区域的经济竞争不可能发展为一种军事对立甚至冲突。目前的区域一体化并不包括军事安全关系，各区域经济军事安全处于超越区域一体化之上的、美国领导的军事联盟控制中。比如欧盟的军事协调是归入北大西洋公约组织体制的，亚太的军事安全由美国领导的一系列军事同盟负责，北美的军事安全也是处于美国领导的美加军事同盟的体制之下。这些军事同盟安排使各区域的资本主义大国失去自己独立的军事体制，统一于美国领导下的集体安全军事同盟体系之中。在这种条件下，各资本主义大国已经失去了军事对立和冲突的体制基础。

（3）二战后建立的资本主义大国政治协调机制保障了彼此之间的利益协调，阻止了彼此间由于经济的利益分歧而产生的政治与军事对立。二战后在美国的领导下，美欧日之间通过正式的政府协调如西方七国会议，以及民间的协调机制如三边委员会等一系列全面而广泛的政治协调机制，形成了深度的政治协同体制。它们之间深入而全面的政策协调已经成为常态，由此产生了共同的意识形态，形成了相互参与彼此决策的传统。这一切保障了它们之间的利益分歧不可能导致军事和政治的对立与冲突。

上述这三个因素导致了世界目前区域一体化领导大国之间的政治冲突或战争失去了经济、政治、军事和体制的基础。当然，目前还有一些学者认为，不能把这种状态绝对化，固定化。但从目前状态来看还看不到变化的迹象。

第三节　促进公平的全球经济治理

资本主宰的市场扩张总是伴随着社会公平问题，但也把自由、平等作为人的自然权利的意识形态传播到整个世界。效率与公平引发的冲突与危机历史上是通过民族国家来解决的，但到了当今的经济全球化时代，由于民族国家作用的削弱，要解决全球性的两个重大问题必须通过全球层面的治理来实现。

全球经济治理就是一种在全球范围内创制共同法律、规则与管理的过程，或者说建立全球制度的过程，以有效地应对目前各国由于法律、规则与管理碎片化不适应经济全球化及由此带来的各种问题和危机，在全球范围内实现无政府治理（governance without government）。然而，当今全球治理结构被普遍认为是由西方大国按跨国资本的利益来主导的，更多地反映了跨国经济集团的利益需求。

当今的全球经济治理是由第二次世界大战结束后，美国建立的国际经济体制演变而来。虽然战后的一些制度发生了一定的变化，但总体的方向是朝着更加自由的市场化发展。全球经济治理大体包括全球生产、全球贸易、全球金融和发展等几个领域，这些领域的全球治理共同构成了全球经济治理的框架与网络，决定着当今全球治理的状况。它的主要特征体现为促进生产的全球化、金融的全球一体化以及贸易的自由化，要求发展中国家通过完全市场化道路寻求发展之道。在形式上，有的经济领域的治理具有相对明显的制度形式（或正式的形式），如全球金融、贸易等；有的则是缺乏明确的制度形式，以非正式的形式出现，如跨国生产和发展。当今全球治理在实际效果上有利于跨国资本，促进全球市场自由，但缺乏公正，缺乏民主。

对目前全球经济治理的现状的详细分析可以参见本书以前的章节。跨国生产的全球治理现状见第二章第二节的第三部分"跨国生产的全球治理"，全球贸易治理现状可以参见第三章第二节第四部分"世界贸易组织的建立及其面临的挑战"，目前全球金融治理可以参见第四章第三节《后布雷顿森林体系的国际金融》，全球发展治理可以参见第五章第二节第三部分"发展中国家发展战略选择和全球发展治理"。

要使全球经济治理向着公平方向发展，除了发展全球民主外，首先要认识到目前全球经济治理中的不公平性。没有批判与理念的转变，很难改变目前全球经济中的不公平现象。

一、当今全球经济秩序中的分配正义缺损

推动全球治理向公正合理方向发展首先需要对当今的全球经济秩序的不公正性形成共识，这才可能形成一种推动改革（或变革）的因果理念，才能为替代性的全球经济治理奠定一种新的规范性理念。当今经济全球化最大的问题是社会公正问题，如何从基础的伦理上说明它的不正义性，这是否定当今全球经济治理，

推动全球经济治理向公平合理发展的前提。因为批判是创造的前提。

"正义"（justice）在英语中就包含着有"公正""公平""正直"等多种含义，它既包括"正当""合理"，又含有"平等""平均"之意。在汉语中"公正"是"公平"与"正义"的合称，实乃"正义"的同义词。所以，公正指的既可能是正当合理，也可能是平等、平均。在某些条件下，正当合理包括了平等和平均，但在某些时候不一定包含平等、平均。正义既可以用于对个人道德规范的要求，也可以用于对社会制度的伦理要求。在社会制度上，正义是一种"在社会的基本制度中分配权利与义务的办法，确定社会合作的利益和负担的适当分配"[①]。这种分配包括了财富、机会、资源和权力等。公正作用正如约翰·罗尔斯（John Rawls）在其著名的《正义论》中开宗名义地所指出的那样："正义是社会制度的首要价值"[②]。如果某种正义观或原则被普遍认同并在社会制度中得到实现，它就构成了"一个组织良好的人类联合体的基本条件"，因为正义对其他社会价值（如效率、合作和稳定）有着重要的影响。[③] 可以说，没有正义，任何一种人类共同体就都不会有和谐，就会充满着冲突，也会影响效率的最终发挥，妨碍人们之间的合作，最终导致共同体内的不稳定和无序。在国内社会如此，在国际社会中也是如此。

1. 五种分配正义观

就经济秩序而言，公正的经济秩序在一定程度上就是体现分配正义。分配正义是指基于促进整个社会利益之考虑而对社会经济活动中的收益与负担进行的一种分配。不同的思想家从不同的角度来看待社会共同利益，提出了不同的分配正义的指导原则（或正义

---

① 约翰·罗尔斯，《正义论》，何怀宏等译，北京，中国社会科学出版社，1988 年，第 2—3 页。

② 罗尔斯，《正义论》，第 1 页。

③ 罗尔斯，《正义论》，第 3 页。

观）。笔者认为有五种分配正义观在人类的部分群体中得到或多或少的认同与接受 ① 。

（1）绝对平均/平等主义的分配原则是使每一个人获得同样水平的物质产品和服务。其出发点是：每个人都应该拥有平等的尊重，而物质产品和服务的平等性是实现这一目的的最好方式。绝对平均主义的分配正义把"平等"作为社会共同的"善"，把人们的物质平等作为实现其他平等权（如政治自由与平等方面）最重要的基础。它以一个初始的物质平等分配来实现其他方面的平等，特别是以改善弱者的物质基础来实现每一个人的平等。

（2）差别原则的分配正义观是罗尔斯提出的一种分配正义原则。它强调的是一种有差别的分配，这种有差别的分配是在公平地分配自由、机会、财富和权力（基本的"善"）的基础上，分配向最少受益者（或者通俗地说向弱势群体）倾斜，以帮助这些最不利者有条件地实现政治自由或获得基本的"善"。罗尔斯这种分配正义观是基于一种社会契约与合作的考虑的，是建立在把人作为目的基础上的。在罗尔斯看来，社会是一种人组成的共同体，是一种为了促进人的相互利益的合作的冒险形式；由于社会合作的存在，所有人都有可能过上一种比他们仅靠自己努力更好的生活。但社会中的人也

---

① 这五种分配正义观是从朱丽安·拉蒙特（Julian Lamont）和克里斯蒂·法佛尔（Christi Favor）提出的七种分配正义观中综合而成的，这七种分配正义观见：Julian Lamont and Christi Favor, "Distributive Justice", http：//plato. stanford. edu/entries/justice-distributive/。在此我把以资源为基础的分配正义和女性主义的分配正义归到了差别原则分配正义之中。笔者认为，这三者都属于相对平等主义（relative egalitarianism）的范畴，都强调对弱势群体进行差别分配，并且理由也相近，但罗尔斯的差别原则的分配正义在相对平等主义中最具代表性和影响性。以资源为基础的分配正义与差别分配原则存在着相似性，它补充了罗尔斯差别原则对资源不平等分配的分析不足，而女性主义分配正义观强调对特殊弱势群体（女性）进行差异性分配。有些学者也有类似的划分，比如有学者认为，德沃金的以资源为基础的分配正义"可以被描述为在罗尔斯的框架内研究"，女性主义分配正义是基于文化身份的罗尔斯分配正义的扩展，见塞缪尔·弗莱施哈克尔《分配正义简史》，吴万伟译，译林出版社，2010 年，第 158—159、164—165页。关于应得正义可以单独成为一个与绝对平等主义、罗尔斯的差别原则的分配正义、功利主义和自由主义并列的分配正义，见 Alistair Macleod, "Distributive Justice and Desert", *Journal of Social Phylosophy*, Vol. 36, No. 4, Winter 2005, p. 421.

有冲突，即他们会在共同努力产生的共同收益的分配上产生冲突。因此，罗尔斯为了减少人与人之间的分配冲突，促进社会的共同利益以及个人基本的善的需求，提出了这种差别原则的分配正义观。[①]与罗尔斯持有相近的分配正义观的学者还有罗纳德·德沃金（Ronald Dworkin）。德沃金认为，资源平等分配之后的不平等结果是个人选择的结果（类似"初始拍卖"），运气和有能力者不应该为"运气不佳"的"倒霉者"负责，因为这是个人自由选择的结果（类似于"自然彩票"的结果）。虽说如此，但德沃金认为：为了防止出现个人选择后的普遍不平等，可以借助于某种再分配（虚拟的保险市场）对不幸者进行补偿。至于如何进行补偿，德沃金并没有提出更具体的再分配的原则。[②]

（3）功利主义有许多形式，这里所说的功利主义分配正义引用的是罗尔斯所总结的古典功利主义，即一个社会的主要制度能够使得其所有成员实现满足的最大净余额。[③]这种功利主义认为，人的行为的唯一动机就是寻求幸福和快乐；满足幸福与快乐的行为就是善，反之，其行为就是恶；功利的实现就是增加善，或增加善恶的净余额；增加整个社会中善或善的净余额就是促进了社会

---

① 约翰·罗尔斯，《正义论》，第 2 页。这里需要说明的是，罗尔斯并不认为差别原则的分配正义观适用于国际社会，罗尔斯在其《万民法》中就提出了这样的观点，参见约翰·罗尔斯，《万民法》，张晓辉等译，长春，吉林人民出版社 2010 年版。但是，有一些学者如涛慕思·博格（Thomas Pogge）等仍将他的这一分配正义观运用于国际社会，参见慕思·博格，《康德、罗尔斯与全球正义》，刘莘、徐向东等译，上海，上海译文出版社 2010 年版，尤其见该书的第二部分；另外，持这种观点的学者及其论著参见：Charles Beitz, "Bounded Morality: Justice and the State in World Politics," *International Organization*, Vol. 33, No. 3, 1979, pp. 405—424; Charles Beitz, "Cosmopolitan Ideals and National Sentiment," *Journal of Philosophy*, Vol. 80, No. 10, 1983, pp. 591—600; Thomas M. Scanlon, *Moral Dimensions: Permissibility, Meaning, Blame*, Cambridge, Harvard University Press, 2008。

② Ronald Dworkin, "What is Equality? Part 1: Equality of Resources," *Philosophy and Public Affairs*, Vol. 10, No. 3, 1981, pp. 185 - 246; Ronald Dworkin, "What is Equality? Part 2: Equality of Welfare," *Philosophy and Public Affairs*, Vol. 10, No. 4, 1981, pp. 283 - 345.

③ 约翰·罗尔斯，《正义论》，第 19—20 页。

的整体利益。

（4）应得（desert）原则的分配正义是指根据人们的贡献、努力或工作成本来进行分配，即认为，当一个分配体系是根据不同的层次来分配收入，并且这种不同是基于社会成员因其为生产性劳动付出的成本、努力或贡献的时候，这个体系就是正义的。① 这种分配正义认为，社会产品或者生活水平的提高（社会福利）来自成员的生产性劳动和创造。

（5）自由主义分配正义原则是罗伯特·诺齐克（Robert Nozick）提出来的。诺齐克提出的自由主义分配正义原则包含持有正义、转让正义和矫正正义三个原则。简单地说，人持有的东西不是通过盗窃、抢夺和欺诈等不正当手段获得的，其持有就是正义的（持有正义原则）；人们把正当持有的东西自愿（公平的契约）处置和转让，这种转让过程就是正义的（转让正义原则）；如果人们在持有和交易过程中存在着盗窃、欺诈、奴役和剥削问题，那么就需要通过矫正原则加以纠正（矫正正义原则）。这样，自由主义的分配正义是：如果社会成员由持有和交易而来的所得是正当的，而且社会成员不当收益可以通过矫正原则来获得纠正，那么社会持有的总体（分配）就是正义的。在某种意义上，这种正义的社会利益考虑是以个人的自由为前提的，因为国家是社会成员（个人）契约的产物，国家不能侵犯个人的基本权利；国家如果超越其基本功能（如防止暴力、偷盗、欺骗和强制履约等），它就丧失了其存在的初衷，破坏

---

① 社会产品贡献论可参见：David Miller, *Social Justice*, Oxford：Clarendon Press, 1976；David Miller, *Market, State, and Community*, Oxford：Clarendon Press, 1989；Jonathan Riley, "Justice Under Capitalism, " in John W. Chapman ed. , *Markets and Justice*, New York：New York University Press, 1989, pp. 122 - 162。持努力论者可参见 Heather Milne, "Desert, effort and equality," *Journal of Applied Philosophy*, Vol. 3 No. 3, 1986, pp. 235 - 243；Wojciech Sadurski, *Giving Desert Its Due：Social Justice and Legal Theory*, Boston Hingham, MA. ：D. Reidel Co. 1985。持成本补偿论者参见 James Dick, "How to Justify a Distribution of Earnings," *Philosophy and Public Affairs*, Vol. 4, No. 4, pp. 248 - 72；Lamont Julian, "Incentive Income, Deserved Income, and Economic Rents," *Journal of Political Philosophy*, Vol. 5 No. 1, 1997, pp. 26 - 46。

了社会成员的基本权利。社会交往也是建立社会成员自愿的基础上的，不能有超越自愿的社会合作。[①]

上述五种分配正义观在政治光谱上大体占据着从左到右的位置。绝对平均主义和自由主义占据着最左和最右的位置，而差别原则、功利主义和应得原则大体持续地占据着这两个极端中的从左到右的位置。通过上述对不同的分配正义观的分析，可以发现，绝对平均主义和差别原则不同程度地强调了正义中的平等与平均，而后三者则逐渐加强了对某种适当性（如幸福、效率和自由权利）的强调。这五种分配正义观都不同程度地体现了人类不同群体对分配正义的需求。

2. 分配正义缺损

在当今世界上，对照上述五种分配正义原则，可以发现，不论从哪一个的分配正义观来看，目前全球经济秩序都存在不公正性。

（1）以绝对平均主义的分配正义原则为标准，目前的全球经济秩序造成了国家间贫富的分化和国家内部的贫富分化。世界范围各国内部普遍的贫富分化现象已经在本章第一节第二部分分析过，这里就国家之间的贫富给出一定的经验性指标。

从国际货币基金组织（IMF）2015年公布的各国人均GDP数据来看，世界富国与穷国人民之间存在着巨大的贫富差距（以下表6-2显示的是世界各国人均GDP排名前15和后15的国家与地区）。在这个统计中，最富的国家卢森堡人均GDP达到11万1千多美元，而最穷马拉维只有242美元，相差461倍，这种悬殊的差距是绝对的不平均，使得穷困的马拉维人无法获得与发达国家的人民一样的尊严。

---

① 罗伯特·诺齐克，《无政府、国家与乌托邦》，何怀宏等译，北京，中国社会科学出版社1991年版，第155—159页。

表 6-2　2014 年世界人均 GDP 排名前 15 和后 15 的国家①

国家	排名	美元	国家	倒数排名	美元
卢森堡	1	111 716.268	多哥	15	657.952
挪威	2	97 013.261	阿富汗	14	649.388
卡塔尔	3	93 965.180	莫桑比克	13	629.804
瑞士	4	87 475.464	厄立特里亚	12	590.183
澳大利亚	5	61 219.156	几内亚比绍	11	589.407
丹麦	6	60 563.623	埃塞俄比亚	10	575.217
瑞典	7	58 491.468	几内亚	9	572.523
圣马力诺	8	56 820.022	利比里亚	8	484.386
新加坡	9	56 319.338	尼日尔	7	468.843
美国	10	54 596.653	马达加斯加	6	449.493
爱尔兰	11	53 461.974	刚果民主共和国	5	437.286
荷兰	12	51 372.963	冈比亚	4	428.287
奥地利	13	51 306.674	中非共和国	3	379.925
冰岛	14	51 261.875	布隆迪	2	336.256
加拿大	15	50 397.862	马拉维	1	242.182

（2）以差别原则的分配正义为标准来衡量，目前整个世界经济中分配正义也是缺损的。目前的全球经济体制有些在一定程度上体现了差别原则的分配正义内容：世界贸易组织（WTO）中的各种例外保障条款、（WTO 中的关税与贸易总协定的）贸易与发展部分的相关条款都规定要给予在国际经济竞争不利者或不发达国家一些照顾和体恤；国际货币体系中给予国际收支失衡国家短期贷款援助；世界银行给予不发达国家长期发展援助；联合国系统要求发达国家向发展中国家提供（占其 GDP）一定数额的对外援助。但是，这种差别性的规定或援助要么被发达国家当作一种实现其政治或战略目标的权力手段，由此发达国家向受援助国提出种种政治与经济先决

---

① 见 http：//www.imf.org/external/pubs/ft/weo/2015/01/weodata/weoselco.aspx？g＝2001&sg＝All＋countries。科索沃和叙利亚没有统计数据，不在这一数据库之中。

条件，要么被当作一种国内经济利益的保护手段。而且在实际过程中，发达国家并没有完全兑现承诺，对不发达国家进行慷慨的援助。根据经济合作与发展组织（OECD）在 2011 年 5 月公布的一份数据，作为世界富人俱乐部的经济合作与发展组织成员整体（特别是最富的发展援助委员会，DAC）在近两年没有履行联合国千年发展目标所要求的发达国家每年拿出国民收入的 0.7% 用于发展援助的目标（具体见表 6-3 与图 6-3）[①]，在 2009 年，23 个发展援助国对发展中国家的发展援助是其总国民收入（GNI）的 0.31%，平均是 0.48%，在 2010 年这两个数据是 0.32% 和 0.49%。图 6-3 清楚地表明，在 2010 年，只有 5 个国家（挪威、卢森堡、瑞典、丹麦、荷兰）达到联合国所要求的标准，最大的 7 个工业化国家（G7）除（英国外），其援助比例都达不到平均值（0.49%），2009 年也是如此。

因此，在现存的全球经济体制中，虽然存在着一定的差别原则的分配正义成分，但这种分配正义仍有巨大的改善空间，远远没有达到改善欠发达国家相对穷困地位的程度，也没有从根本上达到不发达国家需要的实现主权平等（这在国际意义上说，是一种集体的政治自由与平等）的经济基础。发达国家这些并不"慷慨"的差别分配，往往以损害受援国其他应公平分配的基本"善"（如政治独立、经济自主）为前提。

表 6-3　OECD 发展援助委员会官方发展援助统计（2009—2010）

	2009 年		2010 年	
	官方发展援助 （单位：百万美元）	官方援助/ 总国民收入 （单位：%）	官方发展援助 （单位：百万美元）	官方援助/ 总国民收入 （单位：%）
澳大利亚	2 762	0.29	3 849	0.32
奥地利	1 142	0.30	1 199	0.32
比利时	2 610	0.55	3 000	0.64

---

① 表 6-3 统计数据和图 6-3 来均自 OECD，具体参见经济合作与发展组织网站，http://www.oecd.org/dataoecd/54/41/47515917.pdf。

	2009 年		2010 年	
	官方发展援助 （单位：百万美元）	官方援助/ 总国民收入 （单位：%）	官方发展援助 （单位：百万美元）	官方援助/ 总国民收入 （单位：%）
加拿大	4 000	0.30	5 132	0.33
丹麦	2 810	0.88	2 867	0.90
芬兰	1 290	0.54	1 335	0.55
法国	12 600	0.47	12 916	0.50
德国	12 079	0.35	12 723	0.38
希腊	607	0.19	500	0.17
爱尔兰	1 006	0.54	895	0.53
意大利	3 297	0.16	3 111	0.15
日本	9 457	0.18	11 045	0.20
韩国	816	0.10	1 168	0.12
卢森堡	415	1.04	399	1.09
荷兰	6 426	0.82	6 351	0.81
新西兰	309	0.28	353	0.26
挪威	4 086	1.06	4 582	1.10
葡萄牙	513	0.23	648	0.29
西班牙	6 584	0.46	5 917	0.43
瑞典	4 548	1.12	4 527	0.97
瑞士	2 310	0.45	2 295	0.41
英国	11 283	0.51	13 763	0.56
美国	28 831	0.21	30 154	0.21
23 国总体	119 781	0.31	128 728	0.32
各国平均		0.48		0.49

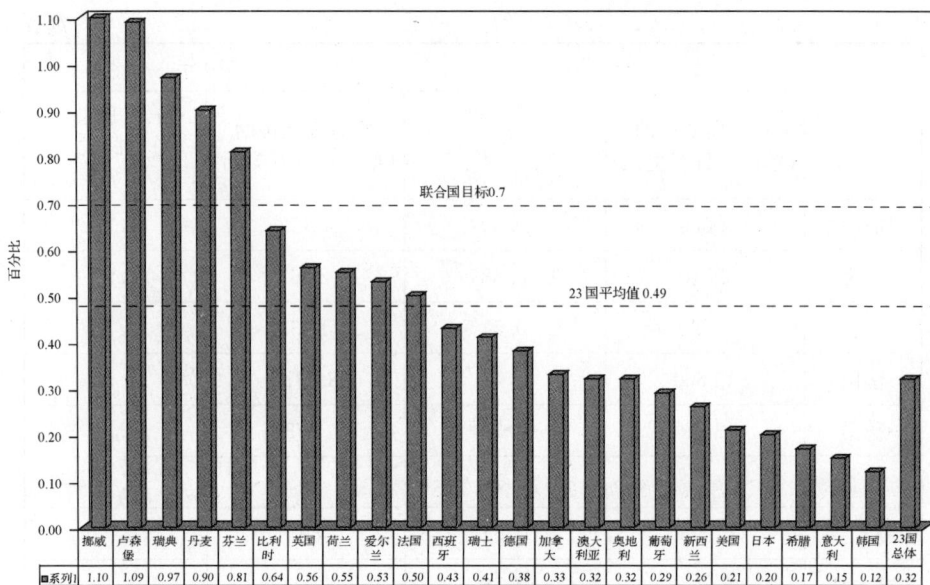

联合国目标0.7

23国平均值0.49

	挪威	卢森堡	瑞典	丹麦	芬兰	比利时	英国	荷兰	爱尔兰	法国	西班牙	瑞士	德国	加拿大	澳大利亚	奥地利	葡萄牙	新西兰	美国	日本	希腊	意大利	韩国	23国总体
系列1	1.10	1.09	0.97	0.90	0.81	0.64	0.56	0.55	0.53	0.50	0.43	0.41	0.38	0.33	0.32	0.32	0.29	0.26	0.21	0.20	0.17	0.15	0.12	0.32

图 6 - 3　2010 年 OECD 官方发展援助占其总国民收入百分比较对照图

（3）以功利主义的分配正义为标准来衡量，在目前的全球经济秩序下，大多数人处于不太幸福的状况下。目前世界上许多国家提出"幸福不是 GDP"正是财富差距带来的不幸福的反映。幸福诚然不以金钱为标准，然而，缺少经济支撑也不会有幸福。因此，没有生活的物质保障，断没有幸福可言。经验告诉我们，一个整天迫于生计，提心吊胆地为生活而奔忙的人，很难有真正的幸福而可言。据荷兰鹿特丹伊拉斯谟大学（Erasmus University Rotterdam）教授吕特·费恩霍芬（Ruut Veenhoven）主持的"世界幸福数据库"（World Database of Happiness）项目公布的 149 个国家幸福指数最新排名，像丹麦、加拿大、瑞士、瑞典、挪威、澳大利亚、冰岛、芬兰这样的高福利国家在 149 个被调查国家中平均幸福指数仍然居于前列，绝大多数的发展中国家都是排名靠后，一些最不发达国家排名垫底（见表 6 - 4）。而且，在这一统计调查中，名列前茅的高福利国家的不平等指数都较低。另以经济合作与发展组织 2011 年公布的 34 个成员国的幸福指数来看，人均 GDP 高且社会保障较高的国家的人民幸福指数最高，如澳大利亚、加拿大、瑞典、新西兰、

挪威、丹麦这样的福利国家，而幸福指数较低的国家往往是富国中
的"穷国"，如土耳其、墨西哥、智利（见图 6－4）。① 这说明富裕
且社会相对公平的国家幸福指数较高。"世界幸福数据库"的统计
与经济合作与发展组织的统计结果说明一个事实，即人均 GDP 高
（结合表 6－2 数据）且社会保障好、公平度高的国家，其居民的相
对幸福指数高。然而，国际社会有多少国家具有上述高福利发达国
家的社会物质和社会条件呢？今天的全球经济秩序导致了巨大的世
界性贫富两极分化，穷人与穷国数量大大超过富人与富国，因此，
整个世界的满足总和的净余额很难正增长，存在着严重的幸福与快
乐的缺失。

表 6－4　"世界幸福数据库"国家平均幸福指数排名（前十名与后十名）

排名	国家	生活满意度：0—10	调查次数	排名	国家	生活满意度：0—10	调查次数
1	波多黎各	8.5	1	140	尼日尔	3.8	1
2	丹麦	8.3	8	141	刚果（布）	3.7	1
3	冰岛	8.2	2	142	肯尼亚	3.7	1
4	瑞士	8	15	143	马达加斯加	3.7	1
5	荷兰	7.9	9	144	塞拉里昂	3.5	1
6	墨西哥	7.9	3	145	贝林	3	1
7	挪威	7.9	6	146	津巴布韦	3	2
8	加拿大	7.8	2	147	布隆迪	2.9	1
9	巴拿马	7.8	1	148	坦赞尼亚	2.8	2
10	瑞典	7.8	10	149	多哥	2.6	1

① 上述内容和表 6－4 均见"世界幸福数据库"网站：http：//
worlddatabaseofhappiness. eur. nl//hap＿nat/nat＿fp. php？mode＝6。在这一主要依靠主观调
查的幸福排名中，中美洲一些国家如波多黎各、墨西哥、巴拿马排名也在前列。这些中
美洲国家综合指数高的原因在于人口寿命的预期较高，主观表达的幸福时间较长，但相
关社会公平指标都不高。

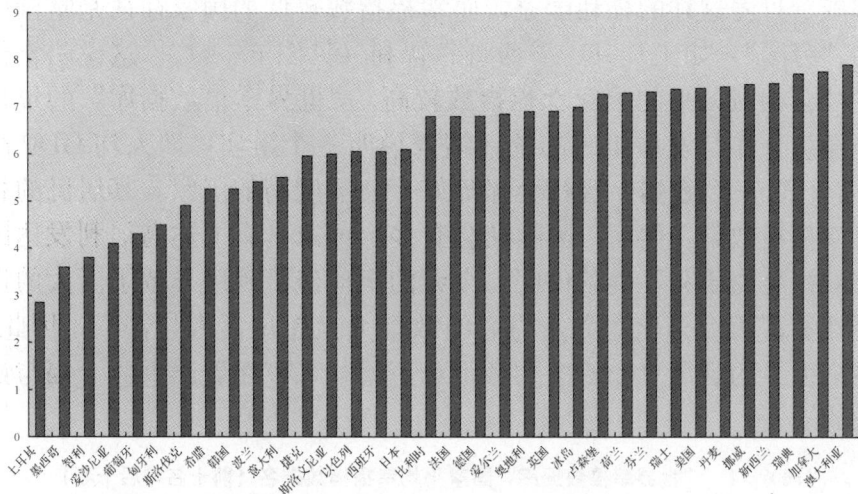

图 6-4　OECD 的 34 个成员国平均权重的幸福指数高低排列图
（由低到高从左到右排列，横坐标表示美好生活综合指数，纵坐标代表国家）

（4）以应得原则的分配正义为标准来衡量，当今的全球经济秩序也远没有充分体现这种公正。当然，这不能说今天的国际经济秩序中没有应得正义，但这种应得正义远远不足，它正在被一种颠倒的正义所扭曲。在现存国际金融秩序中，投机盛行，以至英国学者苏姗·斯特兰奇把它形容为一个巨大的"赌场"，整个世界经济处于"赌场资本主义"的控制之下。"赌场资本主义"中财富突然暴增与暴失，都是依赖于运气，而"技能、努力、创新、决定和努力工作则越来越微不足道"，并会促使人们对社会和政治体系的依赖消退，使人们对伦理价值的尊重急剧下降。① 因为投机与赌博不是鼓励人们通过劳动来促进社会福利或效率，实质性地增加社会财富，而只是引诱人们通过制造经济泡沫来获取财富。这与应得原则的分配正义存在着巨大的反差，带来了强烈的社会不公。在 2008 年世界金融危机中，华尔街的银行家们通过制造房地产泡沫给无数人带来了巨大的利益损失，自己却腰缠万贯，挥金如土，银行家的行为给世界经济造成了巨大灾难，却身披"金色降落伞"离职。他们对世界经

---

① 　Susan Strange, *Casino Capitalism*, Manchester University Press, 1997, p. 2.

济的贡献可以说在一定程度上是负面的，但收入或获得的财富却是天文数字，这反映了国际经济领域中应得正义的扭曲。① 一方面，企业高级管理者的收入是普通员工的数十倍乃至数百倍，另一方面，工人的就业与社会保障下降，这是全球化中的一种世界性现象。诚然，企业的发展离不开企业家的组织与管理，但是这种收入悬殊和劳动者保障的缺失所产生的对照是否符合应得原则就值得怀疑，这种基于资本与劳动不对称的供求关系所产生的巨大分配差异是否符合应当正义也值得怀疑。

（5）以自由主义的分配正义来衡量，今天的全球经济秩序也存在着不公平。这种不公来自西方发达国家在持有和转让正义上的历史不正当性。西方发达国家在历史上通过殖民统治的方式掠夺了发展中国家大量的经济资源，通过战争与强权（如对中国的鸦片战争）打开了许多发展中国家的贸易大门，获得了大量发展中国家的经济资源开发权，在世界殖民体系中，它们确定了许多工业原料的最初交易价格。奴隶贸易、殖民统治和侵略战争以及强权下的不平等条约是促使它们经济发达的重要原因之一。可以说，现在西方国家的繁荣与发达在一定程度上是建立在抢劫、欺诈、剥削等诸多不道德手段甚至是罪恶的基础上的。现在一些西方国家向当地土著居民的道歉，国际社会对黑奴贸易和殖民制度的谴责、批判与禁止等种种事实都是对西方国家历史上不道德行为甚至是罪恶的否定。因此，从自由的正义原则来看，西方国家需要为它们历史上的不道德和罪恶而对遭受其侵略、奴役的发展中国家进行补偿，在国际经济交往中按矫正原则进行世界经济资源的再分配。然而，在现今的全球经济秩序中，这种矫正原则（以差别原则的分配正义作为矫正正义）没有得到充分的实现。在国际经济体制中，现存的一点具有差别分配正义的东西也往往被西方发达国家作为一种权力手段，或者当作一种施舍。它们强迫不发达国家通过变革国内的政治经济政策以适应西方主导的世界经济体系，要求其在对外政策中附和发达国

---

① 有关具体的内容见《环球时报》文章，《昔日资本英雄今为贪婪肥猫　美欧民众痛斥银行家》，见环球网：http://world.huanqiu.com/roll/2008-10/252734.html。

家的意愿，以此作为交换条件。在具体的对外发展援助过程中，西方国家往往并不兑现其对发展中国家援助的承诺。现存全球经济秩序中，这种矫正正义的不足可以从上述对以差别原则衡量的分配正义不足的分析中得到证明。

因此，以现存的上述五种分配正义的标准来衡量，目前的全球经济秩序都存在着分配正义的严重缺损，这成为全球大多数人的共识，为否定当今的全球经济秩序提供了思想基础，为人类寻求替代性的全球经济治理打开了变革空间。

二、推动全球经济治理变革的努力

当今全球经济治理下的正义缺失，是推动全球经济治理向公平合理方向发展的基础，但并不意味着，有了这个基础，历史的进步就会自然实现。各种力量都会为变革有利于自己而努力，历史的进步需要代表进步的力量通过更大努力的实践才能实现。

真正的马克思主义者不应是全球化的反对者，他们应该看到目前的经济全球化为他们的理想提供的机会，因为经济全球化为世界无产者的统一和联合创造了条件。马克思和恩格斯在《共产党宣言》中就明确阐述过这一思想："随着资产阶级的发展，随着贸易自由的实现和世界市场的建立，随着工业生产以及与之相适应的生活条件的趋于一致，各国人民之间的民族隔绝和对立日益消失……联合的行动，至少是各文明国家的联合的行动，是无产阶级获得解放的首要条件之一。"① 当代的许多马克思主义者也认为，虽然帝国化是资本主义社会矛盾与社会生产关系全球性的表现，其剥削性甚至比过去更为残酷，但也为资本主义带来了全球性的危机，它为历史的进步和人类的解放创造了条件与可能性。其中的道理连非马克思主义的政治与经济学家都知道，"资本主义一旦消除了民族和宗教的障碍，资本与劳动的斗争就会凸显，全世界工人将会团结起来反抗压迫，在去除了爱国主义和宗教因素的干扰后，他们会更认清

---

① 《马克思恩格斯选集》（第 1 卷），第 291 页。

所受的剥削，并起来反抗"①。《帝国》的作者哈特和内格里曾分析道：帝国化有利于无产者的国际（全球）主义的形成，把人类团结在解放的共同追求下，因为帝国反对任何国家对全球市场的分割与独占，它对消除帝国主义和殖民主义具有重要作用；它摧毁了"把无产阶级分化为各个阵营和冲突的派别"的现代帝国主义的权力结构，打破了过去发达国家工人阶级"把自己的利益与民族身份和帝国命运完全相结合"的幻想。② 因此，哈特和内格里认为，反对全球化"是找错了敌人，掩盖了敌人"，"敌人是我们称为帝国的全球关系的具体制度"。③ 实现替代这种帝国的全球治理是这些西方马克思主义者对全球治理的追求与目标。虽然持帝国观的马克思主义者认为帝国化有利于世界变革，但他们也共同看到，在实现变革的过程中，存在着巨大的障碍，其一致认为的障碍是，缺乏过去反对帝国主义和无产阶级国际主义的共同意识形态，以及团结所有反对资本主义全球化的成熟的革命理论。所谓的"认识的悲观主义和意志的乐观主义"现象，为当代马克思主义者在新的历史条件下发展马克思主义提出了新的课题。

马克思主义者的全球治理的最高目标是人类的解决，体现的是人类大同的理想，但目前还不具备实现的现实条件。目前当务之急是马克思主义者在实践的基础上，提出能团结所有反对目前新自由主义经济全球化社会人士的共同纲领，提出不超越历史条件的全球治理的方案，这才可能为推动全球经济治理向公平合理方向发展提供可能。

1. 全球治理方案

目前，世界上不少学者提出了不同的发展全球治理的方案，以下选择两个具有一定代表性的方案以飨读者。

（1）超国家的全球治理的方案

这一方案就是各国把权力下放给国际技术官员，通过由独立而

---

①　托马斯·弗里德曼，《世界是平的：21世纪简史》，何帆等译，湖南科学技术出版社，2006年9月，第181页。

②　Michael Hardt and Antonio Negri, *Empire*, p. 42.

③　Michael Hardt and Antonio Negri, *Empire*, pp. 45 - 46.

自治的国际技术官员机构来负责的国际破产法庭、世界金融机构（包括中央银行）和金融监管机构以及国际性的银行法，来避开民族国家带来的各种干扰。为了监督与问责国际技术官员，有人提出了建立国际决策、监督网络来进行决策与监督，还有人提出建立"联合国全球契约"来促使国际性大企业变成一个具有社会与经济目的的工具。但这些方案都存在着一些问题，如如何向世界公众解释政策的合理性和问责问题，即全球民主的问题。[①] 目前民主实施场合都是在民族国家之内，即使目前通信技术高度发达，一般民众（通过全球公民社会团体）参与全球层面的决策也存在着许多障碍，特别是对不发达国家普通民众来说尤其如此。有人以欧盟为建立全球治理的样板，认为欧盟通过超国家制度建设可以为全球治理提供借鉴。但欧盟的案例不具备代表性，欧盟国家相对接近的发展程度、大体一致的文化传统和政治经济体制等都是在全球范围内难以达到的，而且从欧盟的实践来看，欧盟也存在着大量的民主赤字，没有逃脱新自由主义窠臼。因此，在全球范围内由于民主的欠缺，建立超国家的体制目前还不具备条件。

（2）改良版的全球"嵌入式自由主义"方案

这是一种国家主导、国家间合作的全球治理方案。哈佛大学教授丹尼·罗德里克的方案就是具有典型意义的全球改良版"嵌入式自由主义"的方案。他的方案建立在这样的原则基础上：

① 市场一定要植根于治理体系，因为历史证明，没有治理的市场不可能自我创造，自我监管，自我稳定或自我维持；

② 民主制度和政治社会是以民族国家为基础的，不久的将来仍然如此，民族国家存在就必须增强民族国家的自主性，这样才能提高全球化的效率和合法性；

③ 通向繁荣的道路是多元的，保护多元的发展道路可以探索出新的适应全球化的制度；

④ 国家有权保护自己的社会秩序、监管制度和政治基础；

---

① 丹尼·罗德里克，《全球化的悖论》，廖丽华译，中国人民大学出版社，2011年，第176—178页。

⑤ 任何国家无权把自己的上层建筑强加给别国；

⑥ 国际经济协定的目的就是要制定各国上层建筑交界处的交通规则，即各国有权决定自己参与（或退出）国际制度的进程；

⑦ 在这样一个国际秩序中，非民主国家与民主国家享有同样的权利与特权。

这一方案具体而言包括：由民族国家来主导国际制度建设的进程，各国有权根据自己的政治制度、发展水平参与这一进程；在世界贸易体制下，扩大救济范围，各国有权选择部分不参与和"退出"，但必须严格规定条件和程序；在国际金融体制下，重新加强国家对资本流动的自主管理权，但要加强各国协商与信息共享；在国际劳动力流动上，发达国家放松对外籍劳工的工作限制，以达到舒缓发达国家企业生产国际化造成国内产业空心化的压力。① 这一方案最大的特点就是一种经济全球化下效率与公平关系的再调整：通过各国对经济全球化进程的选择权来保证各国福利；通过民族国家对资本跨国自由流动的节制来实现资本与民族福利的再平衡；通过放松外籍工人准入限制达到抑制发达国家企业向发展中国家转移的趋势，实现发达国家与发展中国家工人收入以及企业利益的再平衡。这一方案也是一种调和的方案，它反对发达国家强求发展中国家改变国内政治经济体制来适应自己在全球化中的利益需要，通过各国自主选择参与经济全球化的进程达到处于不同发展程度的国家的利益平衡。所以，这是一个经济全球化下的改良版的"嵌入式自由主义"。但这种方案在目前的经济全球化条件下是否被跨国资本接受，仍是一个未知数。

2. 全球治理实践

目前各国正在通过自己的努力来推动全球治理的变革，形成不同的全球治理变革实践，特别是经历 2008 年的经济危机后，民族国家已经加速了这一进程。G20 峰会对全球经济治理的努力就是一个重要的体现。在这一进程中，各类国家都希望在国际制度建立上有

---

① 丹尼·罗德里克，《全球化的悖论》，廖丽华译，中国人民大学出版社，2011 年，第 200—229 页。

所发展，有所前进，但总是希望全球治理发展的方向更多地符合自己的意愿和利益。

（1）发达国家推动全球经济治理的实践

目前发达国家已经开始加速新一轮的制度建设进程，最重要的体现就是《跨太平洋伙伴协议》（TPP）和《跨大西洋贸易和投资伙伴协议》（TTIP）。西方大国希望通过这些协议来消除各国在投资、劳工、环境等方面制度上的差异，减少各种市场堡垒，为资本自由流通提供统一的法律与制度条件，并赋予资本正式的制度性权力来制约民族国家的权力；同时，这些协议也为缓和经济全球化带来的社会冲突与矛盾提供了基础，它们通过统一各国的制度来缓解各国"逐底"竞争和发展水平的差异给发达国家带来的各种社会矛盾。这说明，在目前的经济全球化过程中，西方大国还不能放弃民族国家这一解决危机的工具，还需要民族国家为本民族缓和危机与社会冲突。西方发达国家希望以此为今后经济全球化下的全球治理树立样本，推动今后全球治理朝着这一方向发展，因为这些协议基本上排斥了新兴发展中经济体，如包括巴西、俄罗斯、印度、中国和南非在内的金砖五国，目的是不让这些有一定经济实力的新兴大国影响西方大国主导的全球治理进程，待新的制度出台后，迫使这些国家接受这些制度。同时，这些协议也抛开了现有的国际制度框架结构，如WTO，目的同样是抛开新兴发展中国家的影响，因为在新的一轮WTO谈判中，西方国家的主导作用越来越受到发展中国家，特别是新兴发展中国家的抵制。因此，这些协议与过去西方大国主导的全球经济治理的进程一样，一方面为资本自由提供便利，另一方面企图为缓和国内矛盾与危机寻找方案。

随着新兴发展中大国经济实力的不断壮大，它们在全球经济中的影响在不断增大，在全球治理进程中的发言权也在增强。如金砖五国目前拥有全球30％的领土面积和42％的人口，2013年金砖五国的GDP（国内生产总值）总量占世界份额的21％，占美国经济的96％。特别是中国，目前作为世界第二大经济体、第一贸易大国，对全球经济有着重大的影响。离开了包括中国在内的新兴发展中大国的参与，全球治理的效果将大打折扣。因此，在全球治理中倾听它们的呼声，体现它们的正当要求将是全球治理中一个必然的过程。排斥它们在全球治理中的作用，将无法解决目前经济全球化过程中存在的各种全球性的经济、政治与社会问题，治理的效果也不会很好。

（2）中国推动全球治理发展的努力

目前中国作为一个世界经济大国，一个经济全球化的重要参与者也在积极谋划全球治理，提出了自己的全球治理理念与主张，并通过周边国家、金砖国家、南南合作、"一带一路"以及既有的一些国际经济组织等来推动全球治理的改革进程。中国提出了一系列关于全球治理的原则与倡议：

① 坚持平等民主、合作共赢，积极参与全球治理；

② 以创新推进国际经济金融体系改革，完善全球治理机制；

③ 加强国际对话与沟通，坚持开放包容，绝不损人利己，以邻为壑；

④ 大力推动国际关系的民主化、法制化及合理化；

⑤ 深化合作，从战略上谋划金砖国家未来的发展；

⑥ 推进周边外交和多边外交，加强务实合作，促进共赢；

⑦ 坚持《联合国宪章》的宗旨和原则，维护国际公平，推动共同发展；

⑧ 深化发展中国家间合作，促进国际关系民主化；

⑨ 金砖国家应发扬合作伙伴精神，坚持开放、包容、合作、共赢；

⑩ 巩固金砖国家伙伴关系，密切协调全球治理重点问题；

⑪ 世界需要与时俱进；

⑫ 合作是实现利益唯一正确的选择；

⑬ 推进全球治理体制变革是大势所趋；

⑭ 推动全球治理体制向着更加公正合理的方向发展；

⑮ 坚定维护二战胜利成果；

⑯ 推进全球治理规则民主化，法制化；

⑰ 弘扬"共商、共建、共享"的全球治理理念。[①]

从上述原则、倡议以及中国的实践可以看出：① 中国认识到全球治理的必要性，并愿意积极参与和推动全球治理的进程，促进国际法制化进程；② 中国认为目前国际制度存在着严重分配正义的缺损与不足，变革是大势所趋，应该与时俱进，推动全球治理体制向着更加公正合理的方向发展；③ 在理念上，中国主张合作包容共赢，共商共建共享，不损人利己，不以邻为壑；④ 在全球治理的建设进程中，中国主张各国平等协商，通过合作与民主的方式推进这一进程；⑤ 在组织方式上，中国主张在联合国等现有体现二战胜利成果的制度框架下，同包括西方发达国家在内的所有国家一起推动全球治理的进程；⑥ 在实践上，中国通过与周边国家或多边国家的合作，通过与金砖国家的合作，通过南南合作来践行中国的全球治理主张，为今后进一步发展全球治理提供范式和实践基础。应该说，这些主张兼顾了不同群体的分配正义要求，具有广泛的包容性。

历史的进步必须通过进步力量的不断努力，通过实践才可能实现。在这一过程中，必须有一个能动员和团结各种反抗力量的政治理论，历史上列宁在 20 世纪初提出的理论就是这样的理论。只有超越与发展旧的革命理论，才能实现理论的创新。另外，还要在实践中探索出具有创新思维的新社会制度模式，历史上的中央计划经济制度就是这样一种制度设计。但在新的历史条件下，必须探索适应当代历史条件并结合民族文化特点的制度模式，通过这一模式的成功实践，赢得认同，引领全球经济治理的改革。只有成功地改造自己，才能影响世界。

---

① 《习近平的全球治理观》，见新华网 http：//news. xinhuanet. com/politics/2015-10/15/c_128320863. htm。

参考书目[①]

一、中文（按姓氏拼音排序）

1. 萨米尔·阿明. 不平等的发展. 高銛，译. 北京：商务印书馆，2000.

2. 本尼迪克特·安德森. 想象的共同体. 吴叡人，译. 上海：上海世纪出版社，2003.

3. 巴里·艾肯格林. 资本全球化. 彭兴韵，译. 上海：上海人民出版社，2009.

4. 保罗·巴兰. 增长的政治经济学. 蔡中兴，杨宇光，译. 北京：商务印书馆，2000.

5. 刘易斯·W. 保利. 金融一体化与全球政治. 王徽，华玮玮，译. 北京：新华出版社，2001.

6. 大卫·鲍德温. 新现实主义和新自由主义. 肖欢容，译. 杭州：浙江人民出版社，2001.

7. 尼·布哈林. 世界经济与帝国主义. 蒯兆德，译. 北京：中国社会科学出版社，1983.

8. 詹姆斯·布坎南. 自由、市场与国家. 平新乔，莫扶民，译. 上海：上海三联书店，1989.

9. 陈彪如. 国际货币体系. 上海：华东师范大学出版社，1990.

10. 陈雨露. 国际金融. 北京：中国人民大学出版社. 2000.

11. 邓小平. 邓小平文选（第一至第三卷）. 北京：人民出版社，

---

① 本参考书目格式依据标准为 GB/T 7714–2005《文后参考文献著录规则》。

1993，1994.

12. 彼得·迪肯. 全球性转变. 刘卫东，等，译. 北京：商务印书馆，2009.

13. 特奥托尼奥·多斯桑托斯. 帝国主义与依附. 杨衍永，等，译. 北京：社会科学文献出版社，1999.

14. 安德烈·冈德·弗兰克. 依附性积累与不发达. 高铦，高戈，译. 南京：译林出版社，1999.

15. 托马斯·弗里德曼. 世界是平的："凌志汽车"和"橄榄树"的视角. 赵绍棣，黄其祥，译. 北京：东方出版社，2006.

16. 托马斯·弗里德曼. 世界是平的：21世纪简史. 何帆，等，译. 长沙：湖南科学技术出版社，2006.

17. 杰弗里·弗里登. 全球资本主义的兴衰. 杨宇光，等，译. 上海：上海人民出版社，2009.

18. 弗兰西斯·福山. 国家构建：21世纪的国家治理和世界秩序. 黄胜强，许铭原，译. 北京：中国社会科学出版社，2007.

19. 朱迪斯·戈尔茨坦，罗斯特·基欧汉. 观念与外交政策. 刘东国，于军，译. 北京：北京大学出版社，2005.

20. 国际货币基金组织. 国际货币基金组织概览. 张杰，译. 北京：中国金融出版社，1999.

21. 大卫·哈维. 新帝国主义. 初立忠，沈晓雷，译. 北京：社会科学文献出版社，2009.

22. 韩建伟. 20世纪七八十年代沙特阿拉伯对外投资状况分析. 胜利油田党校学报，2005（6）：40-44.

23. 戴维·赫尔德，等. 全球大变革. 杨雪冬，等，译. 北京：社会科学文献出版社，2001.

24. 艾瑞克·霍布斯鲍姆. 帝国的年代. 贾士蘅，等，译. 南京：江苏人民出版社，1999.

25. 艾瑞克·霍布斯鲍姆. 革命的年代. 王章辉，等，译. 南京：江苏人民出版社，1999.

26. 艾瑞克·霍布斯鲍姆. 极端的年代. 郑明萱，等，译. 南京：江苏人民出版社，1999.

27. 艾瑞克·霍布斯鲍姆. 资本的年代. 张晓华, 等, 译. 南京: 江苏人民出版社, 1999.

28. 罗伯特·基欧汉. 霸权之后——世界政治经济中的合作与纷争. 苏长和, 信强, 等, 译. 上海: 上海人民出版社, 2001.

29. 罗伯特·吉尔平. 国际关系政治经济学. 杨宇光, 等, 译. 北京: 经济科学出版社, 1989.

30. 罗伯特·吉尔平. 全球资本主义挑战: 21 世纪的世界经济. 杨宇光, 杨炯, 译. 上海: 上海人民出版社, 2001.

31. 罗伯特·吉尔平. 全球政治经济学——解读国际经济秩序. 杨宇光, 杨炯, 等, 译. 上海: 上海人民出版社, 2003.

32. 理查德·加德纳. 英镑美元外交. 符荆捷, 王琛, 译. 南京: 江苏人民出版社, 2014.

33. 弗朗西斯·加文. 黄金、美元与权力. 严荣, 译. 北京: 社会科学文献出版社, 2011.

34. 姜波克. 国际金融新编 (第三版). 上海: 复旦大学出版社, 2003.

35. 查尔斯·金德尔伯格. 1929—1939 年世界经济大萧条. 宋承先, 洪文达, 译. 上海: 上海译文出版社, 1986.

36. 查尔斯·金德尔伯格. 经济过热、经济恐慌和经济崩溃——金融危机史 (第三版). 朱隽, 叶翔, 译. 北京: 北京大学出版社, 2000.

37. 查尔斯·金德尔伯格, 布鲁斯·赫里克. 经济发展. 张欣, 等, 译. 上海: 上海译文出版社, 1986.

38. 爱德华·卡尔. 二十年危机. 秦亚青, 译. 北京: 世界知识出版社, 2005.

39. 本杰明·科恩. 国际政治经济学: 学科思想史. 杨毅, 钟飞腾, 译. 上海: 上海世纪出版集团, 2010.

40. 保罗·克鲁格曼, 茅瑞斯·奥伯斯法尔德. 国际经济学 (第五版). 海闻, 蔡荣, 郭海秋, 等, 译. 北京: 中国人民大学出版社, 2002.

41. 托罗斯·库恩. 科学革命的结构. 金吾伦, 胡新和, 译. 北京：北京大学出版社，2003.

42. 李滨. 民族主义·自由主义·马克思主义：国际政治经济学流派、理论渊源和当代代表. 欧洲，1999（5）：4-13.

43. 李滨. 国际体系研究. 南京：南京大学出版社，2000.

44. 李滨. 传统与变革：社会民主主义与"第三条道路". 欧洲，2001（3）：50-55.

45. 李滨. 世界政治经济中的国际组织. 南京：国家行政学院出版社，2001.

46. 李滨. 反思东亚金融危机的根源——国家、市场还是两者？//朱瀛泉. 国际关系评论. 南京大学出版社，2001.

47. 李滨. 西方政坛向右转背后的政治经济学. 世界经济与政治，2002（10）：51-54.

48. 李滨. 社会力量、世界秩序和中国的发展. 世界经济与政治，2010（12）：119-136.

49. 李滨. 理念在全球治理中的作用. 战略决策，2014（1）：16-23.

50. 李滨. 马克思主义的国际政治经济学研究逻辑. 世界经济与政治，2015（7）：4-23.

51. 李滨，陈光. 跨国垄断资本与世界政治的新变化. 世界经济与政治，2014（6）：120-144.

52. 李滨、陆健健. 建立公正的国际经济秩序的正当性. 世界经济与政治，2011（12）：59-79.

53. 大卫·李嘉图. 政治经济学及其赋税原理. 郭大力，王亚南，译. 北京：商务印书馆，1972.

54. 弗里德里希·李斯特. 政治经济学的国民体系. 陈万煦，译. 北京：商务印书馆，1997.

55. 李综. 当代资本主义论. 北京：社会科学文献出版社，1993.

56. 列宁. 帝国主义是资本主义的最高阶段. 列宁全集（第27卷）. 北京：人民出版社，1990.

57. 查尔斯·林德布洛姆. 政治与市场. 王逸舟，译. 上海：上海三联书店，1992.

58. 罗莎·卢森堡. 帝国主义与资本积累. 柴金如，译. 哈尔滨：黑龙江人民出版社，1984.

59. 威廉·I. 罗宾逊. 全球资本主义. 高明秀，译. 北京：社会科学文献出版社，2009.

60. 丹尼·罗德里克. 全球化的悖论. 廖丽华，译. 北京：中国人民大学出版社，2011.

61. 约翰·罗尔斯. 正义论. 何怀宏，何包钢，廖申白，译. 北京：中国社会科学出版社，1988.

62. 马克思，恩格斯. 马克思恩格斯选集（第一至第四卷）. 北京：人民出版社，1972.

63. 罗纳德·I. 麦金农. 经济发展中的货币与资本. 卢骢，译. 上海：上海三联书店，1988.

64. 约瑟夫·奈，罗伯特·基欧汉. 权力与相互依赖. 林茂辉，等，译. 北京：中国人民公安大学出版社，1991.

65. 孟德斯鸠，论法的精神. 张雁深，译. 北京：商务印书馆，1993.

66. J.F. 佩克. 国际经济关系. 卢明华，程亦赤，等，译. 贵阳：贵州人民出版社，1990.

67. 钱荣堃. 国际金融. 成都：四川人民出版社，2000.

68. 苏珊·斯特兰奇. 赌场资本主义. 李红梅，译. 北京：社会科学文献出版社，2000.

69. 苏珊·斯特兰奇. 疯狂的金钱——当市场超过了政府的控制. 杨雪冬，译. 北京：中国社会科学出版社，2000.

70. 多米尼克·萨尔瓦多. 国际经济学. 张二震，仇向洋，译. 南京：江苏人民出版社，1992.

71. 保罗·萨缪尔逊，威廉·诺德豪斯. 经济学（第 12 版）. 杜月升，等，译. 北京：中国经济发展出版社，1992.

72. 约瑟夫·斯蒂格利茨. 让全球化造福人类. 雷达，等，译. 北京：中国人民大学出版社，2011.

73. 亚当·斯密. 国民财富的性质和原因的研究. 郭大力，王亚南，译．北京：商务印书馆，1981.

74．斯塔夫里阿诺斯．全球通史．吴象婴，梁赤民，译．上海：上海社会科学院出版社，1999.

75．约翰·斯托普福德，苏珊·斯特兰奇．竞争的国家、竞争的公司．查立友，等，译．北京：社会科学文献出版社，2003.

76．陶文达．发展经济学．成都：四川人民出版社，1992.

77．罗伯特·特里芬．黄金与美元危机——自由汇兑的未来．陈尚霖，雷达，译．北京：商务印书馆，1997.

78．滕维藻、陈荫枋．跨国公司概论．北京：人民出版社，1991.

79．迈克尔·托达罗．经济发展与第三世界．印金强，赵荣美，译．北京：中国经济出版社，1992.

80．肯尼思·沃尔兹．国际政治理论．胡少华，王红缨，译．北京：中国人民公安大学出版社，1992.

81．伊曼纽尔·沃勒斯坦．现代世界体系（一至三卷）．尤来寅，等，译．北京：高等教育出版社，1998，1999.

82．伊曼纽尔·沃勒斯坦．历史资本主义．路爱国，译．北京：社会文献出版社，2000.

83．伊曼纽尔·沃勒斯坦．现代世界体系（第四卷）．吴英，译．北京：社会科学出版社，2013.

84．鲁道夫·希法亭．金融资本．福民，等，译．北京：商务印书馆，1994.

85．肖欢容．地区主义．理论的历史演进．北京：北京广播学院出版社，2003.

86．小岛清．日本对外贸易论．周宝廉，译．天津：南开大学出版社，1987.

87．约瑟夫·熊彼特．经济发展理论．何畏，译．北京：商务印书馆，1990.

88．约瑟夫·熊彼特．经济分析史．朱泱，译．北京：商务印书馆，1995.

89．约瑟夫·熊彼特．资本主义、社会主义与民主．吴良健，译. 北京：商务印书馆，2000.

90. 修昔底德. 伯罗奔尼撒战争. 谢德风，译. 北京：商务印书馆，1985.

91. 许涤新. 政治经济学辞典. 北京：人民出版社，1980.

92. 薛敬孝. 金融全球化与国际金融危机. 天津：天津人民出版社，2001.

93. 丹尼尔·耶金，约瑟夫·斯坦尼斯罗. 制高点. 段宏，等，译. 北京：外文出版社，2000.

94. 约翰·伊特伟尔，艾斯·泰勒. 全球金融风险监管. 成家军，郑薇，译. 北京：经济科学出版社，2001.

95. 张二震、马野青. 国际贸易学. 南京：南京大学出版社，2002.

96. 朱青. 欧元与欧洲经货联盟——欧洲货币统一的理论与实践. 北京：中国人民大学出版社，1999.

97. 朱文生. 金融危机下美国养老金投资管理研究. 中共中央党校学报，2010（6）：105-107.

二、英文

1. Anievas, Alexander. Marxism and World Politics, London：Routledge, 2010.

2. Axelrod, Robert. The Evolution of Cooperation, N. Y.：Basic Book, Inc. , 1984.

3. Baran, Paul. The Political Economy of Growth. N. Y.：Monthly Review Press, 1957.

4. Barodat, Leon. Political Ideologies. Englewood Cliffs. N. J.：Prentice-Hall, 1984.

5. Beitz, Charles. Cosmopolitan Ideals and National Sentiment. Journal of Philosophy, 1983, 80（10）：591-600.

6. Beitz, Charles. Bounded Morality：Justice and the State in World Politics. International Organization, 1979, 33（3）：405-424.

7. Bernstein, Richard, Ross Murnro, The Coming Conflict With China, N. Y.：Random House, 1997.

8. Berry, Albert. What Type of Global Governance Would best Lower World Poverty and Inequality? //Jennifer Clapp and Rorden Wilkinson. Global Governance, Poverty and Inequality. Routledge, 2010.

9. Bhagwati, Jagdish. Coping with Antiglobalisation. Foreign Affairs. 2002, 81 (1): 2 - 7.

10. Bull, Hedley. The Anarchical Society. Columbia University Press, 1997.

11. Cardoso, Fernando H. Associated-Dependent Development: Theoretical and Political Implications//Alfred Stephen. Authoritarian Brazil. Yale University Press, 1973.

12. Carr, E H. Nationalism and After. London: Macmillan, 1945.

13. Chan, Stephen, Jarrod Wiener. Theorising in International Relations. Lewiston, N. Y. : The Edwin Mellen Press, 1997.

14. Cohen, Benjamin J. Balance-of-payments Financing: Evolution of a Regime. International Organization, 1982, 36 (2): 457 - 478.

15. Cooper, Richard. The Economics of Interdependence. N. Y. : McGraw-Hill, 1968.

16. Cox, Robert W. Production, Power and World Order. Columbia University Press, 1987.

17. Cox, Robert W. Timothy Sinclair. Approaches to World Order. Cambridge University Press, 1996.

18. Cox, Robert W. The Political Economy of a Plural World. Routledge, 2002.

19. Craig, Murphy, Roger Tooze. The New International Political Economy. Boulder, Co. : Lynne Rienner Publishers, Inc. , 1991.

20. Crane, George T. , Abla Amawi. 2nd ed. The Theoretical Evolution of International Political Economy. Oxford University Press, 1997.

21. Denelan, Michael. Elements of International Political

Theory. Oxford University Press, 1990.

22. Dick J C. How to Justify a Distribution of Earnings. Philosophy &. Public Affairs, 1975, 4 (4): 248 – 272.

23. Dos Santos. Structure of Dependence. American Economic Review, 1970, 60 (2): 720 – 738.

24. Dowd, Kevin, Richard Timberlake, Jr. Money and the Nation State. New Brunswick, N. J. : Transaction Publisher. 1998.

25. Dworkin, Ronald. What is Equality? Part 1: Equality of Resources. Philosophy and Public Affairs, 1981, 10 (3): 185 – 246.

26. Dworkin, Ronald. What is Equality? Part 2: Equality of Welfare. Philosophy and Public Affairs, 1981, 10 (4): 283 – 345.

27. Engelbrecht, Hans-Jurgen, Christopher Pearce. The GATT/WTO Has Promoted Trade, But Only in Capital-intensive Commodities!. Applied Economics, 2007, 39 (12): 1573 – 1581.

28. Evans, Peter. Dependent Development, The Alliance of Multinational, State, and Local Capital in Brazil. Princeton University Press, 1979.

29. Ford, Jane. A Social Theory of Trade Regime Change: GATT to WTO. International Study Review, 2002, 4 (3): 115 – 138.

30. Frank, Andre G. Capitalism and Underdevelopment in Latin America: History Study of Chile and Brazil. N. Y. : Monthly Review Press, 1967.

31. Frieden, Jeffry, David Lake. International Political Economy. 2nd ed. , 4th ed. N. Y. : St. Martin's Press/Routledge, 1991, 2000.

32. Genest, Marc. Conflict and Cooperation: Evolving Theories of International Relations. Orlando, Fl. : Harcourt Brace &. Company, 1996.

33. Gill, Stephen. Gramsci, Historical Materialism and International Relations. Cambridge University Press, 1993.

34. Gill, Stephen, David Law. The Global Political Economy.

Baltimore, Maryland: The Johns Hopkins University Press, 1988.

35. Gilpin, Robert. War and Change in World Politics. Cambridge University Press, 1981.

36. Gilpin, Robert. The Political Economy of International Relations. Princeton University, 1987.

37. Gourevitch, Peter Alexis. International Trade, Domestic Coalitions and Liberty: Comparative Responses to the Crisis of 1873 – 1896. Journal of Interdisciplinary History, 1977, 8 (2): 281 – 313.

38. Gourevitch, Peter, Paulo Gurrieri. New Challenges to International Cooperation. San Diego, Calif.: University of California Press, 1993.

39. Hansenclever, Andreas, et al. Theories of International Regimes. Cambridge University Press, 1997.

40. Hardt, Michael, Antonio Negri. Empire. Harvard University Press, 2000.

41. Harvey, David. The Brief History of Neoliberalism. Oxford University Press, 2005.

42. Hobson, John A. Imperialism: A Study (1902) [EB/OL]. http: //oll. libertyfund. org.

43. Hoekman, Bernard, Petros Mavroidis. World Trade Organization: Law, Economics and Politics. New York: Routledge, 2007.

44. Hymer, Stephen. The Multinational Corporation and The Law of Uneven Development//Jagdish Bhagwati. Economics and World Order. New York: Macmillan, 1974.

45. Irgbe, Kema. Globalization and The Development of Underdevelopment of The Third World. Journal of Third World Studies, 2005, 22 (1): 41 – 68.

46. Julian, Lamont. Incentive Income, Deserved Income, and Economic Rents. Journal of Political Philosophy, 1997, 5 (1): 26 – 46.

47. Katzenstein, Peter. Between Power and Plenty, Madison. Wis. : University of Wisconsin Press, 1978.

48. Kennedy, Paul. The Rise and Fall of the Great Powers. N. Y. : Random House, 1987.

49. Keohane, Robert. After Hegemony: Cooperation and Discord in the World Political Economy. Princeton, N. J. : Princeton University Press, 1984.

50. Keohane, Robert. Neorealism and Its Critics. Columbia University Press, 1986.

51. Keohane, Robert, Helen Milner. Internationalization and Domestic Politics. Cambridge University Press, 1996.

52. Keohane, Robert, Joseph Nye. Transnational Relations and World Politics. Harvard University Press, 1972.

53. Knor, Klaus. The Power of Nations: The Political Economy of International Relations. N. Y. : Basic Books, 1975.

54. Krasner, Stephen. State Power and the Structure of International Trade. World Politics, 1976, 28 (3): 317 - 347.

55. Krasner, Stephen. International Regimes. Ithaca: Cornell University Press, 1983.

56. Krasner, Stephen. Structural Conflict. Berkeley, Calif. : University of California Press, 1985.

57. Krugman, Paul. The Myth of Asia's Miracle. Foreign Affairs, 1994, 74 (6): 62 - 78.

58. Macleod, Alistair. Distributive Justice and Desert. Journal of Social Philosophy, 2005, 36 (4): 421 - 438.

59. Mahler, Gregory. Comparative Politics, Englewood Cliffs. N. J. : Prentice-Hall, Inc. , 1992.

60. Miller, David. Social Justice. Oxford: Clarendon Press, 1976.

61. Miller, David. Market, State, and Community. Oxford: Clarendon Press, 1989.

62. Milne, Heather. Desert, Effort and Equality. Journal of Applied Philosophy, 1986, 3 (2): 235 - 243.

63. Morgenthau, Hans. Politics Among Nations. 4th ed. N. Y.: Alfred Knopf, 1967.

64. O'Brien, Robert. No Safe Havens: Labour, Regional Integration and Globalization//Andrew F. Cooper, et al. Regionalisation and Global Governance. Routledge, 2008.

65. Peter, Evans, et al. State versus Markets in The World-System, Los. Calif.: Beverly Hill, 1985.

66. Pettman, Ralph. Understanding International Political Economy. Boulder, Co.: Lynne Rienner Publishers, Inc., 1996.

67. Pitruzzello, Salvatore. Trade Globalization, Economic Performance, and Social Protection: Nineteenth-Century British Laissez-Faire and Post-World War II U. S. - Embedded Liberalism. International Organization, 2004, 58 (4): 705 - 744.

68. Polanyi, Karl. The Great Transformation, Boston, Ma.: Beacon Press,.

69. Porter, Michael. The Competitive Advantage of Nations. New York: Free Press, 1990.

70. Radelet, Stephen, John Sachs. The East Asian Financial Crisis: Diagnosis, Remedies. Prospects. Brookings Papers on Economic Activity, 1998, 29 (1): 1 - 90.

71. Richardson, J. David. Understanding of International Economics, Boston, Ma.: Little, Brown and Company, 1980.

72. Riley, Jonathan. Justice Under Capitalism//John W. Chapman. Markets and Justice. New York: New York University Press, 1989.

73. Rosecrance, Richard. The Rise of Trading State: Commerce and Conquest in the Modern World. N. Y.: Basic Book, 1987.

74. Ruggie, John. International Regimes, Transactions, and

Change. International Organization, 1982, 36 (2): 379 - 415.

75. Sadurski, Wojciech. Giving Desert Its Due: Social Justice and Legal Theory. Boston Hingham, MA. : D. Reidel Co. , 1985.

76. Scanlon, Thomas M. Moral Dimensions: Permissibility, Meaning, Blame. Harvard University Press, 2008.

77. Seers, Dudley. Dependency Theory. London: France Printer, Ltd. , 1981.

78. Spero, Joan E. The Politics of International Economic Relations N. Y. : St. Martin's Press, 1982.

79. Strange, Susan. The Retreat of the State. Cambridge University Press, 1996.

80. Thakur, Ramesh, Luk Van Langenhove. Enhancing Global Governance Through Regional Integration//Andrew F. Cooper, et al. Regionalisation and Global Governance. Routledge, 2008.

81. Toynbee, Arnold. The Industrial Revolution. Boston: Beacon Press, 1956.

82. Trotsky, Leon. The History of the Russian Revolution. Translated by Max Eastman. London: Pluto, 1977.

83. Vernon, Raymond. International Investment and International Trade in the Product Cycle. Quarterly Journal of Economics, 1961, 80 (2): 190 - 207.

84. Vernon, Raymond. Sovereignty at Bay. N. Y. : Basic Books, 1971.

85. Wallerstein, Immanuel. The Rise and Future Demise of the World Capitalist System// Immanuel Wallerstein. The Capitalist World Economy, Cambridge University Press, 1979.

86. Walters, Robert, David Blake. The Politics of Global Economic Relations. 4th ed. Englewood Cliff, N. J. : Prentice-Hall, 1996.

87. Waltz, Kenneth. Structural Realism after the Cold War. International Security, 2000, 25 (1): 5 - 41.

88. Wendt, Alexander. The Social Theory of International Politics. Cambridge University Press, 1999.

89. White, Martin. International Theory: The Three Traditions. N. Y.: Holmes and Meier Publisher, 1992.

90. Williams, Phil, Donald Goldstein, Jay Shafriz. Classic Readings of International Relations, Peking University Press, 2003.

91. Williamson, John. What Should the World Bank Think About the Washington Consensus. The World Bank Research Observer, 2000, 15 (2): 251 - 264.